CATALOGUE

DE LA

BIBLIOTHÈQUE D'UN ORIENTALISTE

RÉDIGÉ ET PUBLIÉ

PAR

M. J. THONNELIER

MEMBRE DE LA SOCIÉTÉ ASIATIQUE DE PARIS.

TOME PREMIER.

PARIS

LIBRAIRIE A. FRANCK

ALB. L. HEROLD SUCCESSEUR.

1864.

BIBLIOTHÈQUE D'UN ORIENTALISTE.

I.

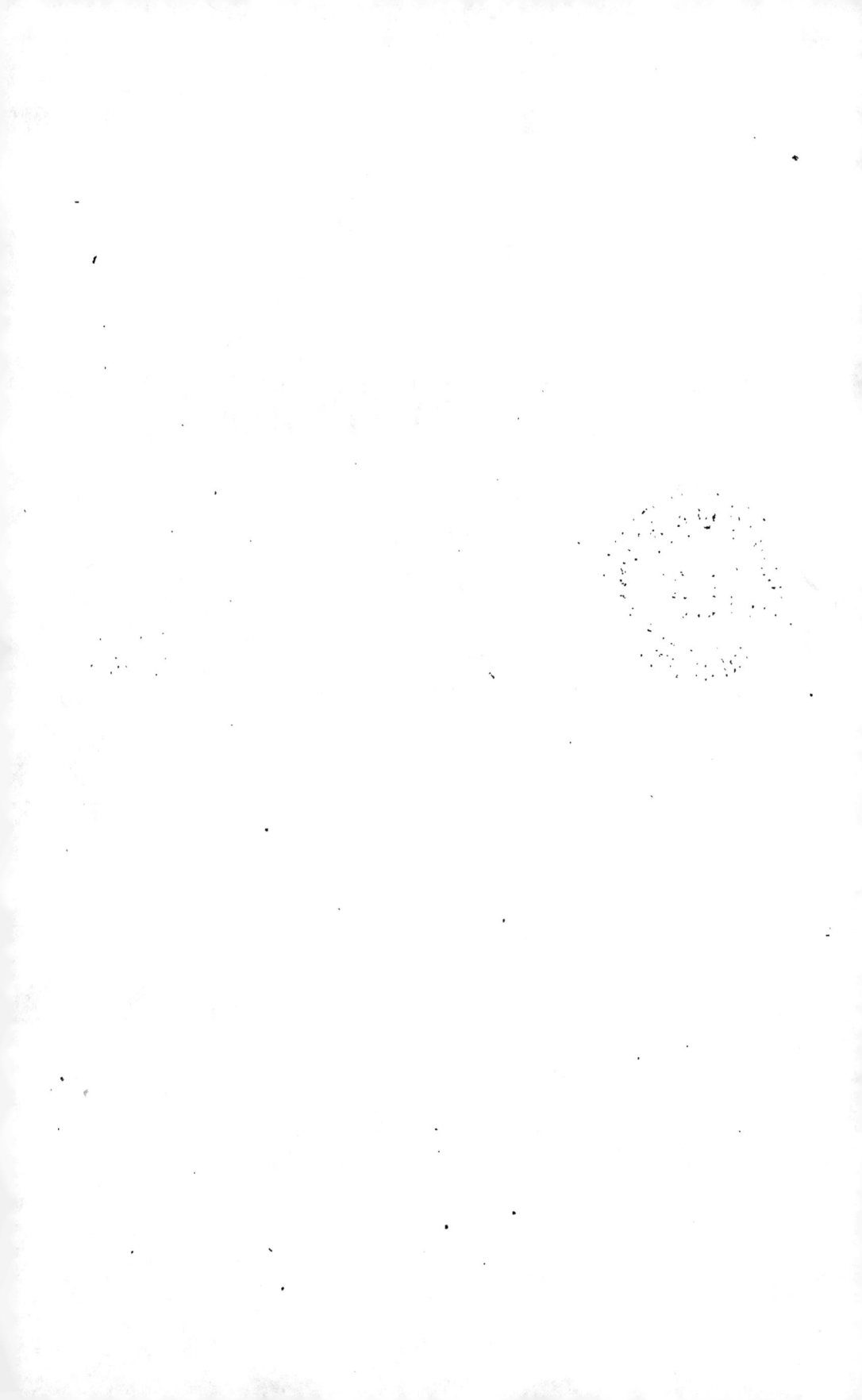

CATALOGUE

DE LA

BIBLIOTHÈQUE D'UN ORIENTALISTE

RÉDIGÉ ET PUBLIÉ

PAR

M. J. THONNELIER

MEMBRE DE LA SOCIÉTÉ ASIATIQUE DE PARIS.

TOME PREMIER.

PARIS

LIBRAIRIE A. FRANCK

ALB. L. HEROLD SUCCESSEUR.

1864.

TABLE DES DIVISIONS

DU TOME PREMIER.

PHILOSOPHIE.

Page

I. INTRODUCTION — HISTOIRE DE LA PHILO-
SOPHIE 1

II. VIES DES PHILOSOPHES 2

III. PHILOSOPHIE ANCIENNE.
Écoles et systèmes philosophiques — Œuvres des philosophes grecs et romains 3

IV. PHILOSOPHIE ORIENTALE 6

V. PHILOSOPHIE MODERNE 7

THÉOLOGIE.

I. INTRODUCTION — PHILOSOPHIE RELIGIEUSE
ANCIENNE ET MODERNE 8

II. RELIGIONS DIVERSES.
  1. RELIGIONS ÉTEINTES.
    PAGANISME 9

    A. MYTHOGRAPHES ANCIENS 10
    B. HISTOIRE GÉNÉRALE DES RELIGIONS DE L'ANTIQUITÉ . 11
    C. PRATIQUES ET USAGES RELIGIEUX DES ANCIENS . . . 12
    D. DIVINITÉS ET PERSONNAGES MYTHOLOGIQUES 13
    E. MYTHOLOGIES DIVERSES 13

Page

1. Égypte 13
2. Asie et Carthage 15
3. Europe.
    Grecs et Romains 17
    Germains, Gaulois, Peuples du Nord 20

2. RELIGIONS EXISTANTES.

A. *MONOTHÉISME.*

  I. JUDAÏSME.

    1. Introduction.

    Généralités — Bibliographie — Fondateurs —
    Histoire juive ancienne et moderne 22

    2. Livres sacrés.

      A. INTRODUCTION OU MASORE 27

      B. LIVRES.

        1. Bible (loi écrite).

          a. Texte 28
          b. Targums — Commentaires rabbi-
          .niques 29
        2. Talmud (loi orale ou traditionelle) . . 32

    3. Doctrine religieuse.

      a. Doctrine spéculative ou dogme 35
      b. Pratique ou liturgie 36

    4. Philosophie et morale 38
    5. Droit mosaïque 40
    6. Sectes 41

  II. CHRISTIANISME.

    1. Introduction.

      A. GÉNÉRALITÉS — HISTOIRE ECCLÉSIASTIQUE
      GÉNÉRALE ET DES PREMIERS SIÈCLES . . . 42
      B. MÉLANGES D'HISTOIRE ECCLÉSIASTIQUE — HÉ-
      RÉSIES ANCIENNES 47

    2. Preuves de la vérité de la religion chrétienne
    — Sa défense contre les Juifs, les Musul-
    mans, etc. 48

    3. Écriture sainte.

    a. Introduction.

      I. Généralités — Bibliographie — Recueils
      et Dictionnaires — Mélanges de philo-
      logie biblique 53

      II. Introductions générales à la Bible et par-
      ticulières à l'Ancien et au Nouveau Te-
      stament 59

      III. Haute critique — Authenticité des tex-
      tes sacrés 63

Page

IV. Critique verbale 65
    Ancien Testament 66
    Nouveau Testament 68

b. Livres saints
  I. Textes.

    A. ANCIEN TESTAMENT.
        a. Hébreu 69
        b. Grec des Septante 71

    B. NOUVEAU TESTAMENT 75

  II. Versions.

    A. POLYGLOTTES 77
    B. VERSIONS ANCIENNES.
      a. Ancien Testament.
        Versions orientales — syriaques . 80
        Version éthiopienne (faite sur le
          grec des Septante) . . . 82
        —— samaritaine (faite sur l'hé-
          breu — samaritain) . . 83
        —— copte, ou en dialecte de la
          Basse-Égypte (des 1ers siècles et
          faite sur le grec des Septante) 83
        Versions occidentales 85
      b. Nouveau Testament 86
        Versions orientales — syriaques et
          éthiopiennes 86
        Versions égyptiennes (copte ou de
          la Basse-Égypte — sahidique ou
          de la Haute-Egypte) 90
        Versions occidentales 91

    C. VERSIONS MODERNES.

      I. Introduction 92
      II. Bibles entières et Ancien Testament.
      Langues d'Europe 93
      Langues d'Asie, etc. 96
      III. Nouveau Testament.
      Langues d'Europe 99
      Langues d'Asie, etc. 101

III. Concordances — Extraits de la Bible . 106
c. Herméneutique.

  I. Généralités — Règles 109
  II. Sciences auxiliaires.

    A. PHILOLOGIE 110
    B. ARCHÉOLOGIE BIBLIQUE ET ORIENTALE 114
    C. GÉOGRAPHIE — HISTOIRE NATURELLE 116
    D. CHRONOLOGIE — HISTOIRE — BIO-
      GRAPHIE 122

III. Exégèse.   Page
   A. GÉNÉRALITÉS — BIBLES — ANCIEN TESTAMENT . 126
   B. NOUVEAU TESTAMENT 144
  d. Livres apocryphes de l'Ancien et du Nouveau Testament 152

4. Catholicisme.
  I. Introduction — Généralités.
   A. ÉGLISE LATINE D'OCCIDENT — HISTOIRE DES PAPES,
   DES INQUISITIONS, DU CLERGÉ ET DES ORDRES RELI-
   GIEUX MILITAIRES ET CIVILS 155
   B. ÉGLISE GRECQUE D'ORIENT ET SES DIVERSES SECTES . 159
  II. Autorités — Tradition.
   A. CONCILES, DÉCISIONS ET DISCIPLINE DE L'ÉGLISE . . 164
   B. SAINTS PÈRES 167
  III. Dogme et Théologie scolastique.
   A. GÉNÉRALITÉS ET TRAITÉS PARTICULIERS 175
   B. CATÉCHÉTIQUE ET ENSEIGNEMENT ÉLÉMENTAIRE . . . 180
  IV. Pratique.
   A. THÉOLOGIE MORALE ET PARÉNÉTIQUE OU SERMONAIRES 184
   B. CULTE PUBLIC — LITURGIE.
    a. Introduction — Généralités 191
    b. Liturgies romaine et gallicane 192
    c. Liturgies orientales.
     Grecs 195
     Syriens, Maronites, etc. 197
     Arabes et Coptes 198
   C. CULTE PRIVÉ OU THÉOLOGIE ASCÉTIQUE OU MYSTIQUE . 202

5. Histoire des superstitions et des schismes 208
6. Protestantisme.
   A. GÉNÉRALITÉS — PROTESTANTISME EN EUROPE . . 209
   B. PROTESTANTISME EN ORIENT 213

3. RELIGIONS DE L'ORIENT.
  (Introduction; Généralités; Recueils des livres sacrés de
  différents peuples) 215

III. MAHOMÉTISME.
  1. Introduction — Généralités — Histoire — Écrits des
  Chrétiens sur le Mahométisme 216
  2. Autorités.
   A. QORAN (LOI ÉCRITE).
    I. Introduction — Généralités — Histoire littéraire 221
    II. Texte 222
    III. Traductions 223
   B. SONNA (LOI ORALE) 226
  3. Doctrine religieuse.

Page
   a. Dogme 228
   b. Pratique (rites — Mystiques musulmans) 231
  4. Droit musulman 232
  5. Sectes 234

B. *POLYTHÉISME, PANTHÉISME, ETC.*

  I. FÉTICHISME, SABÉISME, MENDAISME 235
  II. MAGISME 236
  III. BRAHMANISME.
    1. Généralités 240
    2. Livres sacrés des Hindous.
      a. Vedas 242
      b. Lois de Manou 244
      c. Pouranas 245
      d. Epopées indiennes 245
    3. Jurisprudence des Hindous 247

  IV. BOUDDHISME ET RELIGIONS DE LA CHINE 247

III. MÉLANGES THÉOLOGIQUES 251

SCIENCES.

PREMIÈRE DIVISION — SCIENCES MATHÉMA-
  TIQUES ET NATURELLES.

  I. MATHÉMATIQUES 255

  II. ASTRONOMIE.
    a. Introduction — Histoire 259
    b. Zodiaques 259
    c. Astronomes anciens 262
    d. —— orientaux 264
    e. —— modernes 265
    f. Tables astronomiques 267
    g. Astrologie 268

  III. PHYSIQUE ET CHIMIE.
    a. Traités généraux et particuliers 268
    b. Chimie et Alchimie 272

  IV. HISTOIRE NATURELLE.
    1. *INTRODUCTION — GÉNÉRALITÉS* 273
    Histoire naturelle de différents pays.
      Europe 276
      Asie 277
      Afrique 277
      Amérique 278

2. *HISTOIRE NATURELLE PARTICULIÈRE.*

  A. GÉOLOGIE.

                                                       Page

    a. Généralités — Journaux — Mémoires de Sociétés savantes — Dictionnaires — Catalogues de collections 278

    b. Traités généraux — Manuels 280

    c. Théories et observations diverses 283

    d. Géologie particulière — Terrains et phénomènes divers — Mélanges 286

    e. Géologie géographique 288

      1. France 288

      2. Italie — Sicile 295

      3. Iles Britanniques 295

      4. Asie 296

    f. Eaux — Sources — Glaciers 296

    g. Eaux minérales 297

    h. Volcans et tremblements de terre 298

    i. Cartes géologiques — Coupes et vues 300

  B. PALÉONTOLOGIE 302

  C. MINÉRALOGIE.

    a. Introduction — Dictionnaires — Collections minéralogiques 304

    b. Traités généraux — Manuels 304

    c. Cristallographie 305

    d. Roches et espèces minérales diverses — Mélanges 306

    e. Géographie minéralogique 308

    f. Mines et métallurgie — Houilles — Salines . 308

    g. Pierres précieuses 309

  D. BOTANIQUE.

    a. Botanique générale 311

    b. Flores de divers pays 313

    c. Monographies botaniques 314

    d. Agriculture et Horticulture 314

  E. ZOOLOGIE.

    a. Zoologie générale 315

    b. Zoologie particulière 316

3. *ÉCARTS DE LA NATURE* 318

ADDITIONS ET CORRECTIONS

AU TOME PREMIER.

Au n° 109, page 17, *ajoutez l'opuscule suivant qui est relié dans le même volume:* D. Fried. Münter's Sendschreiben an Fried. Creuzer über einige sardische Idole. Eine Beylage zur 2ten Ausgabe der Religion der Karthager. *Kopenhagen, J. H. Schubothe*, 1822, pet. in-4. (28 *pag.* et 2 *pl.*).

Au n° 537, page 91, *ajoutez :* Gothicum glossarium quo pleraque argentei codicis vocabula explicantur atque ex linguis cognatis illustrantur. Præmittuntur ei gothicum, runicum, anglo-saxonicum, aliaque alphabeta; opera Franc. Junii. *Amstel., Janssonio-Wasbergii*, 1684, 1 vol. pet. in-4.

Page 92, ligne 16, au lieu de gearbeitet *lisez* umgearbeitet et au lieu de und der *lisez* und den.

Page 149, ligne 7, au lieu de geschichtlichen *lisez* geschichtlicher.

Ibid., ligne 8, au lieu de Untersuchungen *lisez* Untersuchung.

Page 158, ligne 36, au lieu de pères de la côte *lisez* près de la côte.

Page 183, ligne 26, au lieu de celui l'édition *lisez* celui de l'édition.

Page 200, ligne 25, au lieu de ⲀⲠⲦ *lisez* ⲨⲠⲦ.

Page 201, ligne 10, au lieu de seb'a *lisez* seba'.

Ibid., ligne 36, au lieu de Ⲯ𐍂 *lisez* ψⲓⲅ'.

Page 203, au titre arabe du n° 1248, supprimer l' ا inséré entre

لسب et با

Page 239, ligne 3, au mot Abbildungen *ajoutez :* III^{er} Band — Khorda Avesta, et ligne 4 au lieu de 1852—59, 2 vol., *lisez* 1852—63, 3 vol.

PHILOSOPHIE.

I. INTRODUCTION — HISTOIRE DE LA PHILOSOPHIE.

1. Allgemeines Handwörterbuch der philosophischen Wissenschaften nebst ihrer Literatur und Geschichte; nach dem heutigen Standpuncte der Wissenschaft bearbeitet und herausgegeben von Dr. Wilh. Traugott Krug. Zweyte verbesserte und vermehrte Auflage. *Leipzig, Brockhaus,* 1832—1834, tomes I—IV. — Supplément. *Ibid.*, 1838, tome V en 2 vol.; ensemble 6 vol. in-8.

2. Historia philosophiæ, vitas, opiniones resque gestas et dicta philosophorum sectæ cujusvis complexa, auctore Thomâ Stanleio, ex anglico sermone in latinum translata, emendata et variis dissertationibus atque observationibus passim aucta: accessit vita autoris. *Lipsiæ, Thom. Fritsch,* 1711, 1 vol. gr. in-4.

3. Fried. Aug. Carus, Ideen zur Geschichte der Philosophie. *Leipzig, Ambr. Barth,* 1809, 1 vol. gr. in-8.
   Exemplaire Letronne.

4. Manuel de l'histoire de la Philosophie, traduit de l'allemand de Tennemann, par V. Cousin; seconde édition. *Paris, Ladrange,* 1839, 2 vol. in-8.

5. Handbuch der Geschichte der Griechisch-Römischen Philosophie, von Chr. Aug. Brandis. *Berlin, Reimer, 1835—1857*. Band I und II, 1. und 2. Abtheilung, en 4 vol. in-8.

6. Historia philosophiæ græco-romanæ ex fontium locis contexta; locos colligerunt, disposuerunt, notis auxerunt H. Ritter, L. Preller; edidit L. Preller. *Hamburgi, Frid. Perthes, 1838*, 1 vol. in-8.

II. VIES DES PHILOSOPHES.

7. Diogenis Laertii De vitis, dogmatibus, et apophthegmatibus clarorum philosophorum libri X, græce et latine; cum subjunctis integris annotationibus Is. Casauboni; latinam Ambrosii versionem complevit et emendavit Marc. Meibomius. Seorsum excusas Æg. Menagii in Diogenem observationes auctiores habet vol. II, ut et ejusdem Syntagma de mulieribus philosophis et Joach. Kühnii ad Diogenem notas. Additæ denique sunt priorum editionum præfationes et indices locupletissimi. *Amstelod., Henr. Wetstenius, 1692*, 2 vol. gr. in-4. fig.

8. Ἰαμβλίχου Χαλκίδεως τῆς Κοίλης Συρίας περὶ βίου Πυθαγορικοῦ λόγος. Jamblichi Chalcidensis, ex Cœle-Syria, de vita Pythagorica liber gr. et lat. ex cod. ms. a quamplurimis mendis, quibus editio Arceriana scatebat, purgatus, notisque perpetuis illustratus a Ludolpho Kustero. Versionem latin. græco textui adjunctam confecit Ulr. Obrechtus, accedit Malchus sive Porphyrius de vitâ Pythagoræ cum notis Lucæ Holstenii et Conr. Rittershusii, itemque anonymus apud Photium de vitâ Pythagorae. *Amstelodami, Christ. Petzoldus, 1707*, 1 vol. pet. in-4. fig.

9. Lud. Casp. Valckenærii diatribe de Aristobulo Judæo, philosopho peripatetico Alexandrino. Edidit, præfatus est et lectionem publicam Petri Wesselingii adjunxit Joan. Luzac. *Lugd.-Batav., S. et J. Luchtmans, 1806*, 1 vol. in-4.

10. Disputatio historico-critica de Panætio Rhodio, philosopho stoico, quam, præside Dan. Wyttenbach, ad publicam disceptationem proponit F. G. van Lynden. *Lugd.-Bat., Abrah. et Janus Honkoop, 1802*, 1 vol. in-8.

> A la fin du vol. se trouve l'analyse de ce même ouvrage par Chardon La Rochette. Extr. du Magazin Encyclopédique, année IX, tom. 4. (31 *pages*).

III. PHILOSOPHIE ANCIENNE.

ÉCOLES ET SYSTÈMES PHILOSOPHIQUES — ŒUVRES DES PHILOSOPHES GRECS ET ROMAINS.

11. Histoire de l'école d'Alexandrie, par Matter, 2e édition. *Paris, Firmin Didot,* 1840—1848, 3 vol. in-8.

12. Histoire critique de l'école d'Alexandrie, par E. Vacherot. *Paris, Ladrange,* 1846—1851, 3 vol. in-8.

13. De l'école d'Alexandrie; rapport à l'académie des sciences morales et politiques; précédé d'un essai sur la méthode des Alexandrins et le mysticisme, et suivi d'une traduction de morceaux choisis de Plotin, par J. Barthélemy Saint-Hilaire. *Paris, Ladrange,* 1845, 1 vol. in-8.

14. Hieroclis philosophi Alexandrini in aurea carmina commentarius, græc. et lat. Græca accuratius nunc recognita et ad mss. codd. fidem exacta, plurimisque in locis e Gudiana Medicæi codicis collatione emendata, una cum notis subjunctis edidit R. W. (Waren) S. T. P. *Londini, Jac. Bettenham,* 1742, 1 vol. in-8.

15. La vie de Pythagore, ses symboles, ses vers dorés; la vie d'Hiérocles et ses Commentaires sur les vers de Pythagore rétablis sur les manuscrits et traduits en français, avec des remarques, par M. Dacier. *Paris, Rigaud,* 1706, 2 vol. in-12.

16. Ocellus Lucanus, de la nature de l'univers. (Texte grec) avec la traduction française et des remarques, par l'abbé Batteux. *Paris, Saillant,* 1768. = Timée de Locres, de l'âme du monde. (Texte grec) avec la traduction française et des remarques, par le même. *Ibid.,* 1768. = Lettre d'Aristote à Alexandre sur le système du monde. (Texte grec) avec la traduction française et des remarques, par le même. *Ibid.,* 1768, 3 tom. en 1 vol. in-8.

17. Timée de Locres, en grec et en français, avec des dissertations sur les principales questions de la métaphisique, de la phisique et de la morale des anciens; qui peuvent servir de suite et de conclusion à la philosophie du bon sens, par Mr le marquis d'Argens. *A Berlin, Haude et Spener,* 1763, 1 vol. pet. in-8.

1*

18. Histoire des causes premières ou exposition sommaire des pensées des philosophes sur les principes des êtres, par M. l'Abbé Batteux. *Paris, Saillant*, 1769, 1 vol. in-8.

19. Ἀπολογία Σωκράτους κατὰ Πλάτωνα καὶ Ξενοφῶντα. Apologie de Socrate d'après Platon et Xénophon, avec des remarques sur le texte grec et la traduction française, par F. Thurot. *Paris, Firmin Didot*, 1806, 1 vol. in-8.

20. Ξενοφῶντος ἀπομνημονευμάτων Σωκράτους Βίβλοι Δ. Xenophontis memorabilium Socratis dictorum atque factorum libri IV; recensuit Chr. Godofr. Schütz. *Halæ, J. J. Gebauer*, 1780, 1 vol. pet. in-8.

21. Πλάτωνος ἅπαντα τὰ σωζόμενα. Platonis opera quæ exstant omnia. Ex nova Joan. Serrani interpretatione; perpetuis ejusdem notis illustrata; quibus et methodus et doctrinæ summa breviter et perspicuè indicatur. Ejusd. annotationes in quosdam suæ illius interpretationis locos, Henr. Stephani de quorundam locorum interpretatione judicium et multorum contextus græci emendatio. 1578, *excudebat Henr. Stephanus;* 3 vol. in-folio.

22. OEuvres complètes de Platon, traduites du grec par Victor Cousin. *Paris, Bossange frères et Rey et Gravier*, 1822—40, 13 vol. in-8.

23. Τιμαίου σοφιστοῦ λεξικὸν περὶ τῶν παρὰ Πλάτωνι λέξεων. Timæi Sophistæ lexicon vocum Platonicarum, ex cod. ms. Sangermanensi nunc primùm edidit atque animadversionibus illustravit David Ruhnkenius; editio secunda multis partibus locupletior. *Lugd.-Batav., Sam. et Jo. Luchtmans*, 1789, 1 vol. in-8.

24. Aristotelis opera omnia quæ extant, græc. et lat., veterum ac recentiorum interpretum ut Adr. Turnebi, Is. Casauboni, Jul. Pacii studio emendatissima, cum Kyriaci Strozæ patricii Florentini libris duobus græcolatinis de Republica in supplementum Politicorum Aristotelis .... Accessit brevis ac perpetuus in omnes Aristotelis libros commentarius sive synopsis analytica doctrinæ peripateticæ .... in qua, ut in expeditiore tabella, Aristotelis philosophia omnis .... perspicue breviterque indicatur .... Authore Guill. Du Val Pontesiano, cum tribus indicibus. *Lutetiæ — Parisiorum, typ. reg.*, 1619, 2 vol. in-folio.

25. Recherches critiques sur l'âge et l'origine des traductions latines d'Aristote et sur des commentaires
grecs ou arabes employés par les docteurs scholastiques,
par Am. Jourdain; nouvelle édition revue par Ch. Jourdain. *Paris, Joubert*, 1843, in-8.

26. Maximi Tyrii dissertationes (græc. et lat.), ex recensione Joan. Davisii. Editio altera ad duos codd. mss.
emendata notisque locupletioribus aucta, cui accesserunt Jer. Marklandi annotationes, recudi curavit et anno-
tatiunculas de suo addidit Jo. Jac. Reiske. *Lipsiæ, Gottl.
Theoph. Georgius*, 1774 et 1775, 2 tom. en 1 vol. in-8.

27. Dissertations de Maxime de Tyr, philosophe plato-
nicien, traduites sur le texte grec, avec des notes critiques, historiques et philosophiques, par J. J. Combes-
Dounous. *Paris, Bossange*, an XI (1802), 2 vol. in-8.,
pap. fort.

28. Πορφυρίου φιλοσόφου πρὸς Μαρκέλλαν. Porphyrii philosophi ad Marcellam, invenit, interpretatione notisque
declaravit Ang. Maius. Accedit ejusdem Porphyrii
poeticum fragmentum. *Mediolani, reg. typis*, 1816. =
De Philonis Jud. et Eusebii Pamphili scriptis ineditis
aliorumque libris ex armeniaca lingua convertendis dissertatio, cum ipsorum operum Philonis et præsertim
Eusebii speciminibus, scribente Ang. Maio ex notitia
sibi ab armeniacorum codd. dominis impertita. *Ibid.*,
1816, 1 vol. gr. in-8.

29. Ἰαμβλίχου Χαλκιδέως τῆς Κοίλης Συρίας λόγος προ-
τρεπτικὸς εἰς φιλοσοφίαν. Jamblichi Chalcidensis ex
Cœle-Syria adhortatio ad philosophiam. Textum ad
fidem codd. mss. recensuit, interpretatione latina partim nova et animadversionibus instruxit M. Theoph.
Kiessling. *Lipsiæ, Vogelius*, 1813, 1 vol. in-8.

30. Posidonii Rhodii (vita et) reliquiæ doctrinæ; collegit
atque illustravit Jan. Bake. Accedit D. Wyttenbachii
annotatio. *Lugd.-Batav., Haak et socii*, 1810, 1 vol.
in-8., pap. de Hollande.

31. OEuvres complètes de l'Empereur Julien, traduites
pour la première fois du grec en français, accompagnées d'arguments et de notes, et précédées d'un
abrégé historique et critique de sa vie, par R. Tourlet.
Paris, l'auteur, 1821, 3 vol. in-8.

32. M. Tullii Ciceronis opera philosophica ex recensione Joan. Davisii et cum ejus commentario, edidit R. G. Rath. *Halis-Saxonum; Car. Aug. Kümmelius,* 1804—1809, 5 vol. in-8.

Exemplaire Letronne.

33. L. Annæi Senecæ opera quæ exstant, integris J. Lipsii, J. Frid. Gronovii, selectis variorum commentariis illustrata. Accedunt Liberti Fromondi in quæstionum naturalium libros et ἀποκολοκύντωσιν notæ et emendationes. *Amstelodami, Dan. Elzevir,* 1672, 3 vol. in-8.

34. OEuvres de Sénèque le philosophe, traduites en français par La Grange, avec des notes de critique, d'histoire et de littérature. *Paris,* an III (1795), 6 vol. in-8. avec portr.

IV. PHILOSOPHIE ORIENTALE.

35. Die Philosophie im Fortgang der Weltgeschichte, von Carl Jos. Hieron. Windischmann. Erster Theil: Die Grundlagen der Philosophie im Morgenland. I.—IV. Abtheil. *Bonn, Marcus,* 1827—34, 3 vol. in-8.

36. Geschichte unserer abendländischen Philosophie. Erster Band: Die Ägyptische und die Zoroastrische Glaubenslehre als die ältesten Quellen unserer spekulativen Ideen, von Dr. Eduard Roth. *Mannheim, Fried. Bassermann,* 1846, 1 vol. gr. in-8.

37. Histoire de la philosophie, par l'abbé J. B. Bourgeat. Philosophie orientale. *Paris et Lyon, Hachette et Brun,* 1850, 1 vol. in-8.

38. Averroës et l'Averroïsme. Essai historique par Ernest Renan. *Paris, Durand,* 1852, 1 vol. in-8.

39. Documenta philosophiæ Arabum; ex codd. mss. primus edidit, latine vertit, commentario illustravit Dr. Aug. Schmœlders (lat. et arab.). *Bonnæ, Ed. Weber,* 1836, 1 vol. in-8.

Le texte arabe n'est par en regard du Latin; il a pour titre رسايل فلسفيه.

40. Le Livre d'Abd-el-Kader intitulé : Rappel à l'intel-
ligent; avis à l'indifférent. Considérations philosophiques, religieuses, historiques, etc., par l'Émir Abd-
el-Kader, traduites avec l'autorisation de l'auteur, sur
le manuscrit original de la bibliothèque impériale, par
Gustave Dugat, avec une lettre de l'emir, une introduction et des notes du traducteur. *Paris, Benj. Duprat*, 1858, 1 vol. in-8.

V. PHILOSOPHIE MODERNE.

41. OEuvres philosophiques et politiques de Thomas Hob-
bes. *Neufchâtel, Société typographique*, 1787, 2 vol.
in-8. portr.
42. OEuvres complètes d'Helvétius. *Paris, Impr. de Didot
l'aîné* (an III de la République = 1795), 14 vol. in-18.,
pap. vélin.
43. Philosophie de l'univers. Troisième édition augmentée
de plusieurs notes et d'une table des matières. *Paris,
Goujon* (an VII), 1 vol. in-8., avec le portrait de l'auteur, feu M. Dupont de Nemours.
44. Benedicti de Spinoza opera quæ supersunt omnia, iterum edenda curavit, præfationes, vitam auctoris, nec
non notitias quæ ad historiam scriptorum pertinent
addidit Henr. Eberh. Gottlob Paulus. *Jenæ, in bibliopolio academico,* 1802 et 1803, 2 vol. in-8., portr.

THÉOLOGIE.

I. INTRODUCTION — PHILOSOPHIE RELIGIEUSE ANCIENNE ET MODERNE.

45. Philosophus autodidactus sive Epistola Abi Jaafar Ebn Tophaïl de Hai Ebn Yokdhan, in quâ ostenditur quomodo ex inferiorum contemplatione ad superiorum notitiam ratio humana accedere possit; ex arabica in latinam linguam versa ab Edv. Pocockio. Editio secunda priori emendatior. *Oxonii, e theatro Sheldoniano,* 1700, 1 vol. pet. in-4., fig.

    (Arabe et Latin.)

46. Πλάτωνος Φαίδων. Platonis Phaedon, explanatus et emendatus prolegomenis et annotatione Dan. Wyttenbachii. *Lugd.-Batav., Haakii,* 1810, 1 vol. in-8.

47. Plato, his apology of Socrates, and Phædo or dialogue concerning the immortality of man's soul and manner of Socrates, his death : carefully translated from the Greek, and illustrated by reflections upon both the Athenians laws and ancient rites and traditions concerning the soul, therein mentioned. *London, J. Mayne and Rich. Bentley,* 1675, 1 vol. in-8.

48. M. Tullii Ciceronis de naturâ deorum libri tres, cum notis integris Pauli Manutii, Petri Victorii, Jo. Camerarii, Dion. Lambini, Fulv. Ursini et Jo. Walkeri, recensuit, suisque animadversionibus illustravit ac ema-

culavit Joan. Davisius. Editio nova. *Oxonii, è typogr. Clarendoniano*, 1807, 1 vol. gr. in-8.

49. M. Tullii Ciceronis libri de divinatione et de fato, recensuit et suis animadversionibus illustravit ac emendavit Joannes Davisius. Editio secunda melior et emendatior. *Cantabrigiæ, typis academ.*, 1730, 1 vol. in-8.

50. Ερμου του Τρισμεγιστου Ποιμανδρης. Ασκληπιου οροι προς Αμμονα βασιλεα. Mercurii Trismegisti Poemander, seu de potestate ac sapientia divina. Esculapii definitiones ad Ammonem regem, gr. et lat. (Marsilio Ficino interprete). *Parisiis, Adr. Turnebus*, 1554, 1 vol. pet. in-4.

Exemplaire ayant appartenu à Mr Boissonnade et contenant beaucoup de notes écrites de sa main sur le texte grec.

51. Mercurii Trismegisti Pimandras utraque lingua (gr. et lat.) restitutus D. Franc. Flussatis Candallæ industria. *Burdigalæ, Simon Millangius*, 1574, 1 vol. pet. in-4.

52. Hermetis Trismegisti Pœmander; ad fidem codd. manuscriptorum recognovit (cum interpretatione latinâ) Gustav. Parthey. *Berolini, Nicolai*, 1854, 1 vol. in-8.

53. Il Pimandro di Mercurio Trismegisto, tradotto da Tommaso Benci in lingua Fiorentina. *In Firenze*, 1548, 1 vol. pet. in-8.

54. Πλουταρχου περι των υπο του θειου βραδεως τιμωρουμενων. Plutarchi liber de sera numinis vindicta. Accedit fragmentum eidem vindicatum apud Stobæum (gr. et lat.). Recensuit, emendavit, illustravit Daniel Wyttenbach. *Lugd.-Batav., S. et J. Luchtmans*, 1772, 1 vol. in-8.

55. Essai sur l'immortalité de l'âme et sur la résurrection, par le marquis de Fortia d'Urban. *Paris, Fournier*, 1835, 1 vol. in-12.

II. RELIGIONS DIVERSES.

1. RELIGIONS ÉTEINTES.

PAGANISME.

56. Les religions du monde ou démonstration de toutes les religions et hérésies de l'Asie, Afrique, Amérique et de l'Europe, depuis le commencement du monde

jusqu'à présent, escrites par le Sr Alexandre Ross et trad. par Thomas La Grue, enrichy partout de fig. en taille douce. *Amsterdam, Jean Schipper,* 1666, 1 vol. in-4., fig.

A. MYTHOGRAPHES ANCIENS.

57. Historiæ poeticæ scriptores antiqui: Apollodorus Atheniensis; Conon grammaticus; Ptolemæus Hephæst. F.; Parthenius Nicæensis; Antoninus Liberalis; græce et latine; accessere breves notæ et indices necessarii. *Parisiis, Muguet,* 1675, 1 vol. pet. in-8.

> Dans ce même volume se trouve la dissertation *de scriptoribus mythologicis* de Th. Gale.

58. Opuscula mythologica physica et ethica; græce et latine. (edente Th. Gale). *Amstelodami, H. Wetstenius,* 1688, 1 vol. in-8.

59. Ἀπολλοδώρου τοῦ Ἀθηναίου .... βιβλιοθήκης .... βιβλία γʹ. Apollodori Atheniensis grammatici Bibliotheces, sive de Deorum origine, libri tres (gr.); Benedicto Aegio Spoletino interprete. Hanc editionem Hieronymus Commelinus recensuit, plerisque in locis mss. ope emendatiorem reddidit, ac notis variis ex collatione veterum exemplarium sed præcipue Palat. illustravit, accessit rerum ac verborum copiosissimus index. *Ex officina Commeliniana,* 1599, 1 vol. pet. in-8.

60. Apollodori Atheniensis Bibliothecæ libri tres (gr.) et fragmenta : curis secundis illustravit Chr. G. Heyne. *Gottingæ, Henr. Dietrich,* 1803, 2 tom. en 1 vol. in-8.

61. Ἀπολλοδώρου τοῦ Ἀθηναίου βιβλιοθήκη. Bibliothèque d'Apollodore l'Athénien; traduction nouvelle, avec le texte grec revu et corrigé, des notes et une table analytique, par E. Clavier. *Paris, Delance et Lesueur,* an XIII (1805), 2 vol. in-8.

62. Ἀντωνίνου Διβέραλις μεταμορφώσεων συναγωγή. Antonini Liberalis transformationum congeries, interprete Guill. Xylandro. Th. Munckerus recensuit et notas adjecit (græc. et lat.). *Amstelodami, Janssonius Wæsbergius,* 1676, 1 vol. in-12., front. gravé.

63. Ἀντωνίνου Διβέραλις μεταμορφώσεων συναγωγή. Antonini Liberalis transformationum congeries, interprete

Guill. Xylandro, cum Th. Munckeri notis, quibus suas
adjecit Henr. Verheyk (gr. et lat.). *Lugd.-Batav., Sam.
et Joa. Luchtmans,* 1774, 1 vol. in-8.

B. HISTOIRE GÉNÉRALE DES RELIGIONS DE L'ANTIQUITÉ.

64. Erste Urkunden der Geschichte oder allgemeine Mythologie, von Joh. Arn. Kanne; mit einer Vorrede von
Jean Paul. *Baireuth, Johann Andreas Lubecks Erben,*
1808, 2 part. en 1 vol. in-8. (notes mss.).

    Exemplaire Klaproth.

65. Origine de tous les cultes ou Religion Universelle,
par Dupuis, de l'Institut. Édition nouvelle revue sur
les manuscrits de l'auteur, augmentée de recherches
nouvelles sur les Pélasges, sur le Phénix, sur le calendrier chronologique et mythologique, sur le Zodiaque
de Tentyra ..... ornée de son portrait et enrichie d'un
atlas composé de 24 planches, avec une notice sur
la vie et les ouvrages de l'auteur et une table alphabétique des matières, par M. R. R. P. Auguis. *Paris,
Louis Rosier,* 1834—36, 10 vol. in-8. et atlas gr. in-4.

66. Abrégé de l'origine de tous les cultes, par Dupuis,
citoyen français. *Paris, Agasse,* an VI, 1 vol. in-8.

67. Religions de l'antiquité considérées principalement
dans leurs formes symboliques et mythologiques, traduit de l'allemand de Fr. Creuzer par Guigniaut. *Paris,
Treuttel et Würtz,* 1825—1841, 4 tomes en 10 vol.
in-8., figures.

    Bel exemplaire auquel sont ajoutés les trois opuscules sui-
vants de M. Guigniaut. — 1° Sérapis et son origine; cf. N° 95
ci après. — 2° De la Théogonie d'Hésiode. Dissertation de
philosophie ancienne. *Paris, Rignoux,* 1835 (40 pag.). — De
῾Ερμοῦ, seu Mercurii mythologia, commentatio ad litterarum
et artium archæologiam pertinens. *Lutetiæ — Parisiorum, Rignoux,* 1835 (28 pag.).

68. Ideen zu einer allgemeinen Mythologie der alten Welt,
von Joh. Jak. Wagner. *Frankfurt am Main, Andréa,*
1808, 1 vol. in-8.

69. Essai de mythologie comparée traduit de l'anglais de
Mr Max Müller. *Paris, Durand,* 1859, in-8. (100 pag.).

70. La Mythologie et les fables expliquées par l'histoire,
par l'abbé Banier. *Paris, Briasson,* 1738, 3 vol. in-4.

71. Pantheum mythicum seu fabulosa deorum historia
hoc epitomes eruditionis volumine breviter dilucide que
comprehensa, auctore P. Franc. Pomey, e Soc. J. Editio
octava .... *Amstelodami, Schonenburg,* 1730, 1 vol.
pet. in-8., fig.

72. Dictionnaire de la fable ou Mythologie grecque, latine, égyptienne, celtique, persanne, syriaque, indienne,
chinoise, mahométanne, rabbinique, slavone, scandi-
nave, africaine, américaine, iconologique, etc. ....., par
Fr. Noël. 3me Édition revue, corrigée et considérablement
augmentée. *Paris, Lenormant,* 1810, 2 vol. in-8., fig.

73. Vollständiges Wörterbuch der Mythologie aller Völker.
Eine gedrängte Zusammenstellung des Wissenswürdig-
sten aus der Fabel und Götterlehre der Völker der alten
und neuen Welt, von Dr. W. Vollmer. Zweite Auflage
völlig umgearbeitet von Professor Kern. Mit 1 Stahl-
stich und 120 Kupfertafeln. *Stuttgart, Scheitlin und
Krais,* 1851, 1 vol. gr. in-8., fig.

C. PRATIQUES ET USAGES RELIGIEUX DES ANCIENS.

74. Joh. Baptistæ Casalii Romani de profanis et sacris
veteribus ritibus. Opus tripartitum cujus prima pars
agit de profanis Aegyptiorum ritibus, etc., secunda
pars agit de profanis Romanorum ritibus, etc., tertia
pars agit de sacris christianorum ritibus, etc. etc. Editio post romanam, omnium prima quæ in Germania
prodiit, ænæis tabulis ornata, accedunt indices ....
copiosissimi et accuratissimi. *Francofurti et Hannoveræ,
Th. Henr. Hauensteinius,* 1681, 1 vol. pet. in-4., fig.

    La 3e partie relative aux chrétiens manque à cet exemplaire.

75. Recherches historiques et critiques sur les mystères
du paganisme, par le baron de Sainte-Croix; seconde
édition revue et corrigée par Mr Silvestre de Sacy.
Paris, De Bure frères, 1817, 2 vol. in-8., avec plans.

76. Recherches sur les initiations anciennes et modernes,
par l'abbé R(obin). *Amsterdam et Paris, Valleyre,* 1779,
1 vol. in-12.

77. Antonii Van Dale M. D. de oraculis ethnicorum dissertationes duæ, quarum prior de ipsorum duratione
ac defectu, posterior de eorundem auctoribus: accedit

et schediasma de consecrationibus ethnicis. *Amst., Henric. et vid. Theod. Boom*, 1683, 1 vol. pet. in-8., fig.

78. Mémoire sur les oracles des anciens, par Clavier. *Paris, Bobée,* 1818, 1 vol. in-8.

79. Servatii Gallæi dissertationes de Sybillis earumque oraculis, cum figuris æneis. *Amstel., Henr. et vid. Theod. Boom,* 1688, 1 vol. pet. in-4., fig. — Σιβύλλιακοι χρησμοί, hoc est, Sibyllina oracula ex veteribus codicibus emendata ac restituta et commentariis diversorum illustrata, opera et studio Servatii Gallæi; accedunt etiam oracula magica Zoroastris, Jovis, Apollinis, etc., Astrampsychi Oneiro-criticum, etc. græce et lat., cum notis variorum. *Ibid.,* 1689, 1 vol. pet. in-4.

D. DIVINITÉS ET PERSONNAGES MYTHOLOGIQUES.

80. Galerie mythologique (en allemand, en français et en anglais), gravée par Stoeber, avec une introduction et des explications. *Berlin, Klemann,* 1 vol. in-8., figures.

81. Bilderbuch für Mythologie, Archäologie und Kunst, herausgegeben von A. Hirt. I^{es} und IIes Heft. *Berlin, Sander,* 1805—1816, 2 tomes en 1 vol. in-4., avec planches.

82. Vorschule der Kunst-Mythologie, von Dr. Emil Braun. *Gotha, Just. Perthes,* 1854, 1 vol. gr. in-4., avec fig. gravées.

E. MYTHOLOGIES DIVERSES.

1. ÉGYPTE.

83. Darstellung der Aegyptischen Mythologie, verbunden mit einer kritischen Untersuchung der Ueberbleibsel der ägyptischen Chronologie von J. C. Prichard, übersetzt und mit Anmerkungen begleitet von L. Hayman. Nebst einer Vorrede von A. W. von Schlegel. *Bonn, Weber,* 1837, 1 vol. in-8.

84. Nouveaux essais sur les hiéroglyphes ou figures symboliques et sacrées des Égyptiens et des Grecs, utiles à l'intelligence des monuments mythologiques des autres peuples, ornés de figures, par Alexandre Lenoir. *Paris, Nepveu,* 1809—1821, 4 vol. in-8., avec planch.

85. Pauli Ern. Jablonski Pantheon Aegyptiorum, sive de
Diis eorum commentarius, cum prolegomenis de reli-
gione et theologiâ Aegyptiorum. *Francof. ad Viadrum,
Kleyb,* 1750—1752, 3 vol. in-8.

86. Ἰαμβλίχου Χαλκίδεως τῆς Κοίλης Συρίας περὶ μυστη-
ρίων λόγος. Jamblichi Chalcidensis ex Cœle-Syria de
mysteriis liber. Præmittitur epistola Porphyrii ad Ane-
bonem Ægyptium eodem argumento. Th. Gale anglus
græce nunc primum edidit, latine vertit et notas adjecit. *Oxonii, e theatro Sheldon.,* 1678, 1 vol. pet.
in-fol.

87. Das Buch von den ägyptischen Mysterien. Zur Geschichte der Selbstauflösung des heidnischen Hellenen-
thums, von A. von Harless. *München, Cotta,* 1858,
1 vol. in-8.

88. Hermanni Witsii Ægyptiaca et δεκάφυλον, sive de Ægyptiorum sacrorum cum hebraicis collatione libri tres, et
de decem tribubus Israëlis liber singularis. Accessit diatribe de legione fulminatrice Christianorum sub Imp.
Marco Aurelio Antonino. *Basileæ, Rudolph. im-Hoff,*
1739, 1 vol. pet. in-4.

89. Πλουτάρχου περὶ Ἴσιδος καὶ Ὀσίριδος. Plutarchi de
Iside et Osiride liber, græce et anglice. Græca recensuit, emendavit, commentario auxit, versionem novam
anglicanam adjecit Samuel Squire. Accesserunt Xylandri, Baxteri, Bentleii, Marklandi conjecturæ et emendationes. *Cantabrigiæ, typis academicis* (1744), 1 vol.
gr. in-8.

90. Plutarch über Isis und Osiris, nach neu verglichenen
Handschriften, mit Uebersetzung und Erläuterungen herausgegeben von Gustav Parthey. *Berlin, Nicolai,* 1850,
1 vol. in-8.

91. Laur. Pignorii Mensa isiaca, qua sacrorum apud Ægyptios ratio et simulacra subjectis tabulis æneis simul
exhibentur et explicantur. Accessit ejusdem authoris
de magna deum matre discursus, et sigillorum, gemmarum, amuletorum aliquot figuræ et earundem ex
Kirchero Chifletioque interpretatio, nec non Jac. Phil.
Tomasini manus ænea (Cecropii votum referens), et de
vita rebusque Pignorii dissertatio. *Amstelod., Frisius,*
1670, 1 vol. in-4., fig.

92. Characteres Aegyptii, hoc est, sacrorum quibus Aegyptii utuntur simulachrorum accurata delineatio et explicatio, qua antiquissimarum superstitionum origines, progressiones, ritusque, ad Barbaram, Græcam et Romanam historiam illustrandam, enarrantur et multa scriptorum veterum loca explicantur atque emendantur. Authore Laurentio Pignorio Patavino; accessit ab eodem auctarium, in quo ex antiquis sigillis, gemmisque selectiora quædam ejus generis et veterum hæreticorum amuleta exhibentur; omnia in æs incisa et in lucem emissa per Joan. Theodorum et Joan. Israelem de Bry fratres germanos. *Francofurti, typis Matthiæ Beckeri,* 1608, 1 vol. pet. in-4., fig.

93. Nouvel essai sur la table Isiaque, avec gravures, par Alexandre Lenoir. *Paris,* 1809, 1 vol. in-8., avec planches.

94. Des mystères d'Isis, par T. P. Boulage, ouvrage posthume. *Paris, Delestre-Boulage,* 1820, in-8. (150 *pages*).

95. Le dieu Sérapis et son origine, ses rapports, ses attributs et son histoire, par J. D. Guigniaut. Dissertation jointe aux notes du tome V des OEuvres complètes de Tacite par J. L. Burnouf, et pouvant servir d'appendice aux éclaircissements du tome I des Religions de l'antiquité, d'après Creuzer. *Paris, L. Hachette,* 1828, in-8., pap. vel. broch. (28 *pages*).

96. Pauli Ern. Jablonski de Memnone Græcorum et Ægyptiorum, hujusque celeberrima in Thebaïde statua, syntagmata III. *Francof. ad Viadr., Kleyb,* 1753, 1 vol. pet. in-4., fig.

97. De cultu animalium inter Aegyptios et Judæos commentatio ex recondita antiquitate illustrata a Johann Heinrich Schumacher. *Brunsvigiis, Meisneriani,* 1773, pet. in-4. (64 *pages*).

98. Frid. Sam. de Schmidt. Dissertatio de sacerdotibus et sacrificiis Aegyptiorum. *Tubingæ, Cotta,* 1768, 1 vol. pet. in-8.

2. ASIE ET CARTHAGE.

99. Die altorientalischen Religionsstaaten, von Eduard Wippermann. *Marburg, Elwert,* 1851, in-8. (148 *pages*).

100. Andeutungen eines Systems der Mythologie ent-
wickelt aus der priesterlichen Mysteriosophie und Hiero-
logie des alten Orients, von F. Nork. *Leipzig*, 1850,
in-8., broch.

101. Superstitions orientales ou tableau des erreurs et
des superstitions des principaux peuples de l'Orient,
de leurs mœurs, de leurs usages et de leur législation; ouvrage orné de gravures et propre à servir de
suite aux Cérémonies religieuses des peuples du Monde,
etc., par une Société de gens de Lettres (par Poncelin).
Paris, Leroy, 1785, 1 vol. in-folio, fig.

102. OEuvres diverses contenant : Essai sur l'histoire du
Sabéisme, auquel on a joint un catéchisme qui contient
les principaux dogmes de la religion des Druses, par
le B. de Bock. 1re partie. — Mémoire historique sur le
peuple nomade appelé en France Bohémien, et en Allemagne Zigeuner, avec un vocabulaire comparatif des
langues indiennes et bohémienne, trad. de l'allemand
de Grellmann, par de Bock. 2e partie. *Metz, Lamort,*
1788, 1 vol. in-12., fig.

103. Joannis Seldeni de diis Syris syntagmata II. Ad-
versaria nempe de numinibus commentitiis in veteri
instrumento memoratis; accedunt fere quæ sunt reliqua
Syrorum. Prisca porro Arabum, Ægyptiorum, Persarum, Afrorum, Europæorum item theologia subinde
illustratur. Editio ..... omnium novissima, additamentis et indicibus copiosissimis locupletata, opera Andr.
Beyeri. *Amstelodami, H. et Theod. Boom,* 1680, 1 vol.
pet. in-8.

104. Sanchoniatonis Berytii quæ feruntur fragmenta de
cosmogonià et theologià Phœnicum, græce versa a Philone Byblio, servata ab Eusebio Cæsariensi, præpara-
tionis evangelicæ libro I, cap. VI et VII; græce et latine;
recognovit, emendavit, notis selectis Scaligeri, Bocharti,
Vossii, Cumberlandi aliorumque permultorum, suisque
animadversionibus illustravit Joh. Conradus Orellius.
Lipsiæ, J. C. Hinrichsius, 1826, in-8. (51 *pag.*).

105. Abhandlung über die Phönikischen Ansichten von
der Weltschöpfung und den geschichtlichen Werth San-
chuniathon's, von H. Ewald. *Göttingen, Dieterich,* 1851,
in-4. (68 *pag.*).

106. Allégories orientales ou le fragment de Sanchoniaton qui contient l'histoire de Saturne suivie de celles de Mercure et d'Hercule et de ses douze travaux, avec leur explication pour servir à l'intelligence du Génie symbolique de l'antiquité, par Court de Gebelin. *Paris, l'Auteur*, 1773, 1 vol. in-4., fig.

107. Die heilige Sage und das gesammte Religions-System der alten Baktrer, Meder und Perser oder des Zendvolks, von J. G. Rhode. *Frankfurt am Main, Hermann*, 1820, 1 vol. in-8.

108. Religion der Karthager, von Dr. Fried. Münter. *Kopenhagen, J. H. Schubothe*, 1816, in-8. (100 *pag.*).

109. Religion der Karthager, von Dr. Fried. Münter. Zweyte Auflage. *Kopenhagen, J. H. Schubothe*, 1821, 1 vol. pet. in-4., fig. (171 *pag.*).

110. Der Tempel der himmlischen Göttin zu Paphos, von Dr. Fr. Münter. Zweyte Beilage zur Religion der Karthager, mit vier Kupfertafeln und einer architectonischen Erklärung, von Gust. Fr. Hetsch. *Kopenhagen, J. H. Schubothe*, 1824, in-4., fig. broch. (40 *pag.*).

111. Religion der Babylonier, von Dr. Fr. Münter. Dritte Beilage zur Religion der Karthager, mit drei Kupfertafeln. *Kopenhagen, J. H. Schubothe*, 1827, 1 vol. pet. in-4., fig.

3. EUROPE.

GRECS ET ROMAINS.

112. Mythologie de la Jeunesse, ouvrage élémentaire par demandes et réponses divisé en sept parties .... par Pierre Blanchard. Dixième édition ornée de 127 fig. *Paris, Leprieur*, 1818, 1 vol. in-12.

113. Untersuchungen über den Mythos der berühmtern Völker der alten Welt vorzüglich der Griechen; dessen Entstehen, Veränderungen und Inhalt, von J. L. Hug. *Freyburg und Konstanz, Herder*, 1812, 1 vol. in-4., fig.

114. Essai sur la religion des anciens Grecs (par Le Clerc de Septchênes). *Genève, Barde et Manget*, 1787, 2 vol. in-8., pap. de Hollande.

115. Introduction à l'étude de la Mythologie, ou Essai sur l'esprit de la religion grecque, par T. B. Eméric-David. *Paris, Imp. royale*, 1833, 1 vol. in-8., pap. vélin.

116. System der griechischen Mythologie, von Julius Franz
Lauer. Prolegomena und die griechischen Himmels-
götter; nebst Anlagen. *Berlin, Georg Reimer,* 1853,
1 vol. in-8.

117. Jupiter. Recherches sur ce Dieu, sur son culte et
sur les monuments qui le représentent. Ouvrage précédé
d'un Essai sur l'esprit de la religion grecque, par
T. B. Eméric-David. *Paris, Imp. royale,* 1833, 2 vol.
in-8., fig.

118. Vulcain. Recherches sur ce Dieu, sur son culte et
sur les principaux monuments qui le représentent, faisant suite au Jupiter du même auteur, par T. B. Eméric-
David. *Paris, Imp. royale,* 1838, 1 vol. in-8., fig.

119. Neptune. Recherches sur ce Dieu, sur son culte et
sur les monuments qui le représentent, par T. B. Eméric-
David. *Paris, Imp. royale,* 1839, in-8. (45 *pag.* plus 1 *pl.*).

120. Symbolica Dianæ Ephesiæ statua à Claudio Mene-
treio ..... exposita; cui accessere Lucæ Holstenii epistola ad Franc. Card. Barberinum de fulcris seu veru-
bus Dianæ Ephesiæ simulacro appositis, Jo. Petr. Bellorii
notæ in numismata tum Ephesiæ tum aliarum urbium
apibus insignita. *Romæ,* 1688, 1 vol. in-folio, fig.

121. La Vénus de Paphos et son temple, par M. J. D.
Guigniaut. Dissertation jointe aux notes du tome IV
des OEuvres complètes de Tacite, par M. J. L. Burnouf.
Paris, Hachette, 1827, in-8., pap. vél. (16 *pag.*).

122. Frid. Creuzeri Dionysus sive commentationes academicæ de rerum Bacchicarum Orphicarumque originibus et caussis. Vol. prius cum figuris æneis. *Heidel-*
bergæ, Mohr et Zimmer, 1809, 1 vol. pet. in-4.

123. Gisb. Cuperi Harpocrates, sive explicatio imagun-
culæ argenteæ perantiquæ, quæ, in figuram Harpocra-
tis formata representat solem; ejusd. monumenta antiqua
inedita; accedit Steph. Lemoine epistola de Melanophoris.
Trajecti ad Rhenum, Brœdelet, 1694, 1 vol. pet. in-4., fig.

124. L'Enfer des peuples anciens ou histoire des dieux
infernaux, de leur culte, de leurs temples, de leurs
noms, de leurs attributs, avec la description des morceaux célèbres de peinture, gravure et sculpture des
artistes anciens et modernes qui ont représenté ces

divinités, par M. Delandine. *Paris, hôtel Serpente,* 1784, 2 part. en 1 vol. gr. in-12.

125. Die Idee des Todes in den Mythen und Kunstdenkmälern der Griechen, von Wilh. Furtwängler. Drei Theile mit sechs Tafeln. *Freiburg im Breisgau,* 1855, 1 vol. in-8., fig.

126. Joh. Christoph. Struchtmeyeri theologia mythica sive de origine Tartari et Elysii libri quinque, quibus ostenditur fabulas gentilium de diis, eorumdemque ritus sacros unice deduci et explicari debere ex religione primi orbis mysteriisque sacro-sanctis de Deo uno et trino Christo, Spiritu Sancto et regno Dei inter homines. *Hagæ Comitum, Petr. de Hondt,* 1753, 1 vol. gr. in-8.

127. Mythologici latini in quibus C. Jul. Hygini Aug. lib. fabularum liber I; Fab. Planciadis Fulgentii V. C. mythologiarum libri III; Ejusd. de allegoria librorum Virgilii liber I; Jul. Firmici Materni V. C. de errore profanarum religionum .... liber I; Alberici philosophi de deorum imaginibus liber I; omnes recensuit Hieronymus Commelinus .... additur in omnes index locupletissimus. *Ex bibliopolio Commeliniano,* 1599, 1 vol. pet. in-8.

128. Histoire des Vestales, avec un traité du luxe des dames romaines, par l'abbé Nadal. *Paris, Vve. Ribou,* 1725, 1 vol. in-12.

129. Mémoire sur le culte de Mithra, son origine, sa nature et ses mystères .... par le chev. Jos. de Hammer, publié par J. Spencer Smith. *Paris, A. Pinard,* 1833, 1 vol. gr. in-8., avec atlas in-4. de planches.

130. Das Mithrēum von Neuenheim bei Heidelberg, erläutert von Dr. Fried. Creuzer. *Heidelberg, Winter,* 1838, in-8., fig.

131. Mémoire sur deux bas-reliefs Mithriaques qui ont été découverts en Transylvanie, par Mr Felix Lajard. *Paris, Impr. royale,* 1840, 1 vol. gr. in-4., fig.

132. Mémoire sur un bas-relief Mithriaque qui a été découvert à Vienne (Isère), par Mr Félix Lajard. *Paris, Impr. royale,* 1843, 1 vol. in-4., fig.

133. Eliæ Schedii de diis Germanis, sive veteri Germanorum, Gallorum, Britannorum, Vandalorum religione syngrammata quatuor. *Amsterodami, Lud. Elzevir,* 1648, 1 vol. pet. in-8.

134. La religion des Gaulois tirée des plus pures sources de l'antiquité, par le R. P. Dom Martin. Ouvrage enrichi de figures en taille douce. *Amsterdam, Pierre De Coux,* 1750, 2 tom. en 1 vol. gr. in-4., fig.

135. Monuments celtiques, ou Recherches sur le culte des pierres, précédées d'une notice sur les Celtes et sur les Druides, et suivies d'étymologies celtiques, par M. Cambry. *Paris, Me Johanneau,* an XIII (1805), 1 vol. in-8., fig.

136. Joa. Georg. Frickii .... commentatio de Druidis occidentalium populorum philosophis multo quam antea auctior ac emendatior; accedunt opuscula quædam rariora historiam et antiquitates Druidarum illustrantia itemque scriptorum de iisdem catalogus, recensuit, singula digessit ac in lucem edidit frater Albertus Frickius. *Ulmæ, Dan. Bartholomæus,* 1744, 1 vol. pet. in-4., fig.

137. Ueber die Druiden der Kelten und die Priester der alten Teutschen, als Einleitung in die altteutsche Religionslehre, von C. Karl Barth. *Erlangen, Palm und Ern. Enke,* 1826, 1 vol. in-8.

138. The mythology and rites of the british Druids as certained by national documents and compared with the general traditions and customs of heathenism as illustrated by the most eminent antiquaries of our age, with an appendix containing ancient poems and extracts with some remarks on ancient British coins, by Edward Davies. *London, J. Booth,* 1809, 1 vol. gr. in-8., fig.

139. Étude sur le symbolisme druidique, par Th. Prosper Le Blanc. *Dijon, Douillier,* 1849, 1 vol. in-12, avec planches.

140. Monumens de la mythologie et de la poësie des Celtes et particulièrement des anciens Scandinaves, pour servir de supplémens et de preuves à l'Introduction à l'histoire de Dannemarc, par Mallet. *Copenhague, Claud.*

Philibert, 1756. = Fingal, an ancient epic poem in six
books, together with several other poems composed
by Ossian, the son of Fingal, translated from the galic
language by James Macpherson. The second edition.
London, Becket and De Hondt, 1762, 2 part. en 1 vol. in-4.

141. Edda Sæmundar hinns Fróda. Edda rhythmica seu
antiquior vulgo Sæmundina dicta, cum interpretatione
latina, lectionibus variis, notis, glossario vocum et indice rerum. Pars I. *Hafniæ, sumtibus Legati Magnæani
et Gyldendalii,* 1787, 1 vol. gr. in-4. — Ejusd. Pars II^a,
Odas mythologico-historicas continens, cum interpretatione latinâ, etc. *Ibid.,* 1818, 1 vol. in-4. — Ejusd.
Pars III^a, continens carmina Voluspa, Hamaval, et Rigs-
mal, ex cod. biblioth. regiæ Hafniensis pergameno, nec
non diversis .... membraneis chartaceisque melioris
notæ manuscriptis, cum interpretatione latinâ, lectionibus variis, notis, glossario, etc. Accedit locupletis-
simum priscorum borealium theosophiæ et mythologiæ
lexicon, addito denique eorundem gentili calendario,
jam primum indagato ac exposito (auctore Finno Magnu-
sen). *Ibid., Gyldendal,* 1828, 1 vol. in-4.

142. Lieder der alten Edda, aus der Handschrift herausgegeben und erklärt durch die Brüder Grimm. *Berlin,*
1815, 1 vol. in-8., pap. vélin.
    Tome 1er et le seul publié.

143. Die Edda, die ältere und jüngere, nebst den my-
thischen Erzählungen der Skalda übersetzt und mit Erläuterungen begleitet von Karl Simrock. *Stuttgart und
Tübingen, Cotta,* 1851, 1 vol. in-8., pap. vélin.

144. Edda ou monuments de la mythologie et de la poësie
des anciens peuples du Nord, par P. H. Mallet. Troisième édition revue, corrigée et considérablement augmentée. *Genève, Barde et Manget,* 1790, 1 vol. pet. in-8.

145. Die Edda. Nebst einer Einleitung über nordische Poesie
und Mythologie und einem Anhang über die historische Literatur der Isländer, von Fr. Rühs. *Berlin,* 1812, 1 vol. in-8.

146. Fragmenta Höstlangæ et Thorsdrapæ, ethnicorum à
sæculo IX et X carminum ex Eddæ Snorr. codd. regio
et Worm. membraneis aliisque chartaceis nunc primum
edita, versionibus et notis illustravit Skulius Thordi Thor-
lacius. *Hauniæ, Seidelinus,* 1801, 1 vol. in-8.

2. RELIGIONS EXISTANTES.

A. MONOTHÉISME.

I. JUDAISME.

1. INTRODUCTION.

GÉNÉRALITÉS — BIBLIOGRAPHIE — FONDATEURS — HISTOIRE
JUIVE ANCIENNE ET MODERNE.

147. Nomologia o discursos legales compuestos por el
virtuoso Haham Rabi Imanuel Aboab de buena memoria.
*Estampados á costa, y despeza de sus herederos, en el
año de la creacion* 5389, 1 vol. pet. in-4.

> «Dans lequel on examine le projet de traduire le Talmud
> de Babylone, suivi du programme de la théorie du Judaisme
> appliquée à la réforme des Israëlites de tous les pays de
> l'Europe.» Cf. Catal. Eméric David, au N⁰ 198.

148. Théorie du Judaïsme, appliquée à la réforme des
Israëlites de tous les pays de l'Europe, et servant en
même temps d'ouvrage préparatoire à la version du
Thalmud de Babylone, par l'abbé L. A. Chiarini. *Paris,
J. Barbezat,* 1830, 2 vol. in-8.

149. Observations sur un article de la Revue encyclopédique dans lequel on examine le projet de traduire
le Talmud de Babylone; suivies du programme de la
Théorie du Judaïsme appliquée à la réforme des Israëlites de tous les pays de l'Europe, par l'abbé Chiarini.
Paris, Firmin Didot, 1829, in-8., broch. (62 *pag.*).

150. Jo. Christ. Wolfii Bibliotheca hebræa, sive notitia
tum auctorum hebr. cujuscunque ætatis, tum scriptorum
quæ vel hebraice primum exarata vel ab aliis conversa
sunt, ad nostram ætatem deducta. Accedit in calce Jac.
Gaffarelli index codicum cabbalistic. mss. quibus Jo.
Picus, Mirandulanus comes, usus est. *Hamburgi et Lipsiæ,* 1715—1733, 4 vol. pet. in-4.

> Exemplaire parfaitement complet, couvert de nombreuses
> notes manuscrites.

151. Dizionario storico degli autori ebrei e delle loro opere,
disteso dal dottore G. B. De-Rossi. *Parma, Reale Stamperia,* 1802, 2 tomes en 1 vol. gr. in-8., pap. de Hollande.

152. Annales hebræo-typographici seculi XV. Descripsit fusoque commentario illustravit J. B. De-Rossi. *Parmæ, ex reg. typogr.*, 1795, 1 vol. — Annales hebræo-typographici ab an. 1501 ad 1540, digessit notisque historico-criticis instruxit J. B. De-Rossi. *Parmæ, ex typogr. reg.*, 1799, 1 vol.; les 2 vol. gr. in-4.

153. .... ‎ܠܲܐ ܣܟܠܐ ܡܢ؟ ܡܥܐ، ܡܟܣܡܐ. Ope Dom. nostri J. C. incipimus scribere tractatum continentem Catalogum librorum Chaldæorum, tam ecclesiasticorum quam profanorum. Auctore Hebediesu metropolita Sobensi, latinitate donatum et notis illustratum ab Abr. Ecchellensi. *Romæ, typis S. C. de propag. fide*, 1653, 1 vol. pet. in-8.

154. Apparatus hebræo-biblicus seu mss. editique codd. sacri textus quos possidet, novæque variarum lectionum collationi destinat Joh. Bern. De-Rossi. *Parmæ, ex reg. typographeo*, 1782, 1 vol. gr. in-8., pap. fort.

155. Mss. codices hebraici Biblioth. J. B. De Rossi, accurate ab eodem descripti et illustrati. Accedit appendix qua continentur mss. codd. reliqui aliarum linguarum. *Parmæ, ex publico typographeo*, 1803, 3 vol. gr. in-8.

156. ‎דברי הימים ופטירתו של מרעה. De vitâ et morte Mosis libri tres. Gilbertus Gaulmyn Molinensis ex mss. exemplaribus primus hebraice edidit, latina interpretatione et notis illustravit. *Parisiis, Tussanus du Bray*, 1629. = ‎ספר דברי הימים של משה ובינו עה; *Ibid.*, 1628, pet. in-8.

> Le texte se compose de 59 f. (‎נט), titre compris. — Caract. hebr.

157. ‎דברי הימים ופטירתו של מרעה. De vita et morte Mosis libri tres cum observationibus Gilb. Gaulmini molinensis; accedunt I. Pseudo Dorothei Tyrii et aliorum veterum apospasmatia de vita Prophetarum, Apostolorum et LXX discipulorum Christi, græc. et lat. II. Ben Sira et aliorum Orientalium sententiæ a Paul. Fagio et Jo. Drusio pridem editæ. III. Nicephori Callisti menologium breve ecclesiasticum, cum præfatione Jo. Alberti Fabricii. *Hamburgi, Christ. Liebezeit*, 1714, 1 vol. pet. in-8.

158. Moyse considéré comme législateur et comme moraliste, par M. de Pastoret. *Paris, Buisson*, 1788, 1 vol. in-8.

159. سورة يوسف وتڪى العرب . Historia Josephi patriarchæ ex Alcorano, arabice, cum triplici versione latina et scholiis Th. Erpenii, cujus et alphabetum arabicum præmittitur. *Leidæ, Erpenius,* 1617, 1 vol.
pet. in-4.

> Cette édition se compose de là version interlinéaire du texte
> arabe, de la version en latin plus libre, de la version latine de
> Bâle et de notes explicatives des difficultés grammaticales.

160. Jashar. Fragmenta archetypa carminum hebraico-
rum in Masorethico Vet. Testamenti textu passim tessel-
lata, collegit, ordinavit, restituit, in unum corpus redegit,
latine exhibuit, commentario instruxit Jo. Guil. Donald-
son. *Berolini et Londini,* 1854, 1 vol. gr. in-8.

161. Introduction à l'histoire des Juifs, depuis le déluge
jusqu'à la fin du gouvernement de Moyse, où, en défen-
dant la chronologie du texte hébrèu, on compare et on
concilie les faits rapportés dans le Pentateuque avec les
plus anciennes histoires et où, avec quelques conjectures sur l'état de l'Égypte ancienne, on trouvera trois
cartes destinées à marquer les campements des enfants
d'Israël, par le Dr Robert Cleyton .... et trad. de l'anglais. *Leyde, Elie Luzac,* 1752, 1 vol. in-4., cartes.

162. Histoire des institutions de Moïse et du peuple hébreu, par J. Salvador. *Paris, Ponthieu,* 1828, 3 vol. in-8.

163. Allgemeine Geschichte des israelitischen Volkes, so-
wohl seines zweimaligen Staatsleben als auch der zer-
streuten Gemeinden und Secten bis in die neueste Zeit,
in gedrängter Uebersicht zunächst für Staatsmänner,
Rechtsgelehrte, Geistliche und wissenschaftlich gebildete
Leser, aus den Quellen bearbeitet von J. M. Jost. *Berlin, F. Amelang,* 1832, 2 vol. in-8.

> Exemplaire Letronne.

164. Flavii Josephi quæ reperiri potuerunt, opera omnia,
gr. et lat., cum notis et nova versione Joan. Hudsoni.
Accedunt nunc primum notæ integræ ad græca Josephi
et varios ejusdem libros, D. Eduardi Bernardi, Jac. Gronovii, Fr. Combefisii, Jo. Sibrandæ, Henr. Aldrichii, ut
et ineditæ in universa Fl. Josephi opera Joan. Coccei,
Ez. Spanhemii, Had. Relandi et selectæ aliorum. Adjiciuntur in fine Car. Daubuz libri duo pro testimonio
Fl. Josephi de Jesu-Christo, et ejusd. argumenti epistolæ

XXX doct. virorum ut Reinesii, Snellii, J. Fr. Gronovii, aliorumque .... ut et Pet. Brinch examen chronologiæ et historiæ Josephicæ, J. Bapt. Ottii animadversiones ad Jos. et specimen lexici Flaviani; Chr. Noldii historia Idumæa, seu de vita et gestis Herodum, etc. etc. .....
Omnia collegit, disposuit et ..... recensuit notasque passim suas et quinque in fine indices adjecit Sigebertus Havercampus. *Amstelod.,* 1726, 2 vol. in-folio, fig.

165. Histoire des Juifs écrite par Flavius Joseph, sous le titre de *Antiquitéz judaïques;* traduite sur l'original grec reveu sur divers mss. par Arnauld d'Andilly. *Bruxelles, Eug. Henry Fricx,* 1684 et 1683, 5 vol. in-12., fig.

166. Hegesippi scriptoris gravissimi de bello Judaïco et urbis Hierosolymitanæ excidio libri quinque; accesserunt nunc primum annotationes quibus ab innumeris mendis auctor vindicatur, obscuriora loca commode explicantur ac scholiis illustrantur per Cornelium Gualtherum Gandavensem. *Coloniæ, Maternus Cholinus,* 1575, 1 vol. pet. in-8.

167. יוסיפון Josippon sive Josephi ben-Gorionis historiæ Judaicæ libri sex, ex hebræo latine vertit, præfatione et notis illustravit Joh. Gagnier. *Oxonii, e theatro Sheldoniano,* 1706, 1 vol. in-4.

168. יוסיפון בן גוריון id est: Josephus Gorionides sive Josephus hebraicus, juxta Venetam editionem, ut et eam quæ superioribus annis Francofurti ad Mœnum typis excusa est, latine versus et cum exemplari Constantinopolitano, cujus partem Munsterus Basileæ edidit, collatus atque notis illustratus a Joh. Frid. Breithaupto ..... accessit rerum et verborum index locuples. *Gothæ, Jacob. Mevius,* 1707, 1 vol. pet. in-4., portr.

Ouvrage de Joseph ben Gorion — Hébr. et Latin.

169. שלש עשרה עיקרים. Tredecim articuli fidei Judæorum. Item: Compendium elegans historiarum Josephi, complectens: Acta Lxx interpretum; gesta Machabæorum; facta Herodum; excidium Hierosolymitanum. Item: Decem captivitates Judæorum. Hæc per Sebast. Munsterum et hebræis et latinis legenda exarantur. *Vuormatiæ,* 1529. = Contra Judæos Hieronymi de sancta fide, Judæi, ad christianismum conversi, libri duo; quorum prior fidem et religionem eorum impugnat;

alter vero Talmuth. *Tiguri, Andr. Gesnerus,* 1552, 1 vol.
pet. in-8.

Le titre du 2ᵈ ouvrage est monté. — Cf. Nᵒ 1986 du 3ᵉ Catalogue Quatremère.

170. Histoire du monde sacrée et profane, depuis la
création du monde jusqu'à la destruction de l'empire
des Assyriens à la mort de Sardanapale et jusqu'à la
décadence des royaumes de Juda et d'Israël, sous les
règnes de Achaz et de Pekach, pour servir d'introduction à l'Histoire des Juifs du Docteur Prideaux, par
Samuel Shuckford, traduit de l'anglais par J. P. Bernard. *Leyde, Jean et Herm. Verbeck,* 1738, et *Paris,
Cavelier,* 1752, 3 vol. in-12., cartes.

171. Histoire des Juifs et des peuples voisins, depuis la
décadence des royaumes d'Israël et de Juda jusqu'à la
mort de Jésus-Christ, par Mʳ Prideaux, traduite de l'anglais. Nouvelle édition. *Amsterdam et Leipzig, Arkstée
et Merkus,* 1755, 6 vol. in-12., cart. et fig.

172. Historia Judaica, res Judæorum ab eversa æde
hierosolymitana, ad hæc fere tempora usque, complexa (autor. Salomone filio Virgæ med. hispan.). De
hebræo in latinum versa a Georg. Gentio. *Amstelodami, Jean Maire,* 1651, 1 vol. pet. in-4.

173. שבת יהורה. Tribus Judæ Salomonis fil. Virgæ, complectens varias calamitates, martyria, dispersiones, accusationes, ejectiones, aliasque res Judæorum ab everso
Hierosolymorum templo ad hæc fere tempora usque
ritus quoque eorum et cæremonias aliquot circa Sacra
imprimis Paschatis et diei Expiationum, etc. ..... aliaque plurima religionem, vitam et mores Judæorum
spectantia scitu minime indigna jucunda lectu : de hebræo in latinum versa a Georgio Gentio. *Amstelod.
Henr. Wetstenius,* 1680, 1 vol. pet. in-4.

174. Geschichte der Israëliten seit der Zeit der Maccabäer bis auf unsere Tage, aus den Quellen bearbeitet, von J. M. Jost. *Berlin, Schlesinger,* 1820—1828
9 vol. in-8.

175. Recueil de pièces sur les Juifs, contenant l'ouvrage
de Mʳ Bail *(Des Juifs au XIXᵉ Siècle),* et les brochures
de M. M. de Cologna, Silv. de Sacy, Mich. Berr. *Paris,*
1816—1819, 6 pièces en 1 vol. in-8.

176. Les Juifs d'Occident, ou recherches sur l'état civil, le commerce et la littérature des Juifs en France, en Espagne et en Italie, pendant le moyen âge, par Arthur Beugnot. *Paris, Lachevardière*, 1824, 3 part. en 1 vol. in-8.

177. Les Juifs dans le moyen âge ; essai historique sur leur état civil, commercial et littéraire; ouvrage auquel l'Académie des Inscr. et B. L. a decerné, en 1823, une mention très-honorable, par G. B. Depping. *Paris, Impr. roy.*, 1834, 1 vol. in-8.

178. Die Juden unserer Zeit. Eine gedrängte Darstellung ihrer religiösen und politischen Verhältnisse in den drei alten Erdtheilen, von Bonaventura Mayer. *Regensburg, Joseph Manz*, 1842, 1 vol. in-8.

2. LIVRES SACRÉS.

A. INTRODUCTION OU MASORE.

179. Joh. Buxtorfii, Tiberias sive Commentarius Masorethicus, quo primum explicatur quid Masora sit, tum historia Masoretharum ex Hebræorum annalibus excutitur, num scilicet Masora a Tiberiensibus Hebræis post Talmud judaïcum conscripta sit : deinceps, quid Masora in universum pertractet, quæ sit ejus methodus, et quem in finem inventa, ample simul commemoratur : secundo clavis Masoræ traditur, quæ voces singulas et conjunctas, communes ac proprias ac Masorethis peculiares, indeque obscuriores, perspicue explicat, aditumque a primis ad intima et magis abstrusa Masoræ penitus cognoscenda facillimum et planissimum reserat. Denique ..... analytica Masoræ explicatio in primum caput Geneseos proponitur, quæ ..... in rem præsentem intromissio est. *Basileæ Rauracorum, Lud. Kœnig*, 1620, 1 vol. pet. in-4.

180. Uebersetzung des Buchs Massoreth hammassoreth, herausgegeben ..... mit Anmerkungen von Joh. Sal. Semler. *Halle, C. H. Hemmerde*, 1772, 1 vol. in-8.

181. Veterum Rabbinorum in exponendo Pentateucho modi XIII; quorum explicatio lucem maximam afferet iis qui legem accurate volunt interpretari et scripta Rabbinorum facile intelligere. *Lutetiæ, Jo. Lacquehay*, 1629. = Les sentences et proverbes des anciens Rabins, 1629. =

Sentenze i parabole d'i *(sic)* rabini, tradotte da Phil.
d'Aquin. *Ibid.*, 1629. = פרקי אבות *Pirké aboth.* Chapitre des pères. *(hebr.* 20 *pag.)* en 1 vol. pet. in-8.

182. ספר מורה נבוכים *Sefer moreh neboukim* .... Rabbi
Mosis Maimonidis Liber More Nebuchim, sive doctor
perplexorum : primum ab authore in lingua arabica
conscriptus, deinde a Rabbi Jehuda Alcharisi in linguam hebræam translatus, nunc vero adnotationibus
illustratus a Sim. Scheyero, e vetere cod. Bibliothecæ
Nationalis Parisiensis primum edidit L. Schlosberg. *Londini,* 1851, in-8.

Tout hébreu — VI et 98 pag. à 2 colonnes.

183. Rabbi Mosis Majemonidis liber מורת נבוכים Doctor
perplexorum ad dubia et obscuriora Scripturæ loca
rectius intelligenda veluti clavem continens, pro ut in
præfatione, in qua de authoris vita et operis totius
ratione agitur, plenius explicatur : primum ab authore
in lingua arabica ante ccccl circiter annos in Ægypto
conscriptus, deinde a R. Samuele Aben Tybbon hisp. in
linguam hebræam stylo philosophico et scholastico adeo-
que difficillimo translatus, nunc vero nove ad linguæ he-
braïcæ cognitionem uberius propagandam ..... in linguam
lat. perspicue et fideliter conversus a Joh. Buxtorfio filio :
additi sunt indices locorum Scripturæ, rerum et vocum
hebraïcarum. *Basileæ, Lud. Kœnig,* 1629, 1 vol. pet. in-4.

184. Le Guide des égarés. Traité de théologie et de philosophie, par Moïse ben-Mamoun, dit Maïmonide, traduit pour la première fois en français sur l'original
arabe et accompagné de notes critiques, littéraires
et explicatives, par S. Munk, de l'Institut. Traduction
française accompagnée du texte hébreu. *Paris, A. Franck,*
1856—1861, tomes 1 et 2, gr. in-8.

B. LIVRES.

1. BIBLE (LOI ÉCRITE).

a. TEXTE.

185. ארבעה ועשרים. *Arbáah vé' esrim,* ou Les 24 livres;
Bible hébraïque juive. *Venise, Bragadini,* 1744, 3 part.
en 2 vol. pet. in-8.

Tout hébreu.

186. ‏ספר בראשית תנמשה חומשי תורה והוא תקון סופרים‎.
*Sefer berechith. Hhamichah houmché torah vé hou tiqoun
sofrim.* Livre de la Genèse. Les cinq livres du Pentateuque et le Tiqoun Sofrim, avec le commentaire
d'Abrabanel et les Haftaroth. *Amsterdam,* 5528 (1768),
5 vol. gr. in-4.

Tout hébreu.

187. ‏ספר תהלים‎ *Sefer tehillim.* Le livre des Psaumes en
hébreu, avec le commentaire rabbinique de R. David
Kimhi. *Amsterdam,* 5525 (1765), 1 vol. gr. in-4.

Tout hébreu — 72 feuillets (‏עב‎) plus le titre, et 2 f. préliminaires.

b. TARGUMS — COMMENTAIRES RABBINIQUES.

188. De Onkeloso ejusque paraphrasi chaldaïca dissertatio, scripsit G. B. Winer. *Lipsiæ, C. H. Reclam,* 1820,
in-4. (48 *pag.*).
— De duabus Pentateuchi paraphrasibus chaldaïcis, par-
ticula Iª. De indole paraphraseos quæ Jonathanis esse
dicitur. Dissert. inaug. quam J. H. Petermann publice
defendet. *Berolini, typ. Acad.,* 1829, in-8., pap. vél.
(85 *pag.*).

189. ‏תרגום של דברי הימים‎. Paraphrasis chaldaica primi
libri (et secundi) Chronicorum, hactenus inedita et multum desiderata; nunc vero e cod. msc. antiquo mem-
branaceo Bibliothecæ rev. ministerii Erfordiensis A. C.
exscripta et juris publici primum facta, cura atque
opera Matthiæ Frid. Beckii, cujus étiam versio latina
et in illam notæ simul prodeunt, cum triplici locorum
Scripturæ, auctorum atque rerum indice. *Augustæ-Vind.,
Theoph. Gœbelius,* 1680 et 1683, 2 vol. pet. in-4.

A la fin du 1er vol. se trouve relié aussi la piéce suivante:
Joh. Christoph. Wagenseilii de loco classico Genes. XLIX, 10,
ad Christoph. Arnoldum dissertatio. *Altdorfii Noricorum, Henr.
Schœnnerstœdt,* 1776 (132 *pag.*).

190. Φίλωνος Ἰουδαίου ἐξηγητικὰ συγγράμματα ....
Philonis Judæi opera exegetica in libros Mosis, de mundi
opificio, historicos et legales, quæ partim ab Adr. Tur-
nebo, partim a Davide Hœschelio, edita et illustrata
sunt. Accessere extra superiorum ordinem ejusd. Philonis sex opuscula, quorum alia sunt ἐπιδεικτικά, alia

διδασκαλικά, alia denique historica, res quæ Judæis auctoris ævo contigere describentia; nunc græce et latine in lucem emissa ex accuratissima Sigism. Gelenii interpretatione, cum rerum indice locupletissimo. *Coloniæ Allobrogum, Petr. de la Rovière,* 1613, 1 vol. in-folio.

191. Philonis Judæi opuscula tria : 1. Quare quorundam in sacris literis mutata sint nomina. 2. De formatione Evæ ex Adami latere et de utriusque lapsu. 3. Somniorum Josephi, Pharaonis, pincernæque ac pistoris, allegorica expositio, græce nunc primum edita, studio et opera Davidis Hœschelii ... ejusdemque notatiunculis alicubi illustrata e Biblioth. Augustana. *Francofurdi, Jo. Wechelus,* 1587, 1 vol. pet. in-8.

192. Les œuvres de Philon Juif .... contenant l'interprétation de plusieurs divins et sacrez mystères et l'instruction d'un chacun en toutes bonnes et saintes mœurs, translatées de grec en français par Pierre Bellier, reveues, corrigées et augmentées de 3 Livres trad. sur l'original grec par Fed. Morel. *Paris, Ch. Chappellain,* 1612, 1 gros vol. pet. in-8.

193. R. Tanchumi Hierosolym. in Prophetas commentarii arabici specimen I, littcris arab. exaravit et interpretatione latina et adnotatione instruxit Dr. Theod. Haarbrücker. Insunt IX capitum libri Judicum posteriorum loci potiores. *Halis, Lippert,* 1843. = R. Tanchumi Hierosolym. commentarium arabicum ad librorum Samuelis et Regum locos graviores e cod. unico Oxoniensi (Pocock. 314) secundum Schnurreri apograph. edidit et interpretationem lat. adjecit idem. *Lipsiæ, Vogel,* 1844. = Tanchumi Hieros. commentarius arabicus in Lamentationes e cod. unico Bodleiano literis hebraicis exarato descripsit charactere arabico et edidit Gulielmus Cureton. *Londini et Berolini, Madden et Asher,* 1843, 1 vol. in-8.

194. Electa Thargumico-Rabbinica sive annotationes in Exodum, ex triplici Thargum, seu chaldaica paraphrasi, nempe Onkeli, Jonathanis et Hierosolymitanâ, item ex commentariis Rabbinorum, nempe Salomon. Jarchi, Aben Ezræ et Abrabanelis; nec non ex libro radicum seu lexico R. Davidis Kimchi et ex aliorum vel Hebræorum

vel Hebraïzantium scriptis excerptæ, una cum animadversionibus subinde interspersis. Græcorum porro interpretum versiones et Vulgata latina passim expenduntur
earumque vel cum hebr. textu convenientia, vel ab eo
discrepantia ostenditur; authore Christ. Cartwrighto .....
Londini, Matt. Keinton, 1658, 1 vol. pet. in-8.

195. Selecta rabbinico-philologica quæ comprehendunt:
I. Commentar. Rasche in Parsch Breschith sive in cap. 1
usque ad VI Genes.; II. Commentar. R. Abarbanel in
Haggæum; III. R. Mos. Maimon. Mercaba sive doctrinam
de Deo et angelis, quæ quondam cum versionibus et
annotationibus studio Jo. Adami Scherzeri sub nomine
Trifolii orientalis .... edita, jam vero revisa et aucta
sunt; IV. Commentar. Rasche in Parsch. Noach, sive in
cap. VI usque ad XI Genes.; V. Commentar. R. Aben
Esræ in Haggæum quæ cum versionibus, annotationibus Talmudicis, rabbinicis et philologicis, nec non indicibus necessariis adjecta sunt a Jo. Georg. Abicht. *Lipsiæ, vidua Joh. Heinichii*, 1705, 1 vol. pet. in-4.

196. Commentarius celeberrimi Rabbi Ishak Abarbanel
super Jesaiam, Jeremiam, Jehazkelem et Prophetas XII
minores, ante annos quidem circiter centenos olim excusus; nunc vero et elegantiori charactere et longe
correctius recusus; cui editione hac luculentus Index
accessit. *Amstelodami*, 1642, 1 vol. pet. in-folio.

Tout hébreu — 305 feuillets (שה).

197. ..... דון יצהק אברבניאל. D. Isaaci Abrabanielis et
R. Mosis Alschechi comment. in Esaiæ prophetiam 30,
cum additamento eorum quæ R. Simeon e veterum
dictis collegit. Subjuncta hujus modi refutatione et
textus nova versione ac paraphrasi, ut plena de Christi
satisfactione doctrina exhibeatur; authore Constantino
l'Empereur ab Oppyck. *Lugd.-Batav., Bonav. et Abrah.
Elzevir*, 1631, 1 vol. pet. in-8.

198. Hoseas propheta ebraice et chaldaice, cum duplici
latina versione et commentariis ebraicis trium doctissimorum Judæorum, Masorâ item parvâ, ejusque et commentariorum latinâ quoque interpretatione; accedunt in
fine succinctæ sed necessariæ annotationes Gulielmi
Coddæi .... *Lugd.-Batav., apud Joh. Maire*, 1621, 1 vol.
pet. in-4.

199. Commentarium (hebraïcum) Rabi David Kimhi iɧ Amos prophetam : epistola Eliæ Levitæ ad Seb. Munsterum eruditione non vacans. *Basileœ, Henr. Petrus,* 1531. = R. Abarbanelis commentarius in prophetiam Habaccuc, hebr. et latine. *Trajecti ad Rhenum, Jac. a Pollsum,* 1722. = Malachias propheta, hebr. et lat. interpretatus, ac scholiis utilissimis ex chaldaïcâ paraphrasi et rabbinorum expositionibus desumptis et summa fidelitate in latinam linguam conversis illustratus, authore M. Steph. Isaaco Levita : annotata quoque sunt themata difficiliora et regulæ non paucæ, hebrææ linguæ studiosis prosuturæ, insertæ. *Coloniœ, Jac. Soterem et Petr. Horst,* 1563. = In psalmum XIX trium eruditissimorum rabbinorum commentarii, hebraicè cum latiná interpretatione Simeonis de Muis ..... *Parisiis, Joan. Libert,* 1620, 4 parties en 1 vol. pet. in-8.

200. Liber Jjobi chaldaice et latine cum notis, item græce Σπχηρως cum variantibus lectionibus, operâ et studio Johannis Terenti. *Franekerœ, Joh. Wellens,* 1663, 1 vol. pet. in-4.

201. פירוש דרן יוסף אבן יהייא על דניאל. Paraphrasis D. Josephi Jachiadæ in Danielem cum versione et annotationibus Constant. L'Empereur ab Oppyck. *Amstel., Joan. Janssonius,* 1633, 1 vol. pet. in-4.

202. Commentarius celeberrimi Rabbi Ishak Abarbanel super Danielem Prophetam continens XII fontes et LXX palmas, ante annos XCVI primo editus, at nunc demum, idque longe emendatius, recusus. *Sine loco,* 1647, 1 vol. pet. in-4.

Car. rabbin.; 92 f. (עב), 2 col., 38 lig. à la page, plus 2 f. de table.

2. TALMUD (LOI ORALE OU TRADITIONELLE).

203. ים לא בטה. Mare rabbinicum infidum, seu quæstio rabbinico-talmudica, num Talmudistæ aliter aliquando referant sacrum contextum quam nunc se habeat in nostris exemplaribus hebraïcis? et num sit fidendum Rabbinis? authore Claud. Cappellano. *Parisiis, Gaspar. Meturas,* 1667, 1 vol. pet. in-12.

204. Hadriani Relandi analecta rabbinica, comprehendentia libellos quosdam singulares et alia quæ ad lectionem

et interpretationem commentariorum rabbinicorum faciunt. (G. Genebrardi Isagoge rabbinica ; ejusd. medita-
tiones et tabulæ rabbinicæ; G. Cellarii institutio rabbinica ; J. Drusius de particulis rabbinicis ; index commentariorum rabbinicorum qui in S. codicem aut partes
ejus conscripti sunt; J. Bartholoccii vitæ celebrium rabbinorum ; R. Dav. Kimchi commentarii in X psalmos
priores Davidicos cum versione latinâ). Edit. secunda.
Trajecti ad Rhenum, Jac. a Poolsum, 1723, 1 vol. pet. in-8.

205. Catalecta rabbinica in usum scholarum privatarum
edita a Davide Millio. *Trajecti ad Rhenum, Joan. Brœd-
let,* 1728, 1 vol. pet. in-8.

206. באב מוסי. Porta Mosis, sive dissertationes aliquot
a R. Mose Maimonide, suis in varias Misnaioth, sive
textus Talmudici, partes commentariis præmissæ, quæ
ad universam fere Judæorum disciplinam aditum ape-
riunt. Nunc primum arabice pro ut ab ipso auctore
conscriptæ sunt et latine editæ. Una cum appendice
notarum miscellanea, opera et studio Edvardi Pocockii.
Oxoniæ, H. Hall, 1655, 1 vol. pet. in-4.

L'arabe est en caractéres hébreux.

207. Eduardi Pocockii ..... notæ miscellaneæ philolo-
gico-biblicæ quibus Porta Mosis sive præfationum R.
Mosis Maimonidis in libros Mischnajoth commentariis
præmissarum et a Pocockio ex arabico latine versarum
fascis olim stipata prodiit, nunc denuo revisæ et ob
summam quam præbent in difficillimis quibusdam Script.
Sacr. locis interpretandis utilitatem excusa cura M. Chr.
Reineccii. *Lipsiæ, herœdes Lanckisiani,* 1705, 1 vol. in-4.

208. משניות. *Michnaioth.* La Michna; texte ponctué, avec
trad. allem. carac. hebr. (par M. Jost), le commentaire dit
Melo Kaf-nah' ath et des notes en allemand, carac. rabbin. *Berlin,* 1832, 6 tom. en 3 vol. in-4.

209. Mischna sive totius Hebræorum juris, rituum, antiquitatum ac legum oralium systema, cum clariss. rabbinorum Maimonidis et Bartenoræ commentariis integris,
quibus accedunt variorum auctorum notæ ac versiones
in eos quos ediderunt codices, latinitate donavit ac
notis illustravit Guil. Surenhusius. *Amstel., Ger. et Jac.
Borstius,* 1698—1703, 6 tom. en 3 vol. in-fol., fig.

210. Chrestomathia Talmudica et Rabbinica. Collegit, brevi annotatione illustravit, indice verborum auxit D. Geo. Benedict. Winer. *Lipsiæ, C. H. F. Hartmann,* 1822, in-8. (54 *pages*).

211. Joma; codex talmudicus in quo agitur de sacrificiis, cæterisque ministeriis diei expiationis quæ Levit. 16 et Num. 29, 7, 8, 9, 10 præcipiuntur, itemque de multis aliis quæ obiter tractantur, ex hebr. sermone in lat. versus et commentariis illustratus a Rob. Sheringamio. *Londini, J. Junius,* 1648, 1 vol. pet. in-4.

212. מסכת סוכה מתלמוד בבלי. Hoc est Talmudis Babylonici codex succa, sive de Tabernaculorum festo, ritus ejus atque ceremonias exponens. Latinitate donavit, notisque philologicis ex utroque Talmude, aliisque veterum ac modernorum rabbinorum scriptis illustravit Frid. Bernh. Dachs; subjuncta est in calce ejusdem dissertatio ad locum Zachar. XIV, 16. Accedit Cl. Joh. Jac. Crameri .... in eundem tractatum Talmudicum commentarius posthumus, cum præfatione Dav. Millii. *Traject. ad Rhenum, Gysbertus a Paddenburg,* 1726, 1 vol. pet. in-4.

213. Joh. Christoph. Wagenseilii Sota, hoc est liber mischnicus de uxore adulterii suspecta, una cum libri *en Jacob* excerptis Gemaræ versione latina, et commentario perpetuo, in quo multa sacrarum litterarum ac hebræorum scriptorum loca explicantur, horum etiam emendantur longe plurima ex mss. codd. producuntur illustrata. Accedunt correctiones Lipmannianæ. *Altdorfii Noricorum, Joh. Henric Schonnerstœdt,* 1674, 1 vol. pet. in-4., fig.

214. Sententiæ vere elegantes, piæ, mireque, cum ad linguam discendam, tum animum pietate excolendum utiles, veterum sapientum Hebræorum, quas פרקי אבות id est Capitula, aut si mavis, Apophthegmata Patrum nominant; in lat. versæ scholiisque illustratæ, per Paul. Fagium ..... *Isnæ,* 1541. = בן סירא. Sententiæ morales Ben Syræ vetustissimi authoris Hebræi, qui, a Judæis nepos Hieremiæ prophetæ fuisse creditur, cum succincto commentario. Tobias hebraice ut is adhuc hodie apud Judæos invenitur; omnia ex hebr. in lat. translata, per eundem ...... *Isnæ,* 1542, 3 part. en 1 vol. pet. in-4.
Hébreu et latin.

3. DOCTRINE RELIGIEUSE.

a. DOCTRINE SPÉCULATIVE OU DOGME.

215. Du rabbinisme et des traditions juives, pour faire suite à l'article Christianisme de Benjamin Constant, et à l'article Judaïsme de Mr Kératry, dans l'Encyclopédie moderne, avec un avant-propos et des notes, par M. Michel Berr (de Turique). *Paris, Sétier*, 1832, in-8., broch. (50 *pages*).

216. Legends and traditions of some of the principal events and persons mentionned in the old Testament, existing among the Jewish, oriental, and other nations, by John Parker Lawson. *London und Edinburgh, Parker and J. Nichol*, 1850, 1 vol. pet. in-8.

217. הלבות יסודי התורה. Constitutiones de fundamentis legis rabbi Mosis F. Maïemon. Latine redditæ per Guill. Vorstium C. F., additis quibusdam notulis et Abravanelis scripto, de fidei capite. *Amstelod., Guill. et Joh. Blaev*, 1638. == הלבות דעות sive Canones ethici R. Moseh Maimonidis ..... ex hebræo in lat. versi, uberioribusque notis illustrati a Georgio Gentio ... *Ibid.*, 1640.* == Joh. Smith oppidum Batavorum seu Noviomagum, liber singularis, quo ostenditur Batavorum oppidum Corn. Tacito lib. Hist. V, c. XIX memoratum esse Noviomagum, eâdemque operâ plurima traduntur quæ Batavorum originibus, historiæ, reique publicæ et antiquariæ illustrandæ faciunt. *Ibid.*, 1645, 3 part. en 1 vol. pet. in-4.

 * Cf. ci-après le N° 235.

 Les deux traités du rabbin Maimonide sont en hébreu et en latin.

218. כוזרי. Liber Cosri, continens colloquium seu disputationem de religione, habitam ante nongentos annos, inter regem Cosareorum et R. Isaacum Sangarum Judæum ; contra philosophos præcipue e gentilibus et Karaitas e Judæis; synopsin simul exhibens theologiæ et philosophiæ judaicæ, varia et recondita eruditione refertam ; eam collegit, in ordinem redegit et in lingua arabica ante quingentos annos descripsit R. Jehudah Levita, hispanus; ex arabica in linguam hebræam circa idem tempus transtulit R. Jehudah Aben Tybbon ; itidem

natione hispanus, civitate Jerichuntinus. Nunc, in gratiam philologiæ et linguæ sanctæ cultorum, recensuit,
lat. versione et notis illustravit Joh. Buxtorfius fil. Accesserunt præfatio in qua Cosareorum historia et totius
operis ratio et usus exponitur, dissertationes aliquot
rabbinicæ, indices locorum scripturæ et rerum. *Basileæ, Georg. Deckerus,* 1660, 1 vol. pet. in-4.

219. ספר הכוזרי. Das Buch Kusari des Jehuda ha-Levi,
nach dem hebräischen Texte des Jehuda Ibn-Tibbon
herausgegeben, übersetzt und mit einem Commentar,
so wie mit einer allgemeinen Einleitung versehen von
Dr. David Cassel. *Leipzig, Colditz,* 1853, 1 vol. pet. in-4.
Hébreu et allemand sur 2 col.

220. מטה דן יכוזרי. Matteh dan y segunda parte del Cu-
zari, donde se prueva con razones naturales, irefraga-
bles demonstrationes, y reales consequencias, la verdad
de la ley mental, recebida por nuestros Sabios autores
de la Misnah y Guemara; compuesto por el H. H. R. David Nieto, en Londres anno 5474. *Impresso por Thomas Ilive, con licencia de los Señores del Mahamad.*
1 vol. in-4.
Hébreu et espagnol sur 2 col.

b. PRATIQUE OU LITURGIE.

221. Calendrier hébraïque, qui contient tous les roshodes,
samedis, solemnités et jeûnes de l'année, avec les nouvelles lunes et Tecufot, suivant Rab. Semuel, pour 100
années consécutives, depuis l'an de la création du monde
5530 jusqu'à l'année 5629 inclusivement, qui répond à
l'année vulgaire 1769—70 jusqu'à l'année 1868—69 inclusivement, dont les 50 premières années sont rangées
de suite, et les autres par une table qui indique de
la façon qu'il faut se servir du précédent calendrier,
par M. Venture. Nouv. édit. revue et corrigée par
l'auteur et augm. de trois tables, tarifs ou rapports
des différents poids et mesures des divers pays de
l'univers à celles de Paris, tirées du grand dictionnaire
de M. Savary. *Amsterdam, Jos. Jac. et Abraham Sal.
Proops,* 1770, 1 vol. pet. in-8.

222. Apparatus historico-criticus antiquitatum Sacri Codicis et gentis hebrææ, uberioribus annotationibus in

Thomæ Goodwini Mosen et Aaronem subministravit Joh. Gottlob Carpzov. *Francofurti et Lipsiæ, offic. Gledit-schiana,* 1748, 1 vol. gr. in-4., portr.

223. Jo. Buxtorfii, patris, synagoga judaica, de Judæo-rum fide, ritibus, ceremoniis, tam publicis et sacris quam privatis in domestica vivendi ratione, tertia hac edit. de novo restaurata et innumeris accessionibus in ampliorem et augustiorem formam redacta a Joh. Bux-torfio filio. *Basileæ, J. J. Deckerus,* 1661, 1 vol. pet. in-8.

224. De legibus Hebræorum ritualibus et earum rationi-bus libri tres; authore Joan. Spencero; editio secunda priori indice locorum S. Scripturæ locupletiore, nec non indice rerum et verborum maxime memorabilium novo aucta. *Hagæ-Comitum, Arn. Leers,* 1686, 1 vol. in-4.

225. Cérémonies et coustumes qui s'observent aujour-d'huy parmy les Juifs, traduites de l'italien de Léon de Modène, rabbin de Venise; avec un supplément tou-chant les sectes des Caraïtes et des Samaritains de nostre temps: 3e édit. reveue, corr. et augment. d'une 2e part. qui a pour titre: *Comparaison des cérémonies des Juifs, et de la discipline de l'Église, avec un dis-cours touchant les différentes messes ou liturgies qui sont en usage dans tout le monde,* par de Simon-ville (Richard Simon). *Suivant la copie à Paris, à La Haye, chez Adrian Moetjens,* 1682, 1 vol. pet. in-12.

226. A succinct account of the rites and ceremonies of the Jews, as observed by them in their different dis-persions throughout the world, at this present time. In which their religious principles and tenets are clearly explained: particularly their doctrine of the resurrec-tion, predestination and freewill; and the opinion of Dr. Prideaux concerning those tenets fully investigated, duly considered and clearly confuted. Also an account of the jewish calendar to which is added a faithful and impartial account of the Mishna, and the teachers thereof, in their respective ages, till the time of rabbi Judah Hakkodosh, who compiled the Mishna. With a chronological summary of several remarkable things, relating to the people of the Jews, from the most authentic records, by David Levi. *London, J. Parsons* (1782), 1 vol. in-8.

227. Ex rabbi Mosis Majemonidæ opere quod Secunda Lex sive manus fortis inscribitur, tractatus de consecratione calendarum et de ratione intercalandi, ex hebræo latine redditus a Ludovico de Compiegne. *Parisiis, Petr. Prome,* 1669, 1 vol. pet. in-8.

228. R. Mosis Majemonidæ de sacrificiis liber; accesserunt Abarbanelis exordium seu præmium commentariorum in Leviticum et Majemonidæ tractatus de consecratione calendarum et de ratione intercalandi quæ ex hebr. convertit in. sermonem latinum et notis illustravit Lud. de Compiegne de Veil. *Londini, Milon. Flesher,* 1683, 1 vol. pet. in-4.

229. סדר התפלה .... *Seder hatefillah* .... Ordre de la prière, selon le rit allemand, avec trad. en allemand Juif, car. rabb. allem. *Amsterdam,* 1 vol. in-8.

230. Haggada, ou cérémoniel des deux premières soirées de Pâques, à l'usage des Israélites français, avec le texte soigneusement revu, en regard, trad. de l'hébreu et du chaldaïque et enrichi de notes par M. D. Drach. *Metz, E. Hadamard,* 1818, 1 vol. in-8.

4. PHILOSOPHIE ET MORALE.

231. La Kabbale ou la philosophie religieuse des Hébreux, par Ad. Franck. *Paris, Hachette,* 1843, 1 vol. in-8.

232. Kabbala denudata, seu doctrina Hebræorum transcendentalis et metaphysica atque theologica. Opus antiquissimum philosophiæ barbaricæ variis speciminibus refertissimum, in quo, ante ipsam translationem libri difficillimi atque in literatura hebraica summi, commentarii nempe in Pentateuchum et quasi totam scripturam V. T. cabbalistici, cui nomen Sohar, tam veteris quam recentis, ejusque Tikkunim seu supplementorum tam veterum quam recentiorum, præmittitur apparatus, cujus pars prima continet locos communes cabbalisticos secundum ordinem alphabeticum concinnatos, qui lexici cabbalistici instar esse possunt, etc. Pars secunda vero constat e tractatibus variis, tam didacticis quam polemicis|..... partium autem seq. tituli suis tomis præmittentur; adjectusque est index latinus

et locorum scripturæ insolita et rariore explicatione
notabilium ..... *Sulzbaci, Abr. Lichtenthaler*, 1677—
1684, 2 vol. pet. in-4.

233. ספר יצירה. Liber Jezirah qui Abrahamo patriarchæ
adscribitur, una cum commentario Rabi Abraham F. D.
super 32 semitis sapientiæ, a quibus liber Jezirah in-
cipit, translatus et notis illustratus a Joan. Steph.
Rittangelio. *Amst., Joa. et Jod. Janssonii*, 1642, 1 vol.
pet. in-4.

234. Abrahami patriarchæ liber Jezirah sive formationis
mundi, patribus quidem Abrahami tempora præceden-
tibus revelatus, sed ab ipso etiam Abrahamo expositus
Isaaco et per Profetarum manus posteritati conservatus
ipsis autem 72 Mosis auditoribus in secundo divinæ
veritatis loco, hoc est in ratione quæ est posterior
authoritate habitus, vertebat ex hebræis et commentariis illustrabat 1551 ad Babylonis ruinam et corrupti
mundi finem Guillelmus Postellus restitutus. *Parisiis,
ipse author, in scholis Italorum*, 1552, 1 vol. in-16.

235. הלכות דעות. Sive canones ethici R. Moseh Maimonidis ..... ex hebr. in lat. versi (cum textu), uberioribusque notis illustrati a Georgio Gentio. *Amstelodami,
Blaeu*, 1640, 1 vol. pet. in-4.

236. Menasseh-ben-Israël de creatione problemata XXX :
cum summariis singulorum problematum et indice locorum Scripturæ quæ hoc opere explicantur. *Amstelodami, typis et sumtibus auctoris*, 1635, 1 vol. pet. in-8.

237. הלכות תמלוך תורה ותשובה רבי משה בן מיימון.
R. Mosis Maimonidis tractatus duo : I. de doctrina legis
sive educatione puerorum ; II. de natura et ratione
pœnitentiæ apud Hebræos. Latine reddidit notisque
illustravit Rob. Clavering ; præmittitur dissertatio de
Maimonide ejusque operibus. *Oxonii, e theatro Sheldon.*,
1705, 1 vol. pet. in-4. (176 *pag.*).

238. ..... בחינת הצולם. L'examen du monde. Sentences
morales des anciens Hébreux (par Rabbi Jacob, ou R.
Jedaia Happenini), et les treize modes desquels ils se
servaient pour interpréter la Bible : trad. en franç. par
Phil. d'Aquin. *Paris, Lacquehay*, 1629, 1 vol. pet. in-8.

L'examen du monde est hébreu-français, mais le livre des
13 modes latin-français manque.

239. L'appréciation du monde, ouvrage traduit de l'hébreu par Michel Berr, avec une préface du traducteur.
Metz, Antoine, 1808, 1 vol. in-8. (50 *pag.*).

Cf. Magasin encyclop. Juin 1808, tome III, art. de M. de Sacy.

5. DROIT MOSAIQUE.

240. Verhandeling over de Huwelyks-Wetten van Moses,
die de Ḥuwelyken in de miaste bloedverwantschap ver-
bieden opgesteld door Joh. David Michaëlis, uit het
Hoogduitsch vertaald. *Leyden, Sam. et Joh. Luchtmans,*
1764, 1 vol. in-8.

Traduction hollandaise du traité de Michaëlis intitulé : Von
den Ehegesetzen Mosis et publié à Gœttingue.

241. בבא קמא ממסכת נזיקין. De legibus Ebræorum fo-
rensibus liber singularis, ex Ebræorum pandectis versus
et commentariis illustratus per Constantinum l'Empereur ab Opwyck. *Lugd.-Batav., Elzevirii,* 1637. =
הלכות תעניות. Rabbi Mosis ben Majemon tractatus de
jejuniis Hebræorum (hebr.), cum interpretatione latina
Jo. Benedicti Carpzovi. *Lipsiæ, Frid. Lanckisch,* 1662,
1 vol. pet. in-4.

242. Joan. Seldeni de successionibus ad leges Ebræorum
in bona defunctorum, liber singularis : in pontificatum
libri duo. Editio ultima ab auctore denuo aucta et emendata. *Lugd.-Batav., Elzevirii,* 1638, 1 vol. pet. in-12.

243. Hebræorum de Connubiis jus civile et pontificium :
seu ex R. Mosis Majemonidæ secundæ legis sive manus
fortis eo libro, qui est de re uxoria, tractatus primus :
quem tractatum ex hebræo latinum fecit Lud. de Compiegne de Veille. *Parisiis, Muguet,* 1673, 1 vol. pet. in-8.

244. Wilh. Schickardi משפט המלך. Jus regium Hebræorum e tenebris rabbinicis erutum et luci donatum, cum
animadversionibus et notis Jo. Bened. Carpzovi : accedunt indices locorum Scripturæ rerumque ac verborum
necessarii. *Lipsiæ, hæredes Frid. Lanckischi,* 1674. =
Jo. Christoph. Wagenseilii exercitationes sex varii argumenti. *Altdorfii Noricorum,* 1687, 2 part. en 1 vol.
pet. in-4., portr.

245. הלכות שבועות id est Constitutiones de jurejurando
ex R. Mosis Maimonidis opere היד חחוקה dicto, latine

redditæ, variisque notis illustratæ a Justo Christoph. Dithmaro. *Lugd. in Batavis, Cornel. Boutesteyn,* 1706, 1 vol. pet. in-4.

6. SECTES.

246. Trium scriptorum illustrium de tribus Judæorum sectis syntagma, in quo Nic. Serarii, Joh. Drusii, Josephi Scaligeri opuscula quæ eo pertinent, cum aliis, junctim exhibentur; Jac. Triglandius diatriben de secta Karæorum adjecit. *Delphis, Adr. Benam,* 1703, 2 vol. pet. in-4.

247. J. Drusii responsio ad Serarium de tribus sectis Judæorum; accessit Jos. Scaligeri elenchus Trihæresii Nicolai Serarii, etc. *Franequeræ, Ægidius Radæus,* 1605, 1 vol. pet. in-8.

248. Joh. Drusii de sectis Judaicis commentarii, Trihæresio et Minervali Nic. Serrarii ... oppositi atque antehac seorsum editi. Accessit denuo Jos. Scaligeri elenchus Trihæresii ejusdem. Sixtinus Amama. Omnia in unum volumen redegit atque secundam hanc editionem variis additamentis locupletiorem accuravit; nec non Græca quæ græce minus gnaros tardare potuissent, latine vertit ...... *Arnhemiæ, Joan. Janssonius,* 1619, 1 vol. pet. in-4.

2ᵉ Édition du Nᵒ précédent.

249. Notitia Karæorum ex Mardochæi Karæi recentioris tractatu haurienda quem ex ms. cum versione latina, notis et præfatione de Karæorum rebus scriptisque edidit Joan. Christoph. Wolfius. Accedit in calce Jac. Triglandii dissertatio de Karæis cum indicibus variis recusa. *Hamburgi, Chr. Liebezeit,* 1714, 1 vol. pet. in-4.

250. Christoph. Cellarii collectanea historiæ Samaritanæ quibus, præter res geographicas, tam politia hujus gentis quam religio et res litteraria explicantur. *Cizæ, Bielckius,* 1688, pet. in-4. (48 *pag.*). — Epistolæ Samaritanæ Sichemitarum ad Job. Ludolfum, cum ejusdem lat. versione et annotationibus; accedit versio latina persimilium literarum a Sichemitis haud ita pridem ad Anglos datarum (edente Chr. Cellario). *Ibid.,* 1688, pet. in-4. (32 *pag.*).

251. Carmina samaritana e codd. Londinensibus et Gotha-
nis edidit et interpretatione latinâ cum commentario illustravit Guil. Gesenius. Cum tabula lapidi inscripta. *Lipsiæ, Vogel,* 1824, 1 vol. in-4., pl.

252. Chronicon Samaritanum, arabice conscriptum, cui
titulus est: Liber Josue. Ex unico cod. Scaligeri nunc
primum edidit, latine vertit, annotatione instruxit, et
dissertationem de codice, de chronico, et de quæstionibus, quæ hoc libro illustrantur, præmisit Th. Guil.
Juynboll. Addita est tabula lithograpta .... specimina
exhibens literarum Samaritanarum, ex eo libro aliisque
codicibus sumta. *Lùgd.-Batav., S. et J. Luchtmans,* 1848,
1 vol. gr. in-4.

II. CHRISTIANISME.

1. INTRODUCTION.

A. GÉNÉRALITÉS — HISTOIRE ECCLÉSIASTIQUE GÉNÉRALE ET DES
PREMIERS SIÈCLES.

253. Introduction philosophique à l'histoire générale de
la Religion, par F. Perron. *Paris, Périsse frères,* 1836,
1 vol. in-8.

354. Bienfaits de la religion chrétienne, ou histoire des
effets de la religion sur le genre humain, chez les
peuples anciens et modernes, barbares et civilisés; traduit de l'anglais d'Edouard Ryan, par M. Boulard.
Troisième édition. *Paris, Egron,* 1823, 1 vol. in-8.

255. Génie du christianisme, ou beautés de la religion
chrétienne, par François Auguste Chateaubriand. Cinquième édition. *Lyon, Ballanche,* 1809, 5 vol. in-8.,
fig., pap. vélin.

256. S. Hieronymi catalogus scriptorum ecclesiasticorum
seu de viris illustribus liber, cum notis Erasmi Rotter-
dami, Mar. Victorii, Henr. Gravii, Auberti Miræi et Jo.
Alb. Fabricii. Ern. Salomon Cyprianus recensuit et annotationibus illustravit. *Francofurti et Lipsiæ, Süster-
mann* (1722), 1 vol. pet. in-4.

257. Scriptorum ecclesiasticorum historia litteraria, a Christo
nato usque ad sæculum XIV, facili methodo digesta;
qua de vita illorum ac rebus gestis, de secta, dogma-

tibus, elogio, stylo; de scriptis genuinis, dubiis, supposititiis, ineditis, deperditis fragmentis, deque variis operum editionibus perspicue agitur. Accedunt scriptores gentiles, christianæ religionis oppugnatores et cujusvis sæculi breviarium; additur ad finem cujusque sæculi conciliorum omnium, tum generalium, tum particularium historica notitia. Inseruntur suis locis veterum aliquot opuscula et fragmenta, tum græca, tum latina, hactenus inedita, præmissa denique prolegomena, quibus plurima ad antiquitatis ecclesiasticæ studium spectantia traduntur; auctore Guil. Cave. Accedunt ab aliis manibus appendices duæ, ab ineunte sæculo XIV ad annum usque MDXVII, nunc in unam congestæ ..... ejusdem Cavei dissertationes tres: I. de scriptoribus ecclesiasticis incertæ ætatis; II. de libris et officiis Ecclesiasticorum Græcorum; III. de Eusebii Cæsariensis arianismo, adversus Joh. Clericum, una cum epistola apologetica adversus iniquos ejusdem Clerici criminationes. Editio novissima ab autore ipsomet ante obitum recognita et auctior facta. *Oxonii, e theatro Sheldoniano,* 1740—1743, 2 vol. in-folio.

258. Beiträge zur Philosophie und Geschichte der Religion und Sittenlehre überhaupt und der verschiedenen Glaubensarten und Kirchen insbesondere; herausgegeben von E. F. Stäudlin. *Lübeck, Joh. Fried. Bohn,* 1797—1799, 5 vol. in-8.

259. Geschichte der christlich-kirchlichen Gesellschafts-Verfassung, von D. G. J. Planck. *Hannover, Hahn,* 1803—1809, 5 tom. en 6 vol. pet. in-8.

260. Histoire de l'établissement du christianisme; tirée des seuls auteurs juifs et payens, où l'on trouve une preuve solide de la vérité de cette religion, par l'abbé Bullet. *Paris, Adrien Le Clère,* 1825, 1 vol. in-8.

261. Dominici Georgii de monogrammate Christi Domini dissertatio qua mos vetustissimus sacrosancti Christi nominis per litteras compendiarias exarandi, et monumenta veterum christianorum, ex cæmeteriis Urbis sacræ effossa, a calumniis Jacobi Basnagii vindicantur. *Romæ, ex typogr. Bernabo,* 1738, 1 vol. pet. in-4., fig.

262. Les vies des Saints de l'Ancien Testament disposées sélon l'ordre des martyrologes et des calendriers,

avec l'histoire de leur culte, selon qu'il a été établi ou permis dans l'église catholique. *Paris, Jean de Nully,* 1703, 1 vol. in-8.

263. Le vies des Saints pour tous les jours de l'année, avec l'histoire des mystères de N. Seigneur. *Paris, Lottin et J. Desaint,* 1730, 6 vol. in-12.

264. Vies des Pères, des martyrs et autres principaux Saints, tirées des actes originaux et des monuments les plus authentiques, avec des notes historiques et critiques. Ouvrage traduit de l'anglais. *Villefranche de Rouergue, Vedeilhé; Paris, Barbou,* 1763—1771, 8 vol. in-8.

265. Topographie des Saints, où l'on rapporte les lieux devenus célèbres par la naissance, la demeure, la mort, la sépulture et le culte des Saints. *Paris, Jean de Nully,* 1707, 1 vol. in-8.

266. Acta primorum martyrum sincera et selecta, ex libris cum editis, tum manuscriptis collecta, eruta vel emendata, notisque et observationibus illustrata, opera et studio Domni Theodorici Ruinart. His præmittitur præfatio genèralis in qua refellitur dissertatio undecima Cyprianica Henrici Dodwelli *de paucitate Martyrum.* Editio secunda, ab ipso auctore recognita, emendata et aucta. *Amstelædami, ex offic. Wetsteniana,* 1713, 1 vol. in-folio.

267. ܐܬܘܬܐܕ ܐܬܘܕܗܣܕ ܐܡܠܐ ܐܢܝܢܚ ܐܒܬܟܘ. Acta sanctorum martyrum orientalium et occidentalium in duas partes distributa; accedunt acta S. Simonis Stylitæ; omnia nunc primum ..... e bibliot. apost. Vaticana prodeunt. Steph. Evodius Assemanus chaldaicum textum recensuit, notis vocalibus animavit, latine vertit, admonitionibus, perpetuisque adnotationibus illustravit. *Romæ, Jos. Collini,* 1748, 2 part. en 1 vol. in-folio.

La ligne syriaque ci-dessus est imprimée en caractéres estranghelo sur le titre du volume.

268. Illustrium Christi martyrum lecti triumphi, vetustis Græcorum monumentis consignati, ex tribus antiquissimis regiæ Lutetiæ bibliothecis F. Franc. Combefis ..... produxit, latine reddidit, strictim notis illustravit. *Parisiis, Ant. Bertier,* 1660, 1 vol. in-8.

269. Passio S. S. Perpetuæ et Felicitatis, cum notis Lucæ Holstenii ....; item Passio Bonifacii Romani martyris; ejusdem Lucæ Holstenii animadversa ad martyrologium romanum Baronii. His accedunt acta Sanctorum Martyrum Tarachi, Probi et Andronici, ex cod. ms. S. Victoris Parisiensis. *Parisiis, Car. Savreux*, 1664, 1 vol. in-8.

270. De Sanctorum Martyrum cruciatibus Ant. Gallonii Rom. Congr. oratorii presbyteri liber quo potissimum instrumenta et modi quibus iidem Christi Martyres olim torquebantur, accuratissime tabellis æneis expressa, describuntur. *Coloniæ, Joan. Gymnicus*, 1602, 1 vol. pet. in-8., fig.

271. De miraculis S. Coluthi et reliquiis actorum S. Panesniv martyrum thebaica fragmenta duo ; alterum auctius, alterum nunc primum editum. Præit dissertatio Stephani card. Borgiæ de cultu S. Coluthi M. Accedunt fragmenta varia notis inserta, omnia ex Musæo Borgiano Veliterno deprompta et illustrata opera ac studio F. Augustini Ant. Georgii. *Romæ, Ant. Fulgonius*, 1794, 1 vol. gr. in-4.

272. Annalium ecclesiasticorum Cæsaris Baronii card. arabica epitome, labore F. Britii Rhedonensis. *Romæ, typ. S. Congr. de prop. fide*, 1653—1669, 3 vol. pet. in-4.

Cet abrégé contient en outre la traduction arabe de la suite de Baronius par Sponde, et il conduit jusqu'à l'année 1646.

273. Histoire de l'Église, par Messire Antoine Godeau, evesque et seigneur de Vence. Cinquième édition. *Suivant la copie imprimée à Paris; Bruxelles, Henr. Fricx*, 1681, 6 vol. pet. in-8.

Cette histoire de l'Église conduit jusqu'au IXe Siècle.

274. Jo. Laur. Moshemii institutionum historiæ ecclesiasticæ antiquæ et recentioris libri IV, ex ipsis fontibus insigniter emendati, plurimis accessionibus locupletati, variis observationibus illustrati; editio altera, indice cum chronologico, tum operum Mosheimianorum aucta. *Helmstadii, Chr. Frid. Weygand*, 1764, 1 vol. in-4.

275. Discours sur l'histoire ecclésiastique, par l'abbé Fleury. *Paris, Mariette*, 1724, 3 vol. in-12.

276. Histoire générale de l'église chrétienne, depuis sa naissance jusqu'à son dernier état triomphant dans le

ciel, tirée principalement de l'Apocalypse de St Jean
apôtre. Ouvrage traduit de l'anglais de Mgr Pastorini,
par un religieux bénédictin de la congrégation de
St Maur. *Rouen et Paris*, 1777, 3 vol. pet. in-8.

277. Dr. Frid. Münter's Handbuch der ältesten christlichen
Dogmen-Geschichte, mit Zusätzen des Verfassers ver-
mehrt, und Deutsch herausgegeben von Joh. Phil. Gust.
Ewers. *Göttingen, Vandenhoeck,* 1802 et 1804, 2 vol. in-8.

278. Mémoires pour servir à l'histoire ecclésiastique des
six premiers siècles, justifiez par les citations des
auteurs originaux; avec une chronologie où l'on fait un
abrégé de l'histoire ecclésiastique, et avec des notes
pour éclaircir les difficultez des faits et de la chronologie;
par Lenain de Tillemont; 2de édition revue, corrigée
par l'auteur, et augmentée d'une dissertation sur Saint
Jacque le Mineur. *Paris, Ch. Robustel,* 1701—1712.
16 vol. in-4.

279. Abrégé de l'histoire sacrée de Sulpice Sévère, nommé
le Salluste Chrétien. Traduction nouvelle, avec des
notes et une table géographique; par M. l'abbé Paul.
Lyon, Tournachon-Molin, 1805, 1 vol. in-12.

280. Εὐσεβίου τοῦ Παμφίλου ἐκκλεσιαστικὴ ἱστορία. Eusebii Pamphili ecclesiasticæ historiæ libri X; ejusdem de
vita imperatoris Constantini libri IV. Quibus subjicitur
oratio Constantini ad sanctos, et Panegyricus Eusebii
Henr. Valesius græcum textum collatis IV mss. codd.
emendavit, latine vertit et adnotationibus illustravit
Parisiis, Ant. Vitré, 1659, 1 vol. in-folio.

De l'avénement de J. C. à la défaite de Licinus par Constantin, en 323.

281. Σωκράτους σχολαστικοῦ καὶ ʿΕρμείου Σωζομένου ἐκκλησιαστικὴ ἱστορία. Socratis Scholastici et Hermiæ So-
zomeni historia ecclesiastica. Henr. Valesius græcum
textum collatis mss. codd. emendavit, latine vertit e
annotationibus illustravit. Adjecta est ad calcem disputatio Archelai episcopi adversus Manichæum. *Parisiis
Ant. Vitré,* 1668, 1 vol. in-folio.

Deux auteurs faisant suite à Eusèbe; le premier conduit de
l'an 306 à 439; le deuxième de 323 à 439.

282. Θεοδωρίτου ἐπισκόπου Κύρου καὶ Εὐαγρίου σχολαστικοῦ ἐκκλησιαστικὴ ἱστορία .... Theodoreti episcopi Cyri

et Evagrii Scholastici historia ecclesiastica; item excerpta ex hist. Philostorgii et Theodori lectoris. Henr. Valesius græca ex mss. codd. emendavit, latine vertit et annotationibus illustravit. *Parisiis, Petr. Le Petit*, 1673, 1 vol. in-fol.

La chronique de Théodoret commence à l'an 324 et finit à l'an 429; celle d'Evagrius comprend de 431 à 563. Théodore n'est qu'un abréviateur de Socrate, Sozomène et Théodoret.

283. L'histoire de Théodorite, evesque de Cyropolis, ville de Médie; en laquelle sont contenues les choses dignes de mémoire advenues en la primitive Église, tant du règne de l'Empereur Constantin le grand, comme de ses successeurs, propre à ce temps, traduit du grec en français par D. M. Matthée. *Paris, Hierosme de Marnef*, 1569, 1 vol. in-16.

284. Kristni-Saga, sive historia religionis christianæ in Islandiam introductæ, nec non Pattr af Isleifi Biskupi, sive narratio de Isleifo episcopo, ex manuscriptis Legati Magnæani, cum interpretatione latina, notis, chronologia, tabulis genealogicis et indicibus tam rerum quam verborum. *Hafniæ, Christ. Godiehe*, 1773, 1 vol. in-8.

B. MELANGES D'HISTOIRE ECCLÉSIASTIQUE — HÉRÉSIES ANCIENNES.

285. Jo. Laur. Moshemii dissertationes ad historiam ecclesiasticam pertinentes. Editio tertia, accuratior et emendatior. *Altonæet Lubeckæ, Dav. Iversen*, 1767, 2 vol. pet. in-8.

286. Histoire critique de Manichée et du Manichéisme, par M. de Beausobre. *Amsterdam, J. Fréd. Bernard*, 1734, 1 vol. — Histoire de Manichée et du Manichéisme, où l'on trouve aussi l'histoire de Basilide, de Marcion, de Bardesanes, etc., et de leurs sentiments, et où l'on découvre l'origine de plusieurs cultes, cérémonies, etc. qui se sont introduits dans le christianisme; par le même; tome II. *Ibid.*, 1739, 1 vol. Les 2 vol. in-4.

287. Histoire critique du Gnosticisme, et de son influence sur les sectes religieuses et philosophiques des six premier siècles de l'ère chrétienne. Ouvrage couronné par l'Académie royale des inscriptions et belles lettres; par M. Jacq. Matter. *Strasbourg, Levrault*, 1843, in-8., tomes I et II, fig.

288. Genetische Entwickelung der vornehmsten gnosti-schen Systeme, von Dr. Aug. Neander. *Berlin, Dümm-ler,* 1818, 1 vol. in-8.

289. Ueber die Verwandtschaft der gnostisch-theosophi-schen Lehren mit den Religionssystemen des Orients; vorzüglich dem Buddhaismus, von Isaac Jacob Schmidt. *Leipzig, Cnobloch,* 1828, in-4., broch. (25 *pag.*).

290. De l'initiation chez les Gnostiques. Mémoire lu, le 31 Janvier 1834, à l'Institut de France (Acad. des Insc. et B. Lettres), par Mr Matter. In-8., **pap. vél.**, broch. (52 *pag.*).
Extrait de la France littéraire, février et mars, 1834.

291. Bardesanes gnosticus, Syrorum primus hymnologus. Commentatio historico-theologica quam scripsit Aug. Hahn. *Lipsiæ, Chr. Guil. Vogel,* 1819, in-8. (94 *pag.*).

292. Odæ gnosticæ Salomoni tributæ, thebaice et latine, præfatione et annotationibus philologicis illustratæ. Pro-gramma .... autore D. Frid. Münter. *Havniæ, Joh. Frid. Schultz,* 1812, in-4., broch. (32 *pag.*).

293. Pistis Sophia : opus gnosticum Valentino adjudica-tum, e codice manuscripto coptico Londinensi descripsit et latine vertit M. G. Schwartze; edidit J. H. Petermann. *Berolini, Dümmler,* 1851, 1 vol. gr. in-8.

294. Pistis Sophia : opus gnosticum Valentino adjudica-tum, e cod. mansto. coptico Londinensi descriptum latine vertit M. G. Schwartze; edidit J. H. Petermann. *Bero-lini, Dümmler,* 1853, 1 vol. in-8.

295. Novelle dilucidazioni sopra un antico chiodo magico presentato al VII congresso italiano dal prof. Orioli, con la notizia e la illustrazione di altri simili arnesi di Giulio Minervini. *Napoli, Vinc. Priggiobba,* 1846, in-8., broch. (38 *pag.* et 3 *pl.*).

2. PREUVES DE LA VÉRITÉ DE LA RELIGION CHRÉ-TIENNE — SA DÉFENSE CONTRE LES JUIFS, LES MU-SULMANS, ETC.

296. Jo. Alberti Fabricii delectus argumentorum et syl-labus scriptorum qui veritatem religionis christianæ ad-versus atheos, epicureos, deistas seu naturalistas, ido-latras, judæos et muhammedanos, lucubrationibus suis

asseruerunt. Præmissa sunt Eusebii Cæsariensis proe-
mium et capita priora demonstrationis evangelicæ quæ
in editionibus hactenus desiderantur, deprompta ex
bibliotheca ..... principis Joan. Nicolai Alexandri F.
Maurocordati et latine reddita. *Hamburgi, Christ. Felginer,* 1725, 1 vol. pet. in-4.

297. Hugo Grotius de veritate religionis christianæ. Editio
nova, additis annotationibus in quibus testimonia. *Juxtà
exemplar Parisiense, sumptibus Seb. Cramoisy,* 1640,
1 vol. in-12.

298. Petri Dan. Huetii demonstratio evangelica; tertia
editio, ab auctore recognita, castigata et amplificata.
Parisiis, D. Hortemels, 1690, 1 vol. in-folio.

299. Traités de l'existence et des attributs de Dieu, des
devoirs de la religion naturelle et de la vérité de la
religion chrétienne, par Clarke, trad. de l'anglais par
Ricotier; 2e édit. ... *Amsterdam, J. Fr. Bernard,* 1727—
1728, 3 tom. en 2 vol. pet. in-8.

300. Apologie de la religion chrétienne contre l'auteur
du *Christianisme dévoilé* et contre quelques autres critiques, par Mr Bergier. *Paris, Humblot,* 1769, 2 vol. in-12.

301. Les mystères du christianisme approfondis radica-
lement, et reconnus physiquement vrais ....; en deux
parties : la première développe l'histoire génésiale du
monde; base des saints livres qui constituent l'Ancien
Testament des Chrétiens; la seconde éclaircit les trois
grands mystères, ainsi que les quatre évangiles de
Jésus, base de nos sept sacrements, de tous nos
dogmes théologaux et de toutes les cérémonies de notre
loi nouvelle. (Par Bébescourt.) *Londres, J. G. Galabin
et G. Baker,* 1771, 2 vol. gr. in-8., *fig. de Gravelot.*

302. Legatio Imp. Cæsaris Manuelis Commeni Aug. ad
Armenios, sive Theoriani cum catholico disputatio qua
imago pii de religione colloquii repræsentatur. Adjun-
ximus : Leonis Magni græco-latinam epistolam, rectæ
fidei columnam, Jo. Damasceni contra Manicheos dialogum; Leontii Byzantini sectarum historiam; Const.
Harmenopuli de iisdem. Fidei confessionem Harmenopuli Aug. Hilarii. Omnia nunc primum (græce) deprompta ex Jo. Sambuci bibliotheca, de græcis latina

faciente Leunclavio. *Basileœ, Petr. Perna,* 1578, 1 vol. pet. in-8.

303. Tela ignea satanæ; hoc est, arcani et horribiles Judæorum adversus Christum Deum et christianam religionem libri ἀνέκδοτοι. Sunt vero : R. Lipmanni carmen memoriale ; Liber Nizzachon vetus auctoris incogniti; Acta disputationis R. Jechielis cum quodam Nicolao ; Acta disputationis R. Mosis Nachmanidis cum fratre Paulo Christiani, et fratre Raymundo Martini ; R. Isaaci liber Chissuk Emuna ; Libellus Toldos Jeschu. Joh. Christoph. Wagenseilius ex Europæ Africæque latebris erutos in lucem protrusit, theologorum christianorum fidei, ad tanto rectius meditandum ea, quæ conversionem miserrimæ gentis Judaicæ juvare possunt, illos committens commendansque ; additæ sunt latinæ interpretationes et duplex confutatio. Accedit mantissa de LXX hebdomadibus Danielis, adversus Joh. Marshami novam et incommodam earundem explicationem. *Altdorfii — Noricorum, Joh. Henr. Schœnnerstœdt,* 1681, 1 vol. pet. in-4.

304. ספר נצחון. Liber Nizachon Rabbi Lipmanni conscriptus, anno a Christo nato MCCCXCIX. diuque desideratus, nec ita pridem, fato singulari, e Judæorum manibus excussus, oppositus Christianis, Sadducæis, atque aliis. Editus (hebraice) ....., curante Theod. Hackspan ..... Accessit tractatus de usu librorum rabbinicorum, prodromus apologiæ pro christianis adversus Lipmannum triumphantem; uterque cum indicibus necessariis atque impensis Wolfgangi Endteri. *Noribergæ,* 1644, 1 vol. pet. in-4.

305. ספר אמונה. *Sefer œmanah* ..... Livre de la foi ou de la vérité. Ouvrage sur la vérité de la religion chrétienne. *Isnœ* (1542), 1 vol. pet. in-4.

  Œuvre d'un juif converti dont on ignore le nom. Tout hébreu; texte ponctué; 127 *pages.*

306. Liber fidei preciosus, bonus et jucundus, quem ædidit vir quidam israëlites sapiens et prudens ante multos annos ad docendum et comprobandum in eo, argumentis sufficientibus et evidentibus, quod fides Christianorum quam habent in patrem, filium et spiritum sanctum, atque alia, perfecta, recta et indubitata

sit, collocata super fundamentum legis, prophetarum et hagiographorum; ideo vocavit nomen ejus ، *Sepher Æmana,* i. liber fidei seu veritatis ...... Translatus ex hebræa lingua in linguam latinam opera Pauli Fagii. *Isnæ,* anno 302 minoris supputationis a creatione mundi (1542), 1 vol. pet. in-4.

307. שמש ערקה ומרפא בבנפיה sive Jesu-Christi evangeliique veritas salutifera demonstrata in confutatione libri Chizzouk Emounah a R. Isaaco scripti, in qua pleraque Judæorum adversus doctrinam Christianam argumenta, aut difficultates, pleræque in Novi .Testamenti loca censuræ examinantur ac diluuntur et testimonia e Veteri allegata vindicantur, auctore Jac. Gussetio Blæsensi. Accedunt ejusdem auctoris in Epistolam ad Hebræos et ad Leviticum XVIII, 14. disputationes sex, cum indicibus locupletissimis. *Amstelod., Borstius,* 1712, 1 vol. in-folio.

308. Paulus Ricius de sexcentum et tredecim Mosaice sanctionis edictis. Ejusdem philosophica, prophetica ac talmudistica, pro christiana veritate tuenda cum juniori Hebreorum sinagoga, mirabili ingenii acumine disputatio. Ejusdem in Cabalistarum seu allegorizantium eruditionem ysagogæ. Ejusdem de novem doctrinarum ordinibus et totius peripatetici dogmatis nexu compendium, conclusiones atque oratio Cabala. *August.-Vindelicorum, Joann. Miller,* anno 1515, 1 vol. pet. in-4., *reglé et avec lettres et vignettes coloriées.*

> Volume fort rare — Exemplaire Quatremère (N° 720 du III⁰ Catalogue).

309. Christologie des Alten Testaments und Commentar über die messianischen Weissagungen der Propheten, von E. W. Hengstenberg. *Berlin, Ludwig Oemigke,* 1829 —1835, 3 tom. en 4 vol. in-8.

310. Christologia Judæorum Jesu apostolorumque ætate, in compendium redacta observationibusque illustrata, a Leonh. Bertholdt. *Erlangæ, Palm,* 1811, 1 vol. in-8.

311. Opus toti christianæ Reipublicæ maxime utile, de arcanis catholicæ veritatis, contra obstinatissimam Judæorum nostræ tempestatis perfidiam, ex Talmud, aliisque hebraicis libris nuper excerptum et quadruplici linguarum genere eleganter congestum (auctore Petr.

4*

Galatino Columnæ, a patria). *Impressum Orthonæ-Maris, per Hieron. Suncinum, anno christianæ nativitatis* 1518, 1 vol. in-folio.

Édition originale avec notes manuscrites.

312. Lettre d'un rabbin converti aux Israëlites ses frères sur les motifs de sa conversion (par L. B. Drach). *Paris, Beaucé-Rusand*, 1825, in-8. (88 *pag.*).

313. Tractatus contra principales errores perfidi Machometis et turchorum sive sarracenorum festinanter copulatus per Reverendissimum dominum Johannem de Turre cremata, romanæ ecclesiæ tituli sancte marie transtyberi presbyterum cardinalem Sancti Sixti vulgariter nuncupatus. *Parisiis, G. Eustace.* S. D., 1 vol. pet. in-4.

Tout gothique à 2 colonnes.

314. Opera chiamata confusione della setta Machumetana, composta in lingua spañola per Giouan Andrea gia Moro et Alfacqui, della cita de Sciativia, hora per la divina bonta Christiano e sacerdote, tradotta in italiano per Domenico de Gaztelu . . . . . *Seviglia*, 1540, 1 vol. pet. in-8.

Petit volume d'une grande rareté.

315. Confusion de la secte de Muhamed. Livre premièrement composé en langue espagnole par Jehan André, jadis More et Alfaqui, natif de la cité de Sciativia, et depuis fait chrétien et prêtre; et tourné d'italien en français par Guy le Fèvre de la Boderie. *Paris, Martin jeune*, 1574, 1 vol. pet. in-8.

316. Prodromus ad refutationem Alcorani ; in quo, per IV præcipuas veræ religionis notas, mahumetanæ sectæ falsitas ostenditur, christianæ religionis veritas comprobatur ; authore Lud. Marraccio. *Romæ, typis S. Congr. de prop. fide*, 1691, 4 vol. pet. in-8.

317. Apologia pro christiana religione, quâ à R. P. Phil. Guadagnolo repondetur ad objectiones Ahmed, filii Zin Alabedin, Persæ Asphahensis *(sic)*, contentas in libro inscripto : *Politor speculi* (latine). *Romæ, typis Congr. de prop. fide*, 1631, 1 vol. pet. in-4.

L'ouvrage d'Ahmed était une réponse à un traité pour la religion chrétienne, composé en persan par le P. Jér. Xavier; ce traité était intitulé : *Miroir montrant la vérité*. Nicéron dit qu'Ahmed se convertit à la lecture de la réponse de Guadagnoli. (Cf. Schnurrer, N° 247.)

318. R. P. Phil. Guadagnoli pro christiana religione responsio ad objectiones Ahmed filii Zin Alabedin, Persæ
Asphahanensis (arabice). *Romæ, Sac. Congr. de prop.
fide,* 1637, 1 vol. pet. in-4.

319. Controversial tracts on Christianity and Mohamme-
danism, by the late Rev. Henry Martyn and some of
the most eminent writers of Persia, translated and explained, to which is appended an additional tract on
the same question, and, in a preface, some account
given of a former controversy in this subject, with
extracts from it; by the R. S. Lee. *Cambridge, J. Smith,*
1824, 1 vol. gr. in-8.

3. É C R I T U R E   S A I N T E.

a. INTRODUCTION.

I. GÉNÉRALITÉS — BIBLIOGRAPHIE — RECUEILS ET DICTION-
NAIRES — MÉLANGES DE PHILOLOGIE BIBLIQUE.

320. Joh. Dav. Michaelis Lebensbeschreibung von ihm
selbst abgefasst, mit Anmerkungen von Hassencamp,
Beobachtungen .... von Eichhorn, Schulz ..... Mit
dem Brustbilde des Seligen und einem vollständigen
Verzeichnisse seiner Schriften. *Leipzig, Barth,* 1793,
1 vol. pet. in-8.

321. Oluf Gerhard Tychsen oder Wanderungen durch die
mannigfaltigsten Gebiete der biblisch-asiatischen Literatur. Ein Denkmal der Freundschaft und Dankbar-
keit von A. Th. Hartmann. *Bremen, Georg Heyse,* 1818
—1823, 3 tom. en 5 vol. in-8.

322. Bibliotheca sacra in binos syllabos distincta, quorum prior, qui jam tertio auctior prodit, omnes sive
textus sacri sive versionum ejusdem quavis lingua ex-
pressarum editiones nec non præstantiores mss. codd.
cum notis historicis et criticis, exhibet. Posterior vero
continet omnia eorum opera quovis idiomate conscripta,
qui huc usque in sacram scripturam quidpiam ediderunt, simul collecta, tum ordine auctorum alphabetico
disposita, tum serie sacrorum librorum. Huic coronidis

loco subjiciuntur grammaticæ et lexica linguarum præsertim orientalium quæ ad illustrandas sacras paginas aliquid adjumentum conferre possunt. Labore et industria Jac. Le Long, cong. Orat. *Parisiis, E. Montalant,* 1723, 2 vol. gr. in-folio.

L'ouvrage du P. Le Long a reçu d'importantes augmentations dans l'édition de Masch qui cependant n'a reproduit que la première partie de la Bibliothèque sacrée.

323. Bibliotheca sacra seu syllabus omnium ferme sacræ scripturæ editionum ac versionum secundum seriem linguarum, quibus vulgatæ sunt, notis historicis et criticis illustratus, adjunctis præstantissimis codd. mss. labore Jac. Le Long, cong. Orat. Totum opus cum additamentis, suo loco in nova hac editione collocatis, recensuit et castigavit, novis præterea editionibus, versionibus, codd. mss., notisque auxit Christ. Frid. Bœrnerus. *Lipsiæ, Joh. Lud. Gleditschius,* 1709, 2 vol. pet. in-8.

Ces 2 vol. ne comprennent que la 1ʳᵉ partie du P. Le Long.

324. Bibliotheca sacra post Jacobi Le Long et C. F. Bœrneri iteratas curas, ordine disposita, emendata, suppleta, continuata ab And. Gottl. Masch. *Halæ, J. J. Gebauerus,* 1778—1783, 2 part. en 3 vol. in-4.

Ouvrage le plus utile à consulter pour la bibliographie et l'histoire littéraire bibliques.
Il ne contient aussi que la 1ʳᵉ partie du P. Le Long. Voici la division de l'ouvrage : P. I. Cap. I. De editionibus V. T. hebraicis. II. De editionibus N. T. græci. III. De editionibus polyglottis. IV. De libris apocryphis. P. II. Vol. I. De versionibus orientalibus utriusque testamenti. Vol. II. De versionibus græcis. Vol. III. De versionibus latinis. Vol. IV. Index chronologicus.

325. Bibliotheca biblica serenissimi Würtenbergensium Ducis olim Lorkiana, edita a Jac. Georgio Christiano Adler. *Altonæ, ex officina J. D. A. Eckhardti,* 1787, 5 part. en 1 vol. in-4.

326. Repertorium für·biblische und morgenländische Literatur (von J. Gottfr. Eichhorn). *Leipzig, Weidmann's Erben und Reich,* 1777—1786, 18 vol. in-8.

327. Allgemeine Bibliothek der biblischen Litteratur, von Joh. Gottfried Eichhorn. *Leipzig, Weidmann's Erben und Reich,* 1787—1800, 10 vol. pet. in-8.

Collection qui fait suite au *Repertorium.*

328. Neues Repertorium für biblische und morgenländische Litteratur, herausgegeben von M. Heinr. Eberh.
Gottlob Paulus. *Jena, Chr. Heinr. Cuno's Erben,* 1790
—1791, 3 vol. in-8.

329. Memorabilien. Eine philosophisch-theologische Zeitschrift der Geschichte und Philosophie der Religionen,
dem Bibelstudium und der morgenländischen Litteratur
gewidmet, von H. E. Gottlob Paulus. *Leipzig, Siegfr.
Lebrecht Crusius,* 1791—1796, 8 tom. en 4 vol. in-8.

330. Archiv für die biblische und morgenländische Literatur, von Georg Wilhelm Lorsbach. *Marburg,* 1791—
1794, 2 vol. pet. in-8.

331. Jahrbücher der biblischen Wissenschaft, von Heinr.
Ewald. Vom Jahre 1848—1855. *Göttingen, Dieterici,*
1849—1852; 4 cahiers en 2 vol. in-8. — Les années
1852 à 1855 en trois cahiers in-8., broch.

332. J. G. Christ. Adlers ..... Kurze Uebersicht seiner
biblisch-kritischen Reise nach Rom. *Altona, Eckhardt,*
1783, 1 vol. pet. in-8.

333. Dictionnaire historique, critique, chronologique, géographique et littéral de la Bible, enrichi de plus de
300 figures en taille douce, qui représentent les antiquités judaïques. Nouvelle édition, revue, corrigée et
augmentée, dans laquelle le supplément a été exacte-
ment refondu, par le R. P. Dom Augustin Calmet. *Paris, Emery,* 1730, 4 vol. in-fol., fig.

334. R. P. D. Augustini Calmet, ord. S. Benedicti abbatis,
dictionarium historicum, criticum, chronologicum, geo-
graphicum et literale Sacræ Scripturæ, figuris XXX antiquitates judaicas repræsentantibus exornatum; e gallico
in latinum transtulit Joan. Dominicus Mansi. Editio novissima supplementis auctoris (locis suis insertis) locupletata, et ab innumeris mendis, quibus aliæ scatent,
expurgata. *Aug.-Vindelicorum, Ant. Weith fratres,* 1759,
2 vol. in-folio, cart. et fig.

335. Dictionnaire portatif, historique, théologique, géographique, critique et moral de la Bible, pour servir
d'introduction à la science de l'Écriture Sainte. Nouvelle édition, revue, corrigée et augmentée (par l'abbé
de Barral). *Paris, Musier,* 1759, 2 vol. pet. in-8.

336. Biblisches Realwörterbuch zum Handgebrauch für Studirende, Candidaten, Gymnasiallehrer und Prediger, ausgearbeitet von Dr Georg Benedict Winer. Dritte sehr verbesserte und vermehrte Auflage. *Leipzig, Heinr. Reclam*, 1847—1848, 2 vol. gr. in-8.

337. Joh. Buxtorfii filii dissertationes philologico-theologicæ : I. de linguæ hebrææ origine et antiquitate; II. de ejus confusione et plurium linguarum origine; III. de illius conservatione et propagatione; IV. de litterarum hebraïcarum genuina antiquitate; V. de nominibus Dei hebraicis; VI. de cœnæ dominicæ primæ ritibus et forma; VII. vindiciæ præcedentis dissertationis; VIII. de lotione manuum judaica ante et post cibum : accesserunt R. Isaaci Abarbenelis hispani aliquot elegantes et eruditæ dissertationes : I. de longævitate primorum Patrum; II. de statu et jure regio; III. de Judicum et Regum in V. T. convenientiis et differentiis, etc. etc., ab eodem ex hebræa in latinam linguam versæ; cum indice locorum Scripturæ explicatorum et illustratorum. *Basileæ, Jac. Deckerus*, 1662, 1 vol. pet. in-4.

338. Joh. Lightfooti opera omnia hac nova editione operibus ejusdem posthumis nunquam hactenus editis locupletata. Joh. Leusden textum hebraïcum recensuit et emendavit : editio secunda, priore longe correctior et emendatior. *Franequeræ, Leon. Frick*, 1699, 2 vol. in-folio, cartes.

Dissertations de philologie biblique.

339. Hadriani Relandi dissertationum miscellanearum editio secunda, continens : I. Dissertatio de situ paradisi terrestris; II. de mare rubro; III. de monte Garizim; IV. de Ophir; V. de diis cabiris; VI. de veteri linguâ indica; VII. de Samaritanis; VIII. de reliquiis veter. linguæ persicæ; IX. de persicis vocabulis talmudis; X. de jure militari Mahomedanorum contra Christianos bellum gerentium; XI. de linguis insularum quarundam orientalium; XII. de linguis americanis; XIII. de gemmis arabicis. *Trajecti ad Rhenum, Brædelet*, 1713; 3 vol. pet. in-8., avec planches.

340. Jacobi Rhenferdii opera philologica, dissertationibus exquisitissimi argumenti constantia; accèdunt orationes duæ : altera de fundamentis et principiis philologiæ

sacræ, altera de antiquitate Baptismi ante inedita ......
Elenchus dissertationum post præfationem exhibitur.
Trajecti ad Rhenum, Guill. van de Water, 1722, 1 vol.
pet. in-4.

Dissertations de philologie biblique et orientale.

341. Campegii Vitringa obervationum sacrarum libri septem duobus voluminibus comprehensi, in quibus de
rebus varii argumenti et utilissimæ investigationis, critice ac theologice disseritur, sacrorum imprimis librorum loca multa obscuriora nova vel clariore luce perfunduntur. Editio ultima. *Amstelodami, Fred. Horreus,*
1727, 2 vol. pet. in-4., portr.

342. Thesaurus novus theologico-philologicus, sive sylloge dissertationum exegeticarum ad selectiora atque
insigniora Veteris et Novi Instrumenti loca, a theologis
protestantibus maximam partem in Germania diversis
temporibus separatim editarum, nunc vero secundum
seriem librorum, capitum, et commatum digestarum ......
cum indicibus necessariis, ex musæo Th. Hasæi et Conr.
Ikenii. *Lugd.-Batav. et Amstel., Th. Haak*, 1732, 2 vol.
in-folio.

343. Hermanni Witsii miscellaneorum sacrorum libri IV,
quibus de Prophetis et Prophetia, de Tabernaculi Levitici mysteriis, de collatione sacerdotii Aaronis et
Christi, de synedriis Hebræorum, de IV bestiis Danielis, de cultu Molochi, de seculo hoc et futuro, de
sensu epistolarum Apocalypticarum, de Schismate Do-
natistarum, diligenter et prolixe disseritur : additæ sunt
tabulæ aliquot, quibus Tabernaculum cum suo apparatu et pontifex et synedrium affabre delineata sunt.
Editio nova ab auctore recognita et præfatione aucta.
Accessit præterea oratio de auctoris vita. *Lugd.-Batav.,*
Conr. Meyer, 1736, 2 vol. in-4., fig.

344. Dav. Millii dissertationes selectæ, varia s. litterarum et antiquitatis orientalis capita exponentes et illu-
strantes, curis secundis, novisque dissertationibus, ora-
tionibus et miscellaneis orientalibus auctæ. *Lugd.-Batav.,*
Conr. Wishoff (1743), 1 vol. pet. in-4.

> Avec 5 planches d'alphabets indiens. La 15e dissertation est
> une grammaire hindoustani, une grammaire persane et un
> *Etymologicum orientale harmonicum.*

345. Dav. Millii miscellanea sacra Jesaiæ cap. LIV, [Psal-
mos CXXI et CXXII, aliaque argumenta tam theologica
quam exegetica enucleantia et exponentia. Inter illa
eminent duæ dissertationes, quarum altera demonstratur obligatio hominis Christiani ad sacram cœnam, altera
complectitur errores virorum doctorum in delineando
Tabernaculo Mosis : figuris æneis illustrata et ornata ......
Amstelodami, Adrian. Wor, 1754, 1 vol. pet. in-4., portr.
et fig.

346. Jo. Dav. Michaëlis syntagmata commentationum.
Gœttingœ, vidua Abr. Vandenhoeck, 1759, 1 vol. pet.
in-4.

347. Alberti Schultens opera minora, animadversiones
ejus in Jobum et ad varia loca V. T., nec non varias
dissertationes et orationes, complectentia, antehac seorsim in lucem emissa, nunc in unum corpus collecta
et conjunctim edita, una cum indicibus necessariis.
Lugd.-Batav., Joh. Lemair, 1769, 1 vol. in-4.

348. Sylloge dissertationum philologico-exegeticarum a
diversis auctoribus editarum sub præsidio A. Schultens,
J. J. Schultens, et N. G. Schrœder defensarum. Quibus
multa S. Codicis loca obscura illustrantur et nova ratione explicantur. *Leidœ, Joh. Le Mair*, 1772—1775,
2 vol. in-4.

349. Dissertationes philogico-criticæ; singulas primum,
nunc cunctas edidit Christ. Fried. Schnurrer. *Gothœ,
C. W. Ettinger*, 1790, 1 vol. in-8.

350. Caroli Aurivillii dissertationes ad sacras literas et
philologiam orientalem pertinentes ; cum præfatione
J. Dav. Michaëlis. *Gœttingœ, F. A. Rosenbusch*, 1790,
1 vol. in-8.

351. Miscellanea Hafniensia theologici et philologici argumenti ; edidit D. Frid. Münter. *Hafniœ, Joh. Fred. Schultz*,
1816—1824; 4 part. en 2 vol. in-8., fig.

352. Abhandlungen zur orientalischen und biblischen Literatur, von G. Heinr. Aug. Ewald. Erster Theil. *Göttingen, Dieterich*, 1832, 1 vol. in-8.

II. INTRODUCTIONS GÉNÉRALES A LA BIBLE, ET PARTICULIÈRES A L'ANCIEN ET AU NOUVEAU TESTAMENT.

353. Dissertation préliminaire ou prolégomènes sur la Bible, par Messire Louis Ellies Du-Pin. *Paris, André Pralart*, 1699, 2 vol. in-8.

354. Manductio ad sacram scripturam methodo dialogistica exhibens prolegomena biblica, cum appendice de verbo Dei tradito (autore Honorato Jos. Brunet). *Parisiis, Coustelier*, 1701, 2 vol. in-12.

355. Prolegomena et dissertationes in omnes et singulos S. Scripturæ libros, authore R. P. D. August. Calmet...... opus gallice primum ab authore, nunc vero latinis literis traditum et in duos tomos distributum a Joan. Dominico Mansi Lucensi .... *Aug.-Vindelicorum, Mart. Happach*, 1732, 2 tom. en 1 vol. in-folio.

356. Introduzione alla sacra Scrittura, che comprende le prenozioni piu importanti relative ai testi originali e alle loro versioni, del professore G. Bern. De-Rossi. *Parma, stamperia ducale*, 1817, 1 vol. gr. in-8.

357. An introduction to the critical study and knowledge of the holy Scriptures, by Th. Hartwell Horne. Fifth edition, corrected, illustrated with numerous maps and facsimiles of biblical manuscripts. *London, T. Cadell*, 1825, 4 vol. gr. in-8., fig.

358. Introduction historique et critique aux livres de l'Ancien et du Nouveau Testament, par l'abbé Glaire. *Paris, Méquignon jeune*, 1839, 6 vol. in-12.

359. Lehrbuch der historisch-kritischen Einleitung in die Bibel alten und neuen Testaments, von W. M. L. de Wette. *Berlin, Reimer*, 1845 — 1848, 2 vol. in-8.

Le 1er vol. a pour titre : Einleitung in die kanonischen und apokryphischen Bücher des Alten Testaments. 6e Auflage, 1845. Le 2nd vol.: Einleitung in die kanonischen Bücher des Neuen Testaments. 5e Auflage, 1848.

360. Einleitung in die heiligen Schriften des alten und neuen Testaments, von J. M. Aug. Scholz. *Köln*, 1845, Band I und II, in-8.

361. Histoire critique du Vieux Testament, par R. Simon; nouvelle édition, et qui est la première imprimée sur

la copie de Paris; augmentée d'une apologie générale
et de plusieurs remarques critiques : on a de plus
ajquté à cette édition une table des matières et tout
ce qui a été imprimé jusqu'à présent à l'occasion de
cette histoire critique. *Rotterdam, Leers,* 1685, 1 vol. in-4.

362. Rich. Simonis opuscula critica adversus Isaacum Vossium; defenditur sacer codex ebraicus et B. Hieronymi
tralatio. *Edinburgi, Joa. Calderwood, (Amst.),* 1685. =
Hier. Le Camus (R. Simonis) judicium de nupera Is. Vossii ad iteratas P. Simonii objectiones responsione. *Ibid.,*
1685. = Réponse de Pierre Ambrun à l'histoire critique du vieux Testament, composée par le P. Simon.
Rotterdam, Renier Leers, 1685. = Réponse au livre
intitulé : Sentiments de quelques théologiens de Hollande sur l'histoire critique du Vieux Testament, par
le Prieur de Bolleville. *Ibid.,* 1686. = De l'inspiration
des livres sacrés, avec une réponse au livre intitulé :
Défense des sentiments de quelques théologiens de
Hollande sur l'histoire critique du Vieux Testament,
par le même. *Ibid.,* 1687. Le tout en un vol. in-4.

363. Humfredi Hodii de bibliorum textibus originali-
bus, versionibus græcis et latina vulgata, libri IV, viz. :
I. contra historiam LXX interpr. Aristeæ nomine inscrip-
tam dissertatio, qua probatur illam a Judæo quodam
fuisse confictam, et Is. Vossii, aliorumque doct. virorum
defensiones ejusdem ad examen revocantur. In hac
edit. diluuntur Vossii responsiones; II. de versionis
(quam vocant) LXX interpretum auctoribus veris, eam-
que conficiendi tempore, modo et ratione ; III. historia
scholastica textuum originalium, versionisque græc. LXX
dictæ, et lat. Vulgatæ; qua ostenditur qualis fuerit
singulorum auctoritas per omnia retro secula et textus originales maximo in pretio semper habitos fuisse ;
IV. de cæteris græcis versionibus, Origenis hexaplis,
aliisque editionibus antiquis; cum collectione indicu-
lorum librorum, biblicorum per omnes ætates, quæ
historiam *canonis* S. Scripturarum quam brevissimam
sed plenam ac luculentam continet, ordinisque librorum varietatem indicat. Præmittitur Aristeæ historia
gr. et lat. *Oxonii, e theatro Sheldon.,* 1705, 1 vol. pet.
in-folio, portr.

364. Introductio ad libros canonicos bibliorum Vet. Test. omnes, præcognita critica et historica ac auctoritatis vindicias exponens; adornata studio D. Joh. Gottl. Carpzovii. Editio secunda. *Lipsiæ, hæredes Frid. Lankisii,* 1731, 1 vol. pet. in-4.

> Divisé en 3 parties : 1° Livres historiques, 1741. 2° Livres poëtiques, 1731. 3° Livres prophétiques, 1731.

365. Prolegomena in Sacram Scripturam, auctore Car. Fr. Houbigant. *Parisiis,* 1753, 2 tom. en 1 vol. in-4. — Sebaldi Ravii Exercitationes philologicæ ad Car. Fr. Hubigantii prolegomena in Scripturam sacram. *Lugd.-Batav., Sam. et Joh. Luchtmans,* 1785, 1 vol. in-4.

366. Einleitung in das alte Testament, von Joh. Gottfr. Eichhorn. Vierte Originalausgabe. *Göttingen, Ed. Rosenbusch,* 1823—1824, 5 vol. in-8.

367. Horæ biblicæ : ou Recherches littéraires sur la Bible, son texte original, ses éditions et ses traductions les plus anciennes et les plus curieuses ; traduit de l'anglais de Ch. Butler (par M. Boulard). *Paris, Garnery,* 1810, 1 vol. in-8.

368. Einleitung in die göttlichen Bücher des alten Bundes, von Joh. Jahn. Zweite ganz umgearbeitete Ausgabe; mit einer Kupfertafel. *Wien, Chr. Fried. Wappler und Beck,* 1802—1803, 2 tom. en 3 vol. in-8.

369. Introductio in libros sacros veteris fœderis, in epitomen redacta a Joh. Jahn : edit. secunda, emendata. *Viennæ, apud Car. Ferd. Beck,* 1814, 1 vol. in-8.

370. Beiträge zur Einleitung in das alte Testament, von W. M. Lebr. de Wette. *Halle,* 1806—7, 2 vol. pet. in-8.

371. Handbuch der historisch-kritischen Einleitung in das alte Testament, von H. A. Ch. Hävernick. *Erlangen,* 1836—1844, 4 part. en 2 vol. in-8.

372. J. G. Herbst's historisch-kritische Einleitung in die heiligen Schriften des alten Testaments, herausgegeben von B. Welte. *Karlsruhe,* 1840—1842, 2 vol. in-8.

373. M. Olavi Gerhardi Tychsen ... tentamen de variis codicum hebraïcorum Vet. Test. mss. generibus, a Judæis et non Judæis descriptis, eorum in classes certas distributione et antiquitatis et bonitatis characteribus. *Rostochii, Jo. Chr. Koppius,* 1772, 1 vol. pet. in-8., avec 1 pl.

374. Einleitung in die apokryphischen Schriften des alten
Testaments, von Joh. Gottf. Eichhorn. *Leipzig, Weidmann,* 1795, 1 vol. in-8.

375. Car. Godofr. Woidii notitia codicis Alexandrini cum
variis ejus lectionibus omnibus. Recudendam curavit,
notasque adjecit M. Gottl. Leber. Spohn. *Lipsiæ, J. G. J.
Breitkopfius,* 1788, 1 vol. in-8.

> Manuscrit grec contenant le Nouveau Testament et le plus
> ancien connu ; il date du milieu du Ve siècle et a été, dit-on,
> écrit à Alexandrie. Il est aujourd'hui conservé dans le Musée
> Britannique.

376. Histoire critique du texte du Nouveau Testament,
où l'on établit la vérité des actes sur lesquels la reli-
ligion chrétienne est fondée, par R. Simon. *Rotterdam,
Reinier Leers,* 1689, 1 vol. in-4.

377. Joh. David Michaelis Einleitung in die göttlichen
Schriften des Neuen Bundes. Vierte sehr vermehrte
und geänderte Ausgabe. *Göttingen, Vandenhoek und
Ruprecht,* 1788, 2 vol. pet. in-4.

378. Introduction to the New Testament by John David
Michaelis translated from the fourth edition of the german and considerably augmented with notes explanatory
and supplemental, by Herbert Marsh. *Cambridge, Archi-
deacon,* 1793—1802, 4 tom. en 6 vol. in-8.

379. Herbert Marsh's Anmerkungen und Zusätze zu Joh.
Dav. Michaëlis Einleitung in die göttlichen Schriften des
neuen Bundes, aus dem Englischen ins Deutsche übersetzt von Ernst Fried. Karl. Rosenmüller. *Göttingen,
Vandenhoek-Ruprecht,* 1795—1803, 2 vol. pet. in-4.

380. Einleitung in das Neue Testament, von Joh. Gottfr.
Eichhorn. Zweyte verbesserte Ausgabe. *Leipzig, Weidmann,* 1820—1827, 5 vol. in-8.

381. Essai d'une introduction critique au Nouveau Testament, ou analyse raisonnée de l'ouvrage intitulé: *Einleitung in die Schriften des N. T.,* c'est à dire Introduction aux écrits du N. T., par J. L. Hug; 2e édition,
1821; par J. E. Cellérier fils. *Genève, Manget et Cher-
buliez,* 1823, 1 vol. in-8.

382. Tentamen descriptionis codicum veterum aliquot græcorum novi fœderis manuscriptorum, qui in bibliotheca

Cæsarea Vindobonensi asservantur, et quorum numquam antea facta fuit collatio vel plena descriptio :
accedunt fragmenta et parerga varii generis in hisce
codd. reperta, una cum speciminibus characterum græcorum ære incisis. Autore Herm. Treschow. *Havniæ,
F. C. Godiche,* 1773, 1 vol. in-8., avec 4 pl. de facsimile.

383. Della lingua propria di Cristo e degli Ebrei nazio-
nali della Palestina da' tempi de' Maccabei, dissertazioni
del Dottore Giambernardo De-Rossi, in disamina del
sentimento di un recente scrittore italiano. *Parma,
stamperia reale,* 1772, 1 vol. pet. in-4.

III. HAUTE CRITIQUE — AUTHENTICITÉ DES TEXTES SACRÉS.

384. D. Christ. Frid. Schmidii historia antiqua et vindi-
catio canonis sacri Veteris Novique Testamenti libris II
comprehensa. *Lipsiæ, Christ. Saalbach,* 1775, 1 vol. in-8.

385. Des titres primitifs de la révélation, ou considérations critiques sur la pureté et l'intégrité du texte original des livres saints de l'Ancien Testament, dans lesquelles on montre les avantages que la religion et les
lettres peuvent retirer d'une nouvelle édition projetée
de ce texte comparé avec les manuscrits hébreux et
les anciennes versions grecques, latines et orientales,
par le R. P. Gabr. Fabricy. *Rome, P. Durand,* 1772,
2 vol. gr. in-8.

386. Conjectures sur les mémoires originaux dont il pa-
raît que Moyse s'est servi pour composer le livre de
la Genese, avec des remarques qui appuient ou qui
éclaircissent ces conjectures (par Astruc). *Bruxelles,
Fricx,* 1753, 1 vol. in-12.

387. The divine legation of Moses demonstrated; in nine
books. The fifth edition corrected and enlarged, by
(Warburton) William, Lord Bishop of Gloucester. *London, Millard and Tonson,* 1766, 5 vol. in-8., fig.

388. Historisch-kritische Forschungen über die Bildung,
das Zeitalter und den Plan der fünf Bücher Mose's, nebst
einer beurtheilenden Einleitung und einer genauen Cha-
rakteristik der hebräischen Sagen und Mythen, von Ant.
Theod. Hartmann. *Rostock und Güstrow, Oeberg,* 1831,
1 vol. gr. in-8.

389. L'autorité des livres de Moyse établie et défendue contre les incrédules par l'abbé Du Voisin. *Paris, Charles Pierre Berton,* 1778, 1 vol. in-12.

390. The antiquity of the book of Genesis illustratéd by some new arguments, by H. Fox Talbot. *London, Longman,* 1839, in-8. (76 *pag.*).

391. The veracity of the book of Genesis with the life and character of the inspired historian, by the Rev. William H. Hoare. *London, Longman,* 1860, 1 vol. in-8.

392. De Pentateuchi samaritani origine, indole, et auctoritate commentatio philologico-critica. Scripsit Guil. Gesenius. *Halœ, Renger,* 1815, in-4., broch. (64 *pag.*).

393. Exercitationes anti-morinianæ de Pentateucho Samaritano, ejusque udentica *(sic)* αὐϑεντίᾳ, oppositæ canonicæ ejusdem αὐϑεντίᾳ, a Joh. Morino temere assertæ, in quibus non tantum firmis rationibus Pentateuchus samariticus, magno conatu ab ipso canonizatus, convellitur, apographum vitiosum ex hebræo autographo demonstratur, sed etiam nonnulla S. Scripturæ et antiquitatis loca difficiliora de Samaritanorum religione, scriptis, moribus illustrantur, atque ex monumentis latinis, græcis, hebraicis, chaldaicis, rabbinicis, arabicis, persicis et ægyptiacis eruuntur. Quibus accedit epitome omnium capitum libri Josuæ, h. e. chronici illius samaritani quod ex legato Jos. Scaligeri, in Leidensi bibliothecâ arabice contextum, sed samaritico charactere exaratum, asservatur; authore Jo. Henr. Hottingero. *Tiguri, Joh. Jac. Bodmerus,* 1644, 1 vol. pet. in-4.

394. Nouveaux éclaircissements sur l'origine et le Pentateuque des Samaritains, par un religieux bénédictin de la Congreg. de St. Maur. (D. Maurice Poncet, avec une préface et des notes par D. Clément). *Paris, Nyon,* 1760, 1 vol. in-8.

395. Beiträge zur Einleitung ins alte Testament, von Ern. Wilh. Hengstenberg. *Berlin, Ludw. Oehmigke,* 1831 — 1839, 3 vol. in-8.

> Ouvrage contenant: 1⁰ recherches sur l'authenticité de Daniel, et sur l'intégrité de Zacharie; 2⁰ recherches sur l'authenticité du Pentateuque.

396. Guil. Irhovii conjectanea philologico - critico - theologica in Psalmorum titulos, quibus tum generatim de titulis illis disseritur; tum speciatim in genuinum sensum τῶν Neginoth, Hannechiloth, Haschscheminith, etc. etc. inquiritur. *Lugd.-Batav., Dan. Goetval,* 1728, 1 vol. in-4.

397. De carmine Hebræorum erotico quod vulgo inscribitur Canticum canticorum succincta disquisitio; adjuncta quatuor priorum capitum versione et interpretatione: specimen critico-philologicum conscripsit Petr. Nic. Frost. *Hauniæ, J. Fr. Schultz,* 1805, 1 vol. in-8.

398. Joan. Davidis Michaëlis epistolæ de LXX hebdomadibus Danielis ad Joa. Pringle ... *Londini, T. Cadell,* 1773, 1 vol. in-8. — Specimen versionum Danielis copticarum nonum ejus caput memphitice et sahidice exhibens; edidit et illustravit Frid. Münter. *Romæ, Ant. Fulgonius,* 1786, 1 vol. gr. in-8.

399. Hòræ Paulinæ; or the truth of the scripture history of St Paul evinced by a comparison of the epistles which bear his name with the acts of the Apostles, and with one another, by Will. Paley. The tenth edition. *London, F. C. and J. Rivington,* 1819, 1 vol. gr. in-8.

IV. CRITIQUE VERBALE.

400. Critici sacri sive clariss. virorum in sacrosancta utriusque fœderis biblia doctissimæ annotationes, atque tractatus theologico-philologici; opus summa cura denuo recognitum et sine ulla contentorum resectione, solius æqualitatis gratia e IX in VII tomos redactum ..... editio secunda priori longe correctior. *Francof. ad Mœn., B. Chr. Wustius,* 1696, 7 vol. — Criticorum sacrorum sive lectissimarum in sacrosancta Biblia utriusque fœderis annotationum atque tractatuum theologico-philologicorum supplementum, ubi non solum interspersa recentiori Belgarum editioni additamenta continua serie fideliter ad unum exhibentur omnia, sed et complura alia non minus exquisita ac maxime huc facientia, concinne recensentur, eo quidem consilio ut et recenti nostrati et Londinensi veteri autographo commode subnecti queat; junctis sub calcem indicibus ad universum

opus locupletissimis. *Ibid.*, 1700 et 1701, 2 vol. Les 9 vol. pet. in-folio.

Édition donnée par le professeur Nic. Gûrtlerus, mais qui serait aussi complète que celle d'Amsterdam, parue en 1698, si l'index annoncé sur le titre ne manquait pas. Elle en diffère seulement par l'ordre dans lequel elle a été imprimée.

401. Synopsis criticorum aliorumque sacræ Scripturæ interpretum et commentatorum summo studio et fide adornata a Matth. Polo Londinensi. *Francof. ad Mœn., B. Chr. Wustius sen.*, 1694, 5 vol. in-4.

ANCIEN TESTAMENT.

402. Lud. Cappelli critica sacra sive de variis quæ in sacris Vet. Testamenti libris occurrunt lectionibus libri VI. In quibus ex variarum lectionum observatione quamplurima S. Scripturæ loca explicantur, illustrantur, atque adeò emendantur non pauca; cui subjecta est ejusdem criticæ adversus injustum censorem justa defensio, cum appendicibus ...... edita in lucem studio et opera Joan. Cappelli auctoris filii. *Lutetiæ-Parisiorum, Seb. Cramoisy,* 1650, 1 vol. in-folio.

403. Johannis Buxtorfii fil. Anticritica seu Vindiciæ veritatis hebraicæ adversus Lud. Cappelli criticam, quam vocat sacram, ejusque defensionem; quibus sacro-sanctæ editionis bibliorum hebraicæ authoritas, integritas, et sinceritas, a variis ejus strophis et sophismatis, quam plurima loca a temerariis censuris, et variarum lectionum commentis, vindicantur, simul etiam explicantur et illustrantur; cum indicibus necessariis. *Basileæ, Hœredes Lud. Regis,* 1653, 1 vol. pet. in-4.

404. Rich. Simonis opuscula critica adversus Is. Vossium; defenditur sacer codex ebraicus et B. Hieronymi tralatio. *Edinburgi, Calderwood,* 1685, 1 vol. in-4.

405. Continuation de la défense du texte hébreu et de la Vulgate par les véritables traditions des églises chrétiennes et par toutes sortes d'anciens monuments, hébreux, grecs et latins, et particulièrement par la Bible des premiers pères de Citeaux ..... contre Isaac Vossius et contre les livres du P. Pezron, par Dom Jean Martianay. *Paris, Pierre de Bats,* 1693, 1 vol. pet. in-8.

406. D. Joh. Gottlob Carpzovii critica sacra Veteris Testamenti, parte I^a circa textum originalem; II^a circa versiones; III^a circa pseudo-criticam Guill. Whistoni, solicita, denuò recognita, hinc inde aucta, et indicibus necessariis instructa; 2da vice edita. *Lipsiæ, J. Chr. Martinus,* 1748, 1 vol. pet. in-4., portr.

407. Jo. Aug. Dathii opuscula ad crisin et interpretationem Vet. Testamenti spectantia, collegit atque edidit Ern. Frid. Car. Rosenmüller. *Lipsiæ, Car. Fr. Koehler,* 1796, 1 vol. in-8.

408. Commentarius grammaticus et criticus in Vetus Testamentum, in usum maxime gymnasiorum et academiarum adornatus; scripsit Fr. Jos. Valent. Dominic. Maurer. *Lipsiæ, Fr. Volckmar,* 1832—48, 4 vol. in-8.

409. Benj. Kennicoti dissertatio super ratione textus hebraici Vet. Testamenti in libris editis atque scriptis, in duas partes divisa. Ex anglico latine vertit Guil. Abrah. Teller. *Lipsiæ, Joh. Godofr. Dyckius,* 1756, 1 vol. in-8.

410. Specimen variarum lectionum sacri textus et chaldaica Estheris addimenta cum latina versione et notis; ex singulari cod. privatæ bibliothecæ Pii VI. P. O. M. edidit variisque dissertationibus illustravit Joh. Bernardus De-Rossi; accedit ejusdem auctoris appendix de celeberr. codice tritaplo samaritano bibliothecæ Barberinæ et censoris theologi diatribe qua bibliographiæ antiquariæ et sacræ critices capita aliquot illustrantur. *Romæ, Venantius Monaldinus,* 1782, 1 vol. gr. in-8.

411. Variæ lectiones Veteris Testamenti ex immensa mss. editorumque codd. congerie haustæ et ad samar. textum, ad vetustissimas versiones, ad accuratiores sacræ criticæ fontes ac leges examinatæ, opera ac studio Joh. Bern. De-Rossi. *Parmæ, ex regio typographeo,* 1784 —1789, 4 vol. — Ejusd. scholia critica in V. T. libros seu supplementa ad varias sacri textus lectiones. *Ibid.,* 1799, 1 vol. Les 5 vol. gr. in-4.

412. Dissertatio philologica de variis lectionibus Holmesianis locorum quorumdam Pentateuchi Mosaïci, auctore J. Amersfoordt. *Lugd.-Batav., Luchtmans,* 1815, 1 vol. in-4.

413. Curæ hexaplares in Jobum; è codice syriaco-hexaplarî Ambrosiano-Mediolanensi; scripsit Henr. Middel-

5*

dorpf. *Vratislaviœ, Aug. Wilib. Holœufer*, 1817, in-4. (112 *pages*).

414. Joh. Fried. Schleusneri opuscula critica ad versiones græcas Veteris Testamenti pertinentia. *Lipsiœ, Weidmann*, 1812, 1 vol. in-8.

NOUVEAU TESTAMENT.

415. Franz Anton Knittels neue Gedanken von den allgemeinen Schreibfehlern in den Handschriften des Neuen Testaments; ihr System ist durch zwo neue Auslegungsmuthmassungen über die beyden berühmten Stellen Johan. XIX, 14 und Luc. III, 35, 36 erläutert. Nebst einem Versuche einer hermeneutischen Muthmassungssittenlehre der ersten Kirche. *Braunschweig, Waysenhaus*, 1755, pet. in-4.

416. Jo. Alb. Bengelii apparatus criticus ad Novum Testamentum, criseos sacræ compendium, limam, supplementum ac fructum exhibens; editio secunda, curis B. auctoris posterioribus aucta et emendata, copiosoque indice instructa, curante Phil. Dav. Burkio. *Tubingœ, Jo. G. Cotta*, 1763, 1 vol. in-4.

417. Pseudo - critica Millio - Bengeliana, sive tractatus criticus quo versionum sacrarum orientalium, syriacæ, arabicarum polyglottæ, Erpenianæ et romanæ, persicarum polyglottæ et Whelocianæ, æthiopicæ et armenicæ allegationes, pro variis N. T. græci lectionibus a Jo. Millio et Jo. Alb. Bengelio frustra factæ plene recensentur, refutantur et eliminantur, insertis earumdem versionum veris allegationibus; edidit Christoph. Aug. Bode. *Halœ - Magdeburgicœ, J. J. Curt*, 1767—1769, 2 vol. in-8.

418. Jo. Christoph. Wolfii Curæ philologicæ et criticæ in IV S. S. evangelia et Actus apostolicos, quibus integritati contextus græci consulitur, sensus verborum ex præsidiis philolog. illustratur, diversæ interpretum sententiæ summatim enarrantur, et modesto examini subjectæ vel approbantur, vel repelluntur; editio 3ª. *Hamburgi, Christ. Heroldus*, 1739, 1 tom. en 2 vol. — Ejusd. Curæ philologicæ et criticæ in IV priores S. Pauli epistolas ...... Accedit, appendicis loco, examen locorum

aliquot Paulinorum, a L. M. Artemonio nuper temere et infeliciter solicitatorum; editio secunda. *Ibid.*, 1737, 1 vol. — Ejusd. Curæ philolog. et critic. in X posteriores S. Pauli epistolas, quibus integritati contextus græci consulitur .... editio secunda. *Ibid.*, 1738, 1 vol. — Ejusd. Curæ philolog. et critic. in S. S. Apostolorum Jacobi, Petri, Judæ et Joannis epistolas hujusque Apocal. Accedunt in calce quædam, ex Photii Amphilochiis adhuc non editis, cum interpret. latina et notis. Editio secunda. *Ibid.*, 1741, 1 vol. Les 5 vol. in-4.

Les *Photii Amphilochia* sont les réponses adressées par Photius à Amphiloque, prélat de Cyzique, sur des questions dont celui-ci lui avait demandé la solution.

419. D. J. J. Griesbachii symbolæ criticæ ad supplendas et corrigendas variarum N. T. lectionum collectiones : accedit multorum N. T. codd. græcorum descriptio et examen. *Halæ, J. J. Curtii vidua,* 1785 et 1793, 2 vol. pet. in-8.

420. Variæ lectiones ad textum Act. Apost. et Epp. catholicarum Pauli e codd. græcis mss. bibliothecæ Vaticanæ, Barberinæ, Augustinianorum eremitarum Romæ, Borgianæ Velitris, Neapolitanæ regiæ, Laurentianæ, S. Marci Venetorum, Vindobonensis Cesareæ et Hauniensis regiæ ; collectæ et editæ ab Andr. Birch. *Hauniæ, Proft et Storch,* 1798. = Variæ lectiones ad textum Apocalypseos ex codd. gr. mss. .... collectæ et editæ ab eodem. *Ibid.*, 1800, en 1 vol. pet. in-8.

b. LIVRES SAINTS.

I. TEXTES.

A. ANCIEN TESTAMENT.

a. HÉBREU.

421. Hebraïcorum Bibliorum Veteris Testamenti latina interpretatio (interlin.) opera olim Xantis Pagnini Lucensis : nunc verò Benedicti Ariæ Montani Hispalensis, Fr. Raphelengii Alnetani, Guidonis et Nicolai Fabriciorum Boderianorum fratrum collato studio, ad hebraïcam dictionem diligentissimè expensa ..... *Antuerpiæ,*

Christ. Plantinus excudebat, 1572. == Novum Testamentum græce, cum vulgata interpretatione latina græci contextus lineis inserta ..... atque alia Ben. Ariæ Montani Hispalensis operâ è verbo reddita ..... *Antuerpiæ, Christ. Plantinus excudebat,* 1572, 1 vol. gr. in-folio.

422. Biblia hebraïca eleganti charactere impressa. Editio nova ex accuratissimâ recensione doctissimi ac celeberrimi Hebræi Menasseh ben Israël. *Amsteldami, Henr. Laurentius,* 1635, 1 vol. pet. in-4.

> Bel exemplaire d'une jolie édition imprimée à 2 col. et divisée en 4 parties. — Peu commune à rencontrer.

423. Biblia hebraica sine punctis, versibus, capitibus et sectionibus interstincta, notisque Masoretarum, quas *kri* et *ktif* appellant, instructa; ad Leusdenianam editionem adornata (accurante Georgio Desmaretz). *Amstel., Borstius,* 1701, 1 vol. in-12.

> Ce volume a trois titres à la suite l'un de l'autre.

424. עשרים וארבע ספרי הקרש. Sive Biblia hebraïca ex aliquot mss. et compluribus impressis codd., item Masora tam edita, quam manuscripta, aliisque Hebræorum criticis, diligenter recensita; præter nova lemmata textus sacri in Pentateucho, accedunt loca Scripturæ parallela. verbalia et realia, breves que adnotationes quibus nucleus græcæ LXX interpretum et OO. versionum exhibetur, difficiles in textu dictiones et phrases explicantur, ac dubia resolvuntur .... singulis denique columnis selectæ variantes lectiones subjiciuntur, cura ac studio D. Jo. Heinr. Michaëlis, et ex parte opera sociorum ..... *Halæ-Magdeb., typis Orphanotrophei,* 1720, 1 vol. gr. in-4., gr. papier.

425. Biblia hebraica manualia ad Hooghtianam et optimas quasque editiones recensita, atque cum brevi lectionum Masorethicarum Kethiban et Krijan resolutione ac explicatione, ut et cum dictionario omnium vocum Vet. Test. hebraïcarum et chaldaïcarum .... edita a J. Simonis. *Amstel., Jac. a Wetstein,* 1753, 1 vol. gr. in-8., fig.

426. Biblia hebraïca, olim a Christiano Reineccio evulgata post ad fidem recensionis Masorethicæ cum variis lectionibus ex ingenti codd. Mss. copia a Benj. Kennicotto et J.-B. De-Rossi collatorum edita, curantibus Jo. Christoph. Doederleinio et Joh. Heinrich Meisnero.

Quorum editioni ... accessit Georgii Christiani Knappii præfatio de editionibus bibliorum Halensibus. *Halæ et Berolini*, 1818, 4 tomes en 1 vol. gr. in-8.

427. Biblia hebraica ad optimas editiones, imprimis E. van der Hooght, ex recensione A. Hahnii expressa. Præfatus est E. F. C. Rosenmüller. *Lipsiæ*, 1838, 1 vol. gr. in-12.

Édition stéréotype.

428. Pentateuchus hebræo-samaritanus, charactere hebræo-chaldaico, editus cura et studio Benj. Blayney. *Oxonii, e typ. Clarend.*, 1790, 1 vol. gr. in-8.

Édition la plus belle du Pentateuque samaritain.

429. Oracula Amosi, textum et hebraicum et græcum versionis Alexandrinæ notis criticis et exegeticis instruxit, adjunctaque versione vernacula (germanica), edidit Joa. Sev. Vater. *Halæ, Hemmerde*, 1810, pet. in-4. (76 *pag.*).

430. ספר תהלים. Psalterium (hebr.) edendum curavit Gotth. Aug. Franckius. *Halæ-Magdeburgicæ, impensis Orphanotrophei*, 1738, 1 vol. pet. in-12.

Hébreu ponctué.

b. GREC DES SEPTANTE.

431. Historisch-kritische Studien zu der Septuaginta, nebst Beiträgen zu den Targumim, von Dr. Z. Frankel. Erster Band, I° Abtheilung: Vorstudien zu der Septuaginta. *Leipzig, Wilh. Vogel*, 1841, 1 vol. in-8.

432. An apology for the Septuagint, in which its claims to biblical and canonical authority are briefly stated and vindicated; by E. W. Grinfield. *London*, 1850, 1 vol. in-8.

433. Historia Aristææ, Ptolemæi Philadelphi, Ægyptiorum regis, ad Eleazarum pontificem Judæorum legati, de Scripturæ Sacræ per LXX interpretes translatione et de pulcherrimis Septuaginta duabus quæstionibus, quas rex ipsis proposuit: ex manuscriptis græcis atque latinis codd. S. S. Patrum libris diligenter restituta et commentariis atque adnotationibus illustrata per Jacobum Middendorpium. *Coloniæ, apud Martin. Cholinum*, 1578, 1 vol. pet. in-8.

434. Aristeæ historia LXXII interpretum (gr. et lat.). Accessere veterum testimonia de eorum versione. *Oxonii, è theatro Sheldoniano*, 1692, 1 vol. in-8.

435. Contra historiam Aristeæ de LXX interpretibus dissertatio, in qua probatur illam a Judæo aliquo confictam fuisse ad conciliandam authoritatem versioni græcæ, et claris. doctissimique viri D. Isaaci Vossii, aliorumque, defensiones ejusdem, examini subjiciuntur, per Humfredum Hody. *Oxonii, Leon. Lichfield*, 1685, 1 vol. pet. in-8.

436. Ant. Van Dale dissertatio super Aristeâ de LXX interpretibus: cui ipsius prætensi Aristeæ textus subjungitur. Additur historia baptismorum, cum Judaicorum, tum potissimum priorum Christianorum, tum denique et rituum nonnullorum, etc. .... accedit et dissertatio super Sanchoniatone. *Amstel., Joan. Wolters*, 1705, 1 vol. pet. in-4.

437. Τῆς Θείας γραφῆς, Παλαιάς δηλαδὴ καὶ Νέας Διαθήκης, ἅπαντα. Divinæ Scripturæ nempe Veteris ac Novi Testamenti, omnia (græcè) recens a viro doctissimo et linguarum peritissimo diligenter recognita et multis in locis emendata, variisque lectionibus ex diversorum exemplarium collatione decerptis et ad Hebraicam veritatem in Veteri Testamento revocatis aucta et illustrata. *Francofurti, Hæredes Andreæ Wecheli*, 1597, 1 vol. gr. in-folio.

Exemplaire couvert de nombreuses notes manuscrites.

438. Ἡ Παλαιὰ Διαθήκη κατὰ τοὺς ἑβδομήκοντα. Vetus Testamentum græcum, ex versione Septuaginta interpretum, juxta exemplar Vaticanum Romæ editum, accuratissime et ad amussim recusum. *Londini, Rogerus Daniel*, 1653, 1 vol. pet. in-8.

439. Ἡ Παλαιὰ Διαθήκη κατὰ τοὺς ἑβδομήκοντα. Vetus Testamentum, ex versione LXX interpretum, secundum exemplar Vaticanum Romæ editum accuratissime denuo recognitum, una cum scholiis ejusdem editionis, variis mstorum codicum veterumque exemplarium lectionibus, nec non fragmentis versionum Aquilæ, Symmachi, et Theodotionis, summa cura edidit Lamb. Bos. *Franequeræ, Fr. Halma*, 1709, 2 vol. in-4., pl. et cartes.

440. 'Η Παλαιὰ Διαθήκη κατὰ τοὺς ἑβδομήκοντα. Vetus Testamentum, ex versione Septuaginta interpretum olim ad fidem codicis ms. Alexandrini summo studio et incredibili diligentia expressum, emendatum ac suppletum a Joa. Ern. Grabe, nunc vero exemplaris Vaticani, aliorumque mss. codd. lectionibus var. nec non criticis dissertationibus illustratum, insigniterque locupletatum; summa cura edidit J. J. Breitingerus. *Tiguri-Helvetiorum, Joa. Heideggerus,* 1730, 4 vol. in-4.

441. 'Η Παλαιὰ Διαθήκη κατὰ τοὺς ἑβδομήκοντα. Vetus Testamentum græce juxta LXX interpretes. Textum Vaticanum Romanum emendatius edidit, argumenta et locos Novi Testamenti parallelos notavit, omnem lectionis varietatem codicum vetustissimorum Alexandrini, Ephremi Syri, Freder. Augustani subjunxit, commentationem isagogicam prætextuit Constantinus Tischendorf. *Lipsiæ, Brockhaus,* 1850, 2 vol. in-8.

442. 'Η Παλαιὰ Διαθήκη κατὰ τοὺς ἑβδομήκοντα. Vetus Testamentum græce secundum Septuaginta interpretes, ex auctoritate Sixti V. Pont. Max. editum, ad exemplar Vaticanum accuratissime expressum, cura et studio Leander van Ess. Editio stereotypa, novis curis correcta et indice locorum Novi Testamenti parallelorum aucta. *Lipsiæ, Car. Tauchnitius,* 1855, 1 vol. gr. in-8.

443. Jeremias vates, e versione Judæorum alexandrinorum ac reliquorum interpretum græcorum, emendatus notisque criticis illustratus a M. Gottlieb Lebrecht Spohn, et post obitum patris edidit Frid. Aug. Guil. Spohn. *Lipsiæ, J. Breitkopfius et Ambr. Barth,* 1794 et 1824, 2 vol. in-8.

Exemplaire Letronne.

444. Ψαλτήριον. Psalterium juxta exemplar Alexandrinum; editio nova, græce et latine. *Oxoniæ, e theatro Sheldon.,* 1678, 1 vol. pet. in-8.

445. Psalterium græcum e codice ms. Alexandrino, qui Londini in biblioth. musei Britannici asservatur, typis ad similitudinem ipsius codicis scripturæ fideliter descriptum, cura et labore Henr. Herveii Baber, A. M. *Londini, Rich. Taylor,* 1812, 1 vol. gr. in-folio, pap. vélin.

Fac-simile du manuscrit. — Voyez au N° 453 le fac-simile du Nouveau Testament.

446. Δανιὴλ κατὰ τοὺς ἑβδομήκοντα ἐκ τῶν τετρα-
πλῶν Ὠριγενοῦς. Daniel secundum septuaginta ex tetraplis Origenis nunc primum editus e singulari Chisiano codice annorum supra ꟷ (a Simone de Magistris) ..... Romœ, typis propagandœ fidei, 1772, 1 vol.
gr. in-folio.

447. Daniel secundum septuaginta ex tetraplis Origenis,
ex Chisiano codice Romæ primum, deinde Gottingæ,
nunc denuo editus; animadversiones et præfationem
adjecit Car. Segaar. Traj. ad Rhen. vid. J. J. a Poolsum, 1775, 1 vol. in-8.

448. Σοφία Σείραχ, sive Ecclesiasticus, græce, ad exemplar Romanum, et latine, ex interpretatione J. Drusii,
cum castigationibus sive notis ejusdem. Franekerœ,
Ægid. Radœus, 1596, pet. in-4.

449. Sapientia Sirachi sive Ecclesiasticus (græce), collatis lectionibus variantibus membranarum Augustanarum
vetustissimarum et XIV præterea exemplarium. Addita
versione latina vulgata ex editione Romana, cum notis
Dav. Hoeschelii August. in quibus multa S. S. Patrum
loca illustrantur. Aug. Vindelicorum, Joa. Prœtorius,
1604, 1 vol. pet. in-8.

450. Liber Hasmonæorum qui vulgo prior Machabæorum, græce, ex editione Romana, et latine, ex interpretatione L. Drusii, cum notis sive commentario
ejusdem; accessit disputatio Alberici Gentilis ad eundem librum. Franekerœ, Ægid. Radœus, 1600, 1 vol.
pet. in-4.

451. Hexaplorum Origenis quæ supersunt, auctiora et
emendatiora quam a Fl. Nobilio, J. Drusio et tandem
a Bern. de Montfaucon concinnata fuerant, edidit notisque illustravit Car. Frid. Bahrdt. Lipsiœ et Lubec., Chr.
Gotfr. Donatius, 1769 et 1770, 2 vol. in-8.

452. Nova versio græca Proverbiorum, Ecclesiastis, Cantici Canticorum, Ruthi, Threnorum, Danielis, et selecto-
rum Pentateuchi locorum, ex unico S. Marci bibliothecæ
codice veneto nunc primum eruta et notulis illustrata
a J. B. Casp. d'Ansse de Villoison. Argentorati, Bibliopol.
Acad., 1784, 1 vol. pet. in-8.

B. NOUVEAU TESTAMENT.

453. Novum Testamentum græcum, e cod. ms. Alexandrino qui Londini in biblioth. musei Britannici asservatur, descriptum a Car. Godofr. Woide. *Londini, Joan.
Nichols,* 1786, 1 vol. in-folio. Grand papier.

Fac-simile du manuscrit Alexandrin.

454. Appendix ad editionem Novi Testamenti græci è
cod. ms. Alexandrino à Car. Godofr. Woide descripti,
in qua continentur fragmenta Novi Testamenti, juxta
interpretationem dialecti superioris Ægypti, quæ Thebai-
dica vel Sahidica appellatur, e codd. Oxoniensibus maxima ex parte desumpta, cum (Car. God. Woidii) dissertatione
de versione Bibliorum ægyptiaca. Quibus subjicitur
codicis Vaticani (Novi Test. græci) collatio (edente Henr.
Ford). *Oxonii, e typ. Clarend.,* 1799, 1 vol. gr. in-folio.

Avec des fac-simile des mss. coptes et grecs.

455. Fac-similes of certain portions of the gospel of S[t]
Matthew and of the Epistles of St James & Jude written
on papyrus in the first century and preserved in
the Egyptian Museum of Joseph Mayer esq. Liverpool;
with a portrait of S[t] Matthew, from a fresco painting at
Mount Athos, edited and illustrated with notes and
historical and literary prolegomena, containing confir-
matory fac-similes of the same portions of Holy Scripture from papyri and parchment mss. in the monasteries
of Mount Athos, of St Catherine on Mount Sinai, of S[t]
Sabba in Palestine, and other sources, by Constantine
Simonides, etc. *London, Trübner,* 1861, 1 vol. pet.
in-folio, avec planches imprimées en couleur.

456. Evangelia secundum Matthæum, S. Marcum, S. Lu-
cam et S. Joannem, græce et latine, ex codicibus nunquam antea examinatis maximam partem Mosquensibus
edidit et animadversiones adjecit Chr. Frid. Matthæi.
Cum aliquot codd. speciminibus et indice codicum
omnium qui in quatuor evangeliis primo sunt adhibiti.
Rigæ, Joan. Frid. Hartknochius, 1786 et 1788, 4 tomes
en 2 vol. in-8., avec planches de fac-simile.

Ce sont les 4 premiers volumes du Nouveau Testament grec
et latin publié en 12 tomes par le même auteur, avec les fac-
simile des manuscrits qui ont servi a son intéressante édition.

457. Τῆς Καινῆς Διαθήκης ἅπαντα. Novum Testamentum ex bibliotheca regia. *Lutetiæ, Rob. Stephanus,* 1549, 2 part. en 1 vol. in-16.

Tout grec. — Le titre est raccomodé.

458. Novum Testamentum græcum, cum lectionibus variantibus mss. exemplarium, versionum, editionum, S. S. Patrum, et scriptorum ecclesiasticorum et in easdem notis. Accedunt loca Scripturæ parallela, aliaque exegetica. Præmittitur dissertatio de libris N. T., canonis constitutione et sacri textus N. Fœderis ad nostra usque tempora historia; studio et labore J. Millii. Collectionem Millianam recensuit, meliori ordine disposuit, novisque accessionibus locupletavit Ludolphus Kusterus. Edit. secunda. *Lipsiæ, filii J. F. Gleditschii,* 1723; nunc vero *Amstel., Jac. Wetstenius,* 1746, 1 vol. in-folio.

459. Ἡ Καινὴ Διαθήκη. Novum Testamentum græcum ita adornatum ut textus probatarum editionum medullam, margo variantium lectionum in suas classes distributarum locorumque parallelorum delectum, apparatus subjunctus criseos sacræ, Millianæ præsertim, compendium, limam, supplementum ac fructum exhibeat, inserviente Jo. Alb. Bengelio. *Tubingæ, Georg. Cotta,* 1734, 1 vol. in-4.

460. Ἡ Καινὴ Διαθήκη. Novum Testamentum græcum editionis receptæ, cum lectionibus variantibus codd. mss., editionum aliarum, versionum et Patrum, nec non commentario pleniore, ex scriptoribus veteribus hebræis, græcis et latinis, historiam et vim verborum illustrante, opera J. J. Wetstenii. *Amstel., ex offic. Dommeriana,* 1751 et 1752, 2 vol. pet. in-folio.

461. Novum Testamentum græce; textum ad fidem codicum, versionum et Patrum recensuit et lectionis varietatem adjecit D. Jo. Jac. Griesbach. Editio secunda emendatior multoque locupletior. *Halœ-Saxonum, J. J. Curtii hœredes,* 1796 et 1806, 2 vol. in-8.

Exemplaire Letronne.

462. Idem, ex editione Griesbachii. Vol. I, editio tertia, curante David Schulz. *Berolini, Frid. Laue,* 1827. Vol. II, editio secunda. *Halœ-Saxonum,* 1806, in-8.

463. Novum Testamentum; textum græcum Griesbachii et Knappii denuo recognovit, delectu varietatum lectio-

nis testimoniis confirmatarum, adnotatione cum critica tum exegetica et indicibus, historico et geographico, vocum græcarum infrequentiorum et subsidiorum criticorum exegeticorumque instruxit Joan. Severinus Vater. *Halis-Saxonum, Gebauer*, 1824, 1 vol. in-8.

464. Novum Testamentum, græce, textum ad fidem testium criticorum recensuit, lectionum familias subjecit, e græcis codd. mss. fere omnibus, e versionibus antiquis, conciliis, etc. vel primo vel iterum collatis copias criticas addidit, atque conditionem horum testium criticorum in prolegomenis exposuit, prætera synaxaria codd. parisiensium typis exscribenda curavit D^r Jo. Mart. Augustinus Scholz. *Lipsiæ, Fr. Fleischer*, 1830—1836, 2 vol. in-4.

, Voyez sur cette édition Brunet, tom. IV, pag. 434.

465. Ἡ Καινὴ Διαθήκη. The Greek Testament, with copious English notes, critical, philological, and explanatory. Especially adapted to the use of Theological Students and Ministers. By the Rev. S. T. Bloomfield. Ninth edition revised. *London, Longman*, 1858, 2 vol. in-8., carte.

466. Novum Testamentum græcum, ad antiquos testes recensuit lectionesque varias Elzeviriorum, Stephani, Griesbachii, notavit Constantinus Tischendorf. *Parisiis, Firmin Didot*, 1842, in-12.

467. Quatuor evangelia græce, textum receptum signis distinctum ad instar Origenianæ τῶν ὁ recensionis, edidit J. White. *Oxonii, Sam. Collingwood*, 1798, 1 vol. gr. in-12., pap. vélin.

II. VERSIONS.

A. POLYGLOTTES.

468. Briani Waltoni in Biblia polyglotta prolegomena. Præfatus est D. Jo. Aug. Dathe. *Lipsiæ, Weygand*, 1777, 1 vol. in-8.

469. S. S. Biblia polyglotta, complectentia textus originales, hebraïcum cum Pentateucho samaritano, chaldaïcum et græcum, versionumque antiquarum samaritanæ,

græcæ LXX interpretum, chaldaicæ, syriacæ, arabicæ, æthiopicæ, persicæ, Vulgatæ latinæ quidquid comparari poterat : cum textuum et versionum orientalium trans-lationibus latinis, ex vetustissimis mss. undique con-quisitis, optimisque exemplaribus impressis summa fide collatis ..... cum apparatu, appendicibus, tabulis, variis lectionibus ..... edidit Brianus Waltonus .... *Londini, Th. Roycroft,* 1657, 6 vol., fig. — Lexicon heptaglotton hebraicum, chaldaicum, syriacum, sama-ritanum, æthiopicum, arabicum conjunctim, et persi-cum separatim ..... in quo vocum significationes, omnium præsertim in S. S. Hebræis Bibliis semel tan-tum occurrentium .... ample et dilucidè eruuntur, pro-ponuntur et explicantur. Adjectis hinc indè vocabulis armenis, turcicis, indis, japonicis, etc., ad illustratio-nem harum linguarum inservientibus ; variorum insuper interpretum difficiles ac discrepantes sententiæ confe-runtur et examinantur ..... cui accessit brevis et har-monica grammaticæ omnium præcedentium linguarum delineatio ; authore Edm. Castello .... *Ibid.,* 1686, 2 vol., avec le portrait de Castell. Ensemble 8 vol. gr. in-folio.

Bel exemplaire très complet et parfaitement conforme à la description que donne Brunet, de la Bible polyglotte la plus utile à consulter pour les études orientales. Il provient de la bibliothèque de M. Et. Quatremère.

470. Biblia hebraïca, versibus, capitibus et sectionibus interstincta ; notisque Masoretarum kiri et chetib in-structa, ad editionem Hooghtianam accuratissime ador-nata. Adjiciuntur variæ lectiones Pentateuchi hebræi et hebræo-samaritani. = Ἡ Παλαιὰ Διαθήκη κατὰ τοὺς ἑβδομήκοντα, id est : Vetus Testamentum (gr.) secun-dum septuaginta seniorum interpretationem juxtà exem-plar Vaticanum summa cura denuo recusum ; adjiciun-tur editionis Grabianæ variæ lectiones. *Londini, Sam. Bagster,* anno Eræ Judaicæ 5591, 1831, 1 vol. pet. in-8.

Hébreu et grec.

471. Biblia hebraïca, versibus, capitibus et sectionibus interstincta ; notisque Masoretarum Kiri et Chetib in-structa, ad editionem Hooghtianam accuratissime ador-nata. Adjiciuntur variæ lectiones Pentateuchi hebræi et hebræo-samaritani = Biblia sacra (latine) vulgatæ edi-tionis Sixti V et Clementis VIII jussu recognita atque

edita. Nova editio versiculis distincta. *Londini, Sam. Bagster,* anno Eræ Judaicæ 5604. = ʿΗ Καινὴ Διαϑήκη. Novum Testamentum (gr.) ad exemplar Millianum cum emendationibus et variis lectionibus Griesbachii. = Novum Jeşu Christi Testamentum (latine) vulgatæ editionis Sixti V et Clementis VIII jussu recognita atque edita. Nova editio versiculis distincta. *Londini, id.,* 1 vol. pet. in-8.

Hébreu et latin. Le N. Test. grec et latin.

472. Palæstra linguarum orientalium, h. e. IV primorum capitum Geneseos; I. textus originalis tam ex Judæorum quam Samaritanorum traditionibus; II. Targumim seu paraphrases orientales præcipuæ, nempe I. chaldaicæ (Onkelosi, Jonathanis et Hierosolymitana), II. syriaca, III. samaritana, IV. arabica, V. æthiopica, VI. persica; omnia cum versione latina ex Bibliis polyglottis Anglicanis maximam partem desumpta et ..... seorsum edita ..... curâ Georgii Othonis. Accedit brevis ejusdem ..... præfatio et specimen et omnium quæ in IV his capitibus earumque Paraphrasibus occurrunt vocum index alphabeticus qui lexici vicem supplere queat. *Francofurti ad Mœnum, Frid. Knochius,* 1702, 1 vol. in-4.

473. Psalterium in quatuor linguis, hebræa, græca, chaldæa (immò æthiopica), latina. *Impressum Coloniæ,* 1518, 1 vol. gr. in-4.

Ouvrage très rare.

474. Psalterium prophetæ Davidis, hebræum, græcum et latinum, jam denuò ad probatissimorum codicum fidem, collatis veterum orthodoxorum interpretum translationibus, emendatum; et in omnibus difficilioribus locis, annotationibus explicatum; catholicis quibusdam viris autoribus. *Basileæ, apud Henr. Petri,* 1548, 2 vol. pet. in-8.

475. Oratio dominica in diversas omnium ferè gentium linguas versa, et propriis cujusque linguæ characteribus expressa, una cum dissertationibus nonnullis de linguarum origine, variisque ipsarum permutationibus; editore Joan. Chamberlaynio. *Amstelodami, Guil. et Dav. Goerei,* 1715, 1 vòl. pet. in-4.

Les dissertations annoncées sont: I. Guil. Nicholsonii, de universis totius orbis linguis; II. Leibnitzii, de variis linguis;

III. Guil. Surenhusii, de oratione Dominica hebraica; IV. Wot-
tonii, de confusione linguarum babylonica; V. Dav. Wilkinsii
de lingua coptica; VI. Hadr. Relandi, de λειψάνοις veteris linguæ ægyptiacæ; VII. Lacrozii, de variis linguis; VIII. Joh.
Joach. Schræderi, de rebus armenicis; IX. Jezreelis Jonesii, de
lingua shilhensi (seu ad Atlantem inhabitantium).

476. Oratio Dominica CL linguis versa et propriis cujusque linguæ characteribus plerumque expressa, edente
J. J. Marcel. *Parisiis, typ. imper.,* 1805, 1 vol. gr. in-4.

Bel exemplaire en grand papier vélin.

B. VERSIONS ANCIENNES.

a. ANCIEN TESTAMENT.

VERSIONS ORIENTALES — SYRIAQUES.

477. Pentateuchus syriacè ex polyglottis anglicanis summa
fide edidit M. Georg. Guil. Kirsch. *Hofæ, sumtibus et
typis editoris,* 1787, 1 vol. in-4.

478. ܠܩܘ ܠܟܚܡ ܘܘܕܕ ܡܟܣܘܠܘ. Psalmi Davidis lingua syriaca, nunc primum ex antiquissimis codd. mss.
in lucem editi a Th. Erpenio, qui et versionem latinam
adjecit. *Lugd.-Batav., ex typ. Erpeniana,* 1625, 1 vol.
pet. in-4.

479. Liber psalmorum Davidis idiomate syro..... *Romæ,
ex typogr. Petri Ferri,* 1737, 1 vol. pet. in-8.

Tout syriaque.

480. Psalterium syriacum recensuit, et latine vertit Th.
Erpenius; notas philologicas et criticas addidit Joan.
Aug. Dathe. *Halæ, sumptibus Orphanotrophei,* 1768,
1 vol. in-8.

481. Liber psalmorum Davidis regis et prophetæ, ex idiomate syro in latinum translatus a Gabr. Sionita; opus
cum ad vulgatam editionem tuendam aptissimum, tum
sacrarum, literarum et linguæ syræ studiosis utilissi-
mum. *Parisiis,* 1625, 1 vol. pet. in-4.

Syriaque et latin.

482. Codex syriaco-hexaplaris. Liber IV Regum e co
dice Parisiensi, Jesaias, duodecim prophetæ minores,

proverbia, Jobus, Canticum, Threni, Ecclesiastes, e codice Mediolanensi; edidit et commentariis illustravit Henr. Middeldorpf. *Berolini, Th. Chr. Fr. Enslin*, 1835, 2 part. en 1 vol. in-4., gr. pap. vélin fort.

483. Codex syriaco-hexaplaris Ambrosiano-Mediolanensis editus et latine versus a Matth. Norberg. *Londini-Gothorum, Berling*, 1787, 1 vol. in-4.

Contient Jérémie et Ezéchiel en syr. et en latin.

484. ܐܝܟ ܐܡܪ ܡܟܫܟܬܐ ؟ ܡܬܡ ܡܢ ؟ ܬܡܢܫܬ ؟ ܩܢ ܩܬܝ.
Daniel, secundum editionem LXX interpretum ex tetraplis desumptam, ex codice syro-estranghelo bibliothecæ Ambrosianæ syriace edidit, latine vertit, notisque criticis illustravit Caietanus Bugatus. *Mediolani, typ. monaster. S. Ambrosii*, 1788, 1 vol. in-4.

485. Jonæ et Obadiæ oracula syriace. Notas philologicas et criticas addidit H. A. Grimm. *Duisburgi, Bœdeker et Kürzel*, 1805, pet. in-8. (41 pag.).

486. ܟܬܒܐ ܕܩܡ. Les livres sacrés ..... 1 vol. in-4., papier vélin.

Ancien et Nouveau Testaments en syriaque, imprimés à Londres pour la Société Biblique. L'Anc. Testament est de 1823; il se compose de 705 pages numérotées en chiffres européens, plus le titre général, le titre particulier (manque) et la table. Le Nouveau Testament est de 1826 et forme 360 pages, chiffrées de même, plus le faux titre et le titre. Les titres sont en caractères estranghelo.

L'Ancien Testament est disposé dans l'ordre suivi par les Maronites et ne contient pas les livres deutéro-canoniques.

487. Vetus Testamentum syriacè, eos tantum libros sistens qui in canone hebraïco habentur, ordine vero, quo ad fieri potuit, apud Syros usitato dispositos. In usum ecclesiæ Syrorum Malabarensium, jussu Soc. Biblicæ, recognovit et ad fidem codd. mss. emendavit, edidit S. Lee. *Londini, R. Watts*, 1823, 1 vol. in-4., pap. vélin.

C'est la même édition de l'Anc. Test. que dans la Bible précédente. Voici l'ordre des livres : Pentateuque, Job, Josué, Juges, Samuel, Rois, Chroniques, Psaumes, Proverbes, Ecclésiaste, Ruth, Cantique, Esther, Esdras, Néhémie, Isaïe, petits prophètes, Jérémie, Lamentations, Ezéchiel et Daniel.

VERSION ÉTHIOPIENNE

(FAITE SUR LE GREC DES SEPTANTE).

488. Psalmi et Canticum Canticorum æthiopicè, studio Joannis Potken, cum ejus præfatione latinâ. *Romæ, per Marcellum Silber,* anno 1513, 1 vol. in-4.

Ce rarissime Psautier est le premier livre qui, en Europe, ait été imprimé en caractères éthiopiens originaux. Le volume, au lieu de titre imprimé, a pour frontispice une gravure sur bois, tirée en rouge, laquelle représente le roi David jouant du psaltérion et à la fin se trouve un alphabet ou syllabaire avec une courte introduction sur la lecture de l'éthiopien. Cf. Masch, Biblioth. sacra, Part II, vol. I, pag. 146.

489. በስመ ፡ አብ ፡ ወወልድ ፡ .... መጽሐፈ ፡ መዝሙ ራት ፡ ዘዳዊት ። Hoc est Psalterium Davidis æthiopice et latine, cum duobus impressis et tribus mss. codd. diligenter collatum et emendatum, nec non variis lectionibus et notis philologicis illustratum ..... Accedunt æthiopicè tantùm hymni et orationes aliquot Vet. et Novi Test., item Cant. Canticorum cum variis lectionibus et notis, cura Jobi Ludolfi. *Francofurti ad Mænum, typis et sumtibus auctoris impressit Mart. Jacquet,* 1701, 1 vol. pet. in-4.

490. በስመ ፡ አብ ፡ ወወልድ ፡ .... ዳዊት ። .... *Basma ab vavald* ..... *Dávith* ..... Au nom du Père, du Fils et de l'Esprit-Saint un seul Dieu ... David ·... par Job. Ludolf. *Francfort,* 1701, 1 vol. in-4.

Psautier de David tout éthiopien, contenant en outre les Cantiques de Moïse et de Anna, les Prières d'Ezéchias et de Manassès, celles de Jonas, d'Asiaras, des trois enfants, d'Habacuc, d'Esaïe, les Hymnes de Marie, de Zacharie et de Siméon, et le Cantique des Cantiques.

Le vol. se compose de 187 pages (፻፹፯); les Psaumes finissent à la page 161 (፻፷፩); suivent les cantiques, oraisons, etc., jusqu'à la page 178 (፻፸፰), où commence le Cantique des Cantiques, qui termine ce volume qui renferme, le texte éthiopien de l'édition précédente publié seul et sans la version latine.

491. שיר השירים sive Canticum Canticorum Schelomonis æthiopice e vetusto codice summâ cum curâ erutum, a quam multis mendis purgatum ac nunc primum latine interpretatum, cui, in gratiam arabizantium, ap-

posita est versio arabica cum interpretatione latinâ, ut
et symbolum S. Athanasii (arab. et lat.) vocalium notis
insignitum à J. G. Nisselio. *Lugd.-Batav., typis authoris,*
1656, in-4 (40 *pag.*).

> Contient aussi les prières de Anna, des trois enfants, d'Esaïe,
> de Marie et d'Habacuc, en éthiopien.

492. በስመ ፡ አብ ፡ ወወልድ ፡ .... ዘዮናስ ፡ ነቢይ ። Hoc
est Jonas Vates æthiopice et latine, cum glossario
æthiopico-harmonico in eundem et IV Geneseos capita
priora, editus a Benedicto Andr. Staudachero. *Fran-*
cofurti ad Mœnum, Joh. Phil. Andrea, 1706, pet. in-4
(32 *pages*).

.VERSION SAMARITAINE

(FAITE SUR L'HÉBREU-SAMARITAIN).

493. Christ. Cellarii, horæ Samaritanæ, hoc est Excerpta
Pentateuchi samaritanæ versionis, cum latina interpretatione nova, et annotationibus perpetuis; etiam
grammatica samaritana copiosis exemplis illustrata, et
glossarium seu index vocabulorum; editio secunda.
Francofurti et Jenæ, Bielckius, 1705, 1 vol. pet. in-4.

494. Specimen philologicum, continens descriptionem codicis ms. bibliothecæ Lugd.-Batav., partemque inde
excerptam versionis samaritano-arabicæ Pentateuchi
Mosaïci, quod præside Seb. Fulc. Joh. Ravio, publice
defendet Gul. van Vloten. *Lugd.-Batav., S. et J. Lucht-*
mans, 1803, in-4., avec planche (87 *pages*).

VERSION COPTE, OU EN DIALECTE DE LA BASSE-ÉGYPTE.

(DES 1ers SIÈCLES ET FAITE SUR LE GREC DES SEPTANTE).

495. Fragmenta basmurico-coptica Veteris et Novi Testamenti, quæ in museo Borgiano Velitris asservantur,
cum reliquis versionibus ægyptiis contulit, latine vertit,
nec non criticis et philologicis adnotationibus illustravit
W. F. Engelbreth. *Havniæ, Seb. Popp,* 1811, 1 vol. in-4.

496. Ⲛⲉⲛϫⲱⲙ ⲛⲧⲉⲙⲱⲩⲥⲏⲥ ⲡⲓ ⲡⲣⲟⲫⲏⲧⲏⲥ ⲑⲉⲛ
ϯⲁⲥⲡⲓ ⲛⲧⲉⲛⲓⲣⲉⲙⲛⲭⲏⲙⲓ. Quinque libri Moysis
prophetæ in lingua ægyptia. Ex mss. Vaticano, Pari-

siensi et Bodleiano descripsit ac latine vertit David
Wilkins. *Londini, Gul. Bowyer,* 1731, 1 vol. in-4.

   Ouvrage rare et n'ayant été tiré qu'à 200 exemplaires.

497. La version cophte du Pentateuque, publiée d'après
   les manuscrits de la Bibliothèque Impériale de Paris,
   avec des variantes et des notes, par A. Fallet. *Paris,
   F. Didot,* 1854, 1 vol. gr. in-8.

   1re et 2de Livraisons. — Tout cophte.

498. The ancient Coptic version of the book of Job the
   Just, translated into english and edited by Henry Tattam. *London, Straker,* 1846, 1 vol. in-8.

499. **П𝗌 ⲭⲱⲙ ⲛ̄ⲧⲉ ⲡⲓ Ⲯⲁⲗⲧⲏⲣⲓⲟⲛ ⲛ̄ⲧⲉ Ⲇⲁⲣⲓⲁ**
   (Pi djôm nte pi psaltirion nte David) كتاب زبور داود
   (Kitâb zebour Dâoud). Les Psaumes de David, en copte et
   en arabe, imprimés à Rome, à la Propagande, en 1744, par
   les soins de Raph. Tuki, evêque d'Arsinoë. 1 vol. in-4.

   Copte et arabe. — 502 *pages* (ⲪⲂ — · ⲟ⳽ⲣ̄) y compris le titre.
   — 2 col., 32 lig. pour celle du copte ; encadrement d'un
   double filet.

500. Les mêmes. *Londres, Société biblique,* 1826, pet.
   in-4., pap. vélin.

   164 f. non chiffrés ; signat. A à TT. — 2 col., 29 lig. coptes. —
   Cette édition ne contient que les psaumes seulement.

501. Psalterium coptice, ad codd. fidem recensuit, lectionis varietatem, et psalmos apocryphos sahidica dialecto
   conscriptos ac primum a Woidio editos adjecit Jul. Ludov.
   Ideler. *Berolini, Ferd. Dümmler,* 1837, 1 vol. in-8.

502. Psalterium in dialectum copticæ linguæ memphiticam
   translatum, ad fidem trium codicum mss. regiæ bibliothecæ Berolinensis inter se et cum Tukii et Ideleri libris,
   nec non cum græcis Alexandrini codicis ac Vaticani,
   hebraicisque psalmis comparatorum edïdit notisque criticis et grammaticis instruxit M. G. Schwartze. *Lipsiæ, Barth,* 1843, 1 vol. in-4.

503. Prophetæ majores in dialecto linguæ ægyptiacæ Memphitica seu Coptica, edidit cum versione latinâ Henr.
   Tattam. *Oxonii, e typogr. Academico,* 1852, 2 vol. in-8.

504. Duodecim Prophetarum minorum libros, in lingua
   ægyptiaca, vulgo coptica seu memphitica, ex msto. Parisiensi descriptos et cum msto. Johannis Lee collatos,

latine edidit Henr. Tattam. *Oxonii, è typogr. Academico,* 1836, 1 vol. in-8.

505. Specimen versionum Danielis copticarum nonum ejus caput memphitice et sahidice exhibens; edidit et illustravit Fridericus Münter Hafniensis. *Romæ, Ant. Fulgonius,* 1786. = Ⲧ ⲡⲣⲟⲫⲏⲧⲓⲁ ⲛ Ⲇⲁⲛⲓⲏⲗ ⲛⲓ ⲡⲣⲟⲫⲏⲧⲏⲥ ⲃⲉⲛ ⳨ ⲁⲥⲡⲓ ⲛⲧⲉ ⲛⲓⲣⲉⲙⲛⲭⲏⲙⲓ. Daniel copto-memphiticè edidit Jos. Bardelli. *Pisis, Pieraccini,* 1849, 1 vol. in-8.

Le second ouvrage tout copte.

VERSIONS OCCIDENTALES.

506. Bibliorum sacrorum latinæ versiones antiquæ, seu vetus Italica, et cæteræ quæcunque in codd. mss. et antiquorum libris reperiri potuerunt, quæ cum vulgata latina et cum textu græco comparantur; accedunt præfationes, observationes ac notæ indexque novus ad Vulgatam e regione editam, idemque locupletissimus; opera D. Petri Sabatier. *Remis, Reginaldus Florentain,* 1743—1749, 3 vol. in-folio.

Sous le nom d'Italique (vetus Itala) on désigne aujourd'hui la version latine qui est la plus ancienne certainement des livres Bibliques, celle enfin que Saint Jerôme nomme *commune* ou *vulgaire.* Voyez la note, pag. 144 du T. 1 du Catalogue Silv. de Sacy.

507. Biblia sacra cum universis Fr. Vatabli et variorum interpretum adnotationibus; latina interpretatio duplex est, altera vetus, altera nova; editio postrema multo quam antehac emendatior et auctior. *Parisiis, sumptibus Societatis,* 1729—1745, 2 vol. in-folio.

«Par *vetus*, les éditeurs de cette Bible n'entendent pas la *vetus itala*, mais bien la Vulgate depuis la révision de Sixte V et Clement VIII. La *versio nova* est celle de Santes Pagnin». Note, pag. 145, t. I du Catal. Sacy.

508. Biblia. — Quid in hâc editione præstitum sit, vide in ea quam operi præposuimus, ad lectorem epistola. *Lutetiæ, ex officina Roberti Stephani,* 1545, 1 vol. gr. in-8.

Bible de Robert Etienne contenant non seulement la version latine dite Vulgate, mais encore la *versio nova* de Santes Pagnin tirée de l'édition de Zurich de 1543, auxquelles sont ajoutées des notes de Vatable ou plutôt de Robert Estienne lui même. Cf. Brunet I, pag. 328.

509. Biblia sacra Vulgatæ editionis, Sixti V Pont. Max. jussu recognita atque edita. *Antuerpiæ, ex offic. Plantin, apud Joan. Moretum,* 1603, 1 vol. gr. in-folio.

510. Biblia sacra Vulgatæ editionis, Sixti V Pont. Max. authoritate recognita ; nunc verò jussu cleri gallicani denuò edita. *Parisiis, A. Vitré,* 1652, 8 vol. in-12.

511. Biblia sacra Vulgatæ editionis, Sixti V et Clementis VIII Pont. Max. auctoritate recognita ; editio nova notis historicis et chronologicis illustrata. *Parisiis, A. Vitré,* 1666, 1 vol. gr. in-4.

512. Biblia sacra Vulgatæ editionis, cum selectis annotationibus ex optimis quibusque interpretibus excerptis : autore J. B. Duhamel. Editio secunda accuratissima, ad exemplaria Vaticana fideliter recognita et ab innumeris, quibus prior editio scatebat, mendis expurgata : accessit et notarum non modica castigatio, imo et mutatio ; multis ejectis, aliæ, quæ ut minùs aptiores aut clarióres videbantur, sunt substitutæ, complures limatæ, plurimæ etiam a gravioribus mendis, quæ sensum nonnumquam pervertebant, sunt expurgatæ. *Lovanii, Mart. van Overbeke,* 1740, 2 vol. gr. in-folio, cartes et planches.

Très belle édition ornée des Figures de la Bible publiées à La Haye, chez Pierre de Hondt, 1728.

b. NOUVEAU TESTAMENT.

513. Histoire critique des versions du Nouveau Testament, où l'on fait connaître quel a été l'usage de la lecture des livres sacrés dans les principales églises du monde, par Richard Simon. *Rotterdam, Leers,* 1690, 1 vol. in-4.

514. Nouvelles observations sur le texte et les versions du Nouveau Testament, par R. Simon. *Paris,* 1695, 1 vol. in-4.

VERSIONS ORIENTALES — SYRIAQUES ET ÉTHIOPIENNES.

515. Novi Testamenti versiones syriacæ, simplex, philoxeniana et hierosolymitana, denuo examinatæ et ad fidem codd. mss. bibliothecarum Vaticanæ, Anglicæ, Assemanianæ, Mediceæ, regiæ aliarumque, novis ob-

servationibus atque tabulis ære incisis illustratæ a Jac. Georg. Christ. Adler. *Hafniæ, Jo. Frid. Schultz,* 1789, 1 vol. in-4.

Dans ce vol. les versions n'y sont pas; ce sont des spécimens et des descriptions relatives surtout à la version de Jérusalem.

516. ܟܬܒܐ ܕܐܘܢܓܠܝܘܢ، ܩܕܝܫܐ ܕܡܪܢ، ܘܐܠܗܢ، ܝܫܘܥ ܡܫܝܚܐ ܀ ܘܟܠܗ ܟܬܒܐ ܕܪܘܚܐ· ܡܬܚܘܝܢ ܒܠܚܘܕ ܕܡܬܟܬܒܢܐ ܒܟܬܝܒܬܐ ܟܬܒܐ ܗܢܐ. LIBER SACROSANCTI EVANGELII | De JESU CHRISTO Domino et Deo nostro. | Reliqua hoc codice comprehen- | sa pagina proxima indicabit. | DIV. FERDINANDI ROM. IMPERATORIS | *designati iussu et liberalitate, characteribus* | *et lingua Syra,* IESU CHRISTO *vernacula, Di* | *uino ipsius ore cōsecrata, et a Joh. Euāngelista He-* | *braica dicta, Scriptorio Prelo diligēter Expressa.* | ܪܫ ܚܟܡܬܐ ܕܚܠܬܗ ܕܡܪܝܐ. PRINCIPIUM Sapientiæ timor Domini. | Pet. in-4.

Édition *princeps* du N. Testament syriaque de la version dite *pechito* ou simple.

Cette édition faite à Vienne en 1555 est due aux soins de Jean Albert Widmandstad.

Voir au Catal. Sacy, t. I, pages 146 et 147, la note relative à cette même édition.

517. Ἡ Καινὴ Διαθήκη. Testamentum novum. דיתיקא חדתא. Est autem interpretatio Syriaca Novi Testamenti, hæbræis typis descripta, plerisque etiam locis emendata; eadem latino sermone reddita, autore Immanuele Tremellio, cujus etiam grammatica chaldaica et syra calci operis adjecta est. *Genevæ, Henr. Stephanus,* 1569, 1 vol. gr. in-folio.

Le syriaque est en caractères hébreux ponctués.

518. דיתיקא חדתא. Ἡ Καινὴ Διαθήκη. Novum Jesu Christi D. N. Testamentum (syriaco-græco-latinum), ad Christianiss. Galliæ et Poloniæ regem Henricum III potentiss. et invictiss. principem, christianæ religionis vindicem et assertorem unicum. *Parisiis, apud Joann. Benenatum,* 1584, 1 vol. in-4.

Le syriaque est en caractères hébreux sans points avec une traduction latine interlinéaire. — Cette rare édition est due à Guy le Févre de la Boderie.

519. ܕܝܬܩܐ ܚܕܬܐ. Novum D. N. Jesu-Christi Testamentum syriacè, cum versione latinâ, ex diversis editio-

nibus diligentissimè recensitum; accesserunt in fine notationes variantis lectionis ex quinque impressis editionibus diligenter collectæ, à Martino Trostio. *Cothenis Anhaltinorum*, 1621, 1 vol. in-4.

> Contient les mêmes parties que l'édition de Widmandstad, plus les variantes du manuscrit de Cologne. — Texte ponctué.

520. Novum Domini nostri Jesu-Christi Testamentum syriace, cum punctis vocalibus et versione latinâ Matthæi, ita adornata ut unico hoc evangelista intellecto, reliqui totius operis libri sine interprete intelligi possint .... accurante Ægid. Gutbirio ... *Hamburgi, typis authoris*, 1664. = Lexicon syriacum, continens omnes N. T. syriaci dictiones et particulas, cum spicilegio vocum quarundam peregrinarum et in quibusdam tantum N. T. codd. occurentium, et appendice quæ exhibet diversas punctationes a præcipuis hujus linguæ doctoribus, in Europá, circà N. T. syr. hactenus usurpatas, adjecto indice latino accuratissimo et catalogo nominum propriorum ..... nunc vero in lucem demum editum, auctore eodem. *Ibid.*, 1667. = Notæ criticæ in Novum Testamentum syriacum, quibus præcipua variæ punctationis exempla, aliæque variantes lectiones, quæ observationem merentur, inter se conferuntur; ex optimis quibusque exemplaribus olim collectæ, nunc ..... editæ ab eodem. *Ibid.*, 1667, 1 vol. pet. in-8.

> Le N. Test. est complet et ponctué: l'évangile de S. Matthieu a seul la traduction latine.

521. ‏ܐܘܢܓܠܝܘܢ ܩܕܝܫܐ‎. Novum D. N. Jesu-Christi Testamentum syriacum, cum versione latinâ; cura et studio Joh. Leusden et Car. Schaaf editum, ad omnes editiones diligenter recensitum, et variis lectionibus, magno labore collectis, adornatum; secunda editio, a mendis purgata. *Lugd.-Batav., Joh. Mullerus*, 1717, 1 vol. — Lexicon syriacum concordantiale, omnes Novi Testamenti syriaci voces, et ad harum illustrationem multas alias syriacas et linguarum affinium dictiones complectens cum necessariis indicibus, syr. et lat., ut et catalogo nominum propriorum ac gentilium N. T. syr., indefesso labore elaboratum a Carol. Schaaf. Editio II priori emendatior et auctior. *Ibid.*, 1717, 1 vol. Les 2 vol. in-4.

> Nouveau Testament complet. — Texte ponctué.

522. Novum Testamentum syriacè, denuò recognitum atque ad fidem codd. mss. emendatum. *Londini, R. Watts,* 1816, 1 vol. gr. in-4., pap. vélin.

> Edition de la Société Biblique.
>
> Tout syriaque; 552 pag. (numérotées en car. syr. et en chiffres européens), plus le faux titre, le titre syriaque et un feuillet préliminaire. Le titre syriaque est en estranghélo.
>
> Le titre latin manque à l'exemplaire.

523. Divi Johannis apostoli et evang. Epistola catholica prima, syriacè : adjuncto è regione charactere hebræo et versione lat., in gratiam syriacæ linguæ tyronum seorsim excusa : præmittitur alphabetum syriacum, velut manuductio quædam ad ejus linguæ lectionem faciliorem ; opera et studio Martini Trostii. *Cothenis Anhaltinorum,* 1621, pet. in-4. (22 *pag.*).

> Le syriaque en caract. hébr. est ponctué.

524. Remains of a very ancient recension of the four gospels in syriac, hitherto unknown in Europe, discovered, edited and translated by William Cureton. *London, Murray,* 1858, 1 vol. gr. in-4., pap. vélin.

525. TESTAMENTUM NOVUM ÆTHIOPICÈ CUM EPISTOLA PAULI AD Hebræos tantum, cum concordantijs Evangelistarum Eusebij et numeratione omnium verborum eorundem. Missale cum benedictione incensi ceræ, etc. Quæ omnia Fr. Petrus (Comos) Ethyops, auxilio piorum, sedente Paulo III P. M. et Claudio illius regni Imperatore, inprimi curavit. ANNO SALUTIS M.D.XLVIII. 1 vol. in-4., fig. sur bois.

> Ce rarissime volume, imprimé à Rome par Valerius Doricus en 1548, est malheureusement incomplet. Il y manque d'abord les 2 premiers f f préliminaires (contenant le titre latin transcrit ci dessus et la préface), puis ensuite toute la partie inprimée en 1549, depuis le feuillet 177 jusqu'à la fin de l'ouvrage. Cex deux parties se trouvent ordinairement réunies dans les exemplaires complets. Cf. la notice donnée sur ce Nouv. Testament dans le Catalogue Silv. de Sacy, tome 1er, pag. 408 et 409.

526. ወንጌል፡ቅዱስ፡ ..... *Ouanghel kedes* ..... Evangelia sancta æthiopicè. Ad codicum manuscriptorum fidem, edidit Thomas Pell Platt. ¦*Londini, Ric. Watts,* 1826, 1 vol. pet. in-4., pap. vélin.

> Tout éthiopien — 161 f. non paginés, sign. A à SS. (A. de 2 ff.; SS de 1 f.)

90 THÉOLOGIE.

527. S. Jacobi apost. Epistolæ catholicæ versio arabica
et æthiopica, latinitate utraque donata, nec non à multis
mendis repurgata, punctis vocalibus accuratè insignita
et notis philologicis e probatissimorum Arabum scriptis
illustrata; cui accessit harmonia variarum linguarum qua
orientalium qua europæarum typis genuinis adornata
et juxtà seriem alphabeticam vocabulorum in hac epistola contentorum digesta ..... opera, labore ac studio
indefesso Joh. Georg. Nisselii et Theod. Petræi. *Lugd.-
Batav., Joh. et Dan. Elsevier*, 1654, pet. in-4 (*32 pag.*).

528. S. Johannis apostoli et evangelistæ Epistolæ catholicæ tres, arabicæ et æthiopicæ, omnes ad verbum in
latinum versæ, cum vocalium figuris exacte appositis,
quo studiosæ juventuti accessus ad hasce linguas ex-
peditior culturaque earundem uberior conciliaretur, curâ
ac industria Joh. Georg. Nisselii et Theod. Petræi. *Lugd.-
Batav., Joh. et Dan. Elsevier*, 1654, pet. in-4 (*40 pag.*). —
S. Judæ apost. epistolæ catholicæ versio arabice et
æthiopice in latinitatem translata et punctis vocalibus
animata, additis quibusdam variæ lectionis notis, a
Joh. Georg. Nisselio et Th. Petræo. *Ibid.*, 1654, pet.
in-4 (*24 pag.*).

VERSIONS ÉGYPTIENNES.

(COPTE OU DE LA BASSE ÉGYPTE. — SAHIDIQUE OU DE LA HAUTE ÉGYPTE.)

529. ⲦⲀⲒⲀⲐⲎⲔⲎ ⲘⲂⲉⲣⲒⲆⲉⲛ ⲀⲤⲡⲒ ⲚⲦⲉⲚⲒⲣⲉⲙ
ⲬⲎⲘⲒ. Hoc est Novum Testamentum ægyptium vulgò
Copticum. Ex mss. Bodleianis descripsit, cum Vaticanis
et Parisiensibus contulit et in latinum sermonem convertit David Wilkins. *Oxonii, è theatro Sheldon.*, 1716,
1 vol. in-4.

530. Fragmentum evangelii S. Johannis græco-copto-
thebaicum sæculi IV. Additamentum ex vetustissimis
membranis lectionum evangelicarum divinæ missæ, cod.
Diaconici reliquiæ, et liturgica alia fragmenta veteris
Thebaidensium ecclesiæ ante Dioscorum, ex Veliterno
museo Borgiano nunc prodeunt in latinum versa et notis
illustrata, opera et studio F. Augustini Ant. Georgii, ere-
mitæ Augustiniani. *Romæ, Fulgonius*, 1789, 1 vol. gr. in-4.

531. M. Frid. Münteri commentatio de indole versionis Novi Testamenti sahidicæ. Accedunt fragmenta Epistolarum Paulli ad Timotheum, ex membranis sahidicis musei Borgiani Velitris. *Hafniæ, Joh. Frid. Schultz,* 1789, in-4. (112 *pag.*).

532. Acta Apostolorum coptice, edidit Paulus Bœtticher. *Halæ, Lippert,* 1852, 1 vol. in-8.

Tout copte — 105 pages.

533. Epistulæ Novi Testamenti coptice, edidit Paulus Bœtticher. *Halæ, Anton,* 1852, 1 vol. in-8.

Tout copte.

VERSIONS OCCIDENTALES.

534. Novum Jesu-Christi Testamentum vulgatæ editionis Sixti V, Pont. Max. jussu recognitum atque editum. *Lovanii, typis Martini Hullegœrde,* 1679, 2 vol. in-16.

Joli petit exemplaire réglé.

535. Novum Testamentum Jesu-Christi ad exemplar Vaticanum accuratè revisum. *Paris, J. Carez,* 1825, 1 vol. in-18.

536. Novum Jesu-Christi Testamentum vulgatæ editionis, juxta exemplar Vaticanum. *Parisiis, L. Hachette,* 1828, 1 vol. in-32.

537. Quatuor D. N. Jesu-Christi Evangeliorum versiones perantiquæ duæ, gothica scilicet et anglo-saxonica, quarum illam ex celeberrimo cod. argenteo nunc primum depromsit Franciscus Junius F. F., hanc autem ex codd. mss. collatis emendatius recudi curavit Th. Mareschallus Anglus : cujus etiam observationes in utramque versionem subnectuntur ; accessit et glossarium gothicum, cui præmittitur alphabetum gothicum, runicum, etc. ... opera ejusdem Fr. Junii. *Amstel., Janssonio-Wœsbergii,* 1684, 1 vol. pet. in-4.

La version gothique remonte au IVme siècle : on l'attribue á Ulphilas, évêque des Goths de Mœsie; et elle est faite sur le grec, famille byzantine. La version anglo-saxonne est attribuée à l'archevêque Elfrick, qui vivait au Xe siècle. (Cf. la note du Catal. Silv. de Sacy, t. 1er, page 154.)

Malgré la date de 1684 que porte le vol. ci-dessus, ce n'est toujours que la première édition d'Ulphilas, c'est-à-dire celle de *Dordrecht,* 1665, á laquelle le titre seulement a été changé.

538. D. N. Jesu-Christi S. S. Evangelia ab Ulfila, Gothorum in Mœsia episcopo, circa annum a nato Christo CCCLX, ex græco gothice translata, nunc cum parallelis versionibus, sueo-gothica, Norræna seu Islandica et Vulgata latina edita. *Stockholmiœ, Nic. Wankif,* 1671, 1 vol. pet. in-4.

> Deuxième édition de la version d'Ulphilas, publiée par Stiernhielm. Le gothique y est imprimé en lettres romaines. — Voyez du reste sur ce livre rare la notice qu'en donne le Catal. Silv. de Sacy, t. 1, pages 155 et 410.

539. Ulfilas Gothische Bibelübersetzung. Die älteste Germanische Urkunde, nach Ihre'ns Text, mit einer grammatisch-wörtlichen lateinischen Uebersetzung zwischen den Zeilen, sammt einer Sprachlehre und einem Glossar, ausgearbeitet von Fr. Karl Fulda ; das Glossarium gearbeitet von W. F. H. Reinwlad und der Text, nach Ihre'ns genauer Abschrift der silbernen Handschrift in Upsala, sorgfältig berichtigt, die Uebersetzung und Sprachlehre verbessert und ergänzt, auch mit Ihre'ns lateinischer Uebersetzung neben dem Texte, und einer vollständigen Kritik und Erläuterung in Anmerkungen unter demselben, sammt einer historisch-kritischen Einleitung versehen und herausgegeben von J. Chr. Zahn. *Weissenfels, J. Fr. Leycham,* 1805, 1 vol. in-4.

> Cette édition est en caractères romains; elle contient les quatre évangiles et les fragments publiés par Knittel et Ihre.

540. Ulfilas. Veteris et Novi Testamenti versionis gothicæ fragmenta quæ supersunt, ad fidem codd. castigata, latinitate donata, adnotatione critica instructa, cum glossario et grammatica linguæ gothicæ, conjunctis curis ediderunt H. C. de Gabelentz et Dr J. Lœbe, cum tabulis lapidi incisis. *Altenburgi et Lipsiœ, libraria Schnuphasiana C. R. Staufferi,* 1836—1846, 2 vol. in-4., planches.

> Le gothique est en lettres romaines.

C. VERSIONS MODERNES.

I. INTRODUCTION.

541. Considérations sur les nouvelles traductions des livres saints, à l'occasion de l'écrit publié par M. Ebenezer Henderson, sous le titre de : An appeal to the members of the British and foreign Bible Society, on the subject of turkish New Testament printed at Paris, in 1819. *London*, 1824, in-8., par le baron S. de Sacy. (Extr. du Journal des Savants, juin 1824.) *Paris, Impr. royale*, 1824, in-8., broch. (16 *pag.*). — Brief account of the translations and printing of the scriptures, by the baptist missionaries, at Serampore, in the East-Indies. With specimens of some of the eastern languages. *London, J. Haddon*, 1815, in-8., pap. vélin (24 *pag.*).

542. Histoire de l'origine et des dix premières années de la Société Biblique anglaise et étrangère, traduite de l'anglais du Rev. J. Owen. *Paris, Mme Jeunehomme Crémière, (sine anno)*, 2 vol. in-8.

543. Reports of the British and foreign Bible Society, with extracts of correspondence, etc. ... Reprinted from the original reports. *London, Tilling*, 1805 to 1836 inclus. 14 vol. in-8., pap. vélin.

544. Christian researches in Asia : with notices of the translation of the scriptures into the oriental languages, by the rev. Claudius Buchanan. Eleventh edition. *London, Cadell*, 1819, 1 vol. in-8.

II. BIBLES ENTIÉRES ET ANCIEN TESTAMENT.

LANGUES D'EUROPE.

545. La Sainte-Bible, traduite sur les textes originaux, avec les différences de la Vulgate (par Nic. Le Gros). *Cologne, aux dépens de la Compagnie*, 1739, 1 vol. in-12.
   Petits caractéres sur 2 colonnes.

546. La Sainte Bible, contenant l'Ancien et le Nouveau Testament, traduite en français sur la Vulgate, par M^r le Maistre de Saci. Nouvelle édition ornée de 300 figures gravées d'après les dessins de Marillier et Monsiau. *Paris, Defer de Maisonneuve et Gay*, 1789—an XII (1804), 12 vol. gr. in-8.

547. La Sainte Bible en latin et en français, trad. nouvelle, d'après la Vulgate, avec des notes littéraires, critiques et historiques, un discours préliminaire, des

prolégomènes et les différences de l'hébreu et des Septante au bas des pages, par M. de Genoude. Quatrième édition. *Paris, Sapia,* 1839—1840, 5 vol. in-4.

548. La Sainte Bible, qui contient le Vieux et le Nouveau Testament; imprimée sur l'édition de Paris de
l'année 1805. Édition stéréotype revue et corrigée avec
soin d'après les textes hébreu et grec. *Londres, imprimé avec des planches solides aux frais de la Société
pour l'impression de la Bible en langue anglaise, et en
langues etrangères par R. Watts,* 1842, 1 vol. pet. in-8.

Bible protestante.

549. La Sainte Bible, qui contient le Vieux et le Nouveau Testament (de la version de Genève), revue sur
les originaux par David Martin. *Paris, J. Smith,* 1827,
1 vol. gr. in-8.

Bible protestante.

550. Le Psautier par La Harpe, avec une notice historique et des notes explicatives par l'abbé Labouderie.
Paris, Ch. Gosselin, 1824, 1 vol. in-8., pap. vélin.

551. Le livre de Ruth, en hébreu et en patois auvergnat;
parabole de l'Enfant prodigue, sermon (latin) de Michel
Menot; parabole de l'Enfant prodigue, en syriaque et
en patois auvergnat, par M^r l'abbé Labouderie. *Paris,
Evérat,* 1825, in-8., broch. (49 *pag.*).

Le syriaque est en caractères hébraïques.

552. La Sacra Bibbia che contiene il vecchio e il nuovo
Testamento; tradotta in lingua italiana da Giov. Diodati.
Londra, Bagster, 1830, 1 vol. pet. in-8., pap. vélin.

Bible protestante.

553. La Biblia o el antiguo y nuevo Testamento, tradu-
cidos al español de la Vulgata latina, por el R. P. Phe-
lipe Scio de S. Miguel. *Londra, B. Bensley,* 1821, 1 vol.
in-8., pap. vélin.

554. Die Bibel oder die ganze heilige Schrift des Alten
und Neuen Testaments, nach der Deutschen Uebersetzung D. Martin Luthers, aus Halle's Ausgabe gedrückt.
London (Schulze und Dean), für die Bibelgesellschaft,
1814, 1 vol. gr. in-12.

555. Die Bibel oder die ganze heilige Schrift des Alten
und Neuen Testaments, nach der deutschen Uebersetzung

D. Martin Luthers. Mit einer Vorrede von Hüffel. *Carls-ruhe*, 1837, 1 vol. gr. in-8., avec planches.

556. Die heiligen Schriften des Alten und Neuen Testaments, nach Dr M. Luthers Uebersetzung. *Leipzig, Teubner*, 1854, 1 vol. gr. in-12.

557. Die heilige Schrift des Alten und Neuen Testaments, übersetzt von W. M. L. de Wette. 3° Auflage. *Heidelberg, Mohr*, 1832, 3 vol. in-8.

558. Biblia þad er aull heilaug Ritning, utlaugd a Islendsku og prentud epter þeirri Kaupmannahaufnsku Utgafu 1747 at forlagi Pess Bretska og utlenda Felags til utbreidflu Heilagrar Ritningar medal allra þioda. *Kaupmannahaufn, C. F. Schubart*, 1813, 1 gros vol. pet. in-8.

Caract. goth. allemand.

559. Leabhraichean an t-seann tiomnaidhair an tarruing o'n cheud chanain chum gaelic albanaich. Ann an da' earran ..... *Edinburgh, Stewart*, 1807. = Tiomnadh Nuadh ar tighearna agus ar slanuighir Josa Criosd. Eadartheangaichte o'n ghreugais chum gaelic albannaich. *Edinburgh, printed for the Society in Scotland for propagating Christian knowledge*, 1813, 3 tom. en 1 vol. pet. in-8.

Ancien et Nouveau Testament en gaélic d'Albany.

560. Yn Vible casherick, ny yn Chenn Chonaant as yn Conaant Noa .... *London, George Eyre*, 1819, 1 vol. gr. in-8.

Bible en gallique de l'île de Man, imprimée aux frais de la Société biblique.

561. Y Bible cyssegr-lan sef yr hen Destament a'r newydd. Argraffiad Ystrydeb. *Llundain, George Eyre*, 1814, 1 vol. gr. in-8., pap. vélin.

Bible traduite en gallois ou welsh du pays de Galles. — Version protestante imprimée pour la Société biblique.

562. The holy Bible, with notes and appropriate introductions, tables, etc., prepared and arranged by George d'Oyley and the rev. Rich. Mant. *Oxford and London*, 1826, 3 vol. gr. in-4., fig. et cartes.

Seconde édition de la Bible dite *family Bible* qui passe pour la meilleure Bible anglaise. Cf. Brunet, t. 1er, pag. 342.

563. The holy Bible, containing the Old and New Testaments, translated out of the original tongues and with the former translations diligently compared and revised .... appointed to be read in churches. *London, George Eyre, and A. Strahan, for the Bible Society,* 1814, Stereot. edition, 1 vol. in-8., pap. vélin.

564. The same. *Ibid.,* 1822, 1 vol. in-32.

565. Tat Ailes Tjalog, Kongalats Majestäten Armokumus Kättjomen mete, Sami Kjälei Puoktetum ja Trukkai Mårråtum, tan Aiwcläppelats Kongalats Kantslien-Tåzjotemest. *Hernœsandesne,* 1811, 3 vol. in-4., pap. de Hollande.

Bible en Lapponais.

LANGUES D'ASIE, ETC.

566. ..... كتاب العهد العتيق *Kitâb el' ahd 'el' atiq ....* Le livre de l'Ancien Testament .... *Paris, Impr. royale,* 1827. = ... كتاب العهد الجديد *Kitâb el' ahd el djedîd ....* Le livre du Nouveau Testament. *Ibid.,* 1827, en 1 vol. gr. in-4.

Bible turque publiée par les soins de Mr Kieffer. Texte ponctué. — A. T. 984 pag. (٩٨٤) plus 8 p. d'errata, outre le titre et le faux titre. — N. T. 318 pag. (٣١٨) plus 3 pag. d'errata, outre le titre et le faux titre — 28 lignes.

567. Quatuor prima capita Geneseos turcicè et latinè, ex gemino Pentateuchi Mosaici ms. codice turcico eruit, latine vertit, notulasque adspersit Nicolaius Guilielmus Schrœderus. *Lipsiœ, litteris Takkianis,* 1739, 1 vol. pet. in-4.

568. De origine et indole arabicæ librorum Vet. Testamenti historicorum interpretationis libri duo ; scripsit Æmilius Rœdiger ; passim adjecta sunt scholia Tanchumi arabica aliaque anecdota. *Halis-Saxonum, libraria Kuemmeliana,* 1829, gr. in-4., pap. vélin.

569. Biblia sacra arabica, sacræ Congregationis de propaganda fide jussu edita ad usum ecclesiarum orientalium, additis e regione bibliis latinis vulgatis (studio et labore Sergii Risii). *Romœ, typis ejusdem sacrœ Congregationis,* 1671, 3 vol. in-folio.

Version faite sur la Vulgate. — Imprimé sur 2 col.

570. The holy Bible containing the Old and New Testaments, in the arabic language. *Newcastle upon Tyne, Sarah Hodgson,* 1811, 1 vol. in-4., pap. vélin.

> Belle édition sans pagination, mais contenant pour l'A. T. 306 f., plus le titre latin et le titre arabe; pour le N. T. 106 f. plus le titre arabe — 36 lig. — Texte sans voyelles.
>
> Bible protestante.

571. .... كتاب المقدس *Kitâb el mouqaddes* .... La Bible. Ancien et Nouveau Testament. *Londres, Rich. Watts,* 1822, sur l'édition de Rome, 1671, 1 vol. gr. in-8., pap. vélin.

> Bible protestante toute arabe. La pagination est cotée au bas des pages en chiffres européens. — Ancien Testament, jusqu'aux psaumes, 645 p.; psaumes et suite, 407 p. — Nouveau Testament, 352 p. — 30 lignes à la page.

572. Specimen ineditæ versionis arabico-samaritanæ Pentateuchi è cod. msto. Biblioth. Barberinæ edidit et animadversiones adjecit Andr. Christ. Hwiid. (Addita Aug. Ant. Georgii epistolica dissertatione de variis arabicarum versionum generibus.) *Romæ,* 1780, 1 vol. in-8.

573. Specimen e litteris orientalibus exhibens librum Geneseos secundum arabicam Pentateuchi Samaritani versionem ab Abû-Saïdo conscriptam, quod, auspice viro clarissimo T. G. J. Juynboll, edidit Abrahamus Kuenen. *Luyd.-Batav.,* 1851, in-8.

> VIII et 152 pages de texte arabe.

574. Specimen .... exhibens libros Exodi et Levitici secundum arabicam Pentateuchi Samaritani versionem, ab Abu-Saido conscriptam, quos .... edidit Abr. Kuenen. *Ibid.,* 1854, in-8.

> 1er et 2nd fascicules; tout arabes.

575. تـوراة مـوسى النبى عليه السلام. Id est Pentateuchus Mosis arabice (edente Erpenio). *Lugd.-Batav., ex typ. Erpeniana, apud Joh. Maire,* 1622, 1 vol. pet. in-4.

> Tout arabe. — Texte sans voyelles.

576. Liber psalmorum Davidis, ex arabico idiomate in latinum translatus, a Victorio Scialac et Gabr. Sionita, Maronitis, e monte Libano, recens in lucem editus munificentia F. Savary de Brèves ... *Romæ, ex typ. Savariana,* 1614. = Dictionarium latino-arabicum Davidis

regis, quo singulæ ab eo usurpatæ dictiones ità enun-
ciantur ut concordantiam psalmorum constituant, et
grammaticam ac dictionaria latino-arabica suppleant:
labore et diligentia Joa. B. Duval. *Parisiis, Ant. Vitray,*
1632, en 1 vol. pet. in-4.

> Le dictionnaire latin-arabe ci énoncé n'est qu'une table de
> mots latins qui renvoie pour le mot arabe au psaume et au
> verset dans lequel il se trouve.

577. كتاب مزامير داود الملك والنبى. *Kitâb mezamîr
Dâoud el melik oue-l naby.* Livre des psaumes de David, roi et prophète; *imprimé par la Société biblique en*
1819, 1 vol. in-12.

> Tout arabe; 155 pages (١٥٥); pagination répétée en chiffres
> européens au bas des pages. — 20 lignes.

578. مدراس العربى. Gymnasium arabicum, in quo
tres priores Davidis odæ cum versione latinâ, et notis
critico-analyticis, in usum φιλολογουντων, exhibentur a
Jo. Chr. Wichmannshausen. *Wittenbergæ, Georg. Mar.
Knochius,* 1724, 1 vol. pet. in-4.

579. De versione Pentateuchi persica commentatio; scripsit
Ern. Frid. Car. Rosenmüller. *Lipsiæ, Vogel,* 1813, in-4.,
broch. (54 *pag.*).

580. سفر التكوين. *Sefer al takouïn* .... Le livre de
la Genèse, traduit de l'hébreu en persan. *Londres, Ric.
Watts, pour la Société biblique,* 1827, 1 vol. gr. in-8.,
pap. vélin.

> Caractéres ta'liq; 100 pages numérotées en bas; 25 lignes à
> la page.

581. زبور داوُد. *Zabour Dâ'oud* ... Psaumes de David (en
persan, par le R. H. Martyn). *Londres,* 1824, 1 vol. gr. in-8.
> Caractéres ta'liq. — 143 pages (١٤٣), plus le titre. — 22 lignes.

582. Livres historiques (de la Bible), traduits en sanscrit.
Serampore, 1811, 1 vol. gr. in-4.
> Josué, Juges, Ruth, Samuel, Rois, etc.
> Car. dévanagari; 450 pag. y compris le titre. — 22 lig.
> Signature en lettres sanscrites.
> Très-rare.

583. Testamentitokamit Mosesim aglegèj siurdleet; kaladlin okàuzeennut nuktersimarsut narkiutingoænniglo

sukkuïarsimarsut pellesiunermit Ottomit Fabriciusimit, attuægeksaukudlugit innungnut koïsimarsunnut. *Kiöben-havnime, C. F. Skubartimit*, 1822, pet. in-8., broch. (202 *pag.*).

> Genése, trad. en groënlandais par Otto Fabricius.

584. Testamentitokamit Davidim iungerutéj kaladlin okàu-zeennut nuktersimarsut pellesimit Nielsimit Wolfimit at-tuægeksaukudlugin innungnut koïsimarsunnut. *Kiöben-havnime, C. F. Skubartimit*, 1824, pet. in-8.

> Psaumes trad. en groënlandais par Niels Wolf.

III. NOUVEAU TESTAMENT.

LANGUES D'EUROPE.

585. Novum Testamentum jam quintum accuratissima cura recognitum a Des. Erasmo Roterod. cum annota-tionibus ejusdem ita locupletatis ut propemodum opus novum videri possit (græc. et lat.). *Basileæ, Frobenius*, 1535, 1 vol. pet. in-folio.

586. Novum Testamentum Domini Nostri Jesu Christi, ob frequentes omnium interpretationum hallucinationes nunc demum ex cod. Alexandrino, adhibitis etiam compluri-bus mss. variantibusque lectionibus editis, summa fide ac cura latine redditum, omnibus sacris auctoribus græcis, sacris criticis, glossariis, et instructioribus per totam Græ-ciam ecclesiasticis viris, diligentissimè consultis; inter-prete Leop. Sebastiani, Romano, sacr. missionum in Per-sià quondam præfecto. *Londini, Schulze et Dean*, 1817, 1 vol. gr. in-8., pap. vélin.

> Traduction faite par un prêtre catholique, connu sous le nom du P. Joseph, chef des missions en Perse. Pour les détails relatifs à l'auteur de cette traduction, cf. Catal. Silv. de Sacy. Tome 1er; note qui accompagne le N° 821, pâg. 177.

587. Le Nouveau Testament de N. S. Jésus-Christ, trad. en françois avec le grec et le latin de la Vulgate ajoùtez à côté. Nouv. édit. *Mons, G. Migeot*, 1673, 2 vol. pet. in-8.

588. Le Nouveau Testament de N. S. Jésus-Christ, trad. en français, selon la Vulgate, par Mr Le Maistre de Sacy, divisé en deux tomes. *Paris, Guil. Desprez*, 1730, 2 vol. in-12.

589. Le Nouveau Testament de N. S. Jésus-Christ, en latin et en français, traduit par Le Maistre de Sacy.

Paris, Saugrain, imprimerie de Didot jeune, 1791—1801, 5 vol. in-8., gr. papier vélin et avec les figures de Moreau jeune.

590. Le Nouveau Testament de N. S. Jésus-Christ, traduit sur la Vulgate, par Le Maistre de Sacy. Édition stéréotype, publiée par les soins de M. Frédéric Leo. *Paris, F. Didot,* 1816, 1 vol. gr. in-8., gr. pap. vélin.

Très-bel exemplaire relié par Purgold.

591. Le Nouveau Testament de N. S. Jésus-Christ, imprimé sur l'édition de Paris de l'année 1805. Édit. stéréotype revue et corrigée avec soin d'après le texte grec. *Londres, imprimé avec des planches solides par A. Wilson, aux frais de la Société pour l'impression de la Bible* .... 1807, 1 vol. in-12.

Version protestante.

592. Testament nevez hon aotrou Jézuz-Krist. Trôet e brézounek gant J. F. M. M. A. Legonidec. *Angoulême, F. Trémeau,* 1827, 1 vol. in-8.

Traduction faite sur la Vulgate.

593. Il Nuovo Testamento del N. S. Gesu-Cristo. Edizione stereotypa. *Shacklewell, T. Rutt,* 1813, 1 vol. in-12., pap. vélin.

Traduction faite sur le grec.

594. Il Nuovo Testamento secondo la Volgata, tradotto in lingua italiana da monsignor Ant. Martini arcivescovo di Firenze. *Londra, Bensley e figli,* 1818, 1 vol. pet. in-8., pap. vélin.

595. El Nuevo Testamento de nuestro Señor Jesu-Christo. *Bermondsey, Diego Powel,* 1813, 1 vol. pet. in-12.

596. Joh. Jac. Stolz's Uebersetzung der sämmtlichen Schriften des Neuen Testaments. Vierte rechtmässige, durchaus verbesserte, und zum Theil wieder von neuem umgearbeitete Ausgabe. *Hannover, Gebrüder Hahn,* 1804, 2 part. en 1 vol. in-8.

597. Das Neue Testament unsers Herrn und Heilandes Jesu Christi. Abgedruckt nach der hallischen Ausgabe von 1805 .... *London, auf Bibelgesellschaftskosten, J. B. G. Vogel,* 1812, 1 vol. pet. in-12.

598. .... ‏דאז נייע טעסטאמיענט‎. *Das Neue Testament* .... Le Nouveau Testament, trad. du grec en allemand, ca-

ractères rabbiniques-allemands. *Londres, Macintosh,* 1820, in-12.

599. Þad Nya Testament vors Drottens eg Frelsara Jesu Christi epter Þeirreannare utgafu Bibliunnar à Islendsku ... *Kaupmannahaufn, Rangel,* 1813, 1 vol. pet.in-8.

Nouveau Testament trad. en islandais. — Caractère goth. allemand.

600. Tiomnadh Nuadh ar tighearna agus ar slanuighir Josa Criosd. Eadar-theangaichte o'n ghreugais chum gaelic albannaich. *Edinburgh, printed for the Society in Scotland for propagating Christian knowledge,* 1813, 1 vol. pet. in-8., pap. vélin.

Voir le Nº 559 ci-dessus.

601. Conaant Noa nyn Jiarn as Saualtagh Yeesey Creest; veih ny chied ghlaraghyn, dy kiaralagh chyndait ayns gailck : ta shen dy ghra, Chengey ny Mayrey Ellan Vannin. Pointit dy ve lhaiht ayns kialteenyn. *London, stereotyped by T. Rutt, for the Bible Society,* 1815, 1 vol. in-12.

N. Test. en gallique de l'île de Man.

602. Testament newydd ein harglwydd a'n hiachawdwr Jesu Grist. ...... *Llundain,* 1854, 1 vol. in-16.

N. Test. en gallois ou welsh du pays de Galles.

603. The New Testament of our Lord and Saviour Jesus-Christ, translated out of the original Greek ; and with the former translations diligently compared and revised ..... *Cambridge, stereotype edition by J. Smith,* 1804, 1 vol. in-8., pap. vélin.

604. Le Nouveau Testament de N. S. Jésus-Christ (en français et en anglais). *Londres, Tilling et Hughes, aux frais de la Société pour l'impression de la Bible,* 1817, 1 vol. in-8., pap. vélin.

605. Âddâ Testament tate ailes tjalogest same kiälei puoktetum. *Hernœsandesne,* 1811, 1 vol. in-12.

N. Test. trad. en idiome lappon. — Caract. goth. allemand.

LANGUES D'ASIE, ETC.

606. Evangelium S. Matthæi in linguam calmucco-mongolicam translatum ab Isaaco Jacobo Schmidt, cura et

studio Societatis bibl. ruthenicæ typis impressum. *Petropoli, Frid. Dreschlerus*, 1815, in-4.

> Vol. composé de 8 feuilles un quart, chiffrées 1 à 9, plus le titre mandchou et le titre latin, en tout 35 feuillets.

607. Domini nostri Jesu Christi Testamentum novum turcicè rédditum opera Gu. Seaman. *Oxoniæ, H. Hall*, 1666, 1 vol. pet. in-4.

> Tout turc, avec un titre turc, commençant par ces mots :

انجیل مقدس.

> Il n'y a de latin dans cette édition que le titre ci-dessus. — 600 pag. (٦٠٠), plus 2 f. pour les titres. — 21 lignes.

608. كتاب العهد الجديد المنسوب الى ربّنا عيسى المسيح.

Kitâb el 'ahd el djedîd el mansoub ilà rabbina 'isà el mesîhh. Le Nouveau Testament de N. S. Jésus le Messie. *Paris, Impr. royale*, 1819, 1 vol. gr. in-8., pap. vélin.

> Tout turc. — Publié et édité par M. Kieffer. 483 pag. — 27 lignes.

609. Sanctum Evangelium scilicet Novum Testamentum Jesu Christi. Editio altera. *Astrachani, apud Joh. Mitchell, sumptibus Societatis biblicæ Ruthenicæ,* 1818, 1 vol. in-8.

> En regard de ce titre latin, un titre turc, commençant par ces mots : انجیل مقدس. Sans pagination, mais marqué par des signatures de 4 f., dont la dernière est 79 (٧٩). Cette 79ᵉ signat. n'a que 2 f.; la 1ᵉ est précédée de 3 f. qui comprennent les titres, ce qui forme un total de 317 feuillets. — 26 lig. — Turk basian.

610. .... בְּרִית חֲדָשָׁה צֵל פִּי מְשִׁיח. Le Nouveau Testament, traduit en hébreu. *Londini, typis excudebat A. Macintosh,* 1817, 1 vol. in-8., pap. vélin.

> Avec les points voyelles. — 248 f. — 30 lig.

611. .... תּוֹרַת הַמָּשִׁיח. Sanctum D. N. Jesu Christi Hebraicum Evangelium secundum Matthæum. (Edente Joa. Quinquarboreo.) *Parisiis, Martinus Juvenis,* 1551, 1 vol. in-16.

> Tout hébreu avec points. — Texte de Seb. Munster.

612. תּוֹרַת הַמָּשִׁיח. Evangelium secundum Matthæum in lingua hebraïca cum versione latina atque annotationibus Seb. Munsteri. Una cum epistola D. Pauli ad

Hebræos, hebr. et lat. *Basileœ, Henr. Petri* (1557), 1 vol. pet. in-8.

613. العهد الجديد لربّنا يسوع المسيح. Novum D. N. Jesu Christi Testamentum arabice ex Bibliotheca Leidensi; edente Th. Erpenio. *Leidœ, typ. Erpeniana linguarum orientalium*, 1616, 1 vol. pet. in-4.

Tout arabe, sans voyelles. — 648 pag. dont les 8 premières contiennent la table. Elles sont précédées de 24 ff. non numérotés, savoir: titres, 2 f., épitre et avis en latin, 6 f., concordance arabe, 16 f. — 24 lig.

614. ... العهد الجديد لربّنا يسوع المسيح. *El'ahd el djédid li rabbina isouè'el mesihh* .... Nouveau Testament de N. S. Jésus le Messie, et aussi les dix commandements de Dieu, comme ils sont dans le Décalogue, extr. du livre de l'Exode. 1727, 1 vol. in-4.

Tout arabe; cette édition, publiée sous la direction de Salomon Negri et imprimée à Londres, aux frais de la Société pour la propagation de la connaissance du Christ chez les nations étrangères, a, dit on, été expédiée toute pour le Levant. 463 pages (٤٩٣) à 2 col. — 27 lignes.

615. كتاب العهد الجديد يعني انجيل المقدّس لربّنا يسوع المسيح. *Kitáb el'ahd el djédid ïa'ny endjil el mouqaddes li rabbina isoua'el mesihh.* Livre du Nouveau Testament, c'est à dire le Saint Évangile de N. S. Jésus le Messie. *Londres, Rich. Watts,* 1820; *impr. pour l'utilité des églises orientales, sur l'édit. de Rome de* 1671, 1 vol. in-8.

Divisions de la Vulgate. — 352 pag. numérotées en bas, plus 2 f. de titre et table. — 30 lignes.

616. كتاب العهد الجديد لربّنا يسوع المسيح. *Kitáb el'ahd el djédid li rabbina isouá'el mesihh.* Le livre du Nouveau Testament de N. S. Jésus le Messie, traduit sur le texte grec des Septante en arabe littéral par le R. D. Samuel Lee. *Londres,* 1851, 1 vol. in-8.

Edition publiée aux frais de la Société for the diffusion of christian knowledge de Londres. — Tout arabe, 396 pages (٣٩٦) plus 2 f. pour le titre et la table. — 26 lignes.

617. Sanctum Dei Evangelium arab. latin. *Romæ, ex typ. Medicea*, 1591, 1 vol. in-folio, fig.

Tout arabe, avec la traduction latine interlinéaire de J. B. Raimondi, directeur de l'imprimerie des Médicis. Il y a dans le texte à mi-pages de très nombreuses gravures en bois, bien exécutées.

Le texte commence à la pag. 9 et finit avec la page 462; il n'y a pas de pagination avant cette page 9. Notre exemplaire en réalité de 1591 contient: 1° le faux titre ci-dessus transcrit; 2° le titre ... الانجيل المقدس *Evangelium sanctum Domini nostri Jesu Christi conscriptum a quatuor evangelistis sanctis, id est Matthæo, Marco, Luca et Johanne;* 3° préface: *Lectori philarabo* datée de Florence, 1774 et signée *Cæsar Malanimeus*, etc.

618. Pauli apostoli Epistola ad Romanos, arabicè. Seorsùm recudi curavit D. Jo. Henr. Callenbergius. *Halæ, typ. Instituti Judaici*, 1741, pet. in-8.

Tout arabe. — 78 pag. (ج), plus le titre latin. — Texte ponctué. — 15 lig.

619. Passio Domini Nostri Jesu Christi secundùm Matthæum, arabicè, cum latinâ versione ad verbum, juxtà editionem Romanam, vocalibus omnibus accuratè additis. *Leidæ, in officinâ Raphelengiana*, 1613, pet. in-4. (45 pag.). — رسالة بولس الرسول الى اهل رومية.
Pauli apostoli ad Romanos Epistola (nec non ejusdem epistola ad Galatas), arabicè, ex bibliotheca Leidensi. *Leidæ, typ. Erpeniana*, 1615, pet. in-4.

Sans voyelles. — 24 f., y compris le titre.

620. Quatuor evangelia et Actus apostorum juxtà Vulgatam Romæ A. D. 1592 editam, nec non eorumdem versio Melitensis (edidit W. Jowett). *Londini, R. Watts*, 1829, 1 vol. gr. in-8., pap. vélin.

Maltais en lettres rom., avec quelques caractéres de convention.

621. Il vangelo di Nostro Signore Gesu Christo secondo San Giovanni, tradotto in lingua italiana e maltese, secondo la Volgata. *Londra, R. Watts*, 1822, 1 vol. in-8., pap. vélin.

Maltais en caractéres romains, avec quelques lettres arabes. En tête est un alphabet harmonique arabe italien.

622. Novum Testamentum Domini et Salvatoris Nostri Jesu Christi, è græca in persicam linguam a viro re-

verendo Henrico Martyno translatum in urbe Schyras;
nunc vero cura et sumptibus Societatis Biblicæ Ruthenicæ
typis datum. *Petropoli, Jos. Joannes,* 1815, 1 vol. in-4.

Caract. neskhy. Le titre persan en regard du titre latin est
en ta'liq et lithographié. — 455 pages cotées en chiffres européens, plus 3 f. pour les titres et 2 pour l'errata. — 23 lignes.

623. The New Testament of our Lord and Saviour Jesus
Christ, translated from the original greek into persian,
by the Rev. Henry Martyn. Fourth edition. *London,
Richard Watts,* 1837, 1 vol. in-8.

Tout persan. — 628 pages, non compris le titre anglais et le
titre persan. — 22 lig. — Division par chap. et versets.

624. Quatuor evangeliorum Domini Nostri Jesu-Christi
versio persica, syriacam et arabicam suavissime redo-
lens : ad verba et mentem græci textus fideliter et
venuste concinnata : codd. tribus mss. ex oriente in
Academias utrasque Anglorum perlatis, operose invi-
cem diligenterque collatis, per Abrah. Whelocum ....
Londini, J. Flesherus, 1657, 1 vol. pet. in-folio.

Vol. de 462 pages à 2 col., l'une persane, l'autre latine. Le
texte persan est en caractère neskhy ; chaque chapitre est suivi
de notes.

La 1re page a le titre suivant: *Quatuor evangelia D. N. Jesu
Christi persice ad numerum situmque verborum latine data, 1652.* —
Pour la différence de date avec le titre ci-dessus, cf. la note
du N° 888 du Cat. S. de Sacy. T. 1, p. 189.

625. The holy Bible containing the Old and New Testaments translated from the original into the Pushtoo language, by the Serampore missionaries. Vol. V, the new
Testament. *Serampour, Mission press,* 1818, 1 vol. in-8.

Caract. neskhy. — 782 pag. cotées en chiffres européens. —
25 lignes.

626. Novum Testamentum Domini Nostri et Servatoris
Jesu-Christi, sub auspiciis D. Asselini, rerum gallicarum apud Ægyptios procuratoris, in linguam amharicam vertit Abu-Rumi Habessinus ; edidit Thomas Pell
Platt. *Londini, Rich. Watts, impensis Soc. ad Biblia ....
evulganda institutæ,* 1829, 1 vol. pet. in-4., pap. vélin.

Tout amharique. — 360 feuillets non chiffrés, mais avec les
signatures suivantes. B à 2 R, fin des Évangiles; B* à DDD*,
plus sign. DDD** et les 2 titres latin et amharique; le ca-
hier 2 R n'est que de 2 ff. — 25 lig. — Le titre amharique
n'est que de 4 lig.

627. Evangelia Sancta, sub auspiciis D. Asselini, rerum gallicarum apud Ægyptios procuratoris, in linguam amharicam, vertit Abu-Rumi Habessinus; edidit Th. Pell Platt. *Londini, Rich. Watts, impensis Soc. ad Biblia* .... *evulganda institutæ,* 1824, 1 vol. pet. in-4., pap. vélin.

> Tout amharique. — 156 feuill.; sign. B à 2 R, plus les 2 titres latin et amharique. — 25 lig.
>
> Le titre amharique n'est que de 4 lignes.

628. Testamente nutak kaladlin okauzeennut nuktersimarsok, nar'kiutingoænniglo sukuïarsimarsok. Nouveau Testament, en groënlandais, traduit par Otto Fabricius. *Copenhague, C. F. Schubart,* 1794, 1 vol. pet. in-8.

629. Testamentitak terssa : nalegauta annaursirsivta Jesusib Kristusib ; ajokærsugeisalo, sullirseit okauseello. The New Testament translated into the groenland language by the missionaries of the Unitas fratrum, or United brethren. *Printed for the use of the mission by the british and foreign Bible Society. London, W. Mᶜ Dowall,* 1822, 1 vol. gr. in-8., pap. vélin.

630. The Gospels according to S. Matthew, S. Mark, S. Luke, and S. John, translated into the language of the Esquimaux indians on the coast of Labrador, by the missionaries of the Unitas fratrum, or United brethren, residing at Nain, Okkak and Hopedale. *Printed for the use of the mission, by the British and foreign Bible Society. London, W. Mᶜ Dowall,* 1813, pet. in-8., pap. vélin.

III. CONCORDANCES — EXTRAITS DE LA BIBLE.

631. Joh. Buxtorfii, concordantiæ Bibliorum hebraicæ nova et artificiosa methodo dispositæ, in locis innumeris depravatis emendatæ, deficientibus plurimis expletæ, radicibus antea confusis distinctæ et significatione vocum omnium latina illustratæ, quibus primum locus quæsitus quasi in momento ostenditur .... secundo lexici hebraici omnibus vocibus flexibilibus completi forma absoluta proponitur, denique Masora sive critice perfecta, quoties, qua forma, quo libro, cap. et versu una quæque vox declinabilis in textu hebræo invenitur, numerato traditur ; accesserunt novæ concordantiæ chaldaicæ omnium vocum quæ corpore Bibliorum hebraico conti-

nentur, cum præfatione .... per Joh. Buxtorfium filium. *Lasileæ, Lud. Kœnig*, 1632, 1 vol. gr. in-folio.

632. Librorum Vet. Testamenti concordantiæ hebraicæ atque chaldaicæ quibus ad omnia canonis sacri vocabula tum hebraïca cum chaldaïca loci in quibus reperiuntur ad unum omnes certo ordine recensentur, addito lexico linguæ sacræ hebr. et chald. duplici, uno neohebraice altero latine scripto quo collatis interpretamentis translationibusque antiquissimis vocabulorum origines ac formæ historica atque analytica ratione explicantur. Adjecta sunt : nomenclatura omnium vocabulorum hebr., ad quæ loci scripturæ sacræ adducti sunt, onomasticon sacrum, etc.; auctore Dr Jul. Fuerstio. *Lipsiæ, Car. Tauchnitz*, 1840, 1 vol. pet. in-folio.

Édition stéréotype et la meilleure des concordances hébraïques modernes du Vieux Testament.

633. Abra. Trommii concordantiæ græcæ versionis vulgò dictæ LXX interpretum, cujus voces secundum ordinem elementorum sermonis græci digestæ recensentur, contra atque in opere Kircheriano factum fuerat. Leguntur hic præterea voces græcæ pro hebraicis redditæ ab antiquis omnibus Veteris Testamenti interpretibus, quorum non nisi fragmenta exstant, Aquila, Symmacho, Theodotione et aliis; quorum maximam partem nuper in lucem edidit Bernard. de Montfaucon. (Accedit index hebr. et chald.) *Amstel. sumpt. Societatis,* 1718, 2 vol. pet. in-folio.

634. Sacrorum Bibliorum Vulgatæ editionis concordantiæ ad recognitionem jussu Sixti V Pont. Max. Bibliis adhibitam recensitæ atque emendatæ a Fr. Luca; nunc vero secundum Huberti Phalesii, Plantini ac Parisiensium observata, accuratissimè, multis mendis aliarum editionum expunctis, editæ. *Coloniæ-Agrippinæ, Balth. ab Egmond,* 1684, 1 vol. gr. in-8.

635. Novi Testamenti Jesu-Christi græci, hoc est, originalis linguæ tameion aliis concordantiæ, jàm dudum a pluribus desideratum ; ità concinnatum ut et loca reperiendi et vocum veras significationes et significationum diversitates per collationem investigandi, ducis instar esse possit, opera Erasmi Schmidii ..... singulari studio denuò revisum atque ab inumeris mendis

repurgatum : accedit nova præfatio Ern. Salomonis Cypriani. *Gothæ et Lipsiæ, Joh. Andr. Reyherus,* 1717,
1 vol. in-folio.

636. Abrégé de l'histoire de l'Ancien Testament où l'on
a conservé, autant qu'il a été possible, les propres
paroles de l'Écriture Sainte, avec des éclaircissements
et des réfléxions (par l'abbé Mesenguy). Nouvelle édition.
Paris, Desaint et Saillant, 1753—1763, 10 vol. in-12.

637. Abrégé de l'histoire et de la morale de l'Ancien
Testament où l'on a conservé, autant qu'il a été possible, les propres paroles de l'Écriture Sainte (par l'abbé
Mezenguy). Nouvelle édition. *Paris, J. Desaint,* 1729,
1 vol. pet. in-8.

638. Abrégé de l'histoire et de la morale de l'Ancien
Testament où l'on a conservé, autant qu'il a été possible, les propres paroles de l'Écriture Sainte, avec des
éclaircissements. *·Lyon et Paris, Perisse frères,* 1827,
1 vol. in-12., avec fig. sur bois.

639. Selectæ è Veteri Testamento historiæ, ad usum eorum
qui linguæ latinæ rudimentis imbuuntur. Nova editio
Parisiis, Fratres Estienne, 1763 et 1757, 2 part. en
1 vol. in-12.

640. Harmonia evangelica cui subjecta est historia Christi
ex quatuor evangeliis concinnata : accesserunt tres dissertationes de annis Christi, deque concordia et auctoritate evangeliorum, auctore Joanne Clerico. *Amstel.,
sumptibus Huguetanorum,* 1699, 1 vol. pet. in-folio.

641. Histoire et concorde des quatre évangélistes contenant, selon l'ordre des tems, la vie et les instructions
de Notre Seigneur Jésus-Christ, avec des notes et des
explications tirées de la concorde latine. *Paris, Guil.
Desprez,* 1712, 1 vol. in-12.

642. Synopsis Evangeliorum Matthei, Marci et Lucæ, cum
parallelis Joannis pericopis, ex recensione Griesbachii,
cum selecta lectionum varietate, concinnaverunt et breves argumentorum notationes adjecerunt Guil. Mart. Leber.
de Wette et Frid. Lücke. *Berolini, G. Reimer,* 1818,
1 vol. in-4.

643. Florilegium biblicum complectens omnes utriusque
Testamenti sententias, hebraicè et græcè, cum versione

latinâ et brevi juxtà literalem sensum commentario illustratas, auctore Joan. De Plântevit de La Pause .... *Lodovœ, Arnald. Colomerius*, 1645, 1 vol. gr. in-fol., portr.

644. Morale de la Bible, par J. B. C. Chaud. *Versailles, J. A. Lebel*, 1817, 2 vol. in-8., fig.

645. Adagialia sacra Novi Testamenti grœco-latina, selecta atque exposita a P. Andr. Schotto, Soc. Jesu; seorsim ab eodem edita adagia seu proverbia veterum Grœcorum. *Antuerpiœ, Balth. Moretus*, 1629, 1 vol. in-4.

646. Politique tirée des propres paroles de l'Écriture Sainte à Monseigneur le Dauphin. Ouvrage posthume de Messire Jac. Bén. Bossuet, Evêque de Meaux, etc. *Paris, Pierre Cot*, 1709, 1 vol. in-4., portr.

c. HERMÉNEUTIQUE.

I. GÉNÉRALITÉS — RÉGLES.

647. D. J. Georgii Rosenmülleri Historia interpretationis librorum sacrorum in Ecclesia christianâ, inde ab apostolorum ætate usque ad Origenem. *Hildburghusœ, Jo. Gottfr. Hanisch et Lipsiœ, Fleischer*, 1795—1814, 5 tom. en 4 vol. pet. in-8.

648. Geschichte der Schrifterklärung seit der Wiederherstellung der Wissenschaften, von D. Gottl. Wilh. Meyer. *Göttingen, Joh. Fried. Röwer*, 1802—1809, 5 vol. in-8.

649. Hieronymus Stridonensis interpres, criticus, exegeta, apologeta, historicus, doctor, monachus; symbola ad historiam seculi quarti ecclesiasticam. *Havniœ, literis Brünnichii*, 1797, 1 vol. in-8.

650. Règles pour l'intelligence des Saintes Écritures. *Paris, Jac. Estienne*, 1716, 1 vol. pet. in-8., réglé.

651. Nouvelle méthode pour entrer dans le vrai sens de l'Écriture Sainte, par l'abbé du Contant de La Molette. *Paris, Le Clerc*, 1777, 2 vol. in-12., portr.

652. Enchiridion hermeneuticæ generalis tabularum veteris et novi fœderis, authore Jo. Jahn. *Viennœ, libr. Camesinœ*, 1812, 1 vol. in-8.

653. Sinopsi della ermeneutica sacra o dell' arte di ben interpretare la Sacra Scrittura del professore G. Bern. De-Rossi. *Parma, stamp. ducale,* 1819, 1 vol. gr. in-8.

654. Herméneutique sacrée ou introduction à l'écriture sainte en général et en particulier à chacun des livres de l'Ancien et du Nouveau Testament, à l'usage des séminaires, par J. Hermann Janssens. Traduit du latin, par J. J. Pacaud. Nouvelle édition revue, corrigée et augmentée. *Paris, J. Blaise,* 1833, 3 vol. in-8.

655. Institutio interpretis Veteris Testamenti, auctore Jo. Henr. Pareau. *Trajecti ad Rhenum, Joan. Altheer,* 1822, 1 vol. in-8.

656. Versuch einer Hermeneutik des Alten Testaments, von Gottl. Wilh. Meyer. *Leipzig, Ambrosius Barth,* 1812, 2 vol. in-8.

Exemplaire Letronne.

657. ספר המשוה sive Βίβλος καταλλαγῆς in quo secundum veterum theologorum hebræorum formulas allegandi et modos interpretandi conciliantur loca ex V. in N. T. allegata, auctore Guil. Surenhusio. *Amstel., Joh. Boom,* 1713, 1 vol. pet. in-4.

658. Joan. Aug. Ernesti institutio interpretis Novi Testamenti : editionem quintam suis observationibus auctam curavit Christoph. Frid. Ammon. *Lipsiæ, libr. Weidmanniana,* 1809, 1 vol. in-8.

659. Sam. Frid. Nathan. Mori super hermeneutica Novi Testamenti acroases academicæ. Editioni aptavit, præfatione et additamentis instruxit Henr. Car. Abr. Eichstædt. *Lipsiæ, C. F. Kœhlerus,* 1797 et 1802, 2 vol. in-8.

660. Die Hermeneutik des Neuen Testaments systematisch dargestellt von Pastor Christ. Gottlob Wilke. *Leipzig, Vogel,* 1843 und 1844, 2 vol. in-8.

II. SCIENCES AUXILIAIRES.

A. PHILOLOGIE.

661. Salomonis Glassii philologia sacra, his temporibus accommodata. Tomus Ius : Grammatica et Rhetorica sacra, cura J. A. Dathii, editio tertia. *Lipsiæ,* 1818. —

Eadem, post primum volumen Dathii opera in lucem emissum, nunc continuata et in novi plane operis formam redacta a Georg. Lud. Bauero. Tom. II, sectiones 1 et 2 : Critica et hermeneutica sacra. *Ibid.*, 1795 —1797.; ensemble 4 vol. gr. in-8.

662. Clavis reliquiarum versionum græcarum V. T. Aquilæ, Symmachi, Theodot. quintæ, sextæ et septimæ specimen, authore Joh. Frid. Fischero. *Lipsiæ, libr. Fritschia*, 1758, pet. in-8. (88 *pages*). — Joh. Frid. Fischeri prolusiones de versionibus græcis librorum V. T. litterarum hebraïcarum magistris; accessit prolusio qua loci nonnulli verss. grr. oraculorum Malachiæ illustrantur, emendantur. *Lipsiæ, E. B. Svicquertus*, 1772, in-8. (198 *pag. et un facsimile*).

663. Philologus hebræus in quo pleræque quæstiones generales philologico-hebraicæ, concernentes textum hebræum Vet. Testamenti, dilucide pertractantur. In fine adjunctus est catalogus hebraicus et latinus sexcentorum et tredecim præceptorum in quæ totus Pentateuchus ex sententia Judæorum divisus est, authore Joh. Leusden. *Ultrajecti, Meinard. a Dreunen*, 1657, 1 vol. pet. in-4.

664. Philologus hebræo-mixtus, una cum spicilegio philologico continente decem quæstionum et positionum præcipuè philologico-hebraicarum et judaicarum centurias, authore Joh. Leusden. *Ultrajecti, Henr. Versteegh*, 1663, 1 vol. pet. in-4.

665. De arcano Kethib et Keri libri II, pro vindicanda S. Codicis hebræi integritate et firmanda locorum plus octingentorum explicatione, contra Lud. Capellum, Is. Vossium, Waltonum et asseclas eorum, scripti à Matth. Hillero. *Tubingæ, Joh. Conr. Reis,* 1692, 1 vol. pet. in-8.

666. Critica sacra duabus partibus : quarum prima continet observationes philologicas et theologicas in omnes radices Vet. Testamenti; secunda continet philologicas et theologicas observationes in omnes græcas voces Novi Testamenti, antehàc ab Ed. Leigh, maxima ex parte anglicè conscripta, nunc verò ab Henr. à Middoch in latinum sermonem conversa. *Amstel., typis viduæ Joan. à Someren*, 1679, 2 tom. en 1 vol. pet. in-folio.

667. Joh. Simonis Onomasticum Veteris Testamenti sive tractatus philologicus quo nomina V. T. propria· ad ap-

pellativorum analogiam reducta ex originibus et formis
suis explicantur, cum aliarum gentium nominibus conferuntur, ... accedit appendix continens specilegium
observationum et additionum ad arcanum formarum nominum hebræorum. *Halæ-Magdeburgicæ, impensis Or-*
phanotrophæi, 1741. = Joh. Simonis Onomasticum Novi
Testamenti et librorum V. T. apocryphorum sive tractatus philologicus quo nomina propria N. T. et librorum
V. T. apocryphorum ex ipsorum originibus et formis
explicantur ; accedit biga dissertationum de Thammuz,
Ezech. 8, 14 et de usu itinerariorum orientalium. *Halæ-*
Magdeburgicæ, Joh. Jac. Curtius, 1762, 1 vol. pet. in-4.

668. Lexicon biblicum in quo explicantur Vulgatæ vocabula et phrases quæcumque propter linguæ hebraicæ
græcæque peregrinitatem injicere moram legenti possunt .... Accedunt summaria capitum omnium totius
codicis divini, auctore Ignatio Weitenauer. Editio altera.
Augustæ Vindelicorum, Ign. Wagner, 1780, 1 vol. in-8.

669. Nova Veteris Testamenti Clavis ; addita est signi-
ficatio verborum hebraïcorum e versione Alexandrina
cujus discrepantiæ simul a textu hebraïco sæpe diju-
dicantur. Scripsit Joan. Henr. Meisner. *Lipsiæ, Joan.*
Sam. Heinsius, 1800, 2 vol. in-8.

> Tomes I et II, comprenant la Genèse et les parties suivantes
> jusqu'au second livre des Rois, inclus.

670. Nova scriptorum Veteris Testamenti sacrorum Ja-
nua, i. e. vocum hebraïcarum explicatio, cui notæ, ad
Gesenii Ewaldique Grammaticas spectantes, aliæque adnotationes sensum locorum difficiliorum eruendo ser-
vientes, sunt adjectæ, autore D. Jo. Frid. Schrœder.
Lipsiæ, Frid. Fleischer, 1834, 1 vol. in-8.

> Tome I, contenant les mêmes livres et parties que les deux
> tomes du N° précédent.

671. J. Drusii ad voces ebraicas Novi Testamenti commentarius duplex : prior ordine alphabetico conscriptus
est, alter antehac editus fuit Antuerpiæ, apud Plan-
tinum ...... item ejusdem annotationum in N. T. pars
altera, nec non vitæ, operumque J. Drusii editorum et
nondum editorum delineatio et tituli, per Abel. Curian-
drum. *Franeqeræ-Frisiorum, Fred. Heynsius,* 1616, 1 vol.
pet. in-4.

672. Joh. Vorstii de hebraismis Novi Testamenti commentarius sive Philologia sacra qua tum theologica tum philologica attinguntur et pertractantur. Accedit ejusdem de adagiis N. T. diatriba, cum indicibus quatuor locupletissimis. *Francofurti et Lipsiæ, Joh. Nicolai Andrœa*, 1705, 1 vol. pet. in-4.

673. Dissertationum philologico-theologicarum de stylo Novi Test. syntagma, quo continentur J. Olearii, J. H. Boecleri, S. Pfochenii, J. Coccei, etc. .... de hoc genere libelli, Jacobus Rhenferdius collegit, recensuit et de suo addidit dissertationem de seculo futuro. *Leovardiæ, Heron. Nauta*, 1701, 1 vol. pet. in-4.

674. De sacra poesi Hebræorum prælectiones academicæ Oxonii habitæ à Rob. Lowth ....; subjicitur metricæ Harianæ brevis confutatio et oratio Crewiana. Editio tertia emendatior. *Oxonii, è typ. Clarendon*, 1775. = Joh. Davidis Michaelis in Rob. Lowth prælectiones de sacra poesi Hebræorum notæ et epimetra, ex Gottingensi editione prælectionum. *Ibid.*, 1763, 2 vol. gr. in-8.

675. Eædem, cum notis et epimetris Joan. Dav. Michaelis; suis animadversionibus adjectis edidit Ern. Frid. Car. Rosenmüller. Insunt Car. Frid. Richteri de ætate libri Jobi definienda atque Christ. Weissii de metro hariano commentationes. *Oxonii, e typ. Clarendon.*, 1821, 1 vol. gr. in-8., pap. vélin.

676. Leçons sur la poësie sacrée des Hébreux, par Lowth, traduites du latin en français pour la première fois (par M. Sicard). *Lyon, Ballanche*, 1812, 2 vol. in-8.

677. Joh. Gottf. von Herder vom Geist der ebräischen Poesie. Eine Anleitung für die Liebhaber derselben und der ältesten Geschichte des menschlichen Geistes. Dritte rechtmässige, sorgfältig durchgesehene und mit mehreren Zusätzen vermehrte Ausgabe, von Dr Karl Wilh. Justi. *Leipzig, Ambros. Barth*, 1825, 2 vol. in-8.

678. An essay on hebrew poetry, ancient and modern, by Phil. Sarchi. *London, Rich. Taylor*, 1834, 1 vol. in-8., pap. vél.

679. Von der Form der hebräischen Poesie, nebst einer Abhandlung über die Musik der Hebräer von J. L. Saalschütz, und einer Vorrede von Aug. Hahn. *Königsberg, Aug. W. Unzer*, 1825, 1 vol. in-8., fig.

680. Aufklärungen über Asien für Bibelforscher, Freunde der Culturgeschichte und Verehrer der morgenländ. Literatur, von Dr Ant. Theod. Hartmann. *Oldenburg, Schulze,* 1806—1807, 2 tomes en 1 vol. pet. in-8.

681. Oriental customs or an illustration of the Sacred Scriptures by an explanatory application of the customs and manners of the eastern nations and especially the Jews, therein alluded to ; collected from the most celebrated travellers and the most eminent critics, by the Rev. Sam. Burder. A new edition in four volumes. *London, Longmann,* 1827, 4 vol. gr. in-8.

682. Oriental literature, applied to the illustration of the Sacred Scriptures ; especially with reference to antiquities, traditions and manners ; collected from the most celebrated writers and travellers ancient and modern. Designed as a sequel to oriental customs by the Rev. Sam. Burder. *London, Longmann,* 1822, 2 vol. gr. in-8., pap. vélin.

683. Das alte und neue Morgenland, oder Erläuterungen der heiligen Schrift aus der natürlichen Beschaffenheit, den Sagen, Sitten und Gebräuchen des Morgenlandes. Mit eingeschalteter Uebersetzung von Samuel Burder's morgenländischen Gebräuchen und William Ward's Erläuterungen der heiligen Schrift aus den Sitten und Gebräuchen der Hindus, von Ern. Fr. Karl Rosenmüller. *Leipzig, Baumgärtner,* 1818—1820, 6 vol. in-8.

684. Eastern arts and antiquities mentioned in the Sacred Scriptures, with numerous illustrations. Second edition. *London, Relig. Tract. Society;* 1 vol. pet. in-8., carré avec figures.

685. Antiquitates Ebræorum, de Israeliticæ gentis origine, fatis, rebus sacris, civilibus et domesticis, fide, moribus, ritibus, consuetudinibus, antiquioribus, recentioribus exponentes, delineante Andr. Georg. Waehner. *Gottingæ, typ. A. Vandenhoeck,* 1742—1743, 2 vol. in-8.

686. Johann Jahn Biblische Archäologie. *Wien, Chr. Fried. Wappler,* 1797—1805, 3 tom. en 5 vol. in-8., fig.
Exemplaire Lagnlés.

687. Archæologia biblica in epitomen redacta a Joh. Jahn; editio secunda emendata. *Viennæ, libr. Camesinæ*, 1814, 1 vol. in-8., fig.

688. Lehrbuch der hebräisch-jüdischen Archäologie, nebst einem Grundriss der hebräisch-jüdischen Geschichte, von Wilh. Martin Leberecht de Wette. *Leipzig, Chr. Wilh. Vogel*, 1814, 1 vol. in-8.

689. Entwurf der hebräischen Alterthümer, von Heinr. Ehrenfried Warnekros. Dritte, gänzlich umgearbeitete und durchgängig verbesserte Auflage, von Dʳ Andr. Gottl. Hoffmann. *Weimar, Wilh. Hoffmann*, 1832, 1 vol. in-8.

690. Handbuch der biblischen Archäologie, von J. M. Aug. Scholz. *Bonn, Adolph Marcus*, 1834, 1 vol. in-8., pap. vélin.
Ouvrage catholique comme ceux de Jahn.

691. Handbuch der biblischen Alterthumskunde, von Jos. Franz Allioli. *Landshut, Jos. Thomann*, 1840—1843, gr. in-8., avec cartes.
Livraisons I à XI.

692. Biblical antiquities with some collateral subjects, illustrating the language, geography and early history of Palestine, by F. A. Cox. With maps and numerous engravings. *London, Joseph Griffin*, 1852, 1 vol. in-8., fig.

693. Antiquitates sacræ veterum Hebræorum delineatæ ab Hadr. Relando. *Traj.-Batav., Brœdelet*, 1712, 1 vol. pet. in-8.
Divisé en 4 parties. I. De locis sacris. II. De personis sacris. III. De rebus sacris. IV. De temporibus sacris.

694. Antiquitates sacræ veterum Hebræorum breviter delineatæ ab Hadr. Relando : editio quarta. *Trajecti ad Rhenum, Joan. Brœdelet*, 1741, 1 vol. pet. in-4., front. gravé.

695. Didymi Taurinensis de pronunciatione divini nominis quatuor literarum cum auctario observationum ad hebraïcam et cognatas linguas pertinentium. *Parmæ, typis Bodonianis*, 1799, 1 vol. gr. in-8., pap. vélin, planches.

696. Ricerche sopra una pietra preziosa della veste pontificale di Aarone, l'origine della quale non si è scoperta finora nè in ebraico, nè in arabo ed altri dialetti di quella lingua sacra, e di cui l'investigazione serve a rischiarare varj punti interessanti di storia e d'anti-

8*

chità. (Di Hager.) *Milano, Giov. Pirotta,* 1814, 1 vol. gr. in-fol.

697. De tabernaculo fœderis, de sancta civitate Jerusalem et de templo ejus libri septem, auctore Bernardo Lamy. *Parisiis, Dionys. Mariette,* 1720, 1 vol. gr. in-folio, fig.

698. Hadr. Relandi de spoliis templi Hierosolymitani in arcu Titiano Romæ conspicuis, liber singularis. Arcum ipsum et spolia templi in eo sculpta tabulæ in æs incisæ exhibent: editio nova. Prolusionem de variis Judæorum erroribus in descriptione hujus templi præmisit notasque adjecit Ern. Aug. Schulze. *Traj. ad Rhenum, J. van Schoonhoven,* 1775, 1 vol. pet. in-8., fig.

699. La république des Hébreux (trad. du latin de Pierre Cuneus). Nouvelle édition revue, corrigée, augmentée de deux volumes contenant des Remarques critiques sur les Antiquités Judaïques, par Mr Basnage, enrichie de figures ...... *Amsterdam, frères Châtelain,* 1713, 5 vol. pet. in-8., cartes et pl.

700. Commentarius philologico-criticus de vestitu mulierum hebraïcarum, ad Jesaiæ III, vs. 16—24. Quo vocabulorum abstrusissimorum tenebras ad faciem dialectorum discutere conatus est auctor Nicol. Guill. Schrœderus. Præmissa est præfatio Alb. Schultens. *Lugd.-Batav., Abrah. Kallewier,* 1745, 1 vol. pet. in-4.

701. Die Hebräerin am Putztische und als Braut. Uebersicht der wichtigsten Erfindungen in dem Reiche der Moden bei den Hebräerinnen; von den rohesten Anfängen bis zur üppigsten Pracht, von A. Th. Hartmann. *Amsterdam, im Kunst- und Industrie-Comptoir,* 1809—1810, 3 vol. pet. in-8., figures.

702. Joa. Gottlieb Buhle calendarium Palestinæ œconomicum. Commentatio ..... præmio ornata. *Gottingæ, J. Chr. Dieterich,* 1785, in-4. (56 *pages*).

C. GÉOGRAPHIE — HISTOIRE NATURELLE.

703. Frid. Spanhemii introductio ad geographiam sacram patriarchalem, Israeliticam et Christianam, hancque cum per Romanum omne Imp. ante et post Constantinum

M., tum per provincias barbaricas. *Lugd.-Batav., Dan. à Gaesbregk,* 1679. = Ejusdem dissertationum historici argumenti quaternio. I. De temere creditâ Petri in urbem Romam profectione ; II. de ærâ conversionis Paulinæ ; III. de Apostolatu et Apostolis ; IV. de æqualitate veterum Metropoleon cum Romanâ, etc. *Ibid.,* 1679, en 1 vol. pet. in-8.

704. Dictionnaire géographique de la Bible, par A. F. Barbié du Bocage. (Extrait de l'édition de la Bible publiée en 13 vol. in-8., en 1834, par Lefèvre.) *Paris, P. Crapelet,* 1834, 1 vol. gr. in-8., papier vélin.

705. Sam. Bocharti opera omnia, hoc est : Phaleg, Chanaan et Hierozoicon, quibus accesserunt dissertationes variæ ad illustrationem sacri codicis aliorumque monumentorum veterum. Præmittitur vita auctoris a Steph. Morino descripta et Paradisi terrestris delineatio ad mentem Bocharti. Indices denique accurati et mappæ geogr. suis locis insertæ sunt. In quibus omnibus digerendis atque exornandis operam posuerunt Joh. Leusden et Petrus de Villemandy; editio quarta. *Lugd.-Batav., Corn. Boutesteyn,* 1712, 3 vol. in-folio.

706. Sam. Bocharti geographia sacra, cujus pars prior Phaleg de dispersione gentium et terrarum divisione facta in ædificatione turris Babel; pars posterior Chanaan de coloniis et sermone Phœnicum agit; cum tabulis chorographicis et indice sextuplicè ; I. locorum S. Scripturæ quæ citantur vel explicantur ; II. fabularum quæ explicantur vel refelluntur ; III. vocum Phœnicarum, græc. rom. gallic. german. et quæ ex hebræa vel vicinis deducuntur ; IV. vocum hebr. syr. chald. arab. quæ explicantur ; V. autorum qui citantur ...; VI. denique rerum et verborum ..... Accesserunt in fine ejusd. auctoris epistolæ duæ ..... cum indicibus necessariis. *Francofurti ad Mœnum, Balth. Christoph. Wust,* 1681, 1 vol. pet. in-4., portr. et cartes.

707. La géographie sacrée et les monuments de l'histoire sainte ; lettres du P. Jos. Romain Joly, avec des planches et des cartes géographiques. Nouvelle édition, augmentée d'une table géographique de tous les lieux dont il est fait mention dans la Bible et de l'histoire naturelle de l'Écriture Sainte ; enrichie d'un grand nombre de

planches. *Paris, Alex. Jombert,* 1784, 1 vol. in-4., fig. et cartes.

708. Handbuch der biblischen Alterthumskunde, von Ern. Fr. Karl Rosenmüller. *Leipzig, Baumgärtner,* 1823 — 1831. Tomes I à IV en 7 vol. in-8., avec cartes.

> Ces 7 volumes contiennent : 1° la géographie, 3 tom. en 5 vol. ; 2° l'histoire naturelle, 1 tom. en 2 vol.

709. Scripture lands described in a series of historical, geographical and topographical sketches, by John Kitto, and illustrated by a complete Biblical Atlas comprising 24 maps, with an index of reference. *London, G. Bohn,* 1850, 1 vol. in-8., cartes et fig.

710. Joh. Matth. Hasii descriptio geographico-historica regni Davidici et Salomonei cum delineatione Syriæ et Aegypti ; juncta est urbium maximarum veterum et recentiorum comparatio, multis mappis geographicis et iconographicis adornata. Secunda editio. *In officinâ Homannianâ,* 1754, 1 vol. in-folio, cart. et pl. color.

711. Hadriani Relandi Palæstina ex monumentis veteribus illustrata. *Trajecti-Batav., Guill. Brœdelet,* 1714, 2 tom. en 1 vol. pet. in-4., cartes et fig.

> Le beau portrait de Reland, tiré in-folio, manque à l'exemplaire.

712. Palästina oder historisch-geographische Beschreibung des jüdischen Landes zur Zeit Jesu. Zur Beförderung einer anschaulichen Kenntniss der evangelischen Geschichte für christliche Religionslehrer und gebildete Bibelleser, von D. Joh. Fried. Röhr. Sechste vermehrte und verbesserte Auflage, nebst einer Charte von Palästina. *Zeitz, Im. Webel,* 1831, 1 vol. in-8., carte.

713. Dissertation sur l'étendue de l'ancienne Jérusalem et de son temple et sur les mesures hébraïques de longueur, par Mʳ D'Anville. *Paris, Prault,* 1747, 1 vol. in-8., avec planches.

714. Solemnia natalitia regis Frid. Wilhelmi III ...., celebranda indicit Dʳ Joan. Mart. August. Scholz. Inest commentatio de Hierosolymæ singularumque illius partium situ et ambitu. *Bonnæ, Car. Georgius,* 1835, in-4., br. (18 *pag.*). — Eadem .... indicit idem. Præmissa est commentatio de Golgothæ et sanctissimi D. N. J. C. sepulchri situ. *Bonnæ, typis Thormannianis,* 1825, in-4., fig., pap. vélin, br. (22 *pages*).

715. Joa. Dav. Michaëlis spicilegium geographiæ Hebræorum exteræ post Bochartum. *Gœttingœ, vidua Vandenhoeck*, 1769 et 1770, 2 parties. = Joan. Reinoldi
Forsteri epistolæ ad Joa. Dav. Michaelis hujus spicilegium geographiæ Hebræorum exteræ, jam confir-
mantes, jam castigantes. *Ibid.*, 1762 (38 *pages*), en
1 vol. pet. in-4.

716. P. D. Huetii Tractatus de situ Paradisi terrestris . . . . .
nunc primum latine factus, ab auctore recognitus emendatus et auctus ; accedit ejusdem commentarius de na-
vigationibus Salomonis qui nunc primùm prodit. *Amstel.,
Henr. et Vid. Th. Boom*, 1698, 1 vol. in-8., carte.

717. Nachrichten vom Zustande Canaans, Arabiens und
Mesopotamiens in den ältesten Zeiten, vom Abraham an
bis auf die Rückkunft der Israeliten aus Aegypten, auf-
gesetzt von Th. Jac. Ditmar. *Berlin, Joach. Pauli*, 1786. =
Ueber das Vaterland der Chaldäer, von Th. Jac. Ditmar.
Ibid., 1786, 2 part. en 1 vol. pet. in-8.

718. Die Völkertafel der Genesis in ihrer universal-histo-
rischen Bedeutung erläutert von A. Feldhoff, *Elberfeld,
Schönian*, 1837, 1 vol. in-8.

719. Die Völkertafel der Genesis. Ethnographische Untersuchungen von Aug. Knobel. *Giessen, Ricker*, 1850, 1 vol.
in-8.

720. Die Völkertafel des Pentateuch. — I. Die Japhetiden
und ihr Auszug aus Armenien, von Jos. V. Görres. *Regensburg*, 1845, in-4., carte.

721. Pauli Ernesti Jablonski dissertationes academicæ VIII
de terrâ Gosen. *Francof. ad Viadrum, Joa. God. Conradi*,
1736, 1 vol. pet. in-4.

722. Recherches sur les antiquités judaïques ou examen
critique d'une Notice sur le séjour des Hébreux en
Égypte et leur fuite dans le désert, inserée par M^r Du-
boys-Aimé dans la Description de l'Égypte (Antiq. I,
pag. 291—323), par M. L. P. Garapon. *Lyon et Paris,
Périsse frères*, 1830, in-8. (99 *pages*).

723. The natural history of the Bible, or a description
of all the quadrupeds, birds, fishes, reptiles and in-
sects, trees, plants, flowers, gums, and precious stones
mentioned in the Sacred Scriptures. Collected from the

best authorities and alphabetically arranged by Thaddeus Mason Harris. *London, Th. Tegg,* 1824, 1 vol. gr. in-8., pap. vélin.

724. The sacred history of the world as displayed in the creation and subsequent events to the deluge, attempted to be philosophically considered in a series of letters to a son, by Sharon Turner. Second edition. *London, Longmann,* 1832—1837, 3 vol. in-8.

725. Dissertations on subjects of science connected with natural theology; being the concluding volumes of the new edition of Paley's work, by Henry Lord Brougham. *London, Knight,* 1839, 2 vol. gr. in-12.

726. Geology and mineralogy considered with reference to natural theology, by the late Rev. William Buckland. A new edition, with additions by professor Owen, professor Phillips, Mr Robert Brown and memoir of the author edited by Franc. T. Buckland. *London, G. Routledge,* 1858, 2 vol. in-8., cart. et fig. noires et color.

727. Geology and Mineralogy considered with reference to natural theology by the Rev. William Buckland. La géologie et la minéralogie considérées dans leurs rapports avec la théologie naturelle, par Will. Buckland. Analyse (de cet ouvrage) par N. Joly. *Toulouse, J. B. Paya,* gr. in-8., broch. (37 *pages*).
Extr. de la Revue du Midi, livraison d'avril 1837.

728. La géologie et la minéralogie considérées dans leurs rapports avec la théologie naturelle, par le Rev. William Buckland, abrégé et traduit de l'anglais par N. Joly. Seconde édition revue et augmentée. *Paris, Germer-Baillière,* 1838, 1 vol. in-8.

729. Scriptural geology or geological phenomena consistent only with the literal interpretation of the Sacred Scriptures upon the subjects of the creation and deluge ; in answer to an *Essay on the theory of the earth,* by Mr Cuvier, etc. *London, Hatchard and son,* 1826, 2 tom. en 1 vol. in-8.

730. Fragments d'une histoire de la Terre d'après la Bible, les traditions païennes et la géologie. Extrait d'un cours donné à Neufchâtel en 1841, par Frédéric de Rougemont. *Neufchâtel, Michaud,* 1841, in-8. (141 *pages*).

731. De la cosmogonie de Moïse comparée aux faits géologiques, par Marcel de Serres. *Paris, Lagny,* 1838, 1 vol. in-8.

732. La cosmogonie et la géologie basées sur les faits physiques, astronomiques et géologiques qui ont été constatés ou admis par les savants du 19e siècle et leur comparaison avec la formation des cieux et de la terre selon la Genèse, par J. B. Dalmas; avec un dictionnaire des termes scientifiques, cent cinquante figures de plantes, poissons, oiseaux ou animaux fossiles, plusieurs coupes de terrains, etc. etc. *Lyon, Louis Perrin,* 1852, 1 vol. in-8., figures.

733. Archaia, or studies of the cosmogony and natural history of the hebrew Scriptures, by J. W. Dawson. *Montreal and London, R. Dawson,* 1860, 1 vol. in-8.

734. Accord du livre de la Genèse avec la géologie et les monumens humains, sur les faits et les époques de la création et du déluge universel, et sur le fait d'une révolution qui, par l'ordre divin, avait frappé à la fois tous les globes de notre monde planétaire, y avait éteint la lumière et la nature vivante et ne finit qu'à l'époque où Dieu créa de nouveaux êtres sur la terre, etc., par Gervais de Laprise. *Caën et Paris, Belin,* an XI—1803, fig. = Accord entre le récit de Moïse sur l'âge du genre humain et les phénomènes géologiques : thèse physico-théologique . . . . . par Frossard. *Montauban, impr. de Crosilhes,* 1824 (56 *pages*). = Examen analytique de la conférence de Mgr l'évêque d'Hermopolis dans laquelle Moïse est considéré comme historien des temps primitifs, par le baron de Ferussac. *Paris, Fain,* 1827 (14 *pages*). = Le monde primordial, le monde antérieur à la création de l'homme et le monde subséquent ou concordance des expressions de la Genèse prises dans leur stricte signification avec les récentes découvertes géologiques, suivi d'un exposé abrégé sur les volcans, les tremblements de terre, les glaciers et sur certains peuples de l'antiquité, etc. *Paris, Lacroix-Comon,* 1857 (76 *pages*). Le tout en 1 vol. in-8.

735. Herbarum atque arborum quæ in Bibliis passim obviæ sunt et ex quibus sacri vates similitudines desu-

munt ac collatione s. rebus accomodant, dilucida explicatio in qua narratione singula loca explanantur, quibus Prophetæ observata stirpium natura, conciones suas illustrant divinaque oracula fulciunt, Livino Lemnio autore. *Antuerpiæ, Guil. Simonis,* 1566, 1 vol. pet. in-8.

736. Joh. Henr. Ursini arboretum biblicum in quo arbores et frutíces passim in S. Literis occurrentes, ut et plantæ, herbæ, ac aromata, notis philologicis, philosophicis, theologicis, exponuntur et illustrantur; nunc præcipuis emblematibus et arboribus ære incisis exornatum a vitiis purgatum atque indicibus utilissimis ...... adauctum, adjunctâ theologiæ symbolicæ sylva. *Norimbergæ, Joh. Dan. Tauberus,* 1699, 2 vol. pet. in-8., figures.

737. Hierophyticon sive commentarius in loca Scripturæ sacræ quæ plantarum faciunt mentionem, distinctus in duas partes, quarum prior de arboribus, posterior de herbis dicta complectitur, auctore Matthæo Hillero; cui accedit præfatio Salom. Pfisteri, continens B. auctoris vitam, merita et libros tam editos quam mss. *Trajecti ad Rhen., Jac. Broedelet,* 1725, 2 partes en 1 vol. pet. in-4.

738. Olavi Celsii Hierobotanicon sive de plantis Sacræ Scripturæ dissertationes breves. *Upsaliæ, sumtu auctoris,* 1745 et 1747, 2 part. en 2 vol. in-8.

739. Sam. Bocharti Hierozoicon sive de animalibus S. Scripturæ, recensuit, suis notis adjectis, Ern. Frid. Car. Rosenmüller. *Lipsiæ, libr. Weidmannia,* 1793—1796, 3 vol. gr. in-4.

740. Physiologus syrus seu historia animalium 32 in S. S. memoratorum, syriace. E cod. bibliot. Vaticanæ nunc primum edidit, vertit et illustravit Olaus Gerh. Tychsen. *Rostochii, ex offic. libr. Stilleriana,* 1795, 1 vol. pet. in-8.

741. Olav. Rudbeckii filii Ichthyologia biblica, in duas partes. *Upsalæ,* 1705 et 1722, 2 vol. pet. in-4.

D. CHRONOLOGIE — HISTOIRE — BIOGRAPHIE.

742. Joh. Seldenus de anno civili veterum Judæorum et Jac. Usserius de Macedonum et Asianorum anno solari. *Lugd.-Batav., Petrus van der Aa,* 1683, 1 vol. pet. in-8.

743. Palmoni : an essay on the chronographical and numerical systems in use among the ancient Jews, to which is added an appendix containing an examination of the Assyrian, Egyptian and other ancient chronographies, etc. etc. *London, Longmann,* 1851, 1 vol. gr. in-8.

744. Lud. Dufour de Longuerue dissertationes de variis epochis et anni formâ veterum Orientalium ; de vita S. Justini martyris ; de Athenagora ; de tempore quo nata est hæresis Montani et de origine hæresium Valentini, Cerdonis atque Marcionis ; quibus adjecta sunt commercium literarium Lud. Picquesii, Th. Eduardi et Andr. Acoluthi ; nec non relatio historica de Choadia Morado regis Æthiopiæ quondam ad Batavos legato. Ex mss. eruit, præmissoque de singulis auctoribus anteloquio, luci publicæ exposuit Joan. Dietericus Wincklerus. *Lipsiæ, Jo. Fred. Gleditschius,* 1750, 1 vol. pet. in-4.

745. Annales Veteris et Novi Testamenti a prima mundi origine deducti, una cum rerum Asiaticarum et Ægyptiacarum chronico a temporis historici principio usque ad extremum Templi et reipublicæ Judaicæ excidium producto : Jacobo Usserio digestore. Accedunt tria ejusdem opuscula : I. De chronologiâ Veteris Testamenti ; II. De Macedonum et Asianorum anno solari ; III. De symbolis. Quibus omnibus præfixa est Jac. Usserii vita a Th. Smitho conscripta. Editio nova in qua annales nunc primum manu auctoris emendatiores et auctiores prodeunt, una cum indicibus rerum et locorum, quibus addita est annorum Mundi cum annis Olympiadum et Urbis conditæ collatio. *Genevæ, Gab. de Tournes,* 1722, 1 vol. gr. in-folio.

746. Chronologie de l'histoire sainte et des histoires étrangères qui la concernent, depuis la sortie d'Égypte jusqu'à la captivité de Babylone, par Alphonse Desvignolles. *Berlin, Ambr. Haude,* 1738, 2 vol. in-4., avec cartes.

747. Biblische Chronologie mit Fortsetzung bis auf unsere Zeit. Ein Ergebniss wie auch Nachweis der Harmonie aller biblisch-chronologischen Zahlen für Lehrer, Geschichts- und Bibelfreunde. *Tübingen, L. Fr. Fues,* 1851, in-8. (60 et 32 *pages*).

748. Origines biblicæ : or researches in primeval history, by Ch. Tilstone Beke. Volume the first. *London, Parbury, Allen and Co.*, 1834, 1 vol. in-8., avec carte.

Volume relatif à Sem et à Ham.

749. The Bible history of the Holy Land, by John Kitto. Illustrated with numerous woodcuts and maps. The third edition. *London, G. Routledge* (1855), 1 vol. in-8., fig. et cartes.

750. Ueber den Syrisch-Ephraimitischen Krieg unter Jotham und Ahas. Ein Beitrag zur Geschichte Israels in der Assyrischen Zeit und zu den Fragen über die Glaubwürdigkeit der Chronik und den Plan der Jesaia, von Dᵣ C. P. Caspari. *Christiana*, 1849, in-8., broch. (101 *pag.*). — Phul und Nabonassar. Eine chronologische Untersuchung von Aug. Scheuchzer. *Zürich*, 1850, in-8., broch. (24 *pag.*).

751. Biographie sacrée par Athanase Coquerel. Seconde édition revue et augmentée d'un essai historique et critique sur les dates de la Bible. *Valence, Marc-Aurel frères*, 1837, 1 vol. gr. in-8.

Ouvrage d'histoire, de biographie et de chronologie bibliques.

752. Dissertatio philologica de יפוחהוראד דיפוה נדאה (pulchris fœminis) inter priscos Hebræos, ad illustranda varia hebræi codicis loca quam ...... sistit Joan. Rud. Kiesslingius. *Wittenbergæ, Joh. God. Schlomach*, 1729, pet. in-4. (24 *pag.*).

753. Annalium sacrorum a creatione mundi ad Christi D. N. Incarnationem epitome latino-arabica, auctore P. Britio. *Romæ, typ. S. congr. de Propag. fide*, 1655, 1 vol. in-4.

L'arabe et le latin sont également du P. Britius.

754. Apparatus chronologicus et geographicus ad commentarium in harmoniam sive concordiam quatuor Evangelistarum : præmittitur totius operis præfatio cujus prima pars demonstrat veritatem Evangelii ; altera quid sit Evangelium, à quibus, quâ linguâ, quo tempore, et quâ de causa scriptum, auctore Bernardo Lamy. *Parisiis, Jo. Annisson*, 1699, 1 vol. gr. in-4., cartes et pl.

Ouvrage relatif surtout à l'histoire de Jésus-Christ.

755. Chronologie de Jésus-Christ, par le marquis de Fortia. *Paris, H. Fournier,* 1830, 1 vol. in-12.

756. Der Stern der Weisen. Untersuchungen über das
Geburtsjahr Christi, von D. Fried. Münter. *Kopenhagen,
J. H. Schubothe,* 1827, in-8., fig. (119 *pag.*).

757. Chronologia sacra. Untersuchungen über das Geburtsjahr des Herrn und die Zeitreichnung des Alten
und Neuen Testaments, von G. Seyffarth. *Leipzig, Ambr.
Barth,* 1846, 1 vol. in-8.

758. Inscription antique de la vraye croix de l'abbaye
de Grandmont, avec un sermon sur la Passion, par M^r
François Ogier. *Paris, J. Henault,* 1658, 1 vol. pet.
in-8., fig.

759. Th. Bartholini de latere Christi aperto dissertatio ;
accedunt Cl. Salmasii et aliorum de cruce epistolæ.
Lugd.-Batav., Joan. Maire, 1646, 1 vol. pet. in-8.

760. Vie de Jésus, ou examen critique de son histoire,
par Dav.-Fréd. Strauss, traduit de l'allemand en français par M. E. Littré. *Paris, Ladrange,* 1839—1840,
4 vol. in-8.

761. Thresor admirable de la sentence prononcée par Ponce
Pilate, contre nostre sauveur Jésus-Christ, trouvée mira-
culeusement escrite sur parchemin en lettre hébraïque,
dans un vase de marbre, enclose de deux autres vases
de fer et de pierre, en la ville d'Aquila, au royaume
de Naples, sur la fin de l'année 1580, traduict d'italien en françoys, tant pour l'utilité publique et exalta-
tion de nostre saincte foy, que pour louange de la
dicte ville. *Paris, Guill. Julien,* 1581, 1 vol. pet. in-8.
(48 *pag.* avec la fig. du vase sur le titre).

762. Histoire de la Passion de Jésus-Christ, composée en
1490 par le P. Olivier Maillard ; publiée avec une notice sur l'auteur, par Gabr. Peignot. *Paris, Crapelet,*
1828, in-8., gr. pap. vélin.

763. Histoire de la Passion, Mort et Sépulture de N. S. Jésus-
Christ : tirée de tous les quatre Évangélistes — mise
au jour en françois et en allemand. Par M^{eur} Hambræus
Docteur en droit canon, etc. *Imprimée à Paris,* l'an
M.DC.LXII, 1 vol. pet. in-8.
    Rare.

764. Joh. David Michaëlis' Erklärung der Begräbniss und Auferstehungsgeschichte Christi, aus den vier Evangelisten, mit Rücksicht auf die in den Fragmenten gemachte Einwürfe. *Halle, Verlag des Waisenhauses*, 1783, 1 vol. pet. in-8.

765. Apocalypsis S. Joannis. Die Offenbarung St. Johannis. *Francofurti, excudebat Hermannus Gulffericus*, 1551, pet. in-8.

> Rare et précieux livret composé de 26 belles gravures sur bois de la grandeur des pages, avec explication en latin et en allemand, plus une gravure sur bois sur le frontispice.

III. EXÉGÈSE.

A. GÉNÉRALITÉS — BIBLES — ANCIEN TESTAMENT.

766. Paralipomeni alla illustrazione della Sacra Scrittura per monumenti fenico-assirj ed egiziani di Michel-Angelo Lanci. *Parigi, Dondey-Dupré*, 1846, 3 vol. gr. in-4., pap. vélin, dont un de planches.

767. Biblia magna commentariorum literalium Joannis Gagnæi, Guil. Estii, Emmanuelis Sa, Joan. Menochii et Jac. Tirini Soc. Jesu, adeo erudite et integre Sacram Scripturam exponentium, ut quæ in uno, quoad sensum et varias versiones, possent desiderari, in alio reperiantur. Prolegomenis, chronico sacro, indicibus locupletissimis illustrata; ..... cura et labore Joan. de la Haye. *Parisiis, Mich. Soly*, 1643, 5 vol. gr. in-folio.

768. Commentaire littéral sur tous les livres de l'Ancien et du Nouveau Testament, par D. Aug. Calmet. *Paris, Emery*, 1724—1726, 8 tom. en 9 vol. in-folio, pl. et vign.

> Exemplaire en grand papier.

769. Nouvelles dissertations sur plusieurs questions importantes et curieuses qui n'ont point été traitées dans le Commentaire littéral sur tous les livres de l'Ancien et du Nouveau Testament, par le R. P. Dom. Aug. Calmet. *Paris, Emery*, 1720, 1 vol. in-4.

770. Veterum interpretum græcorum in totum Vetus Testamentum fragmenta collecta, versa, et notis illustrata à Johanne Drusio. *Arnhemiæ, Joh. Janssonius*, 1622, 1 tom. en 2 vol. pet. in-4.

771. Hug. Grotii annotationes in Vetus Testamentum, emendatiùs edidit G. J. L. Vogel et continuavit Joh. Christ. Dœderlein. *Halœ*, 1775—1776, 3 vol. in-4.

772. Lud. Cappelli commentarii et notæ criticæ in Vetus Testamentum. Accessere Jac. Cappelli, Lud. fratr. observationes in eosdem libros; item Lud. Cappelli arcanum punctationis auctius et emendatius ejusque vindiciæ hactenùs ineditæ; editionem procuravit Jac. Cappellus Lud. fil. *Amstel., Pet. et J. Blaeu*, 1689, 1 vol. in-folio.

773. Lud. de Dieu critica sacra, sive animadversiones in loca quædam difficiliora Veteris et Novi Testamenti; editio nova, **recognita** ac variis in locis ex autoris mss. aucta. Suffixa est Apocalypsis D. Johannis syriaca, quam ante aliquot annos ex mss. Jos. Scaligeri autor primus edidit, versione latinâ notisque illustravit. *Amstelod., Gerard Borstius*, 1693, 1 vol. in-folio.

> L'Apocalypse est en trois langues: syriaque, en caractéres syriaques et en caractéres hébraïques ponctués, grecque et latine.

774. Car. Francisci Houbigantii notæ criticæ in universos Veteris Testamenti libros, cum hebraicè, tum græcè scriptos, cum integris ejusdem prolegomenis ad exemplar Parisiense denuo recusæ. *Francofurti ad Mœnum, Warrentrap filius et Wenner*, 1777, 2 vol. gr. in-4.

775. Jo. Dav. Michaëlis' deutsche Uebersetzung des Alten Testaments, mit Anmerkungen für Ungelehrte. Zweite verbesserte und vermehrte Ausgabe. *Göttingen und Gotha, Joh. Chr. Dieterich*, 1773—1785, 13 vol. pet. in-4., fig.

776. Ern. Frid. Car. Rosenmülleri Scholia in Vetus Testamentum. *Lipsiæ, Joh. Ambros. Barthius*, 1806 à 1835, 24 vol. in-8.

> Ces 24 vol. forment onze parties numérotées dans l'ordre de leur publication. Ils sont ainsi divisés. Pentateuchus; edit. tertia, 1821—24, 3 vol. — Libri historici (Josua, Judices, Ruth), 1833—35, 2 vol. — Jobus, 1806, 2 vol. — Psalmi; edit. secunda, 1821—23, 3 vol. — Salomonis Scripta (Prov. Ecclesiastes et Canticum), 1829—30, 2 vol. — Isaias; edit. tertia, 1829—34, 3 vol. — Jeremias, 1826—27, 2 vol. — Ezechiel; edit. secunda, 1826, 2 vol. — Daniel, 1832, 1 vol. — Prophetæ minores; edit. secunda, 1827—28, 4 vol.

777. Ejusd. Scholia in Vetus Testamentum; in compendium redacta; auctor recognovit novisque observatio-

nibus auxit. *Lipsiæ, Joh. Ambros. Barthius*, 1827—36, 6 vol. in-8.

778. Libri Vet. Testamenti ex recensione textus hebræi et versionum antiquarum latine versi notisque philologicis et criticis illustrati a Jo. Aug. Dathio. *Halæ, sumtibus Orphanotrophei*, 1779 à 1794, 5 vol. in-8.

> Pentateuchus, 1781, 1 vol. — Libri historici, 1784, 1 vol. — Jobus, Proverbia Salomonis, Ecclesiastes, Canticum canticorum, 1789, 1 vol. — Psalmi; editio altera, 1794, 1 vol. — Prophetæ minores; editio altera emendatior, 1779, 1 vol.

779. Alttestamentliche Studien von Johannes v. Gumpach. *Heidelberg, Mohr*, 1852, 1 vol. in-8.

780. Horæ Mosaicæ; or a view of the Mosaical Records, with respect to their coincidence with profane antiquity, their internal credibility, and their connection with Christianity. By George Stanley Faber. Second edition. *London*, 1818, 2 vol. in-8.

> Bien que le présent ouvrage ne soit pas un stricte commentaire sur le Pentateuque, il ne contient pas moins l'explication d'un très-grand nombre de passages importants qui en sont tirés. Dans cette seconde édition, le savant auteur Anglais a fait de considérables additions à son livre, lesquelles le rendent plus approprié à l'intelligence des écrits de Moïse.

781. Commentar über den Pentateuch, von Joh. Sev. Vater; mit Einleitungen zu den einzelnen Abschnitten der eingeschalteten Uebersetzung, von Dr. Alex. Geddes's merkwürdigeren critischen und exegetischen Anmerkungen und einer Abhandlung über Moses und die Verfasser des Pentateuchs. *Halle, Waisenhaus-Buchhandlung*, 1802—1805, 3 tom. en 2 vol. in-8.

782. Super Mosis librum primum Genesis dictum annotationes, authore Seb. Schmidt. *Argentorati, Joh. Frid. Spoor*, 1697, 1 vol. pet. in-4.

783. Genesis sive Mosis prophetæ liber primus. Ex translatione Joan. Clerici, cum ejusdem paraphrasi perpetua, commentario philologico, dissertationibus criticis quinque et tabulis chronologicis. Editio secunda auctior et emendatior. *Amstelod., apud Henric. Schelte*, 1710, 1 vol. — Veteris Testamenti libri historici, Josua, Judices, Rutha, Samuel, Reges, Paralipomena, Esdras, Nehemias et Esthera, ex translatione Joh. Clerici, cum ejusdem

commentario, dissertationibus criticis et tabulis chrono-logicis. *Ibid., apud eundem,* 1708, 1 vol. Les 2 vol. in-folio.

784. Lettres (IV) de l'auteur du Commentaire littéral sur la Genèse, pour servir de réponse à la critique de Mr Fourmont contre cet ouvrage. *Paris, P. Emery,* 1710, 1 vol. pet. in-8.

785. Die Genesis historisch-kritisch erläutert von P. von Bohlen. *Königsberg, Gebrüder Bornträger,* 1835, 1 vol. gr. in-8.

786. בראשית. Genesis elucidated. A new translation from the hebrew compared with the samaritan text and the Septuagint and syriac versions, with notes, by John Jervis-White-Jervis. *London, Samuel Bagster,* 1852, 1 vol. in-8.

787. The book of Genesis in hebrew, with a critically revised text, various readings, and grammatical and critical notes, by Ch. Henr. Hamilton Wright. *London, Williams and Norgate,* 1859, 1 vol. gr. in-8., pap. vélin.

788. Jacobi Alting Schilo seu de vaticinio patriarchæ Ja-cobi, quod Genes. XLIX, vers. 10 exstat, libri quinque, quibus vera interpretatio redditur, ex eventu demon-stratur et ad Judæorum convictionem asseritur. Simul varia religionis christianæ capita nec non utriusque Testamenti dicta ex ipsorum met Judæorum scriptis illustrantur, vel etiam confirmantur. Cum indicibus ne-cessariis. *Franekeræ, Joh. Wellens,* 1662, 1 vol. pet. in-4.

789. The hebreu text of the parallel prophecies of Jacob and Moses relating to the twelve tribes; with a trans-lation and notes; and the various lections of near forty mss.; to which are added : I. the samaritan-arabic ver-sion of those passages, and part of another arabic ver-sion made from the samaritan text, neither of which have been before printed; II. a map of the Land of promise; and III. an appendix containing four disser-tations on points connected with the subject of these prophecies; by D. Durell. *Oxford, Clarendon press,* 1763, 1 vol. gr. in-4.

790. Commentarius philologico-criticus in carmen Deboræ Judicum V. Scripsit ...... G. Hermann Hollmann. *Lip-siæ, offic. F. C. G. Vogelii* (1818), in-8., pap. vél. (59 *pag.*)

791. Ern. Frid. Car. Rosenmülleri Scholia in Vet. Testamentum, pars undecima (libri historici Veteris Testamenti annotatione perpetuâ illustrati, pars prima, Josuam continens). *Lipsiæ, Joh. Ambros. Barthius,* 1833, 1 vol. in-8., pap. vélin.

792. Auctarium Hug. Grotii adnotationum in Vetus Testamentum. — Scholia sive observationes in libros Vet. Testamenti poëticos, Jobum, Psalmos et tres Salomonis, auctore Joh. Christ. Doederleinio. Vol. I. *Halæ,* 1779, 1 vol. in-4.

Supplément au No. 771 ci dessus.

793. Die poëtischen Bücher des alten Bundes, erklärt von Heinrich Ewald. *Göttingen, Vandenhoeck und Ruprecht,* 1837—39, 4 vol. in-8.

794. Cl. V. Joh. Drusii nova versio et scholia in Jobum .... Opus posthumum nunquam antea editum, cui adjectus est authorum librorumque catalogus, cum indice triplici. *Amstel, Joh. Janssonius,* 1636, 1 vol. pet. in-4.

795. Frid. Spanhemii historia Jobi sive de obscuris historiæ commentatio. Editio altera ut opusculum hocce novum videri possit. *Lugd.-Batav., Joh. Verbessel,* 1694, 1 vol. pet. in-8., carte.

796. Liber Jobi cum nova versione ad Hebræum fontem et commentario perpetuo, in quo veterum et recentiorum interpretum cogitata præcipua expenduntur, genuinus sensus ad priscum linguæ genium indagatur, atque ex filo et nexu universo, argumenti nodus intricatissimus evolvitur. Curavit et edidit Alb. Schultens. *Lugd.-Batav., Joh. Luzac,* 1737, 2 tom. en 1 vol. in-4.

797. Alberti Schultensii commentarius in librum Job: in compendium redegit et observationes criticas atque exegeticas adspersit Georg. Joan. Lud. Vogel. *Halæ-Magdeb., Jo. Jac. Curt,* 1773—74, 2 vol. in-8.

798. The book of Job literally translated from the original hebrew and restored to its natural arrangement, with notes critical and illustrative: and an introductory dissertation on its scene, scope, language, author and object, by John Mason Good. *London, Black,* 1812, 1 vol. in-8., pap. vélin.

799. Hiob, von Joh. Gottfr. Eichhorn. Neue verbesserte Ausgabe. *Göttingen, Carl Ed. Rosenbusch,* 1824, 1 vol. in-8.

800. Das Buch Hiob. Uebersetzung und Auslegung von Fr. Wilh. Carl Umbreit. *Heidelberg, J. C. B. Mohr,* 1824, 1 vol. in-8., pap. vélin.

801. Das Buch Hiob rythmisch gegliedert und übersetzt mit exeget. und krit. Bemerkungen von G. Stickel. *Leipzig, Weidmann,* 1842, 1 vol. in-8.

802. Das Buch Hiob verdeutscht und erläutert von Const. Schlottmann. *Berlin, Wiegandt,* 1850—1851, 2 vol. gr. in-8.

803. Liber Jobi in versiculos metrice divisus cum versione latinâ Alb. Schultensii notisque ex ejus commentario excerptis, quotquot ad divinum plane poema illustrandum (quoad vel argumenti materiam et filum, vel sensuum pathos et sublimitatem, vel styli copiam et elegantiam) necessariæ videbantur, edidit, atque annotationes suas, ad metrum præcipue spectantes, adjecit Ricardus Grey; accedit Canticum Moysis, Deut. XXXII., cum notis variorum. *Londini, typis Gul. Bowyer,* 1742, 1 vol. in-8.

804. Uberiorum adnotationum philologico-exegeticarum (Dav. Jo. Michaelis et Christ. Ben. Michaelis) in Hagiographos Vet. Testamenti libros, volumina tria, in quibus textus hebræus cum curâ expenditur, etc..... Accedunt in utrosque libros præfationes quibus de auctore vel collectore, de partibus libri .... introductionis loco disseritur. *Halæ, sumtibus Orphanotrophei,* 1720, 3 vol. gr. in-4.

805. Decapla in Psalmos sive commentarius ex decem linguis mss. et impressis, heb. arab. syr. chald. rabbin. græc. rom. ital. hisp. gallic. cum specimine linguæ cophticæ, pers. et angl. mss. ex antiquis Patribus Rab. historicis et Poetis, in duodecim sectiones digestus..... novis typis arab. et syriac. donatus..... cum duplici indice rerum vocesque arab. syr. hebr. rabbin. ad modum lexici enodante a Joanne Viccars Anglo. *Londini, Rob. Young,* 1639, 1 vol. in-folio.

806. Sacrorum Psalmorum libri quinque, ad ebraicam veritatem genuina versione in latinum traducti: primum appensis bona fide sententiis, deinde pari diligentia adnumeratis verbis, tum familiari explanatione elucidati per Aretium Felinum. Opus ab authore recognitum et passim non contemnendis accessionibus auctum. *Argentorati, Georg. Ulrich. Andlanus,* 1532, 1 vol. in-folio.

807. D. Martini Geieri commentarius in Psalmos Davidis, fontium Ebræorum mentem, et vim vocum phrasiumque sacrarum, sensumque adeo genuinum, adductis copiose locis parallelis, collatis etiam (ubi opus) versionibus interpretumque sententiis, et enodatis difficultatibus grammaticis, cum cura eruens ex editione altera, plurimis accessionibus notarum, premissaque singulis psalmis accurata dispositione et subjuncto cujusvis versus usu practico locupletior, post alias iterata editio accurato studio prius revisa et à mendis..... repurgata. Accedunt etiam..... vocum ebraicarum, idiotismorum explicatorum cæterorumque verborum et rerum..... indices. *Dresdæ, Francofurti et Lipsiæ, Joh. Jac. Winklerus,* 1709, 1 vol. in-folio, portr.

808. Liber psalmorum Vulgatæ editionis cum notis, in quibus explicatur titulus, occasio et argumentum cujusque psalmi: dilucidatur sensus litteralis, paucis attingitur sensus mysticus, etc., studio et operâ Franc. B. Doctoris S. Facultatis Parisiensis. *Parisüs, Vidua Brocas,* 1747, 2 tom. en 1 vol. in-12.

809. Marci Marini Brixiani..... annotationes litterales in Psalmos novâ versione ab ipsomet illustratos, nunc primum editæ operâ et studio D. Joannis Aloysii Mingarelli..... qui etiam auctoris vitam, scriptorumque de ipso testimonia et Hebræorum Canticorum explicationem addidit. *Bononiæ, Hier. Corciolani,* 1748—1750, 2 vol. = Veterum Patrum latinorum opuscula numquam antehac edita. *Ibid.* 1751, 1 vol. Les 3 vol. pet. in-folio.

Le 1er vol. des Notes sur les Psaumes et le vol. des opuscules des Péres Latins forment le Tome 1er et le Tome 2d, Partie 1re, des *Anecdotorum a Canonicis regularibus S. Salvatoris evulgatorum.*

810. Le sens propre et littéral des Pseaumes de David exposé brièvement dans une interprétation suivie, avec

· le sujet de chaque Pseaume. Nouvelle édition (par le
P. Lallemand). *Paris, J. Th. Hérissant*, 1755, 1 vol.
in-12.

811. A Commentary on the book of Psalms; in which
the literal or historical sense, as they relate to king
David and the people of Israël, is illustrated; and their
application to the Messiah, to the church, and to indi-
viduals as members thereof, is pointed out. By George
Horne. *Oxford*, 1771, 2 vol. in-4.

812. Commentar über die Psalmen, nebst beigefügter
Uebersetzung von L. de Wette. Vierte verbesserte
Auflage. *Heidelberg, Mohr*, 1836, 1 vol. in-8.

813. Die Psalmen. Der Grundtext übersetzt und kritisch
hergestellt von F. Hitzig. *Heidelberg, Winter*, 1835—36,
2 vol. in-8.

814. Die fünf Bücher der Psalmen. Auslegung und Verdeutschung von C. von Lengerke. *Königsberg, Bornträger*, 1847, 2 vol. in-8.

815. Commentar über die Psalmen von E. W. Hengstenberg. Zweyte Ausgabe. *Berlin, Oehmigke*, 1849—52,
4 vol. in-8.

816. Les Pseaumes en forme de prières. Paraphrase.
Paris, Daniel Horthemels, 1690, 1 vol. in-12.

817. Les Psaumes dans l'ordre historique, nouvellement
traduits sur l'hébreu et insérés dans l'histoire de David
et dans les autres histoires de l'Ecriture Sainte auxquelles ils ont rapport, avec des arguments et des
sommaires..... et des prières à la fin de chaque
Psaume tirées d'anciens manuscrits du Vatican..... On
y a joint une table historique et géographique où l'on
explique le nom des lieux et des personnes dont il est
parlé dans les Psaumes et plusieurs autres Tables....
Paris, J. B. Lamesle, 1742, 1 vol. in-12.

818. Traduction nouvelle des Pseaumes de David faite
sur l'hébreu, justifiée par des remarques sur le génie
de la langue, par M. Laugeois. *Paris, Le Mercier*,
1762, 2 tom. en 1 vol. in-12.

819. Psaumes, nouvellement traduits sur l'hébreu et mis
dans leur ordre naturel; avec des explications et des
notes critiques. On y joint les cantiques évangéliques

et ceux de Laudes, suivant le bréviaire de Paris, aussi avec des explications et des notes (par Agier). *Paris, Eberhart*, 1809, 3 vol. in-8., pap. vélin.

820. Psalterium cum apparatu vulgari |familiariter appresso. Lateinisch Psalter mit dem teütschen nützlichen dabey gedruckt. (Psautier latin avec une version allemande sur les marges). *Augspurg, Erh. Ratdolt*, 1499, 1 vol. pet. in-4.

> Tout gothique à 2 col. — 12 f. préliminaires et 110 ff. de texte. — Les lettres initiales sont en vignettes.

821. R. Immanuelis filii Salomonis scholia in selecta loca Psalmorum ex ined. ejus commentario decerpsit ac latine vertit Joh. Bern. De-Rossi. *Parmæ, Imp. typogr.*, 1806, gr. in-8. (20 *pag.*)

822. Psalmi quindecim Hammaäloth philologice et critice illustrati. Specimen exegeticum inaugurale quod. . . . . publico. . . . . examini submittit Theod. Adr. Clarisse. *Lugd.-Bat., H. W. Hazenberg jun.*, 1819, in-8. — Commentatio in psalmum centesimum decimum, auctore J. Theod. Bergman. *Lugd.-Bat., Haak;* 1819, in-4. (172 *pag.*) — Remarques philologiques sur le psaume CX^e (CIX^e de la Vulgate). *Paris, Eberhart*, 1821, in-8., broch. (16 *pag.*).

823. משלי שלמה Proverbia regum sapientissimi Salomonis cum cura enucleata a Mart. Geiero, etc. Habita hic est. . . . . S. S. fontium ratio præcipua, evolutâ Spiritus Sancti phraseologiâ, quo ad vocum ac idiotismorum emphasin, adductis copiose locis paralellis, collatis versionibus nec non interpretum sententiis, etc., etc. Adjecti sub finem sunt necessarii indices. *Lipsiæ, literis Frid. Lanckisii*, 1653, 1 gros vol. pet. in-4.

824. Proverbia Salomonis (hebr. et lat.). Versionem integram ad hebræum fontem expressit, atque commentarium adjecit Alb. Schultens. *Lugd.-Batav., Joh. Luzac*, 1748, 1 vol. in-4.

825. Alb. Schultensii versio integra Proverbiorum Salomonis et in eadem commentarius quem in compendium redegit et observationibus criticis auxit Georg. Jo. Lud. Vogel: accessit auctarium interpretationum per G. Abr. Tellerum; præfatus est Jo. Salomo Semler. *Halæ, Jo. Jac. Curt*, 1769, 1 vol. in-8.

826. Philologisch-kriüscher und philosophischer Commentar über die Sprüche Salomo's, nebst einer neuen
Uebersetzung und einer Einleitung in die Morgenländische Weisheit überhaupt und in die hebräisch-salo-
monische insbesondere, von D. Fried. Wilh. Carl Umbreit. *Heidelberg, Mohr*, 1826, 1 vol. in-8.

827. De vero sacri Cantici canticorum Salomonis tum
historico, tum spirituali sensu nova quædam cogitatio
ac pro eadem velitatio sive prolusio bina, Paulo Aresio
auctore. *Mediolani, P. de Cardis*, 1640, in-4. (262 *pag.*
plus l'index.).

828. Annotationes super Cantico canticorum Salomonis,
auctore Tuccio Tuccio. *Lugduni*, 1606, 1 vol. in-4.

829. Canticum Canticorum. Præfatione, versione latinâ
et commentario exegetico-critico instruxit M. F. Uhle-
mann. *Lipsiæ*, 1821, 1 vol. in-8.

830. Das hohe Lied und der Prediger Salomo's übersetzt,
mit Einleitung, Anmerkungen und einem Anhang von
G. H. A. Ewald. *Göttingen, Deuerlich*, 1826, 1 vol. in-8.

831. Joh. Drusii annotationes in Coheleth..... Opus
posthumum. *Amstel., Hendr. Laurentius*, 1635, 1 vol.
pet. in-4.

832. In librum Salomonis regis, hebr. Koheleth, græc.
et lat. Ecclesiastes dictum commentarius, in quo cum
textu hebræo versio ejus, analysis, paraphrasis, annotationes et loci communes exhibentur, adornatus a Sebast. Schmidio. *Argentorati, sumptibus J. R. Dulseckeri*,
1704, 1 vol. in-4.

833. Ecclesiastes philologice et critice illustratus a H. van
der Palm. *Lugd.-Batav.*, 1784, in-8.

834. Commentar über den Prediger Salomo, von Carl
Wilh. Ernst Elster. *Göttingen, Dieterich*, 1855, gr. in-8.
(IV et 133 *pag.*).

835. Christoph. Froschoverus pio Lectori S. D. En damus
tibi, Christianissime Lector, Commentaria Bibliorum et
illa brevia quidem ac catholica, erudissimi simul ac
piissimi viri Chuonradi Pellicani Rubeaquensis, qui et
Vulgatam commentariis inseruit æditionem, sed ad Hebraicam lectionem accurate emendatam. Habes aūt in
hoc opere quicquid synceræ theologiæ est. Ideoque.....

Tomus tertius in quo continentur Prophetæ posteriores omnes, videlicet Sermones Prophetarum majorum, etc. **M. D. XXXIIII.** *Tiguri, in officina Froschoueri, Mense Martio.* 1 vol. in-folio.

Les commentaires sont ajoutés à chaque verset.

836. Essai d'un Commentaire littéral et historique sur les Prophètes (dans lequel on explique quatre chapitres d'Hosée, les prophéties entières de Joël, d'Amos, d'Abdias et trois chapitres d'Isaïe), par Paul Pezron. *Paris,* 1693, 1 vol. in-12.

837. Die Hebräischen Propheten (Uebersetzung mit kritischem und historischem Commentar), von J. G. Eichhorn. *Göttingen, Vandenhoeck,* 1816—1819, 3 vol. in-8.

838. Les Prophètes, trad. sur l'hébreu, avec des explications et des notes (par le président Agier). *Paris,* 1820—22, 10 vol. in-8.

839. Die Propheten des alten Bundes erklärt von Heinr. Ewald. *Stuttgart, Krabbe,* 1840—41, 2 vol. in-8.

840. Commentarius in librum prophetiarum Jesaiæ, quo sensus orationis ejus sedulo investigatur; in veras visorum interpretandorum hypotheses inquiritur, et ex iisdem facta interpretatio antiquæ historiæ monumentis confirmatur atque illustratur; cum prolegomenis. Pars prior. Insertæ sunt operi notitiæ gentium exterarum, Babyloniorum, Philistæorum, Moabitarum, Syrorum Damascenorum, Egyptiorum, Arabum Cuschæorum et Tyriorum, et tabula geograph. antiquæ Moabitidis, ad prophetiam de hac gente capitibus XV et XVI comprehensam rectius intelligendam, concinnata. Curâ et studio Campegii Vitringa. Editio nova, prioribus accuratior. Præmittitur laudatio funebris in memoriam cl. auctoris habita a viro celeb. Alberto Schultens. —..... Pars posterior. Accedit huic tomo index..... tum locorum Scripturæ sacræ vocumque et phrasium hebræarum ac græcarum quæ per occasionem in commentario exponuntur aut luce aliqua perfunduntur, tum rerum præcipuarum utroque tomo contentarum..... *Leovardiæ, Henr. Halma,* 1724, 2 vol. in-folio.

841. Explication de la prophétie d'Isaïe, où selon la méthode des Saints Pères, on s'attache à découvrir

les mystères de Jésus-Christ et les règles des mœurs, renfermées dans la lettre même de l'Ecriture, (par l'abbé Duguet). *Paris, Fr. Rabuty,* 1734, 5 tom. en 6 vol. in-12.

842. Isaïe traduit en françois, avec des notes et des ré- fléxions, par le P. G. F. Berthier. *Paris,* 1788—89, 5 vol. in-12.

843. Isaiah. A new translation, with a preliminary dissertation, and notes critical, philological, and explac natory, by Robert Lowth. *London, J. Nichols,* 1778, 1 vol. in-4.

844. The same. Fifth edition; in two volumes. *Edin- burgh,* 1807, 2 vol. in-8.

845. D. Robert Lowth's Jesaias, neu übersetzt nebst einer Einleitung und kritischen, philologischen und er- läuternden Anmerkungen: aus dem Englischen, mit Zusätzen und Anmerkungen von Jo. Ben. Koppe. *Leip- zig, Weidmann's Erben und Reich,* 1779—1781, 4 tom. en 2 vol. in-8.

846. Esaias. Ex recensione textus hebræi, ad fidem codd. quorundam mss. et versionum antiquarum, latine ver- tit, notasque varii argumenti subjecit Jo. Christ. Doe- derleinius. Editio tertium recognita. *Norimbergæ et Altdorfi, G. P. Monach,* 1788, 1 vol. in-8.

847. Der Prophet Jesaia übersetzt und mit einem voll- ständigen philologisch-kritischen und historischen Com- mentar begleitet von D. Wilh. Gesenius. *Leipzig, Fried. Chr. Wilh. Vogel,* 1820 et 1821, 4 tom. en 2 vol. in-8.

848. Etudes sur le texte d'Isaïe, ou le livre du prophète Isaïe expliqué à l'aide des notions acquises sur les usages, les croyances, les mœurs, les connaissances, l'histoire..... des peuples anciens, par M. J.-B.-M. N***. *Lyon, Périsse, et Paris, Dondey-Dupré,* 1830— 1832, 2 vol. gr. in-8.

849. Der Prophet Jesaia übersetzt und ausgelegt von Ferd. Hitzig. *Heidelberg, Winter,* 1833, 1 vol. in-8.

850. Des Propheten Jesaias Weissagungen, chronologisch geordnet, übersetzt und erklärt von C. L. Hendewerk. *Königsberg, Bornträger,* 1838—43, 2 vol. in-8.

851. Praktischer Commentar über die Propheten des Alten Bundes, mit exegetischen und kritischen Anmerkungen, von D^r. Fried. Wilh. Carl Umbreit. I. Band: Praktischer Commentar über den Jesaia, etc. *Hamburg, Fried. Perthes,* 1841 et 1842, 2 tom. en 1 vol. in-8.

852. Jeremiah and Lamentations: a new translation, with notes critical, philological and explanatory. By Benj. Blayney. *Oxford,* 1784, 1 vol. in-4.

853. Joh. Dav. Michaelis observationes philologicæ et criticæ in Jeremiæ vaticinia et Threnos, edidit multisque animadversionibus auxit Jo. Fried. Schleusner. *Gottingæ, Vandenhoeck et Ruprecht,* 1793, 1 vol. in-4.

854. Jérémie, traduit sur le texte original, accompagné de notes explicatives, historiques et critiques, par J. George Dahler. *Strasbourg, J. Henri Heitz,* 1825—30, 2 part. en 1 vol. in-8.

855. Praktischer Commentar über die Propheten des Alten Bundes, mit exegetischen und kritischen Anmerkungen, von D^r. Fried. Wilh. Carl Umbreit. II. Band: Praktischer Commentar über den Jeremia, etc. *Hamburg, Fried. Perthes,* 1842, 1 vol. in-8.

856. Der Prophet Jeremias und Babylon. Eine exegetisch-kritische Abhandlung von D^r. C. W. Eduard Nägelsbach. *Erlangen, Heiden und Zimmer,* 1850, in-8.

857. Threni Jeremiæ philologice et critice illustrati a Joh. Henr. Pareau. *Lugd.-Bat.,* 1793, in-8. — Dissertatio philologico-critica ad Threnos Jeremiæ quam..... defendet auctor Jo. Otto Ulmensis. *Tubingæ,* 1795, in-4. (46 *pag.*) — Threnos Jeremiæ et vaticinium Nahumi metrice reddidit notisque philologicis illustravit C. A. Bjœrn. *Havniæ, Andr. Seidelin,* 1814, in-8. (72 *pag.*).

858. Hieronymi Pradi et Joan. Bapt. Villalpandi à Soc. Jesu in Ezechielem explanationes et apparatus urbis ac templi Hierosolymitani, commentariis et imaginibus illustratus. *Romæ,* 1596—1604, 3 vol. gr. in-folio, cartes et planches.

859. Ezéchiel traduit en français avec une explication tirée des Saints Pères et des auteurs ecclésiastiques,

par le Maistre de Sacy. Dernière édition. *Bruxelles, Eug. Henr. Frick*, 1701, 1 vol. in-12.

860. Herm. Venema lectiones academicæ ad Ezechielem, eddidit et præfatus est J. H. Verschuir. *Leovardiæ*, 1790—91, 2 vol. in-4.

861. Praktischer Commentar über die Propheten des Alten Bundes mit exegetischen und kritischen Anmerkungen, von D^r. Fried. Wilh. Carl Umbreit. III. Band. Praktischer Commentar über den Hesekiel etc. *Hamburg, Fried. Perthes*, 1843, 1 vol. in-8.

862. Commentar über den Propheten Ezechiel, von H. Andr. Chr. Hävernick. *Erlangen, Heyder*, 1843, 1 vol. in8.

863. Observations upon the prophecies of Daniel and the Apocalypse of S^t. John, by Sir Isaac Newton. In two parts. *London, Darby and Browne*, 1733, 1 vol. in-4.

864. A. Kluit vaticinium de messia duce primarium sive explicatio LXX hebdomadum Danielis. Accedunt mantissæ I de anno Judæorum jubilæo; II de ultimo Christi Paschate horumque computo; III de nupera Jo. Jungii dissertatione Heidelbergica (quæ est de chronologia hebdomadum Danielis ex genuina versione LXX). *Medioburgi, P. Gillissen*, 1774, 1 vol. in 8.

865. Daniel aus dem hebräisch-aramäischen neu übersetzt und erklärt, mit einer vollständigen Einleitung und einigen historischen und exegetischen Excursen, von Leon. Bertholdt. *Erlangen, Jo. Jac. Palm*, 1806—1808, 2 tom. en 1 vol. in-8.

866. Commentar über das Buch Daniel, von H. Andr. Christ. Hävernick. *Hamburg, Perthes*, 1832, 1 vol. in-8.

867. Das Buch Daniel, verdeutscht und ausgelegt von Cæsar von Lengerke. *Königsberg, Bornträger*, 1835, 1 vol. in-8.

868. Joh. Drusii.... commentarius in Prophetas minores XII, quorum VIII antea editi, nunc auctiores; reliqui IV jam primum prodeunt. Ejusd. in græcam editionem LXX conjectanea. Sixtinus Amama edidit et vacivis aliquot pagellis implendis addidit Epistolam πρόδρομον

ad Marinum Marsennum, ètc. *Amstel. sumtibus Henrici Laurentii,* 1627, 1 vol. in-4.

Le commentaire suit chaque verset, lesquels sont imprimés en italiques tandisque le commentaire est en caractères romains.

869. Die heilige Schrift des Alten Testaments, herausgeg. von Domin. von Brentano und Thadd. Dereser, und fortgesetzt von J. M. Aug. Scholz. IV. Abtheilung, IV. Band enthaltend: Die zwölf kleinen Propheten aus dem hebräisch. übersetzt und erklärt von A. Scholz. *Frankfurt am Main, Franz Varrentrapp,* 1833, 1 vol. in-8.

870. Kurzgefasstes exegetisches Handbuch zum Alten Testament. I. Die zwölf kleinen Propheten, erklärt von F. Hitzig. *Leipzig, Weidmann,* 1838, 1 vol. in-8.

871. Commentarius grammaticus, historicus, criticus in Prophetas minores..... Scripsit Fr. Jos. Valent. Dominic. Maurer. *Lipsiæ, Frid. Volckmar,* 1840, 1 vol. in-8.

872. Praktischer Commentar über die Propheten des Alten Bundes; mit exegetischen und kritischen Anmerkungen, von D^r. Fried. Wilh. Carl Umbreit. IV. Band: Praktischer Commentar über die kleinen Propheten, etc. 1. und 2. Theil. *Hamburg, Fried. Perthes,* 1845—46, 2 tom. en 1 vol. in-8.

873. Apparatus criticus ad formandum interpretem Veteris Testamenti congestus a D. Carl. Fried. Bahrdt. *Lipsiæ, sumtibus Schwickerti,* 1775, 1 vol. in-8.

Tome 1er contenant Hosée, Joël, Habacuc, Haggée.

874. Hosea propheta: introductionem præmisit, vertit et commentatus est Jo. Chr. Stuck. *Lipsiæ, Rectam,* 1828, 1 vol. in-8.

875. Joël, Amos, Micha neu übersetzt und erläutert von Carl Wilh. Justi. *Leipzig, G. Joach. Göschen,* 1792—1799, 3 tom. en 1 vol. pet. in-8.

876. Joël explicatus in quo textus hebræus prophetæ Joël variis modis explicatur, scil. per paraphrasin chaldaicam, Masoram magnam et parvam, et per trium præstantissimorum rabbinorum Schelomonis Jarchi, Aben Ezræ, Dav. Kimchi commentaria rabbinica nec

non per varias notas philologicas. In fine adjunctus
est Obadias, eodem fere modo illustratus; author Joh.
Leusden. *Ultrajecti, Joh. a Waesberg*, 1657, 1 vol.
pet. in-8.

877. Eduardi Pocockii commentarius in prophetiam Joelis,
e sermone anglico nunc primum latine factus. *Lipsiæ,
Fritsch*, 1695, 1 vol. pet. in-4.

878. Der Prophet Joël, übersetzt und erklärt von D^r. Ernst
Meier. *Tübingen, L. F. Fues*, 1841, in-8.

879. Amos Propheta expositus, interpretatione nova latina, quæ ubique firmatur argumentis et rationibus
bene multis, instructus; amplissimo commentario ex
theologia Ebræa ac Israelitica, ex linguarum adminicu-
lis, ex ritibus antiquis, ex chronologia et geographia illustratus. Præmissa est præfatio, quæ operis institutum
recenset, paraphrasis latina, qua contextus confirmatur; theologia Amosiana ex libro Amosi composita; introductio quæ momenta vitæ Amosi atque pericopas
libri exponit. Accedunt in fine: I. Appendix ad testi-
monium omnium Prophetarum de Christo commune
referenda. II. Appendix elenchtica, vindicans rem Christianam ex Amoso stabilitam, adversus R. Lipmanni
Nizzachon. III. Appendix critica ad Am. V. 26, versans
in interpretationis datæ argumentis. IV. Expositio cap.
VIII. prophetæ Danielis. Cura atque studio Joh. Christ.
Harenbergii, etc. *Lugd.-Batavorum*, 1763, 1 vol. in-4.

880. Amos neu übersetzt und erläutert von J. C. W. Dahl.
Göttingen, Vandenhoeck-Ruprecht, 1795, 1 vol. in-8.

881. Commentarius in Prophetam Obadiam opera et studio
Michaelis Leigh. *Hafniæ, literis Joh. Phil. Bockenhoffer*,
1696, 1 vol. in-4.

882. Der Prophet Obadias aus der biblischen und welt-
lichen Historie erläutert und mit theologischen Anmerkungen versehen von M. Joh. Gottl. Schröer, etc.
Breslau und Leipzig, Joh. Mich. Gampert, 1766, 1 vol
in-8.

883. Obadiæ prophetæ oraculum in Idumæos, hujus populi historia perscripta et versionibus antiquissimis
commentariisque tam patrum eccles. quam interpretum

recentium adhibitis, in linguam latinam translatum et enucleatum a Car. Lud. Hendewerk. *Regiomonti-Prussorum, fratres Borntræger*, 1836, 1 vol. in-8.

884. Exegetisches Handbuch zu den Propheten des Alten Bundes, von Caspari und Franz Delitzsch. I[tes] Heft: Der Prophet Obadja, ausgelegt von C. P. Caspari. *Leipzig, Reinhold Beyer*, 1842, in-8.

885. Jonas illustratus per paraphrasin chaldaïcam, Masoram magnam et parvam et per trium præstantissimorum rabbinorum Schelomonis Jarchi, Abr. Aben Ezræ, Dav. Kimchi textum rabbinicum punctatum, nec non per varias notas philologicas, authore Joan. Leusden. *Traj. ad Rhen., Gisbertus a Zijll*, 1656, 1 vol. pet. in-8.

886. Nahumi vaticinium philologice et critice expositum, sive Specimen academicum, quod..... præside Joh. Henr. Pareau, publicæ disceptationi committit Everardus Kreenen auctor. *Hardervici, Ever. Tyhoff*, 1808. (131 *pag.*) = Vaticinia Nahumi et Habacuci; interpretationem et notas adjecit E. J. Greve; editio metrica. *Amst., Pet. den Hengst.*, 1793. (124 *pag.*) = Curarum exegeticocriticarum in Nahumum prophetam Specimen..... scripsit Chr. Mart. Fraehn. *Rostockii, Adler*, 1806, (34 *pag.*) en 1 vol. pet. in-4.

887. Nahumi oraculum. Ex præfatione de externæ poeseos in vernaculum convertendæ ratione versibus germanicis... illustravit A. S. Hölemannus. *Lipsiæ, Fleischer*, 1842, 1 vol. gr. in-8.

888. Nahumi de Nino vaticinium explicavit, ex Assyriis monumentis illustravit Otto Strauss. *Berolini, Hertz*, 1853, 1 vol. in-8.

889. Commentarius in Habacucum Prophetam philologicotheologicus sive Habacucus, ad lumen linguæ hebrææ illustratus, ad scopum suum explicitus et ubi vaticinia ipsius impleta videbantur, historiam mundi et ecclesiæ collatione confirmatus, auctore Th. Scheltinga. *Lugd.-Batav., Abr. Kallewier*, 1747, 1 vol. pet. in-4.

890. Vaticinia Chabacuci et Nachumi, itemque nonnulla Jesaiæ, Micheæ et Ezechielis oracula observationibus historico-philologicis ex historia Diodori Siculi circa res Sardanapali ea methodo illustrata, ut libro priore his-

toria veterum scriptorum de Sardanapalo vindicetur;
et defectio Medorum ab Assyriis non ad Assarhaddonis
initium; sed ad regni finem revocetur: posteriore vero
oracula prophetica eadem historia duce explicentur,
quibus appendicis loco adjicitur commentatio historico-
philologica de Lessu Jeremiæ in obitum Josiæ Jer. VIII,
18, ad finem cap. IX. quærendo authore M. Joh. Gottl.
Kalinsky. . . . . præmittitur præfatio Joh. Frid. Burgii.
Vratislaviæ, J. J. Kornius, 1748, 1 vol. pet. in-4.

891. Chabakuki vaticinium commentario critico atque
exegetico illustratum; specimen novæ versionis omnium
prophetarum minorum edidit Birgerus Poscholanus Ko-
fod. *Gottingæ, bibliopolium Ruprechtianum*, 1792, 1 vol.
in-8.

892. Der Prophet Habakuk mit einer Uebersetzung, Wort für
Wort und einer freien metrischen Uebersetzung, einem
vollständigen philologisch. kritisch. und exegetisch. Commentar, und einer Einleitung über die Metrik, Weissa-
gung, etc. von D^r. Abrah. Alex. Wolff. *Darmstadt, Ch.
Stahl*, 1822, 1 vol. in-8., pap. vél.

893. Exegetisches Handbuch zu den Propheten des Al-
ten Bundes, von Caspari und Franz Delitzsch. II. Heft:
Der Prophet Habakuk, ausgelegt von Fr. Delitzsch.
Leipzig, Carl Tauchnitz, 1843, in-8.

894. Dissertatio philologica ad canticum Chabacuci quod
continetur cap. III., quam. . . . . præside Nic. Guil. Schrœder publico examini subjicit auctor Joh. Wilh. Adolph.
Schrœder. *Groningæ, Vid. Hajonis Spandaw*, 1781,
(79 *pag.*) = Hymnus Habacuci versione ac notis philologicis et criticis illustratus, quem. . . . . præside Joh.
Ad. Tingstadio. . . . . examini publico offert Lud. Mœr-
ner. *Upsaliæ, litt. viduæ Joh. Edman*, 1791, (22 *pag.*),
en 1 vol. pet. in-4.

895. Observationes philologicæ atque criticæ ad quædam
prophetarum minorum loca, subjuncta vernacula Cha-
bacuci interpretatione, auctore Joa. Christ. Guil. Dahl.
Neostrelitiæ, Michaelis, 1798, pet. in-8. (75 *pag.*) —
Prolusio ad interpretationem tertii capitis Habacuci, part.
I, quam. . . . . publice defendet auctor Joa. Gust. Stickel.
Jenæ, Schreiberus, 1827, in-8. (51 *pag.*)

896. Commentarii critico-exegetici in quorundam prophetarum vaticinia specimen primum vaticinia Zephaniæ
complectens. Quod..... examini..... submisit Janus
Henr. Larsen. *Havniæ, vid. Morthorstii*, 1805, pet.
in-8. (76 *pag.*) — Dissertatio philolog. theolog. sistens
vaticinia Haggæi versa et illustrata; quam..... publico
examini subjicit Laur. Gust. Tegner. *Lundæ, Berlingius,*
1799, pet. in-4. (24 *pag.*)

897. Die Geschichte Tobi's nach drey verschiedenen Ori-
ginalen, dem Griechischen, dem Lateinischen, des Hieronymus und einem Syrischen, übersetzt und mit Anmerkungen exegetischen und kritischen Inhalts, auch
einer Einleitung versehen von C. Dav. Ilgen. *Jena,
J. Christ. Godfr. Gæpferdt,* 1800, 1 vol. in-8.

898. Libri qui vulgo inscribitur Sapientia Salomonis,
latine conversi et explicati Specimen primum. Præmissa est disquisitio de prima parte ejusdem libri
quatenus opusculum a reliquo libro diversum contineat.
Auctore W. F. Engelbreth. *Havniæ, Joh. Fr. Schultz,*
1815, (133 *pages.*) = Librum Sapientia Salomonis vulgo
inscriptum interpretandi specimina I. et II., capita quinque priora complectentia. Auctore eodem. *Ibid.,* 1816,
en 1 vol. in-8.

899. Proverbia Ben-Siræ autoris antiquissimi, qui creditur fuisse nepos Jeremiæ prophetæ; opera J. Drusii in
latinam linguam conversa scholiisque aut potius commentario illustrata. Accesserunt Adagiorum ebraicorum
decuriæ aliquot nunquam antehac editæ. *Franekeræ,
Aegidius Radæus,* 1597, 1 vol. pet. in-4.

C'est le livre connu sous le nom de Σοφία Σείραχ ou d'*Ecclésiastique.* Cf. les N°s 448 et 449 ci dessus.

B. NOUVEAU-TESTAMENT.

900. Histoire critique des principaux commentateurs du
Nouveau Testament, depuis le commencement du Christianisme jusqu'à notre temps; avec une dissertation
critique sur les principaux actes manuscrits qui ont été
cités dans les trois parties de cet ouvrage, par Rich.
Simon. *Rotterdam, Reinier Leers,* 1693, 1 vol. in-4.

901. Des. Erasmi Paraphrases in Novum Testamentum; ex recensione Joa. Clerici, curavit Joh. Fried. Sigism. Augustin. Præmissa est J. A. Nœsselti historia paraphraseon Erasmi Roterod. in N. Test. *Berolini, Haude et Spener,* 1777—80, 3 vol. in-8.

902. Danielis Heinsii sacrarum exercitationum ad Novum Testamentum libri XX, in quibus contextus sacer illustratur, S. S. Patrum aliorumque sententiæ examinantur, interpretationes denique antiquæ, aliæque ad eum expenduntur, quibus Aristarchus Sacer emendatior nec paulo auctior, indicesque aliquot uberrimi accedunt. *Lugd.-Batav., ex officina Elseviriorum,* 1639, 1 vol. in-folio.

903. Erasmi Schmidii opus sacrum posthumum in quo continentur: versio Novi Testamenti nova ad græcam veritatem emendata et notæ ac animadversiones in idem; quibus partim mutatæ alicubi versionis redditur ratio, partim alia necessaria monentur; accedit sacer contextus græcus cum versione veteri; necnon index rerum, et verborum locupletissimus; itemque auctoris orationes de Sybillis multum hactenus desideratæ. *Norimbergæ, Mich. Endterus,* 1658, 1 gros vol. in-folio, portr.

904. Alexandri Mori ad quædam loca novi fœderis notæ. *Parisiis, Oliv. de Varennes,* 1668, 1 vol. pet. in-8.

905. Jacobi Elsner observationes sacræ in novi fœderis libros quibus plura illorum librorum loca ex auctoribus potissimum græcis et antiquitate exponuntur et illustrantur. *Trajecti ad Rhenum,* 1720 et 1728, 2 vol. in-8.

906. Lamberti Bos observationes miscellaneæ ad loca quædam cum novi fœderis, tum exterorum scriptorum græcorum; accedit Hor. Vitringa animadversionum ad Joh. Vorstii philologiam sacram specimen. Editio altera. *Leovardiæ, Tobias van Dessel,* 1731, 1 vol. in-8.

907. Hugonis Grotii annotationes in Novum Testamentum; editio nova; recensuit et præfatione de Socinianismo Hug. Grotii auxit Chr. Ern. de Windheim. *Er-*

langæ et Lipsiæ, *Jo. Car. Tetzchnerus*, 1755 et 1756, 3 tom. en 2 vol. in-4., portr.

908. Jo. Dav. Michaelis Anmerkungen für Ungelehrte zu seiner Uebersetzung des Neuen Testaments. *Göttingen, Vandenhoek und Ruprecht*, 1790—1792, 4 tom. en 2 vol. in-4.

909. D. Gottlob Christiani Storr opuscula academica ad interpretationem librorum sacrorum pertinentia. *Tubingæ, Joan. Georg. Cotta*, 1796—1803, 3 vol. in-8.

    Dissertations relatives aux livres détachés du Nouveau Testament.

910. Philologisch-kritischer und historischer Commentar über das Neue Testament in welchem der griechische Text, nach einer Recognition der Varianten, Interpunktionen und Abschnitte durch Einleitungen, Inhaltsanzeigen und ununterbrochene Scholien als Grundlage der Geschichte des Urchristenthums bearbeitet ist, von Heinr. Eberh. Gottlob Paulus. Zweyte durchaus verbesserte Ausgabe. *Lübeck, J. Fried. Bohn*, 1804 et 1805, 4 vol. in-8.

    Tome I. et première partie du Tom. IV. (première moitié des trois premiers évangiles et première moitié de St Jean.)

911. D. Jo. Georg. Rosenmülleri scholia in Novum Testamentum. Editio sexta. *Norimbergæ, offic. Felseckeriana*, 1815—1830, 5 vol. in-8.

912. Annotatio in loca nonnulla Novi Testamenti, edidit Wessel Albertus van Hengel. *Amst., J. van der Hey et filius*, 1824, 1 vol. gr. in-8.

913. Biblischer Commentar über sämmtliche Schriften des Neuen Testaments von Herm. Olshausen .... fortgesetzt von J. H. A. Ebrard und A. Wiesinger. *Königsberg, Unzer*, 1837—56, 7 tom. en 9 vol. in-8.

914. Georg. Dav. Kypke observationes sacræ in novi Fœderis libros ex auctoribus præsertim græcis et antiquitatibus. *Wratislaviæ, sumtibus J. J. Kornii*, 1755, 2 tom. en 1 vol. in-8.

915. Jo. Tobiæ Krebsii Observationes in Novum Testamentum è Flavio Josepho. *Lipsiæ, Jo. Wendlerus*, 1755, 1 vol. in-8.

916. Christoph. Frid. Lœsneri Observationes ad Novum Testamentum e Philone Alexandrino. *Lipsiæ, Adam. Frid. Bœhmius*, 1777, 1 vol. in-8.

917. Novum Testamentum ex Talmude et antiquitatibus Hebræorum illustratum curis Balth. Scheidii, Jo. Andr. Danzii et Jac. Rhenferdi, editumque una cum suis propriis dissertationibus de Nasi seu præside · synedrii magni et de directoribus ·scholarum Hebræorum a Joh. Gerhardo Menschen. *Lipsiæ, hæredes Joh. Frid. Braunii,* 1736, 1 vol. gr. in-4.

918. Novi Testamenti Libri historici græc. et lat. perpetuo commentario ex'antiquitate, historiis, philologia illustrati, quem præter venerabilis Bezæ, undique conquisitæ doctiss. virorum lucubrationes, ac præ cæteris insigniores explicationes suppeditarunt. Adornante Balduino Walæo, etc. Præmissa est Henr. Stephani de stylo N. T. dissertatio. Ad calcem vero adjecti sunt indices quatuor locupletissimi. *Lugd.-Batav., ex offic. et typogr. Adriani Wyngœrden*, 1653, 1 vol. in-4.

919. Petri Kirsteni Vratisl. vitæ evangelistarum quatuor, nunc primum, ex antiquissimo cod. ms. arabico Cæsario, erutæ. *Breslæ,* 1608. (60 *pag.*) = Ejusd. notæ in evangelium S. Matthæi ex collatione textuum arabicorum, ægypt., hebr., syr., græc., lat..... *Ibid.,* 1610. (148 *pag.*) = Ejusd. epistola S. Judæ apostoli ex ms. Heidelbergensi arab. ad verbum translata, additis notis et textuum græcorum et versionis latinæ vulgaris collatione. *Ibid.,* 1610. (17 *pag.*) 3 part. en 1 vol. pet. infolio.

En Arabe et en Latin.

920. Animadversiones sive Commentarius in quatuor Evangelia, in quo collatis, Syri imprimis, Arabis, Evangelii Hebræi, Vulgati, Erasmi et Bezæ versionibus, difficiliora quæque loca illustrantur et variæ lectiones conferuntur. Accessit appendix in Matthæum in quo cum prætermissa quædam, tum Aethiopicæ versionis nonnulla adduntur et expenduntur, auctore Lud. de Dieu. *Lugd.-Batav., Bonavent. et Abrah. Elzevir,* 1631, 1 vol. pet. in-4.

921. Jo. Lightfooti Horæ hebraicæ et Talmudicæ in IV Evangelistas, cum tractatibus chorographicis, singulis

10*

suo evangelistæ præmissis. Nunc primum in Germania junctim, cum indicibus locorum Scripturæ rerumque ac verborum necessariis editæ, e museo Jo. Bened. Carpzovii. *Lipsiæ, hæredes Frid. Lanckisii,* 1675, 1 vol. pet. in-4.

922. Christ. Theoph. Kühnœl Commentarius in libros historicos Novi Testamenti. *Lipsiæ, Barth,* 4 vol. in-8.

   Les 2 premiers tomes sont de la 4e édit. (1837 et 1842); le tom. III de la 3e édit. (1825) et le tom. IV, 2de édit. (1827).

923. Quatuor N. T. evangelia græce recensuit et cum commentariis perpetuis edidit Car. Frid. Augustus Fritzsche. *Lipsiæ, Fr. Fleischer,* 1826 et 1830, 2 vol. in-8.

   Tomes 1er et 2nd contenant St Matthieu et St Marc.

924. Appendix hermeneuticæ seu exercitationes exegeticæ auctore Joh. Jahn. *Viennæ, in libraria Camesinæ,* 1813 et 1815, 2 tom. en 1 vol. in-8.

   Fasciculi II. Vaticinia de Messià.

925. The Scripture testimony to the Messiah; an inquiry, with a view to a satisfactory determination of the doctrine taught in the holy Scriptures concerning the person of the Christ, by J. Pye Smith; second edition much improved and enlarged. *London,* 1829, 3 vol. in-8.

926. Jacobi Elsneri Commentarius critico-philologicus in evangelia Matthæi et Marci, edidit et notulas quasdam adjecit Ferd. Stosch. *Zwollæ et Trajecti ad Rhenum,* 1767—73, 3 tom. en 1 vol. pet. in-4.

927. Kurzgefasstes exegetisches Handbuch zum Neuen Testamente, von W. M. Lebr. de Wette. Neue Ausgabe. I. Band, Theile I—III. *Leipzig, Weidmann,* 1845—52, 3 tom. en 1 vol. in-8.

   Les 1er tome a pour titre: Kurze Erklärung des Evangel. Matthäi, 1845. Le tome sécond: Kurze Erklär. der Evangelien des Lukas und Marcus, 1846. Le tome troisième: Kurze Erklär. des Evangel. und der Briefe Johannis. Vierte sehr vermehrte Ausgabe, bearbeitet von Dr Benno Bruno Brückner, 1852.

928. Commentarius analytico-exegeticus, tam literalis quam realis, Evangelii secundum Johannem. Authore Fred. Adolph. Lampe. *Amstelod.* 1724—26, 3 vol. in-4.

929. D. Jo. Sal. Semleri Paraphrasis evangelii Johannis, cum notis et Cantabrigiensis cod. latino textu. *Halæ–Magdeburg., C H. Hemmerde,* 1771, 2 vol. in-8.

930. Skeireins Aivaggeljons thaireh Johannen. Auslegung des Evangelii Johannis in gothischer Sprache; aus römischen und mailändischen Handschriften, nebst latein. Uebersetzung, belegenden Anmerkungen, geschichtlichen Untersuchungen, gothisch-lateinischen Wörterbuche und Schriftproben, erlesen, erläutert und zum ersten Male herausgegeben von H. F. Massmann. *München, G. Jaquet,* 1834, 1 vol. gr. in-4.

931. Commentar über das Evangelium des Johannes, von Dᵣ Adalbert Maier. *Carlsruhe und Freiburg, Herder,* 1843—45, 2 vol. in-8.

932. Sam. Frid. Nathan Mori versio et explicatio Actuum Apostolorum. Edidit, animadversiones recentiorum maxime interpretum suasque adjecit Gottl. Imman. Dindorfius. *Lipsiæ, sumtibus Guil. Heinsii,* 1794, 2 vol. in-8.

933. A new literal translation from the original greek of all the Apostolical Epistles, with a commentary and notes philological, critical, explanatory and practical; to which is added a history of the life of the Apostle Paul. By James Macknight. *Edinburgh,* 1795, 4 vol. in-4.

934. The epistles of Paul the apostle translated with an exposition and notes by the Rev. Thomas Belsham. In four volumes. *London, Hunter,* 1822, 4 vol. in-8., carte.

935. Animadversiones in D. Pauli Apostoli epistolam ad Romanos, in quibus collatis Syri, Arabis, Vulgati, Erasmi et Bezæ versionibus difficiliora quæque loca et maxime præterita aliis illustrantur. Accessit Spicilegium in reliquas ejusdem apostoli, ut et catholicas epistolas, auctore Lud. De Dieu. *Lugd.-Batav., Elzev.,* 1646, 1 vol. pet. in-4.

936. Méditations sur l'épître de S. Paul aux Romains, avec le texte latin et français, partagé par versets pour

sujet de chaque méditation. *Paris, Ant. Deshayes,* 1735, 2 vol. pet. in-8.

Exemplaire réglé.

937. Sam. Frid. Nathan Mori prælectiones in epistolam Pauli ad Romanos, cum ejusdem versione latina, locorumque quorundam N. T. difficiliorum interpretatione. Edidit Jo. Tobias Theoph. Holzapfel; præmissa est Chr. Dan. Beckii præfatio. *Lipsiæ, E. B. Schwickert,* 1794, in-8. (250 *pages.*)

938. Pauli ad Romanos epistola. Recensuit et cum commentariis perpetuis edidit Dr Car. Frid. Aug. Fritzsche. Adjecti sunt locupletissimi indices. *Halis-Saxonum, Gebauer,* 1836—43, 3 vol. in-8.

939. Kommentar zum Briefe Pauli an die Römer, von Dr A. Tholuck. Ganz umgearbeitete Auflage. *Halle, E. Anton,* 1842, 1 vol. in-8.

940. Interpretatio epistolæ Pauli ad Galatas; auctore E. A. Borger. *Lugd.-Batav., Haak et socii,* 1807, in-8. — Eadem epistola. Latine vertit et commentario perpetuo illustravit D^r et Prof^r G. Ben. Winer. *Lipsiæ,* 1821, in-8. — Erklärung der Briefe an die Galater, von Fr. Windischmann. *Mainz, Schott und Thielmann,* 1843, in-8.

941. Jo. Aug. Ernesti lectiones academicæ in epistolam ad Hebræos ab ipso revisæ cum ejusdem excursibus theologicis. Edidit, commentarium, in quo multa ad recentissimorum imprimis interpretum sententias pertinentia uberius illustrantur, adjecit Gottl. Imman. Dindorfius. *Lipsiæ, Casp. Fritsch,* 1795, 1 vol. in-8.

942. A commentary on the Epistle to the Hebrews; by Moses Stuart. Republished under the care of E. Henderson. *London, H. Fisher and P. Jackson,* 1834, 1 vol. gr. in-8., pap. vélin.

943. Chr. Theoph. Kühnœl commentarius in epistolam ad Hebræos. *Lipsiæ, Tauchnitz,* 1831, 1 vol. in-8.

944. A. Tholuck's Commentar zum Briefe an die Hebräer. Zweyte verbesserte Auflage. *Hamburg, Perthes,* 1840, 1 vol. in-8.

945. Epistolarum catholicarum septenarius græcè: Petri II epistolæ, Jacobi I, Johannis III et Judæ Jacobi I, cum

nova versione latinâ, ac scholiis, grammaticis atque criticis, in quibus interpunctio accurata, explicatio et cohærentia facilis declaratur, opera Joh. Ben. Carpzov. *Halæ, vid. Curtii,* 1790, 1 vol. in-8.

946. Sam. Frid. Nathan Mori prælectiones in Jacobi et Petri epistolas. Edidit Car. Aug. Donat. *Lipsiæ, sumtibus Sommeri,* 1794, in-8. (262 *pag.*). — Der Brief des Apostels Jakobus übersetzt und erläutert....., nebst einem Anhang..... von Chr. Gotth. Heusler. *Hamburg, Bachmann,* 1801, in-8. (80 *pag.*)

947. Epistola Judæ græce, commentario critico et annotatione perpetua illustrata a H. Car. Al. Hænlein; præmissa est Commentatio in vaticinia Habacuci; editio nova et emendata. *Erlangæ, Joa. Jac. Palm,* 1804, in-8.

948. L'Apocalypse avec une explication, par Messire J. B. Bossuet. *Paris, veuve Cramoisy,* 1689, 1 vol. in-8.

949. Anacrisis Apocalypseos Johannis apostoli, quâ in veras interpretandæ ejus hypotheses diligenter inquiritur, et ex iisdem interpretatio facta, certis historiarum monumentis confirmatur et illustratur, tum quoque quæ Meldensis Præsul Bossuetus hujus libri commentario supposuit, et exegetico Protestantium systemate in visis de Bestia ac Babylone mystica objecit, sedulo examinantur. Auctore Campegio Vitringa. *Amstelod.,* 1719, 1 vol. in-4.

950. An essay on the revelation of S. John, so far as concerns the past and present times, by W. Whiston. The second edit., greatly improved and corrected with the addition of XV remarkable events which have been foretold from scripture prophecies, and came to pass accordingly; and of V more to be expected hereafter. *London, for the author,* 1744, 1 vol. in-4.

951. Apocalypsis Jesu Christi autoris et Johannis scriptoris, aliquot in locis castigata et nova illius interpretàtione latina, summa, circumscripta explicatione atque indice rerum in ea patefactarum, secundum temporum seriem disposito, adornata a Mich. Fr. Semlero, cui præmissa est præfatio, in qua totius hujus libri haud mutata antiquitas, apostolica consignatio canonica, ut vocatur, atque divina auctoritas, nec non certa ejusd.

præstantia reliquorum sacrorum scriptorum probantur, simulque, ubi opus facto visum est, dubitationibus vindicantur. *Neostad. ad Orlam, Kathe,* 1785, 1 vol. in-8.

952. The Revelations, translated and explained throughout, with keys, illustrations, notes and comments; a copious introduction, argument and conclusion. By W. Cooke, etc. *London, Robinson,* 1789, 1 vol. in-8.

953. Commentarius in Apocalypsin Johannis, scripsit Jo. Godofr. Eichhorn. *Gottingæ, Jo. Christ. Dieterich,* 1791, 2 tom. en 1 vol. pet. in-8.

954. Commentarius in Apocalypsin Johannis exegeticus et criticus, auctore Georg. Henr. Aug. Ewald. *Lipsiæ, libr. hauniana,* 1828, 1 vol. in-8.

955. Die Offenbarung des heiligen Johannes, für solche, die in der Schrift forschen, erläutert von E. W. Hengstenberg. *Berlin, Oehmigke,* 1849—51, Tom. I et II, 1er et 2de part., in-8.

d. LIVRES APOCRYPHES DE L'ANCIEN ET DU NOUVEAU-TESTAMENT.

956. Codex pseudepigraphus Veteris Testamenti, collectus, castigatus, testimoniisque, censuris, et animadversionibus illustratus a Joh. Alb. Fabricio; editioni huic secundæ accedit volumen alterum separatim excusum. *Hamburgi, Theod. Christ. Felginer,* 1722—1741, 2 vol. pet. in-8. portr.

957. Libri Veteris Testamenti apocryphi; textum græcum recognovit et variarum lectionum delectum adjecit Jo. Chr. Guill. Augusti. *Lipsiæ, Dyckius,* 1804, 1 vol. in-8.
  Exemplaire Letronne.

958. Prophetæ veteres pseudepigraphi partim ex abyssinico vel hebraico sermonibus latine versi, edente A. F. Gfrœrer. *Stuttgardiæ, Ad. Krabbe,* 1840, 1 vol. in-8.
  Contenant les livres suivants: Ascensio Isaiæ vatis, Esdræ liber quartus, Enochi liber, Liber de Vita et morte Mosis, Vaticinia Merlini, Hermani monachi et Malachiæ Hiberni de papis romanis.

959. Kurzgefasstes exegetisches Handbuch zu den Apo-
kryphen des alten Testaments, von Otto Frid. Fritzsche
und W. Grimm. *Leipzig, Weidmann,* 1851—57, 4 livr.
in-8.

960. Les douze Testamens des Patriarches, traduits de
l'hébreu en grec et du grec en latin par Robert, évêque de Lincolne et du latin en français, avec une dissertation, des argumens et des notes, par Mr Macé Chef-
cier. *Paris, J. de Nully,* 1713, 1 vol. in-12.

961. De Testamentis XII Patriarcharum, libro V. T. pseu-
depigrapho. Commentatio critica quam ..... defendet
auctor Car. Imm. Nitzsch adjuncto in societatem Ern.
Adolph. Richtero. *Vitebergœ, Frid. Imm. Seibt,* 1810,
in-4. (*36 pag.*).

962. Libri Enoch prophetæ versio æthiopica, quæ sæculi
sub fine novissimi ex Abyssinia in Britanniam advecta
vix tandem litterato orbi innotuit, edita a R. Laurence.
Oxonii, 1838, 1 vol. in-8.

963. Liber Henoch æthiopice, ad quinque codicum fidem
editus, cum variis lectionibus; cura Aug. Dillmann.
Lipsiœ, Vogel, 1851, in-4.
    IV et 130 pages de texte éthiopien.

964. መጽሐፈ፡ሄኖክ፡ነቢይ ። The Book of Enoch the
prophet; an apocryphal production supposed to have
been lost for ages; but discovered at the close of the
last century in Abyssinia; now first translated from an
æthiopic ms. in the Bodlejan library, by Rich. Laurence.
Oxford, University press, 1821, 1 vol. in-8., pap. vélin.
    Traduction sans texte.

965. Die Apokalyptiker der ältesten Zeit. Band I: Das
Buch Henoch in vollständiger Uebersetzung, mit fort-
laufendem Commentar, ausführlicher Einleitung und erläuternden Excursen; von And. Gottl. Hoffmann. *Jena,*
Crœker, 1833—1838, 2 parties en 2 vol. in-8., pap.
vélin.
    Ouvrage dédie, à Mr Silv. de Sacy.

966. Le Livre d'Hénoch sur l'amitié, traduit de l'hébreu
et accompagné de notes relatives aux antiquités, à
l'histoire, aux mœurs, aux coutumes, à la langue ainsi

qu'à la littérature des Israëlites anciens et modernes; par Aug. Pichard. *Paris, Benj. Duprat*, 1838, 1 vol. in-8.

967. ሀሥዝሪ፡በ። Primi Ezræ libri qui apud Vulgatam appellatur quartus, versio æthiopica, nunc primum in medio prolata et latine angliceque reddita a Rich. Laurence. *Oxoniœ, typ. Acad.*, 1820, 1 vol. in-8., pap. vélin.

968. ዕርገት፡ኢሰያሶ፡ነቢይ። Ascensio Isaiæ Vatis, opusculum pseudepigraphum multis abhinc sæculis, ut videtur, deperditum, nunc autem apud Æthiopas compertum, et cum versione latina anglicanaque publici juris factum a Rich. Laurence. *Oxoniœ, typ. Acad.*, 1819, 1 vol. in-8., pap. vélin.

969. Prophetia Sophoniæ, summa diligentia ad fidem vetustissimi ms. cod. fideliter in latinum versa; nunc primum ex Oriente cum reliquis Prophetis minoribus in Europam allata et in litterarii orbis commodum publici juris facta a Joh. Georg. Nisselio, etc. *Lugd.-Batav., typis et impensis Wisselianis*, 1660, in-4.

970. Codex apocryphus Novi Testamenti collectus, castigatus, testimoniisque, censuris et animadversionibus illustratus a Joh. Alberto Fabricio. *Hamburgi, Benj. Schiller*, 1703—1719, 3 tom. en 2 vol. pet. in-8.

971. Codex apocryphus Novi Testamenti, e libris editis et mss. maxime gallicanis, germanicis et italicis, collectus, recensitus, notisque et prolegomenis illustratus, opera et studio Joan. Car. Thilo. *Lipsiœ, Fr. Chr. Guil. Vogel*, 1832, 1 vol. gr. in-8.

Tome 1ʳ et unique — Sur son contenu cf. Catal. Sacy, Note du Nº 1118, Tom 1ʳ, pag. 232.

972. Les Evangiles apocryphes traduits et annotés d'après l'édition de J. C. Thilo, par Gustave Brunet; suivis d'une notice sur les principaux livres apocryphes de l'Ancien Testament. *Paris, Franck*, 1848, 1 vol. in-12.

973. De evangeliorum apocryphorum origine et usu, scripsit C. Tischendorf. Disquisitio historica critica..... *Hagœ Comitum, Thierry et Mensing*, 1851, 1 vol. gr. in-8. — De Evangeliorum apocryphorum in cannonicis

usu historico, critico, exegetico; scripsit Frid. Jul. Arens. *Gottingœ, Dieterich,* 1835, in-4. (61 *pages.*).

974. انجيل الطفولية Euangelium infantiæ, vel liber apo- cryphus de infantia Servatoris (arabice), ex ms. edidit ac latina versione et notis illustravit Henr. Sike. *Trajecti ad Rhenum, Halma,* 1697, 1 vol. pet. in-8.

975. اخبار يوحنّا السليح فى نقلة امّ المسيح id est Joannis Apostoli de transitu Beatæ Mariæ Virginis liber (arabice); ex recensione et cum interpretatione Maximi- liani Engeri. *Elberfeldœ, Friderichs,* 1854, 1 vol. in-8.

Texte arabe avec la traduction latine en regard.

976. Disquisitio historico-critica de indole, ætate et usu libri apocryphi, vulgo inscripti: *Evangelium Nicodemi,* auctore Guil. Lud. Brunn. *Berolini, Bibliop. Acad. regiæ,* 1794, pet. in-8.

977. Acta S. Thomæ apostoli (græce) ex codd. Paris. primum edidit et adnotationibus illustravit Jo. Car. Thilo. Præmissa est notitia uberior novæ codicis apocryphi Fabriciani editionis. *Lipsiœ, Frid. Christ. Guil. Vo- gelius,* 1823, 1 vol. in-8.

Exemplaire Letronne.

4. CATHOLICISME.

I. INTRODUCTION — GÉNÉRALITÉS.

A. EGLISE LATINE D'OCCIDENT — HISTOIRE DES PAPES, DES INQUI- SITIONS, DU CLERGÉ ET DES ORDRES RELIGIEUX MILITAIRES ET CIVILS.

978. Analecta græca sive varia opuscula græca hactenus non edita ex mss. codicibus eruerunt, latine verterunt monachi Benedictini congr. S. Mauri. *Lutetiœ-Parisior., vid. Edm. Martin,* 1688, 1 vol. in-4.

Tome Ier, le seul publié.

979. Traité de la suprématie du Pape, par Nectarius, patriarche de Jérusalem, trad. du grec en arabe, par l'archevêque Christodoule. *Londres,* 1726, 1 vol. in-8.

980. Essai historique sur la puissance temporelle des papes, et sur l'abus qu'ils ont fait de leur ministère spirituel (par M. Daunou), 4e édit., revue, corrigée et augmentée. *Paris, Bureau du Censeur,* 1818, 2 vol. in-8.

981. Histoire des Papes, depuis Saint-Pierre jusqu'à Bénoît XIII inclusivement (par Bruys). *La Haye, Scheurleer,* 1732—34, 5 vol. in-4.

982. Die Römischen Päbste, ihre Kirche und ihr Staat im XVI und XVII Jahrhundert, von Leop. Ranke. *Berlin, Duncker und Humblot,* 1838—39, 3 vol. in-8., pap. vélin.

> Seconde édition de ces 3 vol. qui forment les tomes 2 à 4 de l'ouvrage du même auteur intitulé: *Fürsten und Völker von Süd-Europa.* — Des mêmes volumes ci-dessus il existe une traduction française sous le titre: *Histoire de la Papauté pendant le 16me et le 17me siècles, par Ranke; trad. de l'allemand par J. B. Halber, publiée et précédée d'une introduction par M. Alex. de Saint-Chéron. Paris, 1839, 4 vol. in-8.*

983. Histoire de la papesse Jeanne, tirée des dissertations latines de Spanheim (par J. Lenfant). *La Haye,* 1736, 2 vol. in-12.

984. Leonis X pontificis maximi vita, auctore Angelo Fabronio. *Pisis, Alexander Landius,* 1797, 1 vol. in-4.

985. La vie et le pontificat de Léon X, par W. Roscœ, trad. de l'anglais par P. F. Henry; seconde édition, corrigée. *Paris, Gide,* 1813, 4 vol. in-8., portr.

986. Histoire du pape Pie VII par le chev. Artaud. *Paris, Le Clère,* 1837, 2 vol. in-8.

987. Histoire critique de l'Inquisition d'Espagne, depuis l'époque de son établissement par Ferdinand V, jusqu'au regne de Ferdinand VII, tirée des pièces originales des archives du conseil de la Suprême et de celles des tribunaux subalternes du Saint-Office, par D. J. Ant. Llorente, traduite de l'espagnol, sur le manuscrit de l'auteur, par Alexis Pellier. *Paris, Treuttel,* 1817—18, 4 vol. in-8.

988. Mystères de l'Inquisition et autres sociétés secrètes d'Espagne, par M. V. de Féréal, avec notes historiques et une introduction de M. Manuel de Cuendias, illustrés de 200 dessins..... *Paris, P. Boizard,* 1845, 1 vol. gr. in-8., fig., pap. vélin.

989. Histoire de la condannation (*sic*) des Templiers, celle du schisme des Papes tenans le siège en Avignon et quelques procès criminels, par Pierre Dupuy. Edition nouvelle augmentée de l'Histoire des Templiers de Gurtler et de plusieurs autres pièces curieuses sur le même sujet. *Brusselle, Fr. Foppens*, 1713, 2 vol. in-12., portr.

990. Mémoires historiques sur les Templiers, ou éclaircissements nouveaux sur leur histoire, leur procès, les accusations intentées contre eux et les causes secrètes de leur ruine; puisés, en grande partie, dans plusieurs monuments ou écrits publiés en Allemagne, par Ph. G. (Grouvelle). *Paris, F. Buisson, an XIII* (1805), 1 vol. in-8., avec portr.

991. Monumens historiques relatifs à la condamnation des chevaliers du Temple et à l'abolition de leur ordre, par M. Raynouard. *Paris, Adrien Eyron*, 1813, 1 vol. in-8.

992. Mysterium Baphometis revelatum, seu fratres militiæ Templi, qua Gnostici et quidem Ophiani, apostasiæ, idololudiæ, et impuritatis convicti per ipsa corum monumenta (a Jos. von Hammer). *Vindobonœ*, 1818, in-fol., fig.

Extrait des Mines de l'Orient, tome VI.

993. Monuments des grands-maîtres de l'ordre de S. Jean de Jérusalem, ou vues des tombeaux élevés à Jérusalem, à Ptolemaïs, à Rhodes, à Malte, etc., avec des notices historiques sur chacun des grands-maîtres, les inscriptions gravées sur leurs tombeaux, leurs armoiries, etc., publiés par le vicomte de Villeneuve — Bargemont. *Paris, J. J. Blaise*, 1829, 2 vol. gr. in-8., fig., pap. vélin.

994. Compte rendu des constitutions des Jésuites par M. M. les gens du roi, M. Omer Joly de Fleury avocat.... portant la parole, les 3, 4, 6 et 7 Juillet 1761, en exécution de l'arrêt de la Cour du 17 avril précédent et de son arrêté du 2 Juin au dit an S. L., 1 vol. (310 *pages*). — Remarques sur un écrit intitulé: Compte rendu des constitutions des Jésuites, par M. Louis René de Caradeuc de la Chalotais, procureur général du roi

au parlement de Bretagne. S. L. ni d., 1 vol. (175 *pag.*) les 2 vol. in-12.

995. La monarchie des Solipses, par Jules Clém. Scotti, Jésuite, sous le nom emprunté de Melchior Inchofer, trad. de l'original latin par Pierre Restaut..... accompagnée de notes, de remarques et de pièces; précédée d'un discours préliminaire; publiée par le baron d'Hénin de Cuvillers. *Paris, Barrois,* 1824, 1 vol. in-8., fig.

996. Les Provinciales, ou lettres de Louis de Montalte, par B. Pascal. *Paris, Renouard, an XI* = 1803 et 1815, 2 vol. in-12., pap. vél. et portr.

997. Les Provinciales ou lettres escrittes par Louis de Montalte à un Provincial de ses amis et aux R. R. P. P. Jésuites sur la morale et la politique de ces Pères, traduites en latin par Guil Wendrock, en espagnol par le Sr Gratien Cordero et en italien par le Sr Cosimo Brunetti. *Cologne, Balthazar Winfelt,* 1684, 1 vol. in-8.
Imprimé à 2 colonnes par page.

998. Le Provinciali o lettere scritte da Luigi di Montalto ad un provinciale de' suoi amici, colle annotazioni di Gugl. Wendrok, tradotte nell'italiana favella con delle nuove annotazioni. *Venezia, nella stamperia de' P. P. Gesuiti,* 1761, 6 vol. pet. in-8.
Edition de Suisse sous la rubrique de Venise.

999. La vie de Saint François Xavier de la compagnie de Jésus, apostre des Indes et du Japon, par le P. Bouhours. *Paris,* 1715, 2 vol. in-12.

1000. Relatio sepulturæ magno Orientis apostolo S. Francisco Xaviero erectæ in insulâ Sanciano, anno sæculari MDCC. Grand in-8.

Cette relation, signée par le P. Gaspar Castner Soc. Jesu, se compose de 30 feuillets imprimés en Chine, en caractères européens, sur papier du pays. Le 31me feuillet offre au recto *Ichonographia sepulturæ S. Fräncisci Xáverii;* au verso est la carte de l'île Sancian, en chinois Xang-Chuen, située à l'ouest de l'entrée du golfe de Canton, pères de la côte de Chine. — Cf. Catalogue Rémusat N° 1076, page 117.

1001. La vie de Dom Barthelemy des Martyrs, de l'ordre de S. Dominique, archevêque de Brague en Portugal. Tirée de son histoire écrite en espagnol et en portugais par cinq auteurs, dont le premier est le P. Louis de Grenade, avec son esprit et ses sentimens pris de ses propres écrits (par les religieux du noviciat de l'ordre des F. F. Prêcheurs du faubourg S. Germain); nouvelle édition. *Paris, Pierre le Petit,* 1664, 1 vol. in-8.

1002. Les ruines de Port-Royal des Champs en 1809, année séculaire de la destruction de ce monastère, par M. Grégoire: nouvelle édition..... *Paris, Levacher,* 1809. 1 vol. in-8.

1003. Histoire de J. B. Bossuet, évêque de Meaux, composée sur les mss. originaux, par M. L. Fr. de Bausset, ancien évêque d'Alais. *Versailles, J. A. Lebel,* 1814, 4 vol. in-8.

1004. Histoire de Fénelon, composée sur les mss. originaux par M. L. Fr. de Bausset, ancien evêque d'Alais. 2e édit..... avec portrait, un sommaire à chaque livre et une table générale des matières. *Paris, Giguet et Michaud,* 1809, 3 vol in-8., portr.

1005. Supplément aux histoires de Bossuet et de Fénelon, par M. Tabaraud. *Paris,* 1822, 1 vol. in-8.

B. EGLISE GRECQUE D'ORIENT ET SES DIVERSES SECTES.

1006. Oriens christianus, in IV patriarchatus digestus; quo exhibentur ecclesiæ, patriarchæ, cæterique præsules totius orientis, studio et opera R. P. F. Michaëlis Le Quien, ordinis F. F. Prædicatorum. Opus posthumum. *Parisiis, ex Typogr. regia,* 1740, 3 vol. gr. in-fol.

1007. Antiquitates ecclesiæ orientalis clarissimorum virorum Card. Barberini, L. Allatii, Luc. Holstenii, Joh. Morini, Abr. Echellensis, Nic. Peyrescii, Petr. a Valle, Th. Comberi, Joh Buxtorfii, H. Hottingeri, etc. dissertationibus epistolicis enucleatæ, nunc ex ipsis autographis editæ, quibus præfixa est Jo. Morini, congr. Orat. Paris. vita. *Londini, Geo. Wels,* 1682, 1 vol. in-12.

1008. La Turquie crétienne (*sic*) sous la puissante protection de Louis le Grand protecteur unique du cristianisme (*sic*) en Orient, contenant l'état présent des nations et des églises grecque, arménienne et maronite, dans l'empire Ottoman, par M. de la Croix. *Paris, Pierre Hérissant,* 1695, 1 vol. pet. in-8.

1009. De Græcæ ecclesiæ hodierno statu epistola, authore Thoma Smitho. Editio nova, auctior et emendatior. *Trajecti ad Rhenum, Franc. Halma,* 1698. ⇌ Septem Asiæ ecclesiarum et Constantinopoleos notitia, authore eodem. Editio nova auctior et emendatior. *Ibid.,* 1694. = Miscellanea in quibus continentur præmonitio ad lectorem de infantum communione apud Græcos; defensio libri de Græcæ ecclesiæ statu, etc.; brevis et succincta narratio de vitâ, studiis, gestis et martyrio D. Cyrilli Lucarii, etc.; commentatio de hymnis Græcorum, etc., etc., authore eodem. *Londini, Sam. Smith,* 1686; 3 part. en 1 vol. in-8.

1010. Status præsens Ecclesiæ græcæ in quo etiam causæ exponuntur cur Græci moderni Novi Testamenti editiones in græco-barbara lingua factas acceptare recusent. Præterea additus est in fine status nonnullarum controversiarum ab Alex. Helladio nat. græc. *Impressus* A. R. S. 1714, 1 vol. pet. in-8., portr.

1011. ..... العهد و الشروط sive Testamentum inter Muhammedem et Christianæ religionis populos initum; cujus textus authenticus hic noviter recusus a mendis quamplurimis probe castigatus, nunc primum figuris vocalium nobilitatus, necnon e regione versione latinâ adornatus, etc., etc., operâ et studio Jo. Georgii Nisselii. *Lugd.-Batav., Joan. Elzevier,* 1655, pet. in-4. (16 *pages.*)

1012. La Syrie sainte, ou la mission de Jésus et des Pères de la Compagnie de Jésus en Syrie, par le R. P. Jos. Besson de la mesme Compagnie. *Paris, J. Hénault,* 1668, 2 part. en 1 vol. pet. in-8.

1013. Siria sacra, descrittione istorico-geografica, cronologico-topografica, delle due chiese patriarcali Antiochia e Gerusalemme, primatie, metropoli, e suffraganee, collegij, abbadie, e monasteri; notitia de concilij, ordini equestri, e di tutte le nationi christiane orientali, con due trattati nel fine delle patriarcali d'Alessandria e - Constantinopoli, de primati di Cartagine e d'Etiopia, con due tavole de luoghi e nomi memorabili appartinenti alla Siria, e delle materie dell'opra, aggiuntevi quattro carte geografiche; opera dell'abb. Biagio Terzi di Lauria. *In Roma, stamp. del Bernabò alle Muratte*, 1695, 1 vol. pet. in-folio.

1014. Dissertatio de origine, nomine, ac religione Maronitarum, authore Fausto Nairono Banensi, maronita. *Romæ, Zach. Dom. Acsamitek a Kronenfeld*, 1679, 1 vol. pet. in-8.

1015. Early Christianity in Arabia, a historical essay by Thomas Wright. *London, Bern. Quaritch*, 1855, 1 vol. in-8.

1016. Histoire du christianisme des Indes, par M. V. La Croze. *La Haye, les frères Vaillant*, 1724, 1 vol. in-12., fig.

1017. India orientalis christiana continens fundationes Ecclesiarum, seriem Episcoporum, missiones, schismata, persecutiones, reges, viros illustres, auctore P. Paulino a S. Bartholomæo. *Romæ, typis Salomonianis*, 1794, 1 vol. in-4., fig.

1018. De originibus et fatis ecclesiæ christianæ in India orientali, disquisitio historica ad finem seculi XV perducta quam ..... scripsit Matth. Haquinus Hohlenberg. *Havniæ, Frid. Popp*, 1822, pet. in-8. (165 *pages*).

1019. Indian church history, or an account of the first planting of the Gospels in Syria, Mesopotamia and India; with an accurate relation of the first christian missions in China, collected from the best authorities extant in the writings of the oriental and european historians, with genuine and select translations of many original pieces, by Th. Yeates. *London, Maxwell*, 1818, 1 vol. in-8.

1020. De catholicis seu patriarchis Chaldæorum et Nestorianorum commentarius historico-chronologicus auctore Jos. Aloysio Assemano. *Romæ, Bened. Francesius*, 1775, 1 vol. in-4.

1021. Bibliothecæ copto-jacobiticæ specimen, cui præmittitur de linguæ copticæ fatis commentatio; auctore Car. Henr. Tromlero. *Lipsiæ, J. Fr. Langenhemius*, 1767, 1 vol. pet. in-8.

1022. Fr. Münteri primordia ecclesiæ africanæ. *Hafniæ, Schuboth*, 1829, 1 vol. in-4.

1023. Matériaux pour l'histoire du christianisme en Egypte, en Nubie et en Abyssinie, contenus dans trois mémoires académiques sur des inscriptions grecques des V° et VI° siècles (par M. Letronne). *Paris, Impr. royale,* 1832, in-4. (148 *pag.*).

Extr. des tom. 9 et 10 de l'Acad. des Inscr. et tiré à part a 100 ex.

1024. Taki-eddini Makrizii historia Coptorum christianorum in Ægypto, arabice edita et in linguam latinam translata ab Henr. Jos. Wetzer. *Solisbaci, libraria J. E. de Seideliana,* 1828, 1 vol. in-8.

Arabe et latin en regard.

1025. Macrizi's Geschichte der Copten, aus den Handschriften zu Gotha und Wien, mit Uebersetzung und Anmerkungen von Ferd. Wüstenfeld. *Göttingen, Dieterich,* 1845, 1 vol. in-4.

1026. Historia Jacobitarum seu Coptorum in Aegypto, Lybia, Nubia, Aethiopia tota et parte Cypri insulæ habitantium; opera Josephi Abudæni seu Barbati, nati Memphis Ægypti metropoli. *Oxonii, e theatro Sheldon.* 1675, pet. in-4. (30 *pag.*)

Opuscule fort rare.

1027. Historia Jacobitarum seu Coptorum, in Ægypto, Lybia, Nubia, Æthiopia tota et Cypri insulæ parte habitantium, opera Jos. Abudæni seu Barbati, nati Memphis Ægypti metropoli, cum annotationibus Joa. Nicolai; vulgavit nunc primum ex bibliotheca sua Sigebertus Havercampus. *Lugd.-Batav., J. Hasebroeck,* 1740, 1 vol. in-8., fig.

1028. Eutychii Ægyptii patriarchæ orthodoxorum, Alexandrini scriptoris, ut in Oriente admodum vetusti ac illustris, ita in Occidente tum paucissimis visi tum perraro auditi, Ecclesiæ suæ origines; ex ejusdem arabico nunc primum typis edidit ac versione et commentario auxit Joan. Seldenus. *Londini, Rich. Bishopus,* 1642, 1 vol. pet. in-4.

1029. Eutychius patriarcha Alexandrinus vindicatus et suis restitutus orientalibus sive responsio ad J. Seldeni origines in duas tributa partes; quarum prima est de Alexandrinæ ecclesiæ originibus, altera de ori-

gine nominis papæ; quibus accedit censura in historiam orientalem J. H. Hottingeri, a pag. 283 ad 495
omnia ex orientalibus excerpta monumentis, auctore
Abrah. Echellensi Maronita e Libano. *Romæ, typis S.
Congr. de Prop. fide*, 1661, 1 vol. pet. in-4.

1030. نظم الجوهر Contextio gemmarum, sive Eutychii
patriarchæ Alexandrini Annales ..... interprete Ed-
wardo Pocockio. *Oxoniæ, Humphred Robinson,* 1658
et 1659, 2 tom. en 1 vol. pet. in-4, portr.
Arabe et latin en regard.

1031. Histoire de l'église d'Alexandrie fondée par S.
Marc que nous appelons celle des Jacobites Coptes
d'Egypte, écrite au Caire même, en 1672 et 1673 par
le P. J. M. Vansleb dominicain. *Paris, Vve. Clouzier,*
1677, 1 vol. in-12.

1032. Tractatus historico-chronologicus de patriarchis
Alexandrinis in quo, præter primos sanctos aliosque
vere catholicos Antistites, etiam hæretici et schismatici
Copti, continua serie ad nostra usque tempora, deducuntur; immixtis parergis ad res illius ecclesiæ illustrandas accommodatis; subjungitur Appendix de initiis, erroribus et institutis Copto-Jacobiticis, auctore Jo. Baptista
Sollerio. *Antuerpiæ, Vidua Petri Jacobs,* 1708. = Acta
B. Raymundi Lulli Majoricensis .... Bugiæ in Africa martyris et ab eo denominatæ Lullisticæ Academiæ patroni
collecta, digesta et illustrata a Jo. Bapt. Sollerio. *Ibid.,*
1708, 1 vol. in-folio, figures.

1033. Historia patriarcharum Alexandrinorum Jacobitarum a D. Marco usque ad finem sæculi XIII, cum catalogo sequentium patriarcharum, et collectaneis historicis ad ultima tempora spectantibus. Inseruntur multa
ad res ecclesiasticas Jacobitarum patriarchatus Antio-
chæni, Æthiopiæ, Nubiæ et Armeniæ pertinentia. Accedit epitome historiæ muhamedanæ ad illustrandas res
ægyptiacas; omnia ex authoribus arabicis, Severo episc.
Aschmoninæ, Michaele episc. Tæneos, Ephrem, filio Za-
raa, Abulbircat et aliis anonymis, tum ex editis Euty-
chio, Elmacino, Abulfaragio, chronico orientali, diversis-
que historiæ muhamedanæ scriptoribus arab. et persicis (autore Eus. Renaudot). *Parisiis, Fr. Fournier,*
1713, 1 vol. in-4.

11*

1034. Vitæ patriarcharum Alexandrinorum quinque specimen primum (et secundum) arabice edidit, latine vertit, notasque adjecit Joan. Frid. Rehkopf. *Lipsiæ, ex offic. Langenhemiana,* 1758 et 1759, pet. in-4., 2 fasc. (*ensemble 36 pag.*) = Animadversiones historico-criticæ ad vitas Patriarcharum sæculi primi et secundi; specimen tertium . . . . . defendent J. Frid. Rehkopf et J. J. Ebert. *Ibid.,* 1759, pet. in-4. (40 *pages*).

1035. Histoire du christianisme d'Ethiopie et d'Arménie, par Maturin Veyssière La Croze. *La Haye, Vve Le Vier,* 1739, 1 vol. pet. in-8.

II. AUTORITÉS — TRADITION.
A. CONCILES, DÉCISIONS ET DISCIPLINE DE L'ÉGLISE.

1036. Concilia œcumenica prolegomenis et commentariis illustrata a Jos. Catalani. *Romæ,* 1736—1749, 4 vol. in-folio.

1037. Compendium sacri œcumenici concilii Chalcedonensis in quo actiones et decreta sanctorum patrum circa fidem orthodoxam, contra Eutychem et Dioscorum, e lat. fonte in arabicum idioma fidelissime translata recensentur; ad instructionem nationis copthæ et abissinæ quæ hæreticorum imposturis deceptæ male de tali concilio et ecclesia romana sentiunt; ut de veritate instructæ ad antiquum catholicæ ecclesiæ sinum, ut speratur, revertantur, opera et labore Franc. Mariæ a Salem. *Romæ, J. J. Komarek,* 1674, 1 vol. pet. in-folio.

Le texte forme 240 pages (ﭭﭪ٠ *sic*) précedées de 16 pages pour les titres, avertissements ou approbations, tant en arabe qu'en latin et en italien.

1038. Histoire du concile de Trente, par Fra Paolo Sarpi, traduite de l'italien en français avec des notes critiques, historiques et théologiques, par P. Fr. Le Courayer. *Londres, Idle,* 1736, 2 vol. in-folio, portr.

1039. Canones et decreta concilii tridentini ex editione romana anno MDCCCXXXIV repetiti; accedunt S. Congr. Cardin. concilii tridentini interpretum declarationes ac résolutiones ex ipso declarationum Thesauro, Bullario romano et Benedicti XIV operibus, et constitutiones pontificiæ recentiores ad jus commune spectantes è Bullario romano selectæ; assumpto socio Frid. Schultze, edidit Aemilius Ludov. Richter. *Lipsiæ, Tauchnitz,* 1853, 1 vol. gr. in-8.

1040. Le saint, sacre, universel et général concile de Trente, légitimement signifié et assemblé sous noz saincts pères les papes Paul IIIe, Jules IIIe et sous notre Sainct Père Pius IVe, trad. de latin en françois par Gentian Hervet. 1566, 1 vol. pet. in-8.

> G. Hervet d'Orléans et chanoine de Reims. — Livre rare imprimé à Reims, par Jean de Foigny.

1041. Le Saint Concile de Trente, œcuménique et général, célébré sous Paul III, Jules III et Pie IV, souverains pontifes; traduction nouvelle par l'abbé Dassance; précédé d'une dissertation sur l'utilité des conciles, etc. *Paris, Méquignon Junior,* 1842, 2 vol. in-8.

1042. Essai historique sur les libertés de l'Eglise Gallicane et des autres églises de la catholicité, pendant les deux derniers siècles. Par M. Grégoire. Nouvelle édition corrigée et augmentée. *Paris, Lheureux,* 1820, 1 vol. gr. in-8.

1043. Defensio declarationis celeberrimæ quam de potestate ecclesiasticâ sanxit clerus gallicanus XIX martii MDCLXXXII; ab illustr. Jacobo-Benigno Bossuet, ex speciali jussu Ludovici Magni scripta et elaborata, nunc primum in lucem edita summoque studio ad fidem autographi codicis exacta. *Luxemburgi, Andr. Chevalier,* 1730, 2 tom. en 1 vol. in-4.

1044. Défense de la déclaration de l'assemblée du clergé de France de 1682, touchant la puissance ecclésiastique, par Messire Benigne Bossuet, traduite en français avec des notes. *Amsterdam, aux dépens de la Compagnie,* 1745, 3 vol. in-4.

> Dans cet exemplaire malheureusement incomplet le 1e vol. de la Traduction française est romplacé par le 1er vol. de la nouvelle édition du texte latin (Amsterdam 1745) dont le 2nd vol. manque.

1045. The apostolical constitutions or Canons of the Apostles in coptic, with an english translation by Henri Tattam. *London, orient. translation fund,* 1848, 1 vol. in-8. pap. vélin.

1046. The ethiopic didascalia, or the ethiopic version of the apostolical constitutions received in the church of Abyssinia, with an english translation; edited and translated by Th. Pell Platt. *London, orient. translation fund,* 1834, 1 vol. gr. in-4., pap. vélin.

1047. De antiqua ecclesiæ disciplina dissertationes historicæ excerptæ ex conciliis œcumenicis et S. Patrum ac auctorum ecclesiasticorum scriptis, auctore Lud. Ellies Dupin. *Coloniæ Agrippinæ, sumt. Huguetanorum,* 1691, 1 vol. pet. in-4.

> A la fin du vol. se trouvent 3 feuillets manuscrits indiquant les différences de cette présente édition avec celle publiée à Paris en 1686.

1048. Discipline de l'Eglise sur le mariage des prêtres. *Paris, Le Clère,* 1790, 1 vol. in-8.

1049. Edmundi Richerii libellus de ecclesiastica et politica potestate, nec non ejusdem libelli per eundem Richerium demonstratio. *Parisiis,* 1660, 1 vol. pet. in-12.

> Petit livre proscrit par arrêt du Parlement.

1050. Justini Febronii (de Hontheim) de statu ecclesiæ et de legitima potestate romani pontificis liber. *Bullioni,* 1765, 1 vol. in-4. — Epistola Justiniani Frobenii Jcti ad clar. virum Justinum Febronium Jctum, de legitima potestate summi pontificis. *Ibid.,* 1764, pet. in-4.

1051. Du Pape, par l'auteur des Considérations sur la France (Joseph de Maistre); seconde édition augmentée et corrigée par l'auteur. *Lyon, Rusand,* 1821, 2 vol. in-8.

1052. Réclamations pour l'église de France et pour la vérité contre l'ouvrage de M. le comte de Maistre intitulé: *Du Pape;* et contre la suite ayant pour titre: *De l'Eglise gallicane dans son rapport avec le souverain pontife.* Par l'abbé Baston. *Paris, Audin,* 1821 et 1824, 2 vol. in-8.

1053. La France catholique, ou recueil de nouvelles dissertations religieuses et catholico-monarchiques sur l'état actuel des affaires de l'église, suivant les principes de Bossuet. *Paris, Rignoux,* 1825, 4 tom. en 2 vol. in-8.

1054. Præfatio historico-critica in veram et genuinam collectionem veterum canonum ecclesiæ Hispanæ, a Divo Isidoro, Hispalensi metrop., primum, ut creditur, adornatum, consequentibus deinde seculis ab Hispanis patribus auctam, e pluribus mss. codd. venerandæ antiquitatis, Toletanis nempe, Scurialensibus, Rivipullensibus, Gerundensi, Cordubensi, Urgellensi, et aliis erutam, et ad eorum fidem castigatam, studio et opera Andr. Burriel, soc. Jesu; quam accuratissime exscriptam, variantibusque lectionibus ornatam possidet Car. de la Serna Santander. *Bruxellæ, Armandus Gaborria,* reip. gall. anno VIII; 1 vol. in-8.

    Avec des fac-simile.

1055. Histoire de l'ordre monastique (d'Orient) où l'on voit la naissance et le progrès de l'état religieux, la discipline des premiers instituts, la fondation de quantité d'illustres communautés, les vies et les maximes des Pères du désert..... le tout tiré des plus pures sources de l'antiquité et éclairci par une table chronologique, par *** de la Congr. de S. Maur. *Paris, Ant. Warin,* 1686, 1 vol. in-8.

1056. كتاب القوانين الرهبانية *Kitâb el qaouânin el rahbânïet.* Livre des règles monacales, par S. Basile. (*Rome, Propagande*), 1745, 1 vol. in-folio.

    Le titre complet porte: «Livre des régles monacales composé par S. Basile, archevêque de Césareé. Le pape Bénoit XIV a donné son approbation à ces réglements, le 24 du mois de *Kanoun eouel* 1743, en ordonnant aux moines et religieuses melkites de les observer. Terminé, par l'ordre du saint synode, dans l'imprimerie de la Propagation de la foi orthodoxe, 1745.»

    Tout arabe; texte encadré d'un filet double; 301 pag. (ا‏.م‏)); plus 8 feuillets préliminaires, titre compris, formant les signat. *a—d.* — Le texte est sous les signat. A—Cccc. — 29 lignes.

B. SAINTS PÈRES.

1057. Ouvrages des S. S. Pères qui ont vécu du temps des apôtres, contenant la lettre de S. Barnabé, le pasteur de S. Hermas, les lettres de S. Clément, de S. Ignace et de S. Polycarpe, avec notes. (Trad. par le P. Legras). *Paris, Guill. Desprez,* 1717, 1 vol. in-12.

1058. S. Ignatii epistolæ genuinæ juxta exemplar Medi-
ceum denuo recensitæ, una cum veteri latinâ versione;
annotationibus D. Jo. Pearsoni et Th. Smithi illustratæ.
Accedunt acta genuina martyrii S. Ignatii; epistola S.
Polycarpi ad Philippenses et Smyrnensis ecclesiæ epistola de S. Polycarpi martyrio, cum veteribus latinis
versionibus et annotationibus Thomæ Smithi. *Oxonii,
e theatro Sheldoniano,* 1709, 1 vol. gr. in-4., gr. papier.

> Grec et Latin.

1059. Tatiani oratio ad Græcos, Hermiæ irrisio gentilium
philosophorum, ex vetustis exemplaribus recensuit,
adnotationibusque integris Conradi Gesneri, Frontonis
Ducæi, Christiani Kortholti, Thomæ Galei, selectisque
Henrici Stephani, Meursii, Bocharti, Cotelerii, utriusque
Vossii, aliorum, suas qualescunque adjecit Wilhelmus
Worth. *Oxonii, e theatro Sheldon.*, 1700, 1 vol. in-8,
pap. de Hollande.

> Bel exemplaire, ayant un titre tout grec concurremment avec
> titre latin.

1060. M. Minucii Felicis Octavius cum integris omnium
notis ac commentariis, novâque recensione Jac. Ouzeli,
cujus et accedunt animadversiones; accedit præterea
liber Julii Firmici Materni de errore profanarum religionum. *Lugd.-Batav., Joan. Maire,* 1652, 1 vol. pet.
in-4.

> Edition rare et estimée.

1061. C. Minutii Felicis Octavius cum integris Woweri,
Elmenhorstii, Heraldi et Rigaltii notis aliorumque hinc
inde collectis, ex recensione Jac. Gronovii qui emendationes et explicationes suas adjecit. Accedunt Cæcilius
Cyprianus de idolorum vanitate et Julius Firmicus Maternus V. C. de errore profanarum religionum. *Lugd.-
Batav., Corn. Boutestein,* 1709, 1 vol. in-8., fig.

1062. M. Minucii Felicis Octavius et Cæcilii Cypriani de
vanitate idolorum liber, uterque recensitus et illustratus
a Joh. Gottl. Lindnero, cum præfatione D. Jo. Augusti
Ernesti. Editio secunda priori longe emendatior. *Lon-
gosalissæ, Jo. Chr. Martinus,* 1773, 1 vol. pet. in-8.

1063. Q. Septimii Florentis Tertulliani Carthag. presb.
Apologeticus ad codices mss. et editiones veteres summâ cura recognitus, castigatus, emendatus ut et per-

petuo commentario, in quo non modo variorum auctorum, sed et plura S. Scripturæ loca strictius vel uberius
explicantur, elucidantur et illustrantur, studio et industria Sigeb. Havercampi, qui, præter argumenta capitum, indices etiam locupletissimos tres adjecit; cum figuris et nummorum typis. *Lugd.-Batav., Is. Severinus,*
1718. = Jo. Laur. Mosheim disquisitio chronologico-
critica de vera ætate Apologetici a Tertulliano conscripti,
initioque persecutionis Severi..... *Ibid,* 1720, (64 *pag.*)
en 1 vol. in-8, fig.

1064. Apologétique de Tertullien ou défense des premiers
chrétiens contre les calomnies des gentils, avec des
notes pour l'éclaircissement des faits et des matières,
(par J. B. Vassout). *Paris, Jac. Collombat,* 1714, 1 vol.
in-4., avec un beau portrait de Louis XIV.

1065. L'Apologétique et les prescriptions de Tertullien,
traduction de l'abbé de Gourcy; nouvelle édition, revue
et corrigée, suivie de l'Octavius de Minucius Félix, traduction nouvelle avec le texte en regard et des notes.
Lyon, Janon, 1823, 1 vol. in-8.

1066. Apologétique de Tertullien, nouvelle traduction,
précédée de l'examen des traductions antérieures, d'une
introduction où l'on tâche de développer le génie de
Tertullien, en le comparant aux grands orateurs d'A-
thènes et de Rome; accompagnée du texte en regard,
revu sur les meilleures éditions; suivie des variantes
et d'un commentaire par l'abbé J. Félix Allard. *Paris,
Dondey-Dupré,* 1827, 1 vol. in-8.

1067. Q. Sept. Florentis Tertulliani ad nationes libri duo,
hactenus inediti; nunc primum post M. CCCC annos
ad exemplar Agobardi, Lugdunensis episcopi, publicati,
notis etiam additis, a Jac. Gothofredo, jc. *Genevæ,
Petr. et Jac. Chouët,* 1624, 1 vol. pet. in-4.

1068. Q. Septimii Florentis Tertulliani satyra de Pallio
emendata, et cum interpretatione familiari sive glossa-
ria et notationibus reliquis Theod. Marcilii. *Parisiis,
Joan. Libert,* 1614, 1 vol. pet. in-8.

1069. Q. Sept. Florentis Tertulliani liber de Pallio. Claudius Salmasius ante mortem recensuit, explicavit, notis
illustravit. Accedit vera ad vivum ejusdem (Salmasii)

effigies. *Lugd.-Batav., Joan. Maire,* 1656, 1 vol. in-8. — Livre de Tertullien du manteau; traduction nouvelle (par Manessier). *Paris, Promé,* 1665, pet. in-12.

Le portrait de Saumaise, de format in-folio, dont le volume latin est orné, manque à l'exemplaire.

1070. Κλήμεντος 'Αλεξανδρέως τὰ εὑρισκόμενα. Clementis Alexandrini opera quæ extant, recognita et illustrata per Joan. Potterum. *Oxonii, e theatro Sheldon.,* 1715, 2 vol. in-fol.

1071. Origenis contra Celsum libri VIII, et Gregorii Neocæsar. Thaumaturgi panegyricus in Origenem, a Davide Hœschelio, ex biblioth. Elect. Palat. Boïca et Aug. græcè et latinè nunc primum editi; accessere notæ et indices. *Augustæ Vindelic.,* 1605, 1 vol. gr. in-4.

1072. Traité d'Origène contre Celse ou défence (*sic*) de la religion chrétienne contre les accusations des païens, traduit du grec par Elie Bouhéreau. *Amsterdam, H. Desbordes,* 1700, 1 vol. in-4.

1073. Origen against Celsus, translated from the original into english, by James Bellamy. *London, B. Mills, s. d.* 1 vol. in-8.

1074. S. Cæcilii Cypriani episcopi Carthaginensis et martyris opera omnia ad mss. codices recognita et illustrata studio ac labore Steph. Baluzii Tutelensis. Absolvit post Baluzium, ac præfationem et vitam S. Cypriani adornavit unus ex monachis Congr. S. Mauri (Prud. Maran). Editio secunda Veneta, cui accessit index in notas et in vitam ejusdem S. Patris. *Venetiis, Hieron. Dorigoni,* 1758, 1 vol. gr. in-folio.

1075. Arnobii Afri adversus Gentes libri septem, cum recensione viri celeber. et integris omnium commentariis. Editio novissima atque omnium accuratissima. *Lugd.-Batav., Joan. Maire,* 1651, 1 vol. pet. in-4.

1076. Arnobii Afri disputationum adversus gentes libri VII. Recognovit, notis priorum interpretum selectis aliorumque et suis illustravit Jo. Conradus Orellius. *Lipsiæ, Fr. Chr. Guil. Vogelius,* 1816, 2 vol. in-8.

1077. L. Cœlii sive Cæcilii Lactantii Firmiani opera omnia quæ exstant cum notis integris Chr. Cellarii et selectis aut excerptis Erasmi, Betuleii, Mich. Thomasii,

Isæi Buchneri, Gallæi, etc., etc. Accedunt nunc primum
ad epitomen integram denuo cum ms. Taurin. a.....
Pfaffio collatam ejusdem auctiores variæ lectiones et
notæ, item variæ lectiones libri de mort. persec., omnia
ex max. mss. et edd. apparatu recensuit et notis criticis uberrimoque novo indice latinitatis instruxit Jo.
Ludolf. Bünemann. *Lipsiæ, Sam. Benjam. Walther,* 1739,
2 vol. in-8

1078. Lucii Cæcilii Firmiani Lactantii de mortibus per-
secutorum, cum notis Steph. Baluzii, qui primus ex
veteri codice ms. Biblioth. Colbertinæ vulgavit, editio
secunda. Accesserunt Gisb. Cuperi, Jo. Columbi, Tho.
Spark, Nic. Toinardi, Jo. Georg. Grævii, Th. Gale, Eliæ
Boherelli, ceterorumque, de quibus in præfatione, animadversiones tam hactenus editæ quam ineditæ. Recensuit, suis auxit, cum versionibus contulit Paulus
Bauldri; addita, post reliqua, Henr. Dodwelli dissertatio
de ripa striga, nec non Theod. Ruinarti præfatio ad
acta martyrum, cum indicibus necessariis. *Trajecti ad
Rhenum, Fr. Halma,* 1692, 1 vol. in-8. fig.

1079. Εὐσεβίου τοῦ Παμφίλου ἐπισκόπου τῆς ἐν Παλαιστίνη
Καισαρείας προπαρασκευὴ εὐαγγελική. Eusebii Pamphili
Cæsareæ Palestinæ episcopi præparatio evangelica. Fr.
Vigerus Roth., Soc. J., ex mss. codd. et laudatis ab ipsomet Eusebio scriptoribus recensuit, latine vertit, notis,
illustravit: accesserunt indices necessarii. *Parisiis, Mich.
Sonnius,* 1628, 1 vol. — Εὐσεβίου τοῦ Παμφίλου ἐπισκόπου τῆς ἐν Παλαιστίνη Καισαρείας ἀποδείξεως Βιβλία
δέκα. Eusebii Pamphili, etc. de demonstratione evan-
gelicâ libri decem quibus accessere nondum hactenus
editi nec visi contra Marcellum Ancyræ episcopum libri
duo; de ecclesiastica theologia tres; omnia studio R. M.
latine facta, notis illustrata et indicibus loco suo necessariis locupletata. *Ibid., idem,* 1628, 1 vol.; les 2 vol.
in-folio.

1080. Collectio nova Patrum et Scriptorum græcorum,
Eusebii Cæsariensis, Athanasii et Cosmæ Aegyptii. Hæc
nunc primum ex mss. codd. græcis, italicis, gallicanis-
que eruit, latine vertit, notis et præfationibus illustravit
D. Bernardus de Montfaucon..... *Parisiis, Ch. Rigaud,*
1706 et 1707, 2 vol. in-folio, fig.

1081. Novus S. S. Patrum Græcorum sæculi quarti delectus (græce) recensuit et adnotatione instruxit L. de Sinner. *Parisiis, L. Hachette,* 1842, 1 vol. in-12.

1082. Discours de St Basile le Grand adressé aux jeunes gens, sur l'utilité qu'ils peuvent retirer de la lecture des livres païens, traduit en français, texte en regard, revu et corrigé sur les manuscrits, avec des scholies au bas des pages; précédé de quelques témoignages sur St Basile et suivi, 1° de notes et rapprochemens, 2° des variantes de vingt mss. de la Bibliothèque du roi, soigneusement collationés par C. A. F. Frémion. *Paris, Brunot-Labbe,* 1819, 1 vol. in-8.

1083. S. Patris nostri Ephræm Syri opera omnia quæ exstant, græce, syriace, latine, in sex tomos distributa, ad mss. codd. Vaticanos aliosque castigata, multis aucta; interpretatione, præfationibus, notis, variantibus lectionibus illustrata; nunc primum sub auspiciis Clementis XII, pont. max., e biblioth. Vaticana prodeunt. Syriacum textum recensuit Petr. Benedictus, Soc. Jesu, notis vocalibus animavit, latine vertit et variorum scholiis locupletavit. *Romæ, ex typogr. Vaticana,* 1732—46, 6 vol. in-folio.

> Les 3 premiers vol. de cette belle édition contiennent les ouvrages grecs et latins et les trois autres renferment les ouvrages syriaques avec la traduction latine. Les tomes 1 et 2 des œuvres grecques ont été donnés par Ange Marie de St Marc, card. Quirini. Jos. Assemani a publié le 3me. Le P. Pietro Benedetto, maronite, les tomes 4 et 5 et Stef. Evodio Assemani le 6me.

1084. Chrestomathia syriaca sive S. Ephremi carmina selecta; ediderunt, notis criticis, philologicis, historicis et glossario locupletissimo illustraverunt Aug. Hahn et Fried. Lud. Sieffert; premissæ sunt observationes prosodicæ. *Lipsiæ, Frid. G. Vogelius,* 1825, 1 vol. in-8.

1085. Macarii Ægyptii epistolæ, homiliarum loci, preces, ad fidem Vatican. Vindobonensium, Berolinensis, aliorum codicum primus (græce) edidit Henr. Joseph. Floss. Accedunt: I. De Macariorum Ægyptii et Alexandrini vitis quæstiones criticæ et historicæ. II. Acta eorundem Macariorum, etc. III. Tabula in lapide incisa. *Co-*

loniæ, Bonnæ, Bruxellis, *J. M. Heberle*, 1850, 1 vol. in-8, pl.

1086. Τοῦ ἐν ἁγίοις πατρὸς ἡμῶν Ἰωάννου τοῦ Χρυσοστόμου ἀρχιεπ. Κωνσταντ. τὰ εὑρισκόμενα πάντα. S. Patris nostri Joannnis Chrysostomi, archiep. Constant. opera omnia quæ exstant, vel quæ ejus nomine circumferuntur, ad mss. codd. gallicanos, vaticanos, anglicanos, germanicosque, nec non ad Savilianam et Frontonianam editiones castigata, innumeris aucta, nova interpretatione ubi opus erat, præfationibus, monitis, notis, variis lectionibus illustrata; nova sancti doctoris vita, appendicibus, onomastico et copiosissimis indicibus locupletata; opera et studio D. Bernardi de Montfaucon, monachi ordinis S. Bened. e congr. S. Mauri, opem ferentibus aliis ex eodem sodalitio monachis. Editio Parisina altera, emendata et aucta. *Parisiis, Gaume*, 1834—40, 13 vol. gr. in-8., pap. vélin.

1087. Jo. Chrysostomi selecta gr. et lat., de editionis novæ consilio præfatus est et annotationem subjecit Joannes van Voorst. *Lugd.-Batav., S. et J. Luchtmans*, 1827—1830, 2 vol. in-8.

1088. S. Joannis Chrysostomi opera selecta, gr. et lat., codd. antiquis denuo excussis emendavit Fr. Dübner. Cum prolegomenis et indicibus. *Parisiis, Firm. Didot*, 1861, gr. in-8., à 2 colonnes.
Tome 1er.

1089. Sancti Aurelii Augustini Hippon. episcopi opera omnia post Lovaniensium theologorum recensionem castigata denuo ad mss. codd. gallicanos, vaticanos, belgicos, etc., nec non ad editiones antiquiores et castigatiores, opera monachorum ordinis S. Benedicti e congr. S. Mauri. Editio Parisina altera, emendata et aucta. *Parisiis, Gaume fratres*, 1836—39, 11 vol. gr. in-8., pap. vélin.

1090. Divi Aurelii Augustini, Hippon. episc., de Civitate Dei libri XXII in V partes divisi, cum notis selectis ex commentariis Joan. Lud. Vives ac Leonardi Coquæi; opera P. F. Bonifacii Sadler. *Ingolstadii, vidua Joan. Andr. De la Haye*, 1737, 5 vol. pet. in-8.

1091. D. Aurelii Augustini Hippon. episcopi libri XIII Confessionum ad 3 mss. exemp. emendati, opera et studio

R. P. H. Sommalii, e soc. Jesu. *Coloniæ-Agrippinæ, Cornelius ab Egmond,* 1631, 1 vol. in-32.
Joli exemplaire réglé.

1092. Les confessions de Saint Augustin traduites en français par M. Arnauld D'Andilly. Nouvelle édition. *Paris, Guill. Desprez,* 1695, 1 vol. pet. in-8.

1093. Les confessions de Saint Augustin, traduites en françois sur l'édition latine des P. P. Bénédictins de la congr. de S. Maur, avec des notes et de nouveaux sommaires des chapitres, par M. Du Bois, de l'Acad. franç. *Paris, P. G. le Mercier,* 1737, 1 vol. in-8.

1094. Magui Aurelii Cassiodori senatoris... et Vivariensis abbatis opera omnia in duos tomos distributa, ad fidem mss. codd. emendata et aucta, notis et observationibus illustrata, cum indicibus locupletissimis, quibus præmittitur illius vita, quæ nunc primum in lucem prodit cum dissertatione de ejus monachatu; opera et studio J. Garetii, monachi ord. S. Benedicti e congr. S. Mauri. *Rotomagi, Ant. Dezallier,* 1679, 2 tom. en 1 vol. in-folio.

1095. Συνεσίου ἐπισκόπου Κυρήνης ἅπαντα τὰ εὑρισκόμενα. Synesii episcopi Cyrenes opera quæ extant omnia, interprete Dionysio Petavio cujus ista studio ex veterum..... codicum fide recensita ac notis illustrata, et eodem modo omnia secundâ hâc editione multo accuratiora et uberiora prodeunt. *Lutetiæ-Parisior., Seb. Cramoisy,* 1633, 1 vol. in-folio.

1096. Τοῦ ἐν ἁγίοις πατρὸς ἡμῶν Νείλου ἀνέκδοτα τινά. S. Patris nostri Nili opera quædam nondum edita; ex biblioth. Caroli de Montchal archiep. Tolos. Petrus Possinus soc. J. recensuit et latine vertit. *Parisiis., Seb. Cramoisy,* 1639, 1 vol. in-4.

1097. S. Prosperi Aquitani S. Augustini discipuli S. Leonis Papæ primi notarii, opera omnia ad mss. codices nec non ad editiones antiquiores et castigatiores emendata, nunc primum secundum ordinem temporum disposita et chronico integro ejusdem, ab ortu rerum usque ad obitum Valentiniani III et Romam a Vandalis captam pertinente locupletata: quibus præfigitur ejusdem S. Prosperi vita ex operibus ipsius et scriptorum ecclesiasticorum libris concinnata (cura Luc. Urb. Mangeant.) *Parisiis, Guil. Desprez,* 1711, 1 vol. in-folio.

1098. Poëme de S. Prosper contre les ingrats, traduit en vers et en prose. Nouvelle édition, en laquelle on a ajouté l'excellente lettre du même saint à Ruffin ; avec un abrégé de toute sa doctrine touchant la grâce et le libre arbitre, tiré de ses autres ouvrages ; le tout en latin et en françois. *Paris, Guil. Desprez,* 1698, 1 vol. in-12.

Traduit par Le Maistre de Sacy.

1099. Caii Sollii Apollinaris Sidonii Arvernorum episcopi opera, Jo. Savaronis studio et diligentia castigatius recognita. *Parisiis, Perier,* 1598, 1 vol. pet. in-8.

1100. Caii Sollii Apollinaris Sidonii Arvernorum episcopi opera, Jo. Savaro Claromont..... multo quam antea castigatius recognovit et librum commentarium adjecit ; accesserunt indices locupletissimi. *Parisiis, Adr. Perier,* 1599, 1 vol. in-4.

1101. Caii Sollii Apollinaris Sidonii Arvernorum episcopi opera ex postrema recognitione Joannis Wouverii..... Geverhartus Elmenhorstius edidit, ex vet. cod. textum emendavit et indicem copiosum adjecit. *Hanoviæ, apud hæredes Joan. Aubtii,* 1617, 1 vol. pet. in-8.

1102. Joan. Climaci abbatis Montis-Synai, scala Paradisi ; item, Sophronii, patriarchæ Hierosolymitani, pratum spirituale. Omnia ex græco ab Ambrosio Camaldulensi monacho latina facta, ab innumeris mendis vindicata, et brevibus annotationibus opera Michaelis Isseltii illustrata. *Coloniæ-Agripp., offic. Birckmannica,* 1601, 1 vol., pet. in-8.

1103. L'Echelle Sainte ou les dégrez pour monter au ciel, composez par S. Jean Climaque abbé du monastère du Mont Sinaï, traduits du grec en français par M. Arnauld d'Andilly. Nouvelle édition. *Paris, Pierre Le Petit,* 1661, 1 vol. in-12.

III. DOGME ET THÉOLOGIE SCOLASTIQUE.
A. GÉNÉRALITÉS ET TRAITÉS PARTICULIERS.

1104. Dictionnaire de théologie par l'abbé Bergier, extrait de l'Encyclopédie méthodique, etc. *Toulouse,* 1819, 8 vol. in-8 a 2 colonnes.

1105. S. Thomæ Aquinatis summa theologiæ, recognita et emendata per Joan. Nicolai. *Parisiis,* 1663, 1 vol. in-folio.

1106. Varii Tractatus et Disputationes, de eo quod sit utile atque necessarium, nonnullas secum pugnantes scholasticorum opiniones, etc., conciliare et corrigere; authore R. P. C. de Capite Fontium. *Parisiis, apud Arnoldum Sittart,* 1586, 1 vol. in-8.

Livre rare qu'on trouve difficilement complet.

1107. Jac. Usserii Armachani de Romanæ ecclesiæ symbolo apostolico vetere, aliisque fidei formulis, tum ab occidentalibus, tum ab orientalibus in prima catechesi et baptismo proponi solitis, diatriba. Accesserunt: 1. Athanasii symbolum a Græcis interpolatum; 2. symbolum aliud eidem etiam a quibusdam tributum; 3. hymnus matutinus et vespertinus veteris ecclesiæ; 4. Hildeberti Cenomanensis de confessione Trinitatis hymnus et oratio ad Dominum. *Londini, C. Ratcliffe et E. Mottershed,* 1647, in-4. (48 *pages.*)

1108. Gerardi Joannis Vossii dissertationes tres de tribus symbolis, apostolico, Athanasiano et Constantinopolitano. Edit. secunda, in quâ nunc demum addenda locis propriis inserta sunt. *Amstel., Joan. Blaeu,* 1662. = מנחה בלולה sive Στρωματεὺς ἐπιστολικός de vitâ functorum statu: ex hebræorum atque græcorum comparatis sententiis concinnatus, cum corollario de Tartaro Apost. Petri, in quem prævaricatores angelos dejectos memorat, auctore Ja. Windet. *Londini, T. Roycroft,* 1663, 2 tom. en 1 vol. pet. in-4.

1109. Professio orthodoxæ fidei ab Orientalibus facienda; jussu Urbani P. P. VIII. edita (arab. et lat.). *Romæ, typis S. Congr. de Prop. fide,* 1648, pet. in-8. (43 *pag.*)

L'arabe est sans points.

1110. الايمان العحيح فى السيد المسيح *El imân el çâhhîhh fy el seïd el mesîhh*.... La vraie foi en N. S. le Messie, épître de l'évêque orthodoxe et ami des peuples chrétiens orientaux, qu'il a envoyée aux patriarches, aux archevêques, aux évêques d'Egypte, d'Abyssinie, de Syrie, de Mésopotamie et d'Arménie, et aux peuples copte, abyssinien, jacobite, syrien et arménien, pour expliquer le mystère de l'incarnation du verbe. (*Rome, Propagande, s. d.*) In-8.

Tout arabe et sans date; imprimé à la Propagande par les soins du cardinal L. Belluga.

382 pag. (ⲙⲁⲕ); signat. A—Aa; — 16 lignes.

1111. Leonis Allatii de ecclesiæ occidentalis atque orientalis perpetuâ consensione libri tres; ejusdem dissertationes de dominicis et hebdomadibus Græcorum et de missa præsanctificatorum cum Bartoldi Nihusii ad hanc annotationibus de communione orientalium sub specie unica. *Coloniæ-Agrippinæ, Jodocus Kalcovius,* 1648, 1 vol. in-4.

1112. La perpétuité de la foy de l'église catholique touchant l'Eucharistie défendue contre le livre du Sʳ Claude, ministre de Charenton. Seconde édition. (Tomes I à III.) *Paris, Charles Savreux,* 1670, 1672 et *Hilaire Foucault,* 1713. (Tomes IV et V.) *Ibid.* Coignard, 1711 et 1713, in-4., 5 vol.

Cet important ouvrage se compose de deux parties; la première, composée par Ant. Arnauld ou plutôt par Nicole, comprend la Perpétuité de la foy... défendue contre Claude, 3 vol. mais a cette présente édition manquent les piéces ajoutées formant un tome 4ᵐᵉ dans l'édition de 1704.

La deuxième partie est l'ouvrage de Renaudot; elle comprend deux volumes, tomes IV et V avec deux titres différents ayant rapport aux églises grecque et d'Orient.

1113. La créance de l'église grecque touchant la transsubstantiation défendue contre la réponse du Ministre Claude au livre de Monsieur Arnaud. *Paris, Veuve Savreux,* 1672, 1 vol. pet. in-8.

1114. Réponse aux deux traitez intitulez: la Perpétuité de la foy de l'église catholique touchant l'eucharistie, 7ᵉ édit. revue et augmentée à la marge des passages grecs et latins qui sont citez ou alléguez dans le texte du livre (par Claude). *Charenton, Ant. Cellier,* 1668, 1 vol. in-4.

1115. Défense de la perpétuité de la foy contre les calomnies et faussetez du livre intitulé: Monuments authentiques de la religion des Grecs (par Renaudot) *Paris, Gabr. Martin,* 1709, 1 vol. in-8.

1116. Fides ecclesiæ orientalis seu Gabreliis metropo-
litæ Philadelpbiensis opuscula, nunc primum de græcis
conversa; cum notis uberioribus, quibus nationum
orientalium persuasio maxime de rebus eucharisticis,
ex libris præsertim mss. vel nondum latiò donatis illustratur. Adversus Claudii. ... responsum ad perpe-
tuitatem fidei ecclesiæ catholicæ, de iisdem rebus
eucharisticis a clarissimo Arnoldo doct. Sorbonico de-
fensam; opera et studio Ric. Simonis; his accesserunt
epistolæ duæ ad J. Morinum, quarum una est Leonis
Allatii, Abrahami Echellensis Maronitæ altera. *Parisiis,
Gaspar. Meturas,* 1671, 1 vol. in-4.

1117. Histoire critique de la créance et des coutumes
des nations du Levant, publiée par le Sr de Moni (Rich.
Simon). *Francfort, Fred. Arnaud (Holl. à la Sphère),*
1693, 1 vol. in-12.

1118. Conciliatio ecclesiæ armenæ cum romana ex ipsis
Armenorum patrum et doctorum testimoniis, in duas
partes historialem et controversialem divisa; autore
Clemente Galano Surrentino (latine et armenice). *Romæ,
typis Sacr. Congr. de Prop. fide,* 1690, 2 tom. en
3 vol. in-folio.

> La première partie (historique) forme un vol. et a paru en
> 1690; la seconde partie (controverse) est en deux, vol. dont le
> le 1er est de 1658 et le 2^d de 1661.

1119. Instruction chrétienne de l'archevêque de Tours
sur la justice chrétienne par rapport aux sacrements
de pénitence et d'eucharistie. *Paris, Guill. Desprez,* 1749,
1 vol. in-12.

1120. Iustruction sur les dispositions qu'on doit apporter
aux sacremens de pénitence et d'eucharistie, tirée de
l'Ecriture Sainte, des Saints Pères et de quelques autres
saints auteurs .... avec un examen de conscience fort
utile pour les personnes qui ont dessein de faire une
confession générale. *Paris, Guill. Desprez,* 1753, 1 vol.
in-12.

1121. Prières et instructions chrétiennes pour bien com-
mencer et bien finir la journée, pour entendre sainte-
ment la messe haute et basse et pour approcher avec
fruit des sacremens de pénitence et d'eucharistie, par

le Père N. Sanadon. Nouvelle édition augmentée. *Paris, Grég. Dupuis*, 1731, 1 vol. in-12.

1122. Travels of an Irish gentleman in search of a religion, with notes and illustrations, by Thomas Moore. *Paris, Baudry*, 1835. = Memoirs of captain Rock by Thomas Moore. *Ibid.*, 1835, 2 tom. en 1 vol. in-8.

Le premier ouvrage est une défense du catholicisme.

1123. De l'action de Dieu sur les créatures, traité dans lequel on prouve la prémotion physique par le raisonnement et où l'on examine plusieurs questions qui ont rapport à la nature des esprits et à la grâce (par Laurent Boursier). *Lille et Paris, Fr. Babuty*, 1713, 6 vol. in-12.

Joli exemplaire réglé.

1124. L'existence de Dieu démontrée par les merveilles de la nature, en trois parties où l'on traite de la structure du corps de l'homme, des éléments, des astres et de leurs divers effets (par Bernard Nieuwentyt et traduit du hollandais par Noguez) avec des figures en taille douce. *Paris, Jac. Vincent*, 1725, 3 parties en 1 vol. in-4., fig.

1125. Cornelii Jansenii episcopi Iprensis Augustinus, seu doctrina S. Augustini de humanæ naturæ sanitate, ægritudine, medicina, adversus Pelagianos et Massilienses, tribus tomis comprehensa. Accessit huic editioni tractatus F. Florentii Conrii archiep. Thuamensis de statu parvulorum sine baptismo decedentium juxtà sensum B. Augustini, cum duplici indice rerum et S. Scripturæ. *Parisiis, Mich. Soly*, 1641, 3 vol. pet. in-folio.

1126. De Inferno et Statu dæmonum ante mundi exitium, libri quinque. In quibus Tartarea cavitas, parata ibi cruciamentorum genera, ethnicorum etiam de his opiniones, dæmonumque conditio, usque ad magnum Judicii diem, varia eruditione describuntur. Authore Antonio Rusca, mediolanensi. *Mediolani, ex collegii Ambrosiani typographia*, 1621, 1 vol. in-4.

1127. Les Imaginaires ou lettres sur l'hérésie imaginaire par le Sr de Damvilliers (Nicole). *Liège, Beyers (Holl. à la Sphère)*, 1667, 2 vol. pet. in-12.

12*

1128. Essai sur l'indifférence en matière de religion, par M. l'abbé Félicité Robert de La Mennais. *Paris, Tournachon-Molin.* Tome I, 5ᵉ édit., 1819 et Tome II, *Ibid.*, 1820. — Tomes III et IV. *Paris, Lesage*, 1823. Les 4 vol. in-8.

Il faut y joindre: Défense de l'Essai sur l'indifférence, etc., par le même. *Paris, Méquignon fils aîné*, 1829, in-8.

1129. Réfutation de la doctrine exposée par l'abbé de La Mennais dans le deuxième volume de l'Essai sur l'indifférence en matière de religion, par L. H. Bouchitté. *Paris, Maradan*, 1821, in-8. — Antidote contre les erreurs et la réputation de l'Essai sur l'indifférence en matière de religion, par M. Baston. *Paris, L. Gauthier*, 1823, in-8. — Examen critique de l'Essai sur l'indifférence en matière de religion de M. l'abbé de La Mennais, par Le Joyeux de Sᵗ Acre (Mossé). *Paris, aux Archives des lettres, sciences et arts, s. date.*, in-8. — Essai sur l'intolérance en matière de philosophie et de religion, où l'on examine les tomes III et IV de l'Essai sur l'indifférence en matière de religion de l'abbé de La Mennais . . . . . par Mossé. . . . . *Paris, l'éditeur*, 1823, in-8.

B. CATÉCHÉTIQUE ET ENSEIGNEMENT ÉLÉMENTAIRE.

1130. Catechismus, ex decreto concilii tridentini, ad parochos, Pii Quinti P. M. jussu editus (conscriptus a P. Manutio, Corn. Amaltheo, et Jul. Poggiano). *Romæ, in œdibus populi romani, apud Paulum Manutium*, 1566, 1 vol. in-folio.

1131. Catechismo cioe Instruttione, secondo il Decreto del Concilio di Trento, a' Parochi. Publicato per comandamento del santiss. P. Pio V. et tradotto poi per ordine di S. Santita in lingua volgare, da Alesso Figliucci. *Venetia, appresso Aldo Manutio*, 1566, 1 vol. in-8.

1132. Le catéchisme du concile de Trente, traduction nouvelle; 4ᵉ édition, revue et corrigée par l'auteur. *Rouen et Paris, Savoye*, 1736, 1 vol. in-12.

1133. Catechismus romanus ex decreto concilii Tridentini, jussu S. Pii V editus. (*Romæ*), *typis sacræ Congr.
de Prop. fide*, 1786, 2 vol. gr. in-8.

> Tout arabe. A chaque vol. le verso du titre latin est un
> titre arabe, daté de 1786 pour le tome I, de 1787 pour le tome II.
>
> Tome I: Bref de Pie VI (lat. et arab.), 14 f.; titre, approba-
> tions, etc., 6 f.; texte, 976 pag. (٩٧٦). — Tome II: titre et
> prélim., 4 f.; texte, 855 pag. (٨٥٥).
>
> Traduction du P. Jac. Arutin, d'Halep, maronite, revue par
> Denis Haggiar.

1134. كتاب تعليم المسيحى صنفه الاب الفاضل المكرم

سيّدنا ..... De mandato eminentissimi D. card. ducis
de Richelieu gratis dispensantur. *Lutetiæ-Parisiorum,
Soc. typ. librorum officii eccles.*, 1640, 1 vol. in-4.

> Catéchisme composé par le cardinal de Richelieu lorsqu'il
> était évêque de Luçon, et traduit en arabe par le R. P. Juste
> de Beauvais, capucin.
>
> Tout arabe, excepté les 6 feuillets de pièces prélim., conte-
> nant le titre, une épître française du trad. au cardinal, un
> avis latin des imprimeurs aux chrétiens d'Orient et enfin une
> table en arabe. Le texte forme 415 pag. y compris 4 pag.
> d'approbations françaises.

1135. Instructions générales en forme de catéchisme
où l'on explique en abrégé par l'Ecriture Sainte et par
la tradition l'histoire et les dogmes de la religion, la
morale chrétienne, les sacremens, les prières, les cérémonies et les usages de l'Eglise, imprimées par ordre
de feu Messire Charles Joachim Colbert, évêque de
Montpellier ..... avec deux catéchismes abrégés à
l'usage des enfans. *Paris, Claude Hérissant*, 1764,
3 vol. in-12.

1136. Catéchisme historique contenant en abrégé l'histoire sainte et la doctrine chrétienne par Fleury, orné
de 8 gravures (sur bois). *Lille Vanackère*, 1821. =
Catéchisme imprimé par l'ordre de S. E. Monseigneur
le Cardinal Fesch, archevêque de Lyon, pour être enseigné dans son diocèse. *Lyon, Lambert Gentot*, 1820.
= Catéchisme ou abrégé de la Foi dressé par l'ordre
de Mr de Harlay ..... pour être seul enseigné dans
son diocèse (de Paris), avec des instructions pour la

communion, la confirmation et les actes et instructions pour la foi, l'espérance et la charité. *Paris, Moronval*, 1825, 1 vol. in-18., fig.

1137. Le sacré collège de Jésus divisé en 5 classes, où l'on enseigne en langue armorique les leçons chrétiennes avec les 3 clefs pour y entrer, un dictionnaire, une grammaire et syntaxe en même langue, etc. par le P. Julien Maunoir de la C. de Jésus. *Quimper-Corentin, Hardouyn*, 1659, 1 vol. pet. in-8.

Très-rare et très-recherché,

1138. Aithghearradh na Teagaisg Chriosduidh; le dearbhaidh sgrioptuir, air Modh Ceisd agus Freagair. Na puine consboideach air an sineadh le sgrioptuira soilleir, maïlle re teagasgah Athreacha Naomha na Eaglais, anns an cheud chuig linnin deth na Chriosdachd air na puine sin; agus argumaidean laidir o'n reasun. Eidartheangaichte gu Gaoilig Albannach Le Graidhoir do'n Fhirinn. *Clo-Bhuhail t'airson, agus air a chreiceadh le Sheum. P. Coghlan..... Lunnuine*, 1781, 1 vol. in-12.

Doctrine chrétienne en gaëlic d'Albany.

1139. Πέτρου Κανισίου τοῦ τῆς ἑταιρίας Ἰησοῦ Θεολόγου κατηχισμὸς εἰκονισμένος ἐν τῇ Αὐγούστῃ.... αχιγ. Le Catéchisme de P. Canisius, de la Soc. de Jes., mis en fig. (et trad. en grec par le P. George Mayr, de la S. de J.). *Augsbourg, J. Kruger*, 1613; 1 vol. pet. in-12.

Rareté ornée de très-jolies fig. sur bois.

1140. Doctrina christiana Roberti card. Bellarmini, nunc primum ex italico idiomate in arabicum, jussu S. D. N. Pauli V Pont. Max. translata per Victorium Scialac Accurensem et Gabr. Sionitam Edeniensem, Maronitas è monte Libano ..... munificentia Franc. Savary de Breves..... *Romæ, ex typ. Savariana, excudebat Stephanus Paulinus*, 1613, 1 vol. pet. in-8.

Arabe et Latin; l'arabe est ponctué — 171 paig., plus 2 f. de permissions.

1141. Dottrina christiana ad uso de' fedeli Orientali già per ordine della S. mem. di Paolo V. S. P. tradotta d'italiano in latino et arabico, da Vittorio Sialac Accurense e Gabriele Sionita Edeniense, Maroniti del monte Libano. Et hora d'ordine della sacra cong. de Prop.

fide novamente ristampata, e per più commodità e
utilità di quelle nationi tradotta in italiano dal R. P.
F. Alessio da Todi..... aggiuntovi nel fine sette salmi
penitentiali con le litanie de' santi e preci e le litanie
della beatiss. Vergine. *Roma, stampa della sacr. congr.
de Prop. fide*, 1642. = Petri Kirsteni Vratisl. Decas
sacra canticorum, etc. *Breslæ*, 1609, en 1 vol. in-12.

Le texte arabe du 1er ouvrage est sans points, excepté aux
pages 130 à 144 (feuille I) — 159 pag. dont 2 d'errata —
10 lignes à l'arabe.

Pour le 2nd ouvrage voir le N° 1416 Catal. Sacy.

1142. Dottrina christiana ad uso de'fedeli orientali, già
per ordine della S. mem. di Paolo V. S. P. tradotta
d'italiano in latino ed arabico, da Vittorio Scialac, Accurense e Gabriele Sionita Edeniense, Maroniti del
monte Libano. Ed hora d'ordine della Sacra Cong. de
Prop. Fide novamente ristampata, e por più commodità e utilità di quelle nationi tradotta in italiano dal
R. P. F. Alessio da Todi....; aggiuntovi nel fine i sette
Salmi penitentiali con le Litanie de' Santi e preci e le
litanie della beatiss. Vergine. *Roma, stampa della sac.
Cong. de Prop. Fide*, 1668, 1 vol. pet. in-8.

Même titre et même édition que la précédente avec cette
différence que le texte est ponctué. Les additions annoncées
au titre n'y sont pas. — 159 pag. dont 2 pour l'errata, diffé-
rent de celui l'édition précédente.

1143. ܠܒܪܬ ܚܟܡܬܐ ܟܪܣܛܝܢܝܬܐ. Dottrina christiana. *Roma,
Stamperia della S. Congr. de Prop. fide*, 1642, 1 vol.
pet. in-8.

Catéchisme en arabe karchouni ou en caract. syriaques avec
l'italien en regard — 140 pages.

1144. ትምህርት፡ክርስቶስ፡ዘጸሐፈ፡ክርዲናል፡ ....
التعليم المسيحي ..... Dottrina cristiana composta
dall' em°.... card. Rob. Bellarmino, tradotta prima
dalla lingua italiana nell' araba ed ora per ordine della
Sagr. Cong. di Propag. fide tradotta e stampata anche
in lingua etiopica. *Roma, stamp. della sag. congr. di
Propag. fide*, 1786, in-4., fig.

Doctrine chrétienne se composant de 97 pages, précédées
de 3 feuilles de gravures sur bois: les trois langues sont sur
3 colonnes parallèles — Aux pages 94 à 96 sont un syllabaire
éthiopien et hébreu.

1145. Dottrina christiana tradotta dalla lingua italiana nella lingua caldea, per ordine di N. S. P. P. Urbano VIII, da Jacomo Begnamino .... ‎ܠܡܐܣܘ ܦܠܘܒܢܐ‎ *Roma, stamp. della sacr. cong. de Prop. fide,* 1633, 1 vol. pet in-8.

Par les mots de *lingua caldea* il faut entendre langue syriaque. 48 f., plus le titre et la dédicace, 2 f.

1146. Migimgha tal-taghlim nisrani.... Compendio della dottrina cristiana corretto e ristampato per ordine di Mgre. fra Vincenzo Labini, vescovo di Malta, ad uso della sua dioceze: quarta edizione, 1795, pet. in-4.

En maltais et en italien.

1147. Pengajaran mesehi terpendekh guna budak budak kechil. Bahua terteralah kitab ini di negri Paris, àtas titah dan balanja Maha-Raja Benua France, dàlam rumah tera maha Raja-Ampunha. Kapada tahon Mesehi, 1826, 1 vol. in-16.

Catéchisme en malai, par demandes et par réponses, impr. en caract. romains à Paris, à l'Imprimerie royale.

1148. Catéchisme abrégé, en la langue de Madagascar, pour instruire sommairement ces peuples, les inviter et les disposer au baptême. *(Rome, Propagande,* 1785), in-8. (28 *pag.*).

Interlin.; latin et madégasse.

1149. Gentilis Angolæ fidei mysteriis, lusitano olim idiomate per R. P. Ant. de Coucto, S. J., nunc autem latino per R. P. Ant. Mariam, instructus atque locupletatus. *Romæ, Sacr. congr. de Prop. fide,* 1661, 1 vol. pet. in-4.

En latin et en langue d'Angola.

IV. PRATIQUE.

A. THEOLOGIE MORALE ET PARÉNÉTIQUE OU SERMONAIRES.

1150. Theologia moralis univeŕsa Cl. P. Pauli Antoine, arabice reddita opera et studio P. Josephi Hagelunii.

Romœ, typ. sacr. congr. de Prop. fide, 1795, 5 vol. in-4.

Outre le titre latin ci dessus, chaque vol. a un titre arabe; اللاهوت الادبى باسره المولف .... et une gravure sur bois au verso du dernier feuillet des préliminaires.

Tome I: titres et prélim. XXIV pag.; texte, 424 (ﾓﾓﾓ) pag. — Tome II: texte, 579 (ﻩﻭﻕ) pag. — Tome III: texte, 526 (ﻩﻣﻕ) pag. — Tome IV: texte, 576 (ﻩﻭﻕ) pag. — Tome V: texte, 375 (ﻣﻭﻩ) pages.

Les tomes II, III et V ont chacun VII pag. de titres et prélimin.; le tome IV en a VIII.

1151. Theologia moralis in compendium redacta, auctore A. J. Stapf. Sexta editio. *Innsbruck*, 1846, 4 vol. in-8.

1152. Essais de morale (par Pierre Nicole). *Paris, G. Desprez*, 1715, 14 vol. in-12.

Le dernier vol. porte la date de 1732 et a été publié à Luxembourg, chez André Chevalier.

1153. Choix de petits traités de morale de Nicole: De la foiblesse de l'homme; — De la soumission à la volonté de Dieu; — Des diverses manières dont on tente Dieu; — Des moyens de conserver la paix avec les hommes; — De la civilité chrétienne; édition revue et corrigée par M. Silvestre de Sacy. *Paris, Techener,* 1857, 1 vol. in-16.

1154. Pensées de M. Pascal sur la religion et sur quelques autres sujets, qui ont été trouvées après sa mort parmi ses papiers. Nouvelle édition augmentée de plusieurs pensées du même auteur, de sa vie et de quelques discours sur ces mêmes pensées et sur les preuves des livres de Moyse. *Paris, Guill. Desprez,* 1702, 1 vol. pet. in-8.

1155. Pensées, fragments et lettres de Blaise Pascal, publiées pour la première fois conformément aux manuscrits originaux en grande partie inédits, par M. Prospère Faugère. *Paris, Andrieux,* 1844, 2 vol. in-8., portr.

1156. Liber Theologiæ moralis, viginti quatuor soc. Jesu doctoribus reseratus, quem Rev. P. Antonius de Escobar et Mendoza Vallis Oletanus e soc. Jesu in examen confessariorum digessit, addidit, illustravit; ultima editio. *Lugduni, sumptibus hered. Pet. Prost. Phil. Borde et Laurentii Arnaud* (1644); 1 vol. pet. in-8.

1157. Disputationum de sancto Matrimonii sacramento tomi tres. Auctore Th. Sanchez. *Antuerpiæ, M. Nutius,* 1607, 3 tom. en 1 vol. in-folio.

Livre rare et curieux qui dans son temps a été beaucoup trop fameux.

1158. كتاب مرشد الكاهن *Kitâb murchid el kâhin.* Livre directeur du prêtre. (*Au Liban,* 1760). In-4.

Tout arabe. Traduction, faite à Alep en 1739, par le P. Fromage, jes. du livre de Segneri, intitulé: *Il pärocho istruito,* duquel il existe aussi une traduction française, par le P. Buffier, sous le titre: *Là prätique des devoirs des curés.* A la fin de la préface du livre ci dessus on lit la phrase suivante: *Achevé d'imprimer pàr les soins des moines susdits (melkites de là règle de St Bàzile) däns le couvent de S. Jeän-Bäptiste, l'än 1760.* — 304 (٣٠٤) pag. (Voyez Schnurrer, 298).

1159. كتاب المرشد المسيحي *Kitâb el murchid el mesîhhî.* Livre directeur du chrétien. (*Au Liban,* 1738) Pet. in-4.

Tout arabe: 457 (٤٥٧) pag. plus 6 ff. non chiffrés pour le titre, la préface et les tables.

Dans la préface on lit que cet ouvrage est une traduction et qu'il se divise en deux parties: la première traite de la nécessité d'éviter le péché, la seconde de celle de pratiquer les bonnes œuvres.

A la fin du volume se trouve la souscription suivante: *Achevé d'imprimer dans le couvent de S. Jean-Baptiste appelé Chouëir, sur la montagne de Kesrouàn, le 16e jour du mois de tchirin el aouel,* 1738.

1160. De sacramento confessionis, seu pœnitentiæ historia, ex ueteribus sanctis patribus collecta, etc. Mariano Victorio Reatino auctore. *Romæ, apud Paulum Manutium, Aldi F.,* 1566, 1 vol. in-8.

Rare.

1161. كتاب مرشد الخاطى · فى سر التوبة والاعتراف *Kitâb murchid el khâthy fy sirr el taubet oue-l i'tiràf.*

Livre directeur du pécheur dans le sacrement de la pénitence et de la confession. (*Au Liban*, 1794). Pet.
in-8.

Tout arabe. Traduction, par le P. Fromage, du livre de
Segneri intitulé: *Il penitente a ben confessarsi.* A la fin de la
préface on lit la phrase suivante: *Imprimé pour la seconde fois,
avec permission des supérieurs.... par les soins des moines réguliers de St Bazile, dans le couvent de S. Jean-Baptiste appelé
Chouèir, sur la montagne de Kesrouan, 1794.*

285 (ᵖᴬᴼ) pag., plus 8 pag. non chiffrées pour le titre et la
préface. (Voyez Schnurrer, 295 et 313).

1162. .... كتاب تفسير الزبور *Kitâb tefsîr el zebour....*
Livre de l'explication des psaumes, par Mgr. Anthyme,
patriarche de Jérusalem et de toute la Palestine.
(*Vienne*, 1792). In-folio, portr.

Tout arabe: le texte des psaumes est en lettres rouges et
le commentaire en noir. A la fin du vol. on lit la souscription
suivante: *Achevé d'imprimer pour la première fois à Vienne, chez
Kurzboeck, le 28 Juin 1792.*

483 (ᵖᴬᴶ) pages — 26 lig. — La pagin. arabe est omise
jusqu' à la page 80. Les sign. sont en lettres romaines et
finissent par Fffff. — Le vol. commence aussi par le portrait
de Mgr. Anthyme, en habits pontificaux. (Cf. pour plus de
details le Catal. Sacy, tom. I, pag. 271, à la note qui suit le
N° 1288.)

1163. كتاب تفسير سبعة مزمورات من مزامير داود
النبى الملقبات بمزامير التوبة ...... *Kitâb tefsîr seba'-
at mezmourât min mezâmîr dâoud el naby el moulaqe-
bât bi mezâmîr el taubet......* Livre de l'explication
des sept psaumes de David, nommés psaumes de là
la pénitence, et qui sont les psaumes VI, XXXI, XXXVII,
L, CI, CXXIX, CLXII. (*Au Liban*, 1753). Pet. in-4.

Tout arabe. — 311 (ᵖᴵᴵ) pag.; — 19 lig.; — encadrement
d'un double filet.

A la fin de la préface: *Achevé d'imprimer avec la permission
des supérieurs dans le couvent de S. Jean-Baptiste appelé Chouèir,
de la préfecture de Kesrouàn, par les soins des moines réguliers
de S. Basile de la nation grecque, 1753.*

Le vol. a aussi deux index: le premier, index alphabétique
des points de dogme, va de la pag. 290 à la pag. 308; le second, index des passages de l'Ecriture Sainte, va de la page
309 à 311. (Voy. Schnurrer, 296.)

1164. Remontrance charitable aux dames et damoyselles
de France sur leurs ornemens dissolus, pour les induire
à laisser l'habit du paganisme, et prendre celuy de la
femme pudique et chrestienne, avec une élégie de la
France se complaignant de la dissolution des dictes
damoyselles; par F. A. E. M. (frère Ant. Estienne mineur); pour la quatriecme édition. *Paris, Seb. Nivelle,*
1585, pet. in-8.

    Composé de 35 ff., plus 1 f. pour le privilége daté de 1570,
date de la 1re édition sans doute de ce rare petit livre.

1165. Traité contre les danses et les mauvaises chansons,
dans lequel le danger et le mal qui y sont renfermés
sont démontrés par les témoignages multipliés des Saintes
Ecritures, des S. S. Pères, des conciles, de plusieurs
évêques du siècle passé et du nôtre, d'un nombre de
théologiens moraux et de casuistes, de jurisconsultes,
de plusieurs ministres protestants, et enfin des païens
même. *Paris, Ant. Boudet,* 1769, 1 vol. in-12.

1166. Discours sur la comédie et les spectacles, par le
P. Le Brun. *Paris,* 1731, 1 vol. — Lettres sur les
spectacles, par Desprez de Boissy. Septième édition.
Paris, 1780, 2 vol. Les 3 vol. in-12.

1167. Traité des restitutions des Grands, précédé d'une
lettre touchant quelques points de la morale chrestienne
(par Claude Joly), 1665, 1 vol. in-12.

    Edition de Hollande, Elzevir.

1168. Dissertation sur le prêt à intérêt, dans laquelle
l'Encyclique *vix pervenit* de Benoît XIV, sur la matière
de l'usure, est clairement exposée et victorieusement
défendue contre les fausses interprétations et les vaines
attaques des modernes apologistes des prêts usurai-
res, par M. Etienne Pagès, prêtre, docteur en théologie,
professeur de morale a l'Académie de Lyon.... 5e édition augmentée d'un discours préliminaire de la seconde partie, dans lequel on établit les principes fon-
damentaux qui ont été ébranlés à l'occassion des réponses récentes des congrégations romaines sur la matière de l'usure. *Lyon et Paris, Merlin,* 1838, 2 vol.
in-8. — Observations sur des circulaires de Mgrs les
évêques du Puy et de Belley, relatives à la matière

de l'usure, par le même. *Ibid.,* 1839; in-8., broch.
(39 *pages*).

1169. Le prétendu mystère de l'usure dévoilé, ou le
placement d'argent connu sous le nom de prêt à intérêt démontré légitime par l'autorité civile et ecclésiastique; ouvrage dédié au clergé de France et dans
lequel on réfute les anciens et les nouveaux rigoristes,
par M. l'abbé Baronnat. *Paris, l'auteur,* 1822, 2 vol.
in-8.

1170. Divini eloquii preconis celeberrimi fratris Oliverii
Maillardi sermones Dominicales. *Venundantur Parhi-
siis in edibus Johannis Parvi (absque anno),* 1 vol. —
Ejusd. Novum diversorum sermonum opus, hactenus
non impressum, sive sermones per adventum, quadragesimales, dominicales et de sanctis. *Ibid. (absque
anno),* 1 vol. — Ejusd. Sequuntur quatuor sermones
communes per Adventum, Quadragesimales, Dominicales et de Peccati stipendio et gratie premio. *Ibid.
(absque anno),* 1 vol. Les 3 vol. pet. in-8.

> Tout gothique à 2 col. — Le titre du premier ouvrage est
> noir et rouge.

1171. Parabola filii glutonis profusi atque prodigi nedum
venuste verumetiam utiliter et devote per venerandum
patrem fratrem Joannem Meder ordinis minorum ob-
servantium Basileæ concionnata et collecta, pro totius
anni præcipue quadragesime sermonibus accommodata.
Basileæ, per Michaelem Furter, 1510, 1 vol. pet. in-8.

> Tout gothique à 2 col. avec 16 grav. sur bois de la grandeur
> des pages.

1172. Chefs-d'œuvre oratoires de Bossuet. Choix de
sermons, panégyriques et oraisons funèbres. *Senlis,
Tremblay,* 1825, 8 vol. in-18.

1173. Sermons de morale prêchez devant le roy par
M. Fléchier, évêque de Nîmes, avec ses discours syno-
daux et autres sermons prêchez à l'ouverture des états
de Languedoc et dans sa cathédrale. *Paris, G. Cavelier,* 1713, 3 vol. in-12.

1174. Panégyriques et autres sermons prêchés par Messire Esprit Fléchier, évêque de Nîmes. *Paris, Gabr.
Martin,* 1741, 3 vol. in-12.

1175. Sermons du Père Bourdaloue, donnés au public par le Père Bretonneau. *Paris, Rigaud,* 1707—34, 16 vol. in-8. avec portr.

1176. OEuvres complètes de Bourdaloue, de la compagnie de Jésus; nouvelle édition, augmentée de notes critiques et historiques, et d'une table générale alphabétique. *Paris, Demonville,* 1823, 5 vol. in-8.

1177. Sermons de M. Massillon, évêque de Clermont, ci-devant prêtre de l'Oratoire, l'un des quarante de l'Académie française. *Paris, V° Estienne,* 1769, et *frères Estienne,* 1775, 13 vol. in 12.

> Edition en petits caractères ainsi composée: Panégyriques, 1769, 1 vol. — Petit carême, avent, carême, oraisons funèbres et professions religieuses, mystères, 1775, 8 vol. — Conférences et discours synodaux sur les principaux devoirs des ecclésiastiques, avec un recueil de mandements sur différents sujets, 1769, 2 vol. — Sentiments d'une âme touchée de Dieu, tirés des psaumes de David, ou paraphrase morale de plusieurs psaumes en forme de prières, 1775, 1 vol. — Pensées sur différents sujets de morale et de piété tirées des ouvrages de Massillon, 1775, 1 vol.

1178. OEuvres complètes de Massillon, évêque de Clermont (avec son éloge par d'Alembert). *Paris, Raymond et Dalibon,* 1821, 13 vol. in-8., avec portraits gravés par Lignon.

1179. Morceaux choisis de Massillon, ou recueil de ce que ses écrits ont de plus parfait sous le rapport du style et de l'éloquence. *Paris, Renouard,* 1813, 1 vol. in-18, pap. vélin.

1180. Petit Carême de Massillon. *Paris, Nyon,* 1828, 1 vol. in-18.

1181. Commentaires sur les meilleurs ouvrages de la langue française, par le chevalier Croft: Commentaire sur le Petit-Carême de Massillon. *Paris, P. Didot l'aîné,* 1815, 1 vol. in-8.

1182. Discours inédit de Massillon sur le danger des mauvaises lectures, suivi de plusieurs pièces intéressantes, de détails peu connus, des principaux jugements sur cet orateur célèbre et ses écrits, avec un choix des réfléxions des plus habiles écrivains sur l'éloquence sacrée, pour ceux qui se destinent à la chaire; seconde

édit. (publiée par d'Auribeau). *Paris, Baucé-Rusand,*
181·8, 1 vol. in-12.

1183. Sermons et discours inédits de M. de Boulogne,
évêque de Troyes, précédés d'une notice historique sur
ce prélat. *Paris, Adrien Le Clère et comp.,* 1826,
3 vol. — Panégyriques, oraisons funèbres et autres
discours du même. *Ibid.,* 1826, 1 vol. — Les 4 vol. in-8.

1184. Orazione sinodale di S. Nierses Lampronense
arcivescovo di Tarso in Cilicia recata in lingua italiana
dall'armena ed illustrata con annotazioni dal P. Pas-
quale Aucher, dottore del collegio di S. Lazzaro. *Venezia, stamp. del collegio suddetto,* 1812, in-8.
(190 *pag.*).

L'italien et l'arménien sont en regard.

1185. Synodalrede des Nerses von Lampron, armeni-
scher Erzbischof von Tarsus, im XII Jahrhundert,
aus dem Armenischen übersetzt, mit Anmerkungen
und einer Einleitung versehen von C. F. Neumann
Leipzig, 1834, in-8, pap. vélin, broch. (80 *pages.*).

B. CULTE PUBLIC — LITURGIE.

a. INTRODUCTION — GÉNÉRALITÉS.

1186. Barth. Gavanti thesaurus sacrorum rituum, cum
novis observationibus et additionibus Caj.-Mar. Merati.
Romœ, typogr. Vaticana, 1736—38, 4 vol. in-4.

1187. Abrégé du thrésor des cérémonies ecclésiastiques
du R. P. Gavantus, composé en latin traduit et augmenté par le R. P. Claude Arnaud. *Paris,* 1648,
1 vol. in-12.

1188. La liturgie ancienne et moderne, ou instruction
historique sur l'institution des prières, des fêtes et des
solennités de l'Eglise, et sur les différentes pratiques et
cérémonies qui ont été ou qui sont à présent usitées;
3ᵉ édition. *Paris, Vincent,* 1752, 1 vol. in-12.

1189. Codex liturgicus ecclesiæ universæ in XV libros
distributus. In quo continentur libri rituales, missales,
pontificales, officia, dypticha, etc. ecclesiarum Occiden-
tis et Orientis..... nunc primum prodit Joh. Aloys.

Assemanus ad mss. codd. Vaticanos aliosque castigavit, recensuit, latine vertit, præfationibus, commentariis et variantibus lectionibus illustravit. *Romæ, Komarek,* 1749—1766, 13 vol. pet. in-4.

Collection précieuse pour les liturgies orientales et grecques qui y sont imprimées avec leurs caractéres propres, mais laquelle, fort rare en France, n'y est connue que par la notice qui en est donnée dans le Catal. Silv. de Sacy. Tome I, N° 1306.

b. LITURGIES ROMAINE ET GALLICANE.

1190. Museum italicum, seu collectio veterum Scriptorum ex bibliothecis italicis eruta a D. Joh. Mabillon et D. Mich. Germain, congr. S. Mauri.... *Lutetiæ Parisiorum, Montalant,* 1724, 2 vol. gr. in-4., fig.

1191. Muratorii liturgia romana vetus, tria sacramentaria complectens; accedunt Missale gothicum, Missale Francorum: duo gallicanæ et duo omnium vetustissimi Romanæ ecclesiæ rituales. *Venetiis,* 1748, 2 vol. in-folio.

1192. S. S. cæremoniarum sive rituum romanæ ecclesiæ libri tres ab Aug. Patricio ordinati, et a Marcello primum editi, commentariis aucti a Jos. Catalanio. *Romæ,* 1750, 2 tom. en 1 vol. in-folio.

1193. Rituale romanum Pauli V P. M. jussu editum. *Romæ, Sacr. Congr. de Prop. fide,* 1750, 1 vol. in-16.

1194. Ἡ ϑεία λειτουργία τοῦ ἀγίου ἀπόστολου Πέτρου. Missa apostolica seu divinum Sacrificium S. Apostoli Petri, cum canone lat. S. Ecclesiæ Rom. et notis. *Lutetiæ, Fred. Morellus,* 1595 (40 *pag.*). = Γρηγόριου τοῦ Διάλογου ἡ ϑεία λειτουργία. S. Gregorii Papæ quem Dialogum Græci cognominant divinum officium sive Missa, cum interpretatione græca Georg. Codini. *Ibid.,* 1595 (31 *pag.*). = Κωνσταντῖνου Σεβαστου ἐπιστολὴ Ἀρείω καὶ Ἀρειανοῖς. Constantini Imp. rescriptum ad Arium et Arianos, nunc primum in lucem græce et latine prodit. *Ibid.,* 1595 (40 *pag.*); 3 part. en 1 vol. pet. in-8.

Ces 3 rares pièces sont en grec et en latin.

1195. Missale romanum, ex decreto sacrosancti concilii Tridentini restitutum et Pii V P. M. jussu editum. *Venetiis, ex bibliotheca Aldina,* 1574, 1 vol. in-folio.

Edition imprimée en rouge et noir, avec mélange de caractères ronds et gothiques, plain-chant et gravures sur bois. A la fin on lit la souscription suivante: *Venetiis, apud Hieronymum Turresanum et fratres.* M. D. LXXIIII. Fort rare.

1196. Epitome Gradualis romani, seu cantus missarum dominicalium et festivarum totius anni, juxta usum romanum, a D. de la Feillée revisum, auctum et emendatum. *Pictavii, Joan. Faulcon,* 1749, 1 vol. in-12. — Epitome Antiphonarii romani, seu Vesperale pro dominicis et festis, in quo continentur antiphonæ, psalmi, capitula, hymni, orationes, commemorationes, completorium et officium hebdomadæ sanctæ ex integro; a D. D. de la Feillée revisum, auctum et emendatum. *Pictavii, Joan. Faulcon* (1772), 1 vol. in-12.

1197. ῟Ωραι τῆς ἀειπαρϑένου Μαρίας, κατ᾽ ἔϑος τῆς ῾Ρωμαϊκῆς ἐκκλησίας, Δειτουργία τῆς ὑπεραγίας καὶ ἀειπαρϑένου Μαρίας (horæ semper Virginis Mariæ ad usum romanæ ecclesiæ; liturgia sanctissimæ et semper Virginis Mariæ). *Parisiis, off. Chr. Wecheli,* 1538. = Τοῦ Κυρίλλου περὶ ἐξόδου ψυχῆς καὶ δευτέρας παρουσίας λόγος.... (Cyrilli arch. Alex. de exitu animæ sermo. Joannes Damascenus de resurrectione; idem de Paradiso.) *Ibid.,* 1538. = ᾽Ιωάννου τοῦ Χρυσοστόμου περὶ προσευχῆς λόγοι δύο. (Joannis Chrysostomi de orando Deo orationes duæ). *Ibid.,* 1538, en 1 vol. in-16.

1198. Officium beatæ Mariæ Virginis nuper reformatum et Pii V Pont. Max. jussu editum. Δειτουργία τῆς ἀειπαρϑένου Μαρίας κατὰ τὴν ἐπανόρϑωσίν τε καὶ ἔκδοσιν τοῦ Ῥωμαίων ᾽Αρχερέως. Hymni plures græce translati et suis numeris restituti: Antiph. Collectæ et preces S. S. P. P. adjunctæ ac recognitæ per Feder. Morellum..... Additæ sunt Vesperæ græco-latinæ. *Parisiis, H. de Marnef,* 1616, 1 vol. in-32, fig.

Grec et Latin; caractères noirs et rouges.

1199. Officium B. Mariæ Virginis nuper reformatum et Pii V. Pont. Max. jussu editum, ad instar Breviarii Romani sub Urbino VIII recogniti. Ubi omnia suis locis sunt extensa.... Accedunt Psalmi Vesperarum et completorii pro Dominicis et Festis totius anni, unà cum rosario B. Mariæ. *Antuerpiæ, ex typogr. Plantiniana,* 1726, 1 vol. in-18, fig.

Jolie édition en caractères noirs et rouges.

1200. Discours sur les ordres sacrés, ou toutes les cérémonies de l'ordination, selon le Pontifical romain, sont expliquées, par Antoine Godeau, évesque de Vence. *Paris, Pierre Le Petit,* 1653, 1 vol. pet. in-12.

Edition imprimée avec des caractères et des vignettes elzéviriennes.

1201. Le due nuove campane di Campidoglio benedette dalla S. di N. S. Pio VII, P. O. M. e descritte da Fr. Cancellieri, con varie notizie sopra i campanili e sopra ogni sorta di orologj ed un' appendice di monumenti. *Roma, Ant. Fulgoni,* 1806, 1 vol. in-4., avec titre gravé.

1202. De liturgia gallicana libri III, opera et studio D. Joh. Mabillon. *Parisiis, Montalant,* 1729, 1 vol. in-4.

1203. Heures nouvelles contenant l'office de tous les dimanches et festes de l'année, suivant le nouveau bréviaire et missel de Paris et de Rome. *Paris, Grangé,* 1745, 1 tom. en 2 vol. in-12.

1204. Missel de Paris, imprimé par ordre de Mgr. l'archevêque de Paris. *Paris, les libraires associés,* 1738, 4 vol. pet. in-12.

1205. Offices tirés de l'Ecriture Sainte pour tous les jours du mois avec les prières du matin et du soir, imprimés par ordre de son Eminence, Monseigneur le cardinal de Noailles, archevêque de Paris. *Paris, Ch. Jean Bapt. Delespine,* 1743, 4 tom. en 2 vol. pet. in-8.

1206. Eucologe ou livre d'église à l'usage de Paris, contenant l'office des dimanches et des fêtes. Partie d'hiver. Partie d'été. Imprimé par ordre de Mgr. l'archevêque. *Paris, les libraires associés,* 1774, 2 vol. in-18.

1207. L'office du matin pour les dimanches et les fêtes de l'année, à l'usage de Paris. Imprimé par ordre de Mgr. l'archevêque. Partie d'hiver. Partie d'été. L'office du soir pour les dimanches et fêtes. *Paris, Brajeux,* 1823, 3 vol. in-18.

1208. Graduel de Paris, noté pour les dimanches et les fêtes. Imprimé par ordre de Mgr. l'archevêque: nouvelle édition augmentée. *Paris, les libraires associés*, 1754, 2 vol. in-12. — Vespéral noté à l'usage du diocèse de Paris, contenant les nones, vêpres, complies et saluts de tous les dimanches et fêtes de l'année, avec les proses des fêtes solennelles et les matines des morts. *Paris, les libraires associés*, 1816, 1 vol. in-12.

1209. Office de la semaine sainte, en latin et en françois, à l'usage de Rome et de Paris. *Paris, Vᵉ Mazières*, 1728, 1 vol. in-8.

1210. Nouvelles étrennes spirituelles, contenant les vêpres de toute l'année et les Messes des principales fêtes, en latin et en français, à l'usage de Paris et de Rome, ornées de figures et augmentées de prières et de méditations chrétiennes. *Paris, Dehanty*, 1805, 1 vol. in-18, fig.

1211. Heures du diocèse de Lyon. Nouvelle édition. *Lyon, Ruzand*, 1821, 1 vol. in-18.

C. LITURGIES ORIENTALES.

GRECS.

1212. Leo Allatius de templis Græcorum recentioribus ad Jo. Morinum; de Narthece ecclesiæ veteris ad Gasp. de Simeonibus, necnon de Græcorum hodie quorundam opinationibus ad Paul. Zacchiam. *Coloniæ-Agrippinæ, Jod. Kalcovius*, 1645, fig. = Ejusd. de mensura temporum antiquorum et præcique græcorum exercitatio. *Ibid.*, 1645. = Ejusd. confutatio fabulæ de Joanna Papissa ex monumentis græcis. Bartoldus Nihusius recensuit, prologo atque epilogo auxit, nec non telescopium adjunxit. *Ibid.*, 1645; 3 part. en 1 vol. in-8.

1213. Litvrgiæ, sive Missæ S. S. Patrvm: Jacobi apostoli et fratris Domini. Basilij Magni, è vetusto codice latinæ tralationis. Joannis Chrysostomi, interprete Leone Thuseo. De ritv Missæ et Evcharistia. Ex libris B. Dionysij Areopagitæ et aliorum, cum notis F. Claudii de Sainctes, gr. et lat. *Parisüs, G. Morel*, 1560, 1 vol. in-folio.

1214. Sancti Joannis Chrysostomi liturgia, seu divina missa, græce. *Venetiis, Joan. Ant. et fratres de Sabio,* 1528, in-4.

Belle édition imprimée en rouge et noir. ·

1215. Explication de ·la liturgie ou messe exposée en langue grecque par la bouche d'or et prélat de l'Orient, St Jean Chrysostôme, faite succinctement par D. Nicolas Calimera, religieux grec et abbé de St Marie, à Famagouste. *Paris, Claude Blageart,* 1665, 1 vol. pet. in-8.

1216. Ἐγχειρίδιον χριστιανικὸν περιέχον μίαν σύντομον ἐξήγησιν τοῦ Θείου ναοῦ, τῶν ἐν αὐτῷ ἱερῶν σκευῶν, καὶ τῶν συνήθων ἀκολουθιῶν..... Manuel du chrétien, contenant une explication abrégée du temple de Dieu, des objets qui s'y trouvent, des habillements, des offices ordinaires, de la liturgie divine (la messe) et des saints mystères (sacrements), extrait de divers auteurs ecclésiastiques, et mis par demandes et réponses pour les chrétiens moins instruits..... par Démétrius Darbarevs et imprimé aux frais des frères Darbarevs. *Vienne en Autriche, typogr. grecque de Bendoti,* 1803, 1 vol. pet. in-8.

En grec moderne.

1217. Horologium, sive Diurnum, horas officii diurni continens, græce. *Florentiæ, per hæredes Philippi Juntæ,* 1520, mense Aprili, in-8.

Volume rare, composé de 184 ff. signat. A-Y, et imprimé en rouge et noir.

1218. Εὐχολόγιον sive rituale Græcorum complectens ritus et ordines divinæ liturgiæ, officiorum, sacramentorum, consecrationum, benedictionum, funerum, orationum, etc. cuilibet personæ, statui vel tempori congruos, juxta usum orientalis ecclesiæ, cum selectis Bibliothecæ regiæ, Barberinæ, Cryptæ — Ferratæ, Sancti Marci Florentini, Tillianæ, Allatianæ, Coresianæ, et aliis probatis mss. et editis exemplaribus, collatum. Interpretatione latina, nec non mixo-barbararum vocum brevi glossario, æneis figuris, et observationibus ex antiquis P. P. et maxime græcorum theologorum expositionibus

illustratum, opera R. P. F. Jac. Goar. *Lutetiæ-Parisior.,
Sim. Piget,* 1647, 1 vol. in-folio.

SYRIENS MARONITES, etc.

1219. D. Severi Alexandrini quondam patriarchæ de ritibus baptismi et sacræ synaxis apud Syros christianos
receptis, liber; nunc primum in lucem editus Guidone
Fabricio Boderiano exscriptore et interprete. *Antuerpiæ,
Christ. Plantinus,*[1] 1572. = ... ܟܬܒ̈ܐ ܣܘܪܝܝܐ ܟܠܫܝ
Syriacæ linguæ prima elementa. *Ibid.,* 1572; en 1 vol.
pet. in-4.

> En syriaque et en latin avec la transcription du syriaque en
> caractères hébreux ponctués; le syriaque a aussi les voyelles.
> Les premiers éléments ci dessus sont aussi de Guy Lefévre
> de la Boderie. Cet opuscule a 23 pages.

1220. **Missale chaldaicum juxtà ritum ecclesiæ nationis
Maronitarum.** *Romæ, in typographiâ Mediceâ,* 1594,
1 vol. pet. in-folio, fig. sur bois.

> Tout syriaque — 268 pag. (ܟܬܒܐ), plus 2 f. pour le titre
> et la dédicace latine à Clément VIII. — La date et le lieu de
> l'impression sont à la souscription de la fin.
> Plusieurs prières, notamment dans la liturgie de S. Cyrille,
> sont avec traduction arabe Karchouni.
> Ce volume est fort rare.

1221. **Liber ministri missæ juxtà ritum ecclesiæ nationis
Maronitarum.** *Romæ, ex typographia linguarum exter-
narum, apud Jac. Luna,* 1596, 1 vol. in-8., fig. sur bois.

> En syriaque — 280 pag. (ܟܬܒ), plus 4 f. préliminaires. — En
> regard du syriaque, il y a, dans une grande partie des priè-
> res, une version arabe Karchouni.

1222. **Missale chaldaïcum ex decreto Sacræ Congregationis de Propagandâ fide editum.** *Romæ, ex ejusdem
sacr. congr. typogr.,* 1767, 1 vol. in-folio, fig. sur bois.

> Publié par les soins de Joseph IV, patriarche des Chaldéens,
> en syriaque avec la version arabe Karchouni en regard.
> 616 pag. plus 2 feuillets pour le titre latin et le titre sy-
> riaque en caractères estranghelo.

1223. **In auxilio et ope Trinitatis sanctissimæ..... Officium simplex septem dierum hebdomadæ, ad usum
ecclesiæ Maronitarum** (syriace). **Impressum auctoritate
et impensis D. Pauli V......** Deinde sanctiss. domini

Gregorii XV, tandem abundantia clementiæ..... B. P.
N. Urbani VIII papæ...... *Romæ, in magna regum ci-*
vitate, 1624, *in collegio Maronitarum, excudebat Ste-*
phanus Paulinus. In-folio.

Très belle édition en gros caractéres d'autel.

1224. Officium feriale juxta ritum ecclesiæ Syrorum Maronitarum, Innocentii X. Pont. Max. jussu editum denuo
typis excusum regnante Pio VIII P. O. M. Editio tertia....
Romæ, ex typogr. Sac. Congr. de prop. fide, 1830,
1 vol. in-8.

Tout syriaque — 434 pag. (ܠܟܙ) plus 10 f. préliminaires
chiffrés en syriaque et 16 f. non chiffrés, dont le titre Latin —
21 lignes.

1225. ܡܡܚ ܐܦܐ ܡܨܐ ..... ܠܚܟܡܠ ܨܠܚܐ ܩܠܐ ܡܚܡܠܐܢ

..... ܒܫ Officium defunctorum ad usum Maronitarum
S. D. N. Gregorii XIII. Pont. Max. impensa chaldaicis
characteribus impressum. *Romæ, Dominicus Basa*, 1585,
1 vol. pet. in-4.

Tout syriaque. 90 ff. cotés 89 (ܨܛ), le f. 47 (ܡܙ) étant ré-
pété — Encadrement d'une jolie vignette — Gros caractéres
— 18 lignes — Le 1ᵉ f. a un côté blanc; l'autre côté est
occupé par une jolie gravure sur bois représentant Jésus porté
au tombeau.

ARABES ET COPTES.

1226. ..... كتاب الانجيل الشريف *Kitâb el endjîl el*
cherif..... Livre du saint Evangile, divisé pour tout
le cours de l'année, suivant l'ordre des S. S. Pères
orientaux; traduit sur le grec et collationé, conforme
à la Vulgate arabe, omettant toutefois le commentaire
qui l'accompagne, qui ne se trouve pas dans l'original
grec. (*Au Liban*, 1776). 1 vol. in-folio.

Tout arabe — A la fin de la préface on lit : *Imprimé par*
l'ordre des supérieurs ecclésiastiques dans le couvent de S. Jean-
Baptiste appelé Chouëïr, sur le mont Kesrouân, par les religieux
melkites grecs de la règle de S. Basile, 1776 — 315 pag.
(ܬܝܗ), plus 2 f. non chiffrés de titre et préface — 27 lignes
— Encadr. d'un double filet.

1227. ..... كتاب النبوات الكنايسى *Kitâb el nubuouât*
el kenâïssy .... Livre ecclésiastique des prophètes

contenant les lectures pour le carême, les leçons des heures de la semaine de la Passion, celles du temps de Pâques, celles des Vigiles pour la naissance de N. S. et pour l'Epiphanie, les fêtes des Saints et celles de la S⁰ Vierge pour tout le cours de l'année, suivant l'ordre des Pères orientaux. (*Au Liban*, 1775), 1 vol. pet. in-folio.

Tout arabe — 226 pag. (ﭒﭒﭞ), 2 col. — encadrement d'un filet double; 27 lig. — titres à l'encre rouge. A la fin de la préface: *Achevé d'imprimer, avec la permission des supérieurs dans le couvent de S. Jean Baptiste, appelé Chouéïr, de la préfecture de Kesrouân, par les soins des moines réguliers de S. Basile de la nation grecque, melkites.* 1775.

1228. ...... كتاب الزبور الالهى لداود النبى *Kitâb el zebour el alehy li Dâoud el naby* ..... Livre des psaumes divins de David le prophète, contenant les 150 psaumes distribués pour les sept matines de la semaine, d'après l'ordre des S. S. Pères orientaux, et divisés en 20 sections, suivis des dix cantiques tirés des prophètes. 6ᵉ édition. (*Au Liban*, 1780), 1 vol. in-8.

Tout arabe — A la fin de la préface on lit: *Achevé d'imprimer pour la sixième fois, dans le couvent de S. Jean-Baptiste, appelé Chouéïr, situé sur le mont Kesrouân, par les moines réguliers de S. Basile, de la nation grecque, melkites,* année 1780— 366 pag. (ﭒﭞﭞ), plus 8 ff. additionnels.

1229. Horæ diurnæ et nocturnæ ad usum orientalium. *Romæ, typ. S. Congr. de Prop. fide*, 1692, 1 vol. pet. in-12.

Tout arabe — 276 pag. cotées en chiffres arabes et européens, plus le titre latin et à la fin 17 ff. non chiffrés signés N et O. — Filet rouge en haut et en bas de chaque page; encadrement d'un filet noir — 15 lign. (Schnurrer, 264).

1230. Liturgiarum orientalium collectio, in qua continentur liturgiæ Coptitarum, tres Basilii, Gregorii theologi, et Cyrilli Alexandrini, latine conversæ, secundum exemplar copticum; adjunctæ sunt rubricæ rituales ex variis codicibus mss. collectæ et suis locis appositæ. Earumdem liturgiarum contextus græcus, ex cod. græc. arab. Bibliothecæ regiæ, priorum duarum numquam editus, tertiæ pridem editus sub titulo liturgiæ S. Marci, cum versione latina et notis necessariis. Commentarius in liturgiam copticam S. Basilii, in quo ritus et omnia ad disciplinam eucharisticam pertinentia explicantur, præcipue ex autoribus orientalibus; notæ breviores in reliquas liturgias, liturgiæ generalis Æthiopum nova versio, cum notis necessariis. Accedunt dissertationes IV I. de liturgiarum orientalium origine et auctoritate; II. de liturgiis Alexandrinis; III. de lingua coptica; IV. de patriarcha Alexandrino cum officio ordinationis ejusdem, opera et studio Eusebii Renaudotii. *Parisiis, J. Bapt. Coignard,* 1716, 2 vol. in-4.

1231. Liturgiæ S. Basilii magni, S. Gregorii theologi, S. Cyrilli Alexandrini, ex arabico conversæ à Victorio Scialach, Accurensi maronita e monte Libano (latine). *Augustæ-Vindelicorum, apud Christoph. Mangum,* 1604, 1 vol. pet. in-4.

1232. Ⲡⲓ ϫⲱⲙ ⲛ̄ⲧⲉ ⲡⲓϣⲟⲙⲧ ⲛ̄ⲁⲛⲁⲫⲟⲣⲁ .... *Pi djôm nte pichomt nanaphora* ..... كتاب الثلثة قداسات *Kitâb el 'tsalatset qoudâsât* ..... Livre des trois liturgies, c'est-à-dire de S. Basile, de S. Grégoire le théologien, et de S. Cyrille, avec encore d'autres saintes prières. In-4.

Missel impr. à Rome, à la Propagande, par les soins de Raph. Tuki, en 1736.

2 parties; la première de 288 pag. (Ⲣ̄ⲡⲏ); la 2ᵈᵉ de 373 pag. marquées par erreur 383(Ⲣ̄ⲁⲡ̄-ⲁⲡⲅ), la dixaine 370 étant omise: plus à la fin 5 pag. d'errata et 1 f. pour la souscription et en tête le f. de titre et 1 f. où est une gravure sur bois; *la fuite en Egypte* — Col. copte, 27 lig.: col. arabe, 21 lignes.

1233. Ⲡⲓ ϫⲱⲙ ⲉϥⲉⲣⲁⲡⲁⲛⲧⲟⲕⲧⲓⲛ ⲉϫⲉⲛ ⲛⲓ ⲉⲩⲭⲏ .... *Pi djôm eferapandoktin edjen ni evkhi* ... كتاب يشتمل على الصلوات المقدسة الجزء الاول ..... *Kitâb 'ochtemil' alà el çalaouât el moqqadeset eldjez'el aoul*.... Livre contenant les prières sacrées, 1ʳᵉ partie. In-4, 2 vol.

Pontifical copte arabe imprimé à Rome; à la Propagande, par Raph. Tuki.

Le 1ᵉʳ vol. de l'année 1761, a 676 pag. (Ⲭ̄ⲟⲩ), plus

VII pag. de titre et pièces préliminaires. — Le 2ᵉ vol. est de 1762 et forme 515 pag. (ⲟⲓⲟ-ⲫⲓⲉ), plus XI pag. de titre, table, etc. — Col. copte, 30 lig.; col. arabe, 23 lig.

Ce second volume a pour titre: Ⲡⲓ ⲙⲉⲣⲟⲥ ⲙ̅ ⲙⲁⲃⲥ-ⲛⲁⲧϯ ⲛ̅ⲧⲉ ⲡⲓⲉⲩⲭⲟⲗⲟ ⲅⲓⲟⲛ ⲫⲏⲉⲧⲉϥⲉⲣⲁⲡⲁⲛ-ⲧⲟⲕⲧⲓⲛ..... الجزء الثانى من الخو لوجيون .....

Deuxième partie de l'eucologe.

1234. Ⲟⲩ ⲭⲱⲙ ⲛⲧⲉ ⲛⲓ ⲉⲩⲭⲏ..... *ou djôm nte ni evkhi*..... كتاب الصلوات النهارية و الليلية السبعة *Kitâb el çalaouât el nahâriet ou el leïliet el ¡seb'a et.* Livre des prières du jour et de la nuit pour les sept jours de la semaine. 1 vol. pet. in-8.

Diurnal copte arabe imprimé à Rome, à la Propagande, par les soins de Raph. Tuki, en l'année 1750.

Titre, 1 f. plus 1 autre f. ayant sur chaque côté une vignette sur bois — Texte; 378 pag. chiffrées 388 (ⲧⲓⲏ); la dizaine 90 étant omise — 2 colonnes — Col. copte, 26 lig.; col. arabe, 20 lig.

1235. Ⲡⲓ ⲭⲱⲙ ⲛⲧⲉ ⲛⲓ ⲑⲉⲟⲧⲟⲕⲓⲁ..... *Pi djôm nte ni theotokia*..... كتاب الثاود وكيات *Kitâb el tseodo-kïât*..... Livre des théotokies ou hymnes en l'honneur de la Sᵗᵉ Vierge, pour le mois de koïak. 1 vol. in-4.

En copte et en arabe en regard l'un de l'autre et imprimé aussi à Rome, à la Propagande, par les soins de Raph. Tuki, en 1764.

334 pag. (ⲙⲙⲣ-ⲧⲗⲁ), plus 12 p. pour le titre et la table — Col. copte, 30 lig.; col. arabe, 24 lig.

1236. Ⲡⲓ ⲭⲱⲙ ⲛⲧⲉ ϯ ⲙⲉⲧⲣⲉϥϣⲉⲙϣⲓ..... *Pi djôm nte ti metrefchemchi*..... كتاب خدمة الاسرار المقدسة *Kitâb khidmet el asrâr el moqaddeset*...... Livre contenant le service des saints mystères, celui des funérailles, les antiennes pour le cours de l'année, et le service des différents jours du mois. In-4.

Rituel imprimé à Rome, à la Propagande, par les soins de Raphael Tuki, en 1763.

716 pag. (ⲩⲓⲯ-ⲯⲓⲋ), plus 20 pag. pour le titre, la table et autres préliminaires. — Col. copte, 30 lig.; col. arabe, 23 lig.

C. CULTE PRIVÉ OU THÉOLOGIE ASCÉTIQUE OU MYSTIQUE.

1237. Thomæ a Kempis de Imitatione Christi libri quatuor. *Lugduni, ex officina Elzeviriana*, 1658, 1 vol.
pet. in-12, front. gravé.

1238. Thomæ a Kempis canon. regul. ord. Sancti Augustini de Imitatione Christi libri quatuor recensiti ad fidem
autographi anni M. CCCC. XLI per Henr. Sonimalium,
Her. Rosweydum, Joan. Bollandum, Phil. Chiffletium,
nunc una cum hisce quatuor apographis collati et editi
per Petr. Lambinet. *Parisiis, Mame fratres*, 1810, 1 vol.
in-12.

1239. De Imitatione Christi libri IV, ad pervetustum
exemplar, internarum consolationum dictum, nec non
ad codices complures ex diversa regione ac editiones
ævo et nota insigniores, variis nunc primum lectionibus subjunctis, recensiti, et indicibus locupletati; studio
J. B. M. Gence. *Parisiis, Treuttel et Würtz*, 1826,
1 vol. in-8. — Nouvelles considérations historiques et
critiques sur l'auteur et le livre de l'Imitation de J. C.,
ou précis et résumé des faits et des motifs qui ont dé-
terminé la restitution de ce livre à J. Gerson, chance-
lier de l'église de Paris, par J. B. M. Gence . . . . .
Paris, Treuttel et Würtz, 1832, in-8. broch. (88 *pag.*).

1240. De imitatione Christi et contemptu mundi om-
niumque ejus vanitatum, libri IV. Codex de advocatis
sæculi XIII: editio secunda cum notis et variis lectionibus curante Equite G. de Gregory. *Parisiis, Firmin
Didot*, 1833, 1 vol. gr. in-8, fig. et facsimile.

1241. Dissertation sur soixante traductions françaises de
l'Imitation de Jésus-Christ. . . . . par Ant. Alex. Barbier,
suivie de considérations sur la question relative à l'auteur de l'Imitation. *Paris, Lefèvre*, 1812, 1 vol. in-12.

1242. L'Imitation de Jésus-Christ, traduite et paraphrasée
en vers françois, par P. Corneille. Enrichie de figures
de taille-douce sur chaque chapitre. *Paris, P. le Petit*,
1653—54, 2 vol. in-16.

1243. Imitation de Jésus-Christ, traduction nouvelle sur
l'édition latine de 1764, revue sur huit manuscrits, par

M. l'abbé Valart. *Paris, J. Barbou,* 1766, 1 vol. in-12, fig. de Marillier.

1244. Imitation de Jésus-Christ par Beauzée, avec une notice historique et des notes explicatives par l'abbé Labouderie. *Paris, Ch. Gosselin,* 1824, 1 vol. in-8., pap. vélin.

A la fin du volume se trouve le Panégyrique de Saint Louis, roi de France, par l'abbé Labouderie. Paris, Rignoux, 1824 (55 pag.).

1245. L'Imitation de Jésus-Christ, traduction nouvelle, avec l'approbation de Monseigneur l'Archevêque de Paris, et l'agrément de N. S. P. le pape Grégoire XVI, par M. l'abbé Dassance; enrichie de réflexions morales et chrétiennes extraites de Bossuet, Massillon, Fléchier, Fénelon, et des Pères de l'Eglise, et illustrée par M. M. Tony Johannot et Cavelier. *Paris, Curmer,* 1836, 1 vol gr.-8, pap. vélin, avec frontispice en couleur et en or et texte encadré dans des ornements imités des anciens manuscrits.

Superbe édition.

1246. Los IV libros de la Imitacion de Christo y menosprecio del mundo, compuestos en latin por el venerable Tomas de Kempis..... y traduzidos en español por el Padre Juan Eusebio Nieremberg..... emendados de muchos errores en esta edicion a que van juntas las reflexiones morales y christianas sobre el primer Libro, compuestas en frances por S. A. R. Madama la Duqueza de Guisa. Van agnadidos los dictamenes de Espiritu y perfeccion del mismo Padre Juan Eusebio. *Paris, Pedro Witte,* 1713, 1 vol. pet. in 12, figures.

1247. Thomæ von Kempen vier Bücher von der Nachfolgung Christi, mit Uebungen und Gebeten am Ende eines jeden Kapitels, von P. Gonnelieu, der Gesellschaft Jesu; aus dem Franz. in's Deutsche übersetzt von einem Vater derselben Gesellschaft. *Kölln und Frankfürt, Heinr. Noethen,* 1747, 1 vol. pet. in-8.

1248. كتاب الاقتدا بالمسيح ..... Thomæ a Kempis de Imitatione Christi libri IV, de latino in arabicum versi a P. F. Cælestino a S. Liduina, carm. discalc.

Romæ, typis S. Congr. de Prop. fide, 1663, 1 vol. pet. in-8.

12 pag. de prélim. latins — texte 548 pag. (ܘ٤ܐ), plus 7 f. arabes de tables et errata non chiffrés. — 16 lignes.

1249. Thomæ Kempisii de Christo Imitando liber primus ex latino in arabicum versus à P. F. Cælest. a S. Liduina, carmelita discalceato. Recudi curavit Jo. Henr. Callenberg. *Halæ, in typogr. Instituti Judaici,* 1738. = Liber secundus, *Ibid.,* 1738. = Liber tertius, *Ibid.,* 1738. = Liber quartus, *Ibid.,* 1739; 4 tom. en 1 vol. pet. in-8.

Pour le détail de ce petit livre rarement complet, voyez la note qui accompagne le Nᵒ 1373, Tome 1ᵉʳ, pag. 296 du Catal. Silv. de Sacy.

1250. Révélations célestes et divines de Sainte Brigitte de Suède, communément appelée la chère épouse, divisées en huit livres, trad. par Jac. Ferraige. *Paris, Jean de Heugueville,* 1624, 1 vol. in-4.

1251. Orationi di S. Brigida stampate d'ordine della S. congr. di Prop. fide, con la traduttione dalla lingua italiana nell' araba di Gios. Banese maronita. *Roma, stamp. di detta S. Congreg.,* 1677, pet. in-12.

Texte et traduction en regard — 96 pág. plus 2 ff. pour le titre italien et le titre arabe: بسم..... صلوات ال ..... قديسة بريجيتا *Bism..... çalaouât el qadîset Brîdgtta.*

1252. Les délices de l'esprit, dialogues dediés aux beaux esprits du monde; par J. Desmarets de Saint-Sorlin. *Paris, Lambert,* 1661, 1 vol. in-fól., avec fig. de Chauveau.

1253. Collection complète des œuvres spirituelles du P. Judde, recueillies par l'abbé Le Noir-Duparc. *Paris, Nyon l'aîné,* 1781 et 1782; 7 vol. in-12.

1254. Bihtebuoch dabey die Bezeichenunge der heil. Messe. Beichtbuch aus dem XIV. Jahrh. mit Glossen herausgegeben von Prof. Oberlin. *Strasburg,* 1784, 1 vol. pet. in-8.

Livre de confession et explication de la sainte Messe, en dialecte de Souabe du 14ᵉ siècle.

1255. De la connaissance de Jésus-Christ considéré dans ses mystères et dans ses différentes qualités ou rapports avec Dieu son père, avec ce monde visible, avec les hommes dans leurs différents états et avec les bienheureux dans le ciel, avec des élévations sur chaque mystère de Jésus-Christ et sur chacune de ses qualités (par l'abbé Caussel). *Paris, J. Th. Hérissant,* 1762, 2 vol. in-12.

1256. Traité de la croix de N. S. Jésus-Christ, ou explication du mystère de la passion de N. S. Jésus-Christ, selon la Concorde. *Paris, Barthél. Alix,* 1733, 9 tom. en 14 vol. in-12.

1257. Les Tableaux de la pénitence, par messire Antoine Godeau, evesque de Vence. *Jouxte la copie à Paris, chez Ant. Th. Jolly (Holl. Elzev.),* 1665, 1 vol. in-12, fig.

1258. Les dignes fruits de pénitence dans un pécheur vraiment converti, ou image d'un véritable pénitent. *Paris, J. Desaint,* 1743, 1 vol. in-12.

1259. Sentimens d'une âme pénitente sur le Pseaume Miserere mei, Deus, et retour d'une âme à Dieu sur le Pseaume Benedic. anima mea, avec l'ordinaire de la messe et des réflexions chrétiennes par Madame D***. Quinzième édition augmentée, avec figures. *Paris, Cl. Hérissant,* 1746, 2 tom. en 1 vol. pet. in-12, fig.

1260. Le glorie di Maria Santissima opera del B. Alfonso Maria de' Liguori..... tradotta dalla lingua italiana nell' idioma arabo dall' illustr. Mgr. Massimo Mazlum arcivescovo di Mira Greco-Melchita di Aleppo. *Roma, stamperia della S. Congr. de prop. fide,* 1827, 1 vol. in-4., portr.

Tout arabe — 697 pàg.(٩٩ظ) —24 lignes. Le titre arabe est:

كتاب امجاد مريم البتول والدة الآله الكلية القداسة ....

1261. L'Imitation de la Très Sainte Vierge, par l'abbé d'Hérouville, dédiée à Madame. *Paris, L. Janet,* 1819, 1 vol. in-12, fig.

1262. Discours de piété sur les plus importants objets de la religion ou sermons pour l'Avent, le Carême et les principaux mystères (par P. Pacaud). *Paris, Desaint et Saillant*, 1745, 3 vol. pet. in-8.

1263. كتاب افكاروتاملات مسيحية *Kitâb efkâr oue teëmmulât mesîhhïet*..... Livre des pensées et des réflexions chrétiennes..... A la fin: *Excudebat Petrus le Petit typ. regius*, 1679, (133 *pag.*). = سبع مزامير التوبة ومديحة للعذرى مريم *Seb'a mezâmir el toubet oue madîhhet lil' adzrà Marïam*..... Les sept psaumes de la pénitence et louanges de la Vierge Marie. *Ibid.*, 1679 (24 *pag.*), 1 vol. in-12.

Jolie édition éxécutée avec les types de Savary — 14 lignes.

1264. ميزان الزمان و قسطاس ابدية الانسان *Mîzân el zemân oue qisthâs ebedïet el insân*..... Balance du temps et équilibre de l'éternité. (*Au Liban*, 1734), 1 vol. pet. in-4.

Tout arabe — 362 pag. (٣٩٢), plus 7 ff. non chiffrés, pour la préface et les autres pièces préliminaires — Encadrem. d'un double filet — 19 lignes.

A la fin de la deuxième page de la préface on lit: *trad. de l'italien....' et commencé d'imprimer dans le couvent de S. Jean Baptiste, nommé Chouëïr, sur la montagne des Druses, préfecture de Zeida, en l'année* 1733 — A la fin du vol.: *Achevé le seizième jour de chaban* 1734 — Voy. la note du N° 1378 du Catal. Silv. de Sacy, tom. 1er, pag. 298.

1265. الجزء الرابع من كتاب اباطيل العالم *El djez el râbi' min kitâb abâthil el'âlem*..... Quatrième partie du livre des vanités du monde, dont l'auteur est le docteur excellent Didacus Stella. (*Au Liban*, 1740), 1 vol. pet. in-4.

1266. كتاب تاملات جهنم المريعة وحماقة الخطاة الفظيعة *Kitâb teëmmulât djehennem el merï'et oue hhamâqet el khothâet el fazhï'et*..... Livre de méditations sur l'enfer, et sur la folie du péché horrible, composé en arabe par Jousef-el-Aboudiakin, connu sous le nom de Ibn-Djerdjis, d'Halep, le Maronite; contenant sept méditations dont chacune est composée de trois parties et suivie d'une prière y relative. (*Au Liban*, 1769). Pet. in-8.

1267. كتاب قوت النفس المشتمل على تاملات شهرية

Kitâb qout el nefs el mochtemil 'alà teêmmulât cheherïet.....
Livre de la nourriture de l'âme, contenant des médita-
tions pour chaque jour du mois sur la Passion de N.
S. Jésus-Christ. *(Au Liban, 1772), 1 vol. in-8.*

Sur ces trois derniers ouvrages, tout arabes, cf. le Catal,
Silv. de Sacy, Tome I., pag. 298 et 299, aux Nᵒˢ 1379 à 1381.

1268. Pensées chrétiennes ou entretiens de l'âme fidèle
avec le Seigneur pour tous les jours de l'année, par un
prêtre français exilé pour la foi. Seconde édition.
Londres, imprimerie de T. Baylis, 1801, 5 vol. in-12.

Du mois de janvier au mois d'octobre.

1269. Epîtres et Evangiles (pour toute l'année avec des
réflexions chrétiennes). *Paris, Urb. Canel,* 1825, 1 vol.
in-8., pap. vélin et figures.

1270. Les saints désirs de la mort, ou recueil de quelques pensées des pères de l'Eglise pour montrer comment les Chretiens doivent mépriser la vie et souhai-
ter la mort, par le R. P. Lalemant. *Bruxelle, Pierre
Le Marchand,* 1733, 1 vol. in-12.

1271. Extraits d'un recueil de discours de piété sur
nos derniers temps. *Paris, Doublet,* 1822, 4 tom. en
5 vol. in-12.

1272. Traité de la prière, divisé en sept livres, par
Monsieur Nicole. Nouvelle édition revue et corrigée.
Paris, J. F. Josse, 1740, 2 vol. in-12.

1273. Precationes aliquot celebriores e sacris Bibliis de-
sumptæ ac in studiosorum gratiam lingua hebraica,
græca et latina in Enchiridii formulam redactæ. Adjectis benedictionibus, canticis et si qua alia ejusdem
sunt generis. *Parisiis, Martinus Juvenis,* 1554, 1 vol.
pet. in-16.

1274. Prières chrétiennes en forme de méditations sur
tous les mystères de Notre Seigneur, de la Sainte
Vierge et sur les dimanches et les fêtes de l'année, avec
les exercices de piété pour les trois consécrations.
Nouvelle édition revue, corrigée et augmentée par l'auteur. *Paris, Th. Dehansy,* 1752, 2 vol. in-12.

1275. Preces S. Niersis Clajensis Armeniorum patriarchæ, viginti quatuor linguis editæ, arm. l. (litterali), arm. v. (vulgari), græc. l., græc. v., lat., ital., gall., hisp., germ., holl., angl., hibern., russ., polon., illyr. (litt. russicis), serv., hung., turc., pers., arab., hebr., chald., syr., iber. (sive georgica. Edente Pasch. Aucher.) *Venetiis, in insula S. Lazari,* 1823, 1 vol. in-12, fig.

5. HISTOIRE DES SUPERSTITIONS ET DES SCHISMES.

1276. Traité de superstitions selon l'Ecriture Sainte, les décrets des conciles et les sentiments des saints Pères et des théologiens, par Jean Baptiste Thiers. 2ᵉ édition. *Paris, Ant. Dezallier,* 1697, 4 vol. in-12.

1277. Mémoires pour servir à l'histoire de la fête des fous, qui se faisait autrefois dans plusieurs églises, par Du Tilliot. *Lausanne et Genève,* 1751, 1 vol. in-12, fig.

1278. Historia flagellantium. De recto et perverso flagrorum usu apud Christianos. Ex antiquis Scripturæ, Patrum, Pontificum, Conciliorum et scriptorum profanorum monumentis cum cura et fide expressa (auctore Jac. Boileau). *Parisiis, Joann. Anisson,* 1700, 1 vol. in-12.

1279. Histoire des flagellans, où l'on fait voir le bon et le mauvais usage des flagellations parmi les chrétiens, trad. du latin de l'abbé Boileau (par l'abbé Granet). *Amsterdam, Fr. Van der Plaats,* 1701, 1 vol. in-12.

1280. Critique de l'histoire des flagellans, et justification de l'usage des disciplines volontaires, par J. B. Thiers. *Paris, J. de Nully,* 1703 = Lettre (du P. du Cerceau) à Mʳ de L. C. P. D. B. sur le livre intitulé *Historia Flagellantium. S. l. ni d.* (43 *pag.*), en 1 vol. in-12.

1281. Histoire des sectes religieuses qui, depuis le commencement du siècle dernier jusqu'à l'époque actuelle, sont nées, se sont modifiées, se sont éteintes dans les quatre parties du monde; par Grégoire. *Paris, Potey,* 1814, 2 vol. in-8.

1282. Histoire des sectes religieuses qui sont nées, se sont modifiées, se sont éteintes, dans les différentes contrées du globe, depuis le commencement du siècle dernier jusqu'à l'époque actuelle; par Grégoire, ancien évêque de Blois. Nouvelle édition, corrigée et considérablement augmentée. *Paris, Baudouin,* 1828, 5 vol. in-8.

6. PROTESTANTISME.

A. GÉNÉRALITÉS — PROTESTANTISME EN EUROPE.

1283. Histoire des variations des églises protestantes, par Messire Jacques Bénigne Bossuet. Seconde édition. *Paris, veuve Cramoisy,* 1689, 4 tom. en 2 vol. in-12.

1284. Dissertation sur les églises catholiques et protestantes, par César-Guill. de la Luzerne, ancien évêque de Langres; seconde édition. *Paris, Potey,* 1818, 2 vol. in-12.

1285. Histoire de la réformation au XVI siècle, par J.-H. Merle d'Aubigné. *Paris, F. Didot et Delay,* 1835-47, 4 vol. in-8.

1286. Histoire de la réformation, ou origine et progrès du Luthéranisme dans l'empire et les états de la Confession d'Augsbourg, depuis 1517 jusqu'en 1530, par Isaac de Beausobre (publié par Bajon de Moncets). *Berlin,* 1785, 4 vol. in-8.

1287. Historia Joannis Cochlaei de actis et scriptis Martini Lutheri Saxonis, chronographice ex ordine ab anno Domini 1517 usque ad annum 1546 inclusive fideliter descripta et ad posteros denarrata, cum indice et edicto Wormaciensi. *Coloniæ,* 1568, 1 vol. pet. in-8.
Volume rare et curieux.

1288. Mémoires de Luther écrits par lui-même, traduits et mis en ordre par M. Michelet, précédés d'un essai sur l'histoire de la religion, et suivis des biographies de Wicleff, Jean Huss, Erasme, Melanchton, Hutten et autres prédécesseurs et contemporains de Luther. *Paris, Hachette,* 1833—35, 3 vol. in-8.

1289. Luther's kleiner Katechismus. Nach den Original-ausgaben kritisch bearbeitet. Ein Beitrag zur Geschichte der Katechetik. Von K. F. Th. Schneider. *Berlin, Wiegandt und Grieben,* 1853, in-8. (LXXI et 101 *pag.*) — Catéchisme de Martin Luther tiré de ses œuvres, recueillies par Louis Ussleber, 1744, traduit de l'alle-mand de l'ouvrage périodique intitulé: *Le Catholique,* imprimé à Strasbourg; sixième année. *Paris, Ad. Le-clère,* 1835, in-8. (36 *pag.*)

Voire encore le N° 1322 ci après.

1290. Essai sur l'esprit et l'influence de la réformation de Luther. Ouvrage qui a remporté le prix sur la question proposée dans la séance publique du 15 germ. an X (5 avril 1802) par l'Institut national de France: « Quelle a été l'influence de la réformation de Luther «sur la situation politique des differéns Etats de l'Eu-«rope et sur le progrès des lumières?»; par Ch. Villers. Nouvelle édition. *Paris, Treuttel et Würtz,* 1820, 1 vol. in-12.

1291. Karl von Villers Versuch über den Geist und den Einfluss der Reformation Luthers; eine gekrönte Preis-schrift, aus dem Französisch. ..... übersetzt von K. Fr. Cramer, mit einer Vorrede und Beilage einiger Ab-handlungen von Heinr. Ph. Konrad Henke. *Hamburg, Benj. Gottl. Hoffmann,* 1805, 1 vol. gr. in-8.

1292. De l'influence de la réformation de Luther, sur la croyance religieuse, la politique et les progrès des lumières, par M. Robelot. *Lyon, Rusand,* 1822, 1 vol. in-8.

1293. Histoire de la Confession d'Augxbourg, contenante les principauls traittez et ordonnances, etc., recueillie par le D. David Chytreus et nouvellement mise en françois par Luc Le Cop. *Anvers, Arn. Coninx,* 1582, 1 vol. gr. in-4.

1294. Confessio oder Bekantnus des Glaubens etlicher Fürsten unnd Stedte. Uberantwort Keiserlicher Maies-state zu Augspurg. Anno MDXXX. Apologia der Con-

fessio = Apologia der Confession aus dem Latin ver-
deudschet durch Justum Jonam. *Wittemberg.* 1 vol.
pet. in-8., goth.

A la fin du volume on lit: *Gedruckt* (sic) *bey Andreas Rau-
scher,* 1532.
La Confession forme 22 feuillets non chiffrés, l'Apologie 167.

1295. Histoire ecclésiastique des églises réformées au
royaume de France, de 1521—1563 (par Theod. de
Beze). *Anvers, de l'imprimerie de Remy (Genève),* 1580,
3 vol. in-8.

1296. Histoire apologétique, ou défense des libertés des
églises réformées de France. *Amsterdam,* 1688, 2 vol.
in-8.

1297. La discipline ecclésiastique des églises réformées
de France, avec les observations des synodes nationaux
sur tous ses articles, à quoi l'on a joint la conformité
de ladite discipline avec celle des anciens chretiens, et
la discipline du synode de Dordrecht (par. M. M.
d'Huisseau et Larroque). *Amsterdam,* 1710, 1 vol. in-4.

1298. Histoire des Albigeois et gestes de noble Simon
de Montfort, descrite par frère Pierre de Vallée Sernay,
moine de Cisteaux, et rendue de latin en françois par
Arnaud Sorbin. *Paris, Guil. Chaudière,* 1569, 1 vol.
pet. in-8.

1299. Histoire des chrestiens Albigeois, contenant les
longues guerres, persécutions qu'ils ont souffert (*sic*) à
cause de la doctrine de l'Evangile, par J. Paul Perrin.
Genève, Matthiev Berjon, 1618, 1 vol. pet. in-8.

1300. Histoire de la croisade contre les hérétiques Albigeois, écrite en vers provençaux par un poëte contem-
porain, traduite et publiée par M. C. Fauriel. *Paris, Impr.
royale,* 1837, 1 vol. in-4.

1301. Histoire des Anabaptistes, ou relation curieuse de
leur doctrine, règne et révolutions (par le P. Catrou).
Paris, Ch. Clouzier, 1695, 1 vol. in-12, fig.

1302. Histoire des Anabaptistes, contenant leur doctrine,
les diverses opinions qui les divisent en plusieurs sectes
(par le P. Catrou). *Amsterdam, J. Desbordes,* 1699,
1 vol. in-12, avec nombreuses figures.

14*

1303. Nicolai Sanderi de origine et progressu schismatis anglicani libri tres, aucti per Eduardum Rishtonum,
Romæque impressi; nunc vero in Germania iterum lo-
cupletius et castigatius editi. *Ingolstadii, ex officina
typogr. Wolfgangi Ederi,* 1588, 1 vol. pet. in-8.

1304. Sketch of the reformation in England, by the rev.
J. J. Blunt. *London, J. Murray,* 1832, 1 vol. in-18,
pap. vélin.

1305. The book of common prayer, and administration
of the sacraments, and other rites and ceremonies, of
the church of England: together with the Psalter, or
Psalms of David, pointed as they are to be sung or
said in churches. *Cambridge, printed by Baskerville,*
1762. = The holy Bible, containing the Old Testament
and the New, newly translated out of the original tongues and with the former translations diligently compared and revised by his majesty's special command;
appointed to be read in churches. *London, Mark Bas-
kett,* 1763. = The whole book of psalms collected into
english metre by Thom. Sternhold, John Hopkins, and
others, conferr'd with the hebrew, set forth and allow-
ed to be sung in all churches..... *London, Woodfall,*
1763, en 1 vol. pet. in-8.

1306. Entretiens d'un père avec son fils sur les premiers
principes de la religion et de la morale, ou catéchisme
raisonné, trad. de l'anglois. *Amsterdam, Wetstein,* 1732,
1 vol. in-8.

1307. A pràctical view of the prevailing religious system
of professed Christians in the higher and middle classes in this country contrasted with real christianity;
by W. Wilberforce. Eleventh edition. *London, Cadell
and Davies,* 1815, 1 vol. in-8., pap. vélin.

1308. Histoire abrégée de la naissance et du progrez du
Kouakerisme avec celle de ses dogmes (par Philip.
Naudé). *Cologne, Pierre Marteau,* 1692, 1 vol. in-12.

1309. Gerardi Croesii historia Quakeriana, sive de vulgo
dictis Quakeris, ab ortu illorum usque ad recens na-
tum schisma. Libri tres in quibus præsertim agitur de
ipsorum præcipuis antecessoribus, et dogmatis (ut et

similibus placitis aliorum hoc tempore) factisque ac casibus memorabilibus. Editio secunda, cum indice locupletiore. *Amstelodami, H. et vid. Th. Boom,* 1696, 1 vol. pet., in-8.

1310. Erläuterungen der Würtembergischen Kirchenreformations und Gelehrten Geschichte; von Chr. Frid. Schnurrer. *Tubingen, Cotta,* 1798, in-8.

1311. Jo. Amos. Comenii historia fratrum Bohemorum, eorum ordo et disciplina ecclesiastica, cum ecclesiæ bohemicæ ad anglicanam parænesi; accedit ejusdem auctoris exercitatorium universale, cum præfatione Jo. Fr. Buddei de instauranda disciplina ecclesiastica. *Halæ, typis Orphanotrophei,* 1702, 1 vol. in-4.

1312. Sermons sur divers textes de l'Ecriture sainte par feu M. Sebald Fulco Jean Rau. *Leide, Luchtmans,* 1809—1811, 3 vol. in-8. — Predigten über verschiedene Texte der heiligen Schrift, von Seb. Fulco J. Rau, aus dem französisch. übersetzt von Magd. Heinr. Essler, geborne Rau. *Herborn,* 1811, 1 vol. in-8.

1313. Sermons de Hugh Blair, traduits de l'anglais par M. l'abbé de Tressan. *Paris, Dufour,* 1807, 5 vol. in-8.

B. PROTESTANTISME EN ORIENT.

1314. Christian researches in the Mediterranean, from 1815 to 1820. In furtherance of the objects of the church Missionary Society, by the Rev. W. Jowett; with an appendix containing the Journal of the Rev. James Connor, chiefly in Syria and Palestine. Second edition. *London, Seeley and Hatchard,* 1822, 1 vol. in-8, cartes, pap. vélin.

1315. Christian researches in Syria and the Holy-Land in 1823 and 1824 in furtherance of the objects of the church Missionary Society, by the Rev. W. Jowett; with an appendix containing the Journal of Mr Joseph Greaves on a visit to the Regency of Tunis. Second edition. *London, R. Watts*, 1826, 1 vol. in-8., cartes, pap. vélin.

1316. Liturgiæ ecclesiæ-anglicanæ partes præcipuæ, viz. preces matutinæ et vespertinæ, ordo administrandi cœnam Domini; ordo baptismi publici; una cum ejusdem ecclesiæ doctrina, triginta novem articulis comprehensa, nec non homiliarum argumentis; in linguam arabicam traductæ. Opera Edwardi Pocock. *Oxoniæ, typis Academ.*, 1674, 1 vol. pet. in-8.

Volume fort rare seulement cité par Schnurrer mais dont la description se trouve dans le Catalogue Silv. de Sacy, Voy. N° 1412, Tom. I. pag. 305.

1317. راه راست وحيات بخش *Râhi râst ou hhaïât bakhch.* Le chemin de la vérité et qui donne la vie. *Londres, Rich. Watts*, 1818, pet. in-8., pap. vélin.

Livre d'exhortations religieuses en persan, caractères ta'liq, contenant des extraits du Pentateuque, des Epîtres de S. Paul, des Actes des apôtres, de l'Evangile de S. Jean, de celui de S. Luc, etc., et terminé par l'Oraison dominicale.
51 pag. le titre non compris — 15 lig. — Date à la fin.

1318. موعظة مفيدة الى قراءة ومعرفة الكتب المقدسة *Mu'izhat mufîdet ilà qarâ'et ou ma'rifet el Koutoub el moqaddeset.* Instruction utile pour la lecture et la connaissance des livres saints, en deux parties, trad. de l'anglais en arabe par Ibrahim, fils de Joseph. *Londres, aux frais de la Société biblique, W. Bulmer et W. Nicoll,* 1821, pet. in-8., pap. vélin.

21 (٢١) pages, plus le faux titre — 17 lignes.
Le titre est à la troisième ligne de la page première, et la souscription à la fin du volume.

1319. مرشد الطالبين الى الكتاب المقدس الثمين *Mur-chid ettalibin ila'l Kitab-el-moqqaddas ats-tsémîn.* Introduction à la lecture de la Sainte Ecriture. *Malte,* 1840, 1 vol. in-8., cartes color.

Tout arabe — 364 pag. (٣٦٤) — 23 lignes. Livre très-rare en Europe.

1320. Petri Kirsteni Vratisl. Decas sacra canticorum et carminum arabicorum ex aliquot mss. cum latina ad verbum interpretatione. Accedit quoque Schema priore luculentius characterum arabicorum. *Breslæ, typis arabicis ac sumptibus authoris, in officina Baumanniana,* 1609, 1 vol. in-12.

> Ce volume se compose de 91 pag. numérotées, plus le titre et le dernier feuillet non chiffré. Le Schema qui vient après, manque à l'éxemplaire.

1321. On the religious establishments of Mewar, by lieut. col. James Tod. (From the transactions of the R. As Society of Gr. Brit. vol. II.) *London, J. L. Cox,* 1829, in-4., pap. vélin (59 *pag.*).

1322. Catechismus Lutheri grönlandice. *Kopenhagen,* 1756, in-8.

1323. Ajokarsoirsun Atuagekseit Nalegbingne Grönlandme. Ritual over Kirke-Forretningerne ved den Danske Mission paa Grönland..... *Copenhague, Christ. Schrœder,* 1783, pet. in-8. (63 *pages*).

> En groenlandais et en danois.

3. RELIGIONS DE L'ORIENT.

(INTRODUCTION; GÉNÉRALITÉS; RECUEILS DES LIVRES SACRÉS DE DIFFÉRENTS PEUPLES.)

1324. De initiis et originibus religionum in Oriente dispersarum, quæ differunt a religione christiana liber. E cod. msto arabico bibliothecæ universitatis litterarum regiæ Gottingensis edidit, interpretatione latina annotationibusque illustravit D. Georg. Henr. Bernstein. *Berolini, libr. Maureriana,* 1817, 1 vol. in-4.

> L'arabe placé à la fin du volume forme 57 (ov) pages.

1325. دبستان المذاهب *Dabistân el medzâhib.* Le coutumier des religions. (*Calcutta,* 1224) [1809], 1 vol. pet. in-folio.

> En persan — Caract. ta'liq. — 545 pages (ofo); plus la table, 3 pages (۳). — 23 lignes.
>
> Cet ouvrage du cheïkh Mohammed Fani est un exposé des croyances des différents peuples, persans, indiens, tibétains, juifs, chrétiens, musulmans, saducéens, sofis, etc.
> A la fin se trouve un vocabulaire de mots techniques expliqués en persan, ainsi qu'une table d'errata et un avant-propos.

1326. The Dabistan, or school of manners, translated from the original persian, with notes and illustrations, by David Shea and Anthony Troyer; edited, with a preliminary discourse, by the latter. *London, oriental translation fund and Paris*, 1843; 3 vol. in-8.

1327. Abu'l-Fath' Muhammad asch — Schahrastâni's Religionspartheien und Philosophenschulen zum ersten Male vollständig aus dem Arabischen übersetzt und mit erklärenden Anmerkungen versehen von Dr Theod. Haarbrücker. Erster und zweiter Theil. *Halle, Schwetschke und Sohn*, 1850—51, 2 vol. in-8.

1323. Les livres sacrés de l'Orient, comprenant le Chou-king ou le livre par excellence, les Sse-Chou ou les quatre livres moraux de Confucius et de ses disciples, les lois de Manou, premier législateur de l'Inde, le Koran de Mahomet, traduits ou revus et publiés par G. Pauthier. *Paris, société du Panthéon littéraire*, 1842, 1 vol. gr. in-8., à 2 colonnes.

III. MAHOMÉTISME.

1. INTRODUCTION — GÉNÉRALITÉS — HISTOIRE —

ÉCRITS DES CHRÉTIENS SUR LE MAHOMÉTISME.

1329. Des effets de la religion de Mohammed, pendant les trois premiers siècles de sa fondation, sur l'esprit, les mœurs, et le gouvernement des peuples chez lesquels cette religion s'est établie. Mémoire qui a remporté le prix d'histoire et de littérature ancienne de l'Institut de France, le 7 Juillet 1809; par M. Oelsner. *Paris, F. Schœll*, 1810, 1 vol. in-8.

1330. Mohamed. Darstellung des Einflusses seiner Glaubenslehre auf die Völker des Mittelalters. Eine Preis-schrift ..... von Oelsner. Aus dem Französ. mit Zusätzen vermehrt, von E. D. M. *Frankfurt am Main, Varrentrapp,* 1810, 1 vol. in-8.

1331. Henr. Arentii Hamaker Oratio de religione mohammedica, magno virtutis bellicæ apud orientales in-
citamento, habita die 11 oct. 1817. *Lugd.-Batav., Luchtmans,* 1818, in-4, broch. (20 *pages*).

1332. Historia orientalis quæ ex variis orientalium monumentis collecta, agit, 1° de Muhamedismo ejusque
causis, tum procreantibus, tum conservantibus; imprimis de Mohammede ejusque majoribus parentibus,
patria, nativitate, educatione, pseudoprophetia, æmulis,
dogmatibus, hegira, præliis, successoribus, morte. II°
de Saracenismo seu religione veterum Arabum. III° de
Chaldaismo seu superstitione Nabatæorum, Chaldæorum,
Charranæorum, etc. IV° de Statu Christianorum et Judæorum tempore orti et nati Muhammedismi. V° de
variis, inter ipsos Muhammedanos, circa religionis dog-
mata et administrationem sententiis, schismatis, et hae-
resibus excitatis. VI° accessit, ex occasione genealogiæ
Muhammedis, plenior illustratio *Taarich Bene Adam,*
quâ, ex ipsis Arabum scriptis, vita et res gestæ prophetarum, patriarcharum, quorundam etiam apostolorum,
regum Persiæ, aliorumque ab Adamo ad Muhammedis usque natales in orbe degentium et regentium explicantur, authore Joh. Henr. Hottingero. *Tiguri, J. J.
Bodmerus,* 1651, 1 vol. pet. in-4.

Dans cette édition l'arabe est imprimé en caractéres hé-
braiques.

1333. Historia orientalis, quæ .... agit de Muhamme-
dismo; ..... imprimis de Muhammedis ortu, pseudoprophetia, æmulis, dogmatibus, hegira, prœliis, successoribus, morte. De Sarracenismo ..... De Chaldaismo,
seu superstitione Chaldæorum, Nabatæorum, etc. De
statu Christianorum et Judæorum tempore orti et nati
Muhammedismi, de variis inter ipsos Muhammedanos....
sententiis ..... Accessit ex occasione genealogiæ Muhammedis plenior illustratio *Taarich Bene Adam* .... Editio
posterior et auctior, charactere novo orientali nunc primum vestita, authore Joh. Henr. Hottingero. *Tiguri, typis J. J. Bodmeri,* 1660, 1 vol. pet. in-4.

Les citations sont en caractéres arabes.

1334. An history of Muhammedanism, comprising the life and character of the arabian prophet and succinct accounts of the empires founded by the muhammedan arms, an inquiry into the theology, morality, laws, literature and usages of the Musulmans, and a view of the present state and extent of the muhammedan religion, by Ch. Mills. The second edition, revised and augmented. *London, Black* ..... 1818, 1 vol. in-8., pap. vélin.

1335. Histoire du mahométisme, contenant la vie et les traits du caractère du prophète arabe; avec un aperçu des divers empires fondés par les armes mahométanes et des recherches sur la théologie, la morale, les lois, la littérature et les usages des Musulmans; suivie d'une description rapide de l'étendue et de l'état présent de la religion mahométane; par Ch. Mills; traduite de l'anglais sur la deuxième édition par M. P. *Paris, Boulland*, 1825, 1 vol. in-8. (OEuvres, tom. IV).

1336. Observations historiques et critiques sur le Mahométisme, ou traduction du discours préliminaire mis à la tête de la version anglaise de l'Alcoran publ. par George Sale. *Genève, Barillot*, 1751, 1 vol. in-8., carte.

1337. La vie de l'imposteur Mahomet, recueillie des auteurs arabes, persans, hébreux, chaldaïques, grecs et latins; ave un abrégé chronologique qui marque le temps où ils ont vécu, l'origine et le caractère de leurs écrits; trad. de l'anglais de Humfrey Prideaux. *Paris, J. Musier*, 1699, 1 vol. in-12.

1338. La vie de Mahomet, traduite et compilée de l'Alcoran, des traditions authentiques, de la Sonna, et dès meilleurs auteurs arabes, par J. Gagnier. *Amsterdam, Wetsteins et Smith*, 1748, 3 vol. in-12.

1339. Hadriani Relandi de religione Mohammedica libri duo; editio altera auctior. *Trajecti ad Rhen., Gul. Broedelet*, 1717, 1 vol. pet. in-8., fig.

1340. La Religion des Mahométans, exposée par leurs propres docteurs, avec des éclaircissements sur les opinions qu'on leur a faussement attribuées; tiré du latin de M. Reland, et augmenté d'une confession de

foi mahométane qui n'avait point encore paru (par Dav.
Durand). *La Haye, Isaac Vaillant*, 1721, 1 vol. in-12, fig.

Sur la confession de foi mahométane ici annoncée, cf. la note
du N°. 1443, du Catal. Sacy, Tom. 1. pag. 312.

1341. Mahometism fully explained, containing.... I the
previous disposition to and the method of the creation,
the fall of Adam and Eve, their repentance and suffe-
rings, their posterity down to Noah, with a particular
description of the Deluge; II the wonderful life of
Abraham and the distinction between the two lines, that
of Isaac, father of the Jews and of Ismael, father of the
Arabs; III an historical and chronological dissertation
concerning the miraculous prophetick light, which shone
on the forehead of Mahomet and all his progenitors;
IV the lives of Hashem, Abdolmutalib and Abdallah the
three immediate predecessors of Mahomet; with his ower
life, pilgrimage to heaven, death, etc. The prayers, ceremonies, fasts, festivals and other rites observed by
the Mahometans. With a remarkable description of the
Day of Judgement. Written in spanish and arabick, in
1603, for the instruction of the Moriscoes in Spain, by
Mahomet Rabadan, an Arragonian Moor, translated from
the original mss. and illustrated with large explanatory notes by Morgan. *London, W. Mears*, 1723—1725,
2 vol. pet. in-8., fig.

Le titre du second volume de cet ouvrage est assez diffé-
rent du premier, il indique plusieurs autres piéces encore du
même auteur, traduites en anglais par le même traducteur d'a-
prés le mst. original. (Voir le Catalogue Sacy, I, pag. 313).

1342. Muhammeds Religion aus dem Koran dargelegt, erläutert und beurtheilt von Dr F. C. H. Cludius. *Altona,
J. F. Hammerich*, 1809, 1 vol. in-8.

1343. Mahometanism unveiled; an inquiry, in which that
arch-heresy, its diffusion and continuance, are examined
on a new principle, tending to confirm the evidences,
and aid the propagation of the christian faith; by the
rev. Ch. Forster..... *London, Duncan*, 1829, 2 vol.
in-8., pap. vélin.

1344. Recueil des rites et cérémonies du pélerinage de
la Mecque, auquel on a joint divers écrits relatifs à la
religion, aux sciences et aux mœurs des Turcs, par

M. Galland. *Amsterdam et Paris, Desaint,* 1754, 1 vol. pet. in-8.

1345. Mémoire sur des particularités de la religion musulmane dans l'Inde, d'après les ouvrages hindoustani, par M. Garcin de Tassy. *Paris, Impr. Royale,* 1831, in-8. (114 *pages*).

Extrait du Nouveau Journal Asiatique.

1346. Was hat Mohammed aus dem Judenthume aufgenommen? Eine von der Königl. Preussischen Rheinuniversität gekrönte Preisschrift, von Abr. Geiger. *Bonn, F. Baaden,* 1833, 1 vol. in-8.

1347. Ad... Wagenseilium dissertatio theologica Joh. Mich. Langii de fabulis Mohammedicis circa SS. Trinitatis mysterium et generationem in divinis; in qua ostenditur Mohammædem pseudo-prophetam in Alcorano suo christianis adfingere, I. Polytheismum, maxime tritheismum; II. quod ex Christianorum doctrina Maria, mater Christi, habeatur pro personna SS. Trinit. tertia; III. dogma profanum de conjugiali generatione in divinis; ac tandem IV, ex antiquitate ecclesiastica et Alcorani historia demonstratur Mohammædem ad sua figmenta, neutiquam, ut Maraccius conjicit, Collyridianorum idolatria, sed certaminibus Ariano, maxime vero Nestoriano, malè intellectis, inductum fuisse. Calci dissertationis accedit Πάρεργον geminum, alterum de Pelagianismo, veritatem religionis christianæ evidenter demonstraturis objici solito, ita adornatum, ut loco prodromi esse queat archimetricæ demonstrationis evangelicæ...... alterum de objectione insigni qua antitrinitarii fidem catholicam urgere possunt eodem modo, quo nos ex lumine naturæ unitatem essentiæ divinæ demonstramus, unitatem quoque personæ in divinis contra Trinitatis mysterium demonstraturi. *Noribergæ, sumptibus Andr. Ottonis,* 1697, pet. in-4. (117 *pages*).

1348. Blüthensammlung aus der morgenlændischen Mystik nebst einer Einleitung über Mystik überhaupt und morgenlændische insbesondere, von F. A. G. Tholuck. *Berlin, Ferd. Dümmler,* 1825, 1 vol. in-8.

Anthologie offrant plusieurs morceaux traduits de Roumi, Sâadi, Attar, Saŭb, Djami, etc.

2. AUTORITÉS.

A. QORAN (LOI ÉCRITE).

I. INTRODUCTION — GÉNÉRALITÉS — HISTOIRE LITTÉRAIRE.

1349. Historisch-kritische Einleitung in den Koran, von D' Gustav Weil. *Bielefeld, Belhagen und Klasing*, 1844, 1 vol. in-18.

1350. Mohammedis filii Abdallæ, pseudo-prophetæ, fides islamitica, i. e. al-Coranus..... lat. versus per Lud. Maraccium..... illustratus..... cura et opera Christ. Reineccii. *Lipsiæ, sumptibus Lankisianis*, 1721, in-8, broch. (114 *pag.)* — Dissertatio inauguralis de prima Alcorani sura, quam..... præside Joh. Andr. Mich. Nagelio, publico examini subjicit Jac. Christ. Paul, Christ. Guil. Holste. *Altorfii-Noric., Hesselius*, 1743, pet. in-4. (56 *pag.*).

> Les 114 pages ci dessus sont l'introduction de l'édition latine du Qoran donnée par Reineccius; elles contiennent trois chapitres; 1° historia Alcorani; 2° fidei mohammedicæ synopsis; 3° aberratio à vera fide.
>
> Les citations arabes de la dissertation de Holste sont en caractères hébraïques. (Cf. Schnurrer, 382).

1351. Dissertatio historico-philologico-theologica de Alcorani prima inter Europæos editione arabica, ante sesquiseculum et quod excurrit in Italia per Paganinum Brixiensem facta, sed jussu Pont. Rom. penitus abolita, quam.... præside Joh. Mich. Langio, publice defendet Mich. Conr. Ludwig. *Altdorfii-Noric., Meyerus*, 1703 (32 *pag.*). = Eadem de speciminibus, conatibus variis, atque novissimis successibus doctorum quorundam virorum in edendo Alcorano arabico, quam.... præside eodem, publicæ ventilationi subjiciet Georg. Mich. Schnützlein. *Ibid.*, 1704, (38 *pag.*) = Eadem de Alcorani versionibus variis tam orientalibus quam occidentalibus, impressis et hactenus ἀνέχδοτοις, quam.... præside eodem, ventilandam sistet Joh. Conr. Lobberr. *Ibid.*, 1704 (36 *pag.*); en 1 vol. pet. in-4.

1352. De Corano arabico Venetiis Paganini typis impresso sub seculo XVI dissertatio Joh. Bern. de Rossi. *Parmæ, ex imper. typ.*, 1806, in-8., broch. (16 *pages*).

1353. كتاب طبقات الحفاظ Liber classium virorum qui
Korani et traditionum cognitione excelluerunt, auctore
Abu Abdalla Dahabio. In epitomen cœgit et continuavit anonymus. E cod. ms. BibliothecæDuc.Gothan. lapide
exscribendum curavit Henr. Ferd. Wüstenfeld. *Göttin-
gæ, Wandenhœck et Ruprecht, 1833—'34*. Part. I—III,
pet. in-4.

Tout arabe. En tout 334 pages, plus les 35 pages pour la
table alphabétique arabe des noms d'hommes cités.

II. TEXTE.

1354. AL-Coranus s. lex islamitica Mohammedis filii Abdallæ pseudoprophetæ, ad optimorum codicum fidem
edita ex Museo Abrahami Hinckelmanni. *Hamburgi,
offic. Schultzio-Schilleriana*, 1694, 1 vol. in-4.

Il manque à cet exemplaire le faux titre arabe gros caractère et le titre arabe très gros caractères, 2 feuillets.

1355. Alcorani textus universus ex correctioribus Arabum exemplaribus summa fide atque pulcherrimis characteribus descriptus eademque fide ac pari diligentia
ex arabico idiomate in latinum translatus; appositis
unicuique capiti notis atque refutatione. His omnibus
præmissus est Prodromus totum priorem tomum im-
plens.... auctore Lud. Maraccio. *Patavii, ex typogr.
Seminarii*, 1698, 2 tom. en 1 vol. in-folio.

1356. Le Qoran en arabe. (*Kazan*, 1821). Petit in-4.
1 tom. en 2 vol.

A la fin on lit: *A Kazan, de l'imprimerie du Gymnase asiatique,
aux frais de Joseph Ismaël Oglou*..... 1821.

Ce Qoran se compose de 764 pages (٧٦٤). — 11 lignes.
— Encadrement de trois lignes de vignettes sur les deux premières pages.

1357. Corani textus arabicus ad fidem librorum mss. et
impressorum et ad præcipuorum interpretum lectiones
et auctoritatem recensuit, indicesque triginta sectionum
et suratarum addidit Gust. Fluegel. Editio stereotypa
secundis curis emendata. *Lipsiæ, Car. Tauchnitius*,
1841, 1 vol. in-4., pap. vélin.

1358. Coranus arabice, recensionis Flugelianæ textum
recognitum iterum exprimi curavit Gust. Maurit. Reds-

lof. Editio stereotypa. *Lipsiæ, C. Tauchnitius*, 1837, 1 vol. gr. in-8., avcc encadrements et vignettes tirées en rouge.

1359. ..... سورة فاتحة الكتاب *Sourat fâtihhat al Kitâb.* Chapitre d'introduction du livre.... 1 vol. pet. in-8.

> Tout arabe et ponctué. C'est un recueil de Sourates du Qoran qui commence par les mots transcrits ci dessus, titre de la 1re sourate du Qoran. La souscription de la fin nous apprend qu'il a été imprimé à Kazan en 1816, probablement dans l'Imprimerie du gymnase asiatique.

> Sans titre — 228 pag. (٢٣٨) — 9 lig. Les deux premières pages sont encadrées et ont 8 lignes. Les Sourates contenues dans ce vol. sont les Sourates 1, 2, 36 et 48 à 114.

1360. Concordantiæ Corani arabicæ; ad literarum ordinem et verborum radices diligenter disposuit Gust. Fluegel. *Lipsiæ, C. Tauchnitius*, 1842, 1 vol. gr. in-4.
Edition stéréotype.

III. TRADUCTIONS.

1361. Dissertatio historico-philologico-theologica de Alcorani versionibus variis tam orientalibus quam occidentalibus impressis et hactenus ἀνεκδοτοις, quam..... sub præsidio Joh. Mich. Langii .... ventilandam sistet Joh. Conr. Lobberr. *Altdorfii, lit. H. Meyeri*, 1704, pet. in-4. (36 *pag.*).

1362. Machumetis Saracenorum principis ejusque successorum vitæ ac doctrina ipseque Alcoran, quo velut authentico legum divinarum codice Agareni et Turcæ aliique Christo adversantes populi reguntur quæ ante annos CCCC..... D. Petrus abbas Cluniacensis per viros eruditos..... ex arabica lingua in latinam transferri curavit. His adjunctæ sunt confutationes multorum et quidem probatissimorum authorum Arabum, Græcorum et Latinorum, una cum.... Phil. Melanchthonis præmonitione.... Adjunctæ sunt etiam Turcarum..... res gestæ maxime memorabiles à DCCCC annis ad nostra usque tempora. Hæc omnia in unum volumen redacta sunt opera et studio Theod. Bibliandri. *Tiguri*, 1550, 3 tomes en 1 vol. pet. in-folio.

1363. Mohammedis filii Abdallæ, pseudo-prophetæ, fides islamitica, i. e. Al-Coranus, ex idiomate Arabico quo primum a Mohammede conscriptus est, latine versus per Lud. Marraccium..... et ex ejusdem animadversionibus aliorumque observationibus illustratus et expositus. Præmissa brevi introductione et totius religionis Mohammedicæ synopsi, ex ipso Alcorano, ubique suris et surarum versiculis adnotatis, congesta. Cura et opera M. Christ. Reineccii. *Lipsiæ, sumtibus Lanckisianis,* 1721, 1 vol. pet. in-8.
> Edition de la traduction de Maracci, sans le texte arabe.

1364. L'Alcoran de Mahomet, translaté d'arabe en françois par le sieur du Ryer, sieur de la Garde Malezair. *Suivant la copie imprimée à Paris, chez Ant. |de Sommaville (Hollande, à la Sphère),* 1672, 1 vol. pet. in-12.

1365. L'Alcoran de Mahomet, trad. de l'arabe par André du Ryer; avec la traduction des observations historiques et critiques sur le Mahométisme mises à la tête de la version anglaise de G. Sale. Nouvelle édition qu'on a augmentée d'un discours préliminaire extrait du nouvel ouvrage anglais de Porter. *Amsterdam et Leipzig, Arkstée et Merkus,* 1775, 2 vol. in-12, fig.

1366. Le Coran, traduit de l'arabe, accompagné de notes et précédé d'un abrégé de la vie de Mahomet tiré des écrivains orientaux les plus estimés, par Savary. *Paris, Knappen et fils,* 1783, in-8., 2 tomes en 1 volume.

1367. Le Koran. Traduction nouvelle faite sur le texte arabe par M. Kasimirski. Nouvelle édition entièrement revue et corrigée; augmentée de notes, commentaires et d'un index. *Paris, Charpentier,* 1852, 1 vol. gr. in-12.

1368. The Koran commonly called the Alcoran of Mohammed; translated into english immediately from the original arabic; with explanatory notes, taken from the most approved commentators; to which is prefixed a preliminary discourse. By Georges Sale. An new edition; with a memoir of the translator and with various readings and illustrative notes from Savary's version of Koran. *London, Th. Tegg,* 1844, in-8., 1 vol. avec planch. et carte.

1369. Der Koran oder das Gesetz für die Moslemer durch Muhammed den Sohn Abdall; nebst einigen feyerlichen koranischen Gebeten, unmittelbar aus dem arabischen übersetzt, mit Anmerkungen und einigen Denkwürdigkeiten aus der Geschichte des Propheten und seiner Reformation, herausgegeben von Fried. Eberhard Boysen. Zweyte verbesserte Ausgabe. *Halle, J. J. Gebauers Wittwe,* 1775, 1 vol. in-8.

1370. Der Koran oder das Gesetz der Moslemen durch Muhammed den Sohn Abdallahs auf den Grund der vormaligen Verdeutschung F. E. Boysens von neuem aus dem arabisch. übersetzt, durchaus mit erläuternden Anmerkungen, mit einer historischen Einleitung, auch einem vollständigen Register versehen von Dr S. F. G. Wahl, mit einer Stammtafel. *Halle, Gebauer,* 1828, 1 vol. gr. in-8.

1371. Selections from the Kur-an, commonly called in England the Koran, with an interwoven commentary translated from the arabic, methodically arranged and illustrated by notes, chiefly from Sale's edition; to which is prefixed an introduction taken from Sale's preliminary discourse with corrections and additions by Edward William Lane. *London, Madden,* 1843, 1 vol. in-8.

1372. Excerptum alcoranicum de peregrinatione sacrâ, hoc est, caput vigesimum secundum Alcorani, variantibus lectionibus ex msc. commentatore Beidavio et notis selectis illustratum à J. C. Clodio... ceu supplementum grammaticæ arabicæ. *Lipsiæ, literis takkianis,* 1730 (16 *pages dont 9 d'arabe*). = Nova versio partis suræ II Corani, cum illustrationibus subjectis; specimen novæ versionis totius Corani. Præside Joa. Dav. Michaelis... eruditorum examini subjiciet Olaus Domey. *Gottingæ, typis Paul. Christ. Hayer,* 1754 (30 *pages*), en 1 vol. pet. in-4.

Cette dernière version est sans texte.

1373. Τέτραπλα Alcoranica sive specimen Alcorani quadrilinguis, arabici, persici, turcici, latini; cujus textus authenticus arabicus ex collatione XXX codicum recensendus, hujus autem difficillimi sensus, tanquam ob-

serata Satanæ abyssus, gemina clave, eaque felicissima
nimirum versione persicâ, in ipso oriente rarissima et
turcica adhuc rariore, Christianis autem huc usque pror-
sum ignorata, recludendi, ac triplici versione exponen-
di, annotationibus etiam philologico-theologicis ex ipsorum Arabum, Persarum, et Turcarum scriniis, genuina
ipsorum matæologiæ sede nec non ditissimo cælestis
veritatis thesauro, depromendis..... Autore Andrea
Acolutho. *Berlini, Vidua Salfeldiana,* 1701, 1 vol. in-
folio.

Specimen fort rare se composant de 58 pages. Voyez Schnurrer, N° 378.

1374. Matt. Frid. Beckii specimen arabicum, hoc est, bina
capitula Alcorani, XXX de Roma et XLIIX de victoriâ,
è IV codd. mss. arabicè descripta, latinè versa et notis animadversionibusque locupletata. His nostris temporibus, quibus imperium Romano-Germanicum vic-
torias contra Muhamedanos prosequitur, accommodatum
argumentum. *Augustæ-Vindelicorum, sumptibus Laur.
Kronigeri, typis Koppmaierianis,* 1688. *(L'arabe est en
caractères hébraïques).* = Historia de Abrahamo et
de Gomorro-Sodomitica eversione ex Alcorano ejusque
surata XIV et XV arabice, e probatiss. codd. mss. fi-
delissimè deprompta, cum quamplurimis exemplaribus
accuratè ac diligentissimè collata, nec non commodio-
ris interpretationis ergo triplici versione latina vestita,
opera et studio Joh. Georgii Nisselii. *Lugd.-Batav.,
Joh. Elsevier, sumptibus authoris,* 1655, en 1 vol. pet.
in-4.

1375. Chapitre inconnu du Coran publié et traduit pour
la première fois par M. Garcin de Tassy. *Paris, Impr.
royale,* 1842, in-8. broch. (10 *pag.*).

Extrait du Journal Asiatique.

B. SONNA (LOI ORALE).

1376. *Mishcât-ul-Masabih* or a collection of the most
authentic tradition, regarding the actions and sayings
of Muhammed; exhibiting the origin of the manners and
customs, the civil, religious and military policy of the
Muslemans; translated from the original arabic by capt.

A. N. Matthews, Bengal artillery. *Calcutta, T. Hubbart, at the Hindostanee press*, 1809, 2 vol. gr. in-4.

1377. Ismael Abu'l-Feda de vita, et rebus gestis Mohammedis Moslemicæ religionis auctoris et imperii Saracenici fundatoris ex cod. ms. Pocockiano biblioth. Bodleianæ textum arabicum primus edidit, latine vertit, præfatione et notis illustravit Joan. Gagnier. *Oxoniæ, e theatro Sheldon.*, 1723, 1 vol. in-folio.

1378. Vie de Mohammed, texte arabe d'Aboulféda, accompagné d'une traduction française et de notes, par A. Noël des Vergers. *Paris, Impr. royale*, 1837, 1 vol. gr. in-8., pap. vélin.

L'arabe forme 120 pag. à 17 lignes, plus 2 ff. pour le faux titre. et le titre.

1379. The life and religion of Mohammed, as contained in the Sheeâh traditions of the Hyât-ul-Kuloob. Translated from the Persian, by Rev. James L. Merrick. *Boston*, 1850, 1 vol. in-8.

1380. Das Leben und die Lehren des Mohammed; nach bisher grösstentheils unbenuzten Quellen bearbeitet von A. Sprenger. *Berlin, Nicolai,* 1861—62, 2 vol. in-8.

1381. ترجمة سير الحلبى *Terdjemèï sïar el hhaleby.* Commentaire turc du poëme arabe, composé par Ibrahim el-Haleby, intitulé *Sïar* (vie, actions). *Boulaq*, 1248; 1 vol. pet. in-4. long.

Le *Sïar*, poëme sur la vie et les actions du prophète, se compose de 63 distiques, suivant le nombre des années de Mahomet, dont chaque vers est longuement commenté par l'auteur turc (Seid Ahmed 'Ylm, selon M. Bianchi) du présent ouvrage.

Volume imprimé à Boulaq au mois de zhou'lhidje 1248 de l'hégyre (1833 de J. C.). Il est composé de 405 pages (٤۰٥) plus 8 pag. (٨) de table et 1 f..non chiffré d'errata. Les pages sont encadrées d'un double filet — 31 lignes.

Le titre se lit dans un ornement placé en haut de la première page du texte; l'année et le lieu de l'impression dans la souscription à la fin du volume.

1382. سير و يسى *Sïari Veïsy.* Chroniques de Veïsy. *Boulaq*, Zou'lhidje 1245 (1830), 1 vol. in-4.

Ouvrage en deux parties, dont la première, divisée en 10 chapitres, traite de la vie militaire du Prophète et dont la seconde

15*

renferme l'exposition des miracles qu'il a opérés pour attester sa mission.

En turc — 126 et 114 pages (١٢٩ et ١١٤) — Encadrement d'un double filet — 29 lignes.

La date et le lieu d'impression sont à la souscription; il n'y a pas d'autre titre que le titre ci dessus, écrit sur la tranche du volume.

1383. ذيل سير نبوى *Dzeïli sïari nebevy.* Appendice à la vie du Prophète. *Boulaq,* djoumadi second 1248 (1832), 1 vol. in-4. long.

En turc — Cet ouvrage, composé par Fazil Nàby, commence à l'an 3 de l'hégire et continue jusqu'à la mort du Prophète.

268 pag. (٢٩٨), plus 2 pages de table — 29 lignes — Encadrement d'un double filet.

Le titre, la date et le lieu de l'impression sont à la souscription.

1384. Le recueil des traditions mahométanes par Abou Abdallah Mohammed ibn Ismaïl el-Bokkâri, publié par M. Ludolf Krehl. Volume I. *Leyde, E. J. Brill,* 1862, in-4, pap. vélin.

Texte arabe seul — 519 pages (٥٠٩) — 20 lignes.

3. DOCTRINE RELIGIEUSE.

a. DOGME.

1385. حكمة Fides et leges Mohammædis exhibitæ ex Alcorani manuscripto duplici, præmissis institutionibus arabicis, auctore Theodorico Hackspan. *Altdorfii, sumtibus viduæ Scherffianæ,* 1646, 1 vol. pet. in-4.

1386. Morale de Mahomet; ou recueil des plus pures maximes du Coran. On ne trouvera dans cet abrégé que des pensées propres à élever l'âme, et à rappeler à l'homme ses devoirs envers la Divinité, envers soi même et envers ses semblables, par Savary. *A Constantinople, Paris, Lamy,* 1784, 1 vol. in-12, pap. vélin.

1387. رسالة بركوى *Risàlè Berghevy.* Exposé de la foi

musulmane, par Mohammed Pir Ali el Berghevy. *Scutari,* djoumadi second 1218 (1802), 1 vol. pet. in-4.

En turc — 86 pag. (٨٩). — 15 lignes — Encadrement d'un double filet — Texte avec les points voyelles. La date est à la souscription.

1388. بر كلی كتابی .... *Birghely Kitáby* .... Exposé de la foi musulmane, de Mehemmed Ibn Pir Ali, connu sous le nom de Birghely; mis en turc oriental et en vers, par Abdoulaziz Toqtamich Oglou, pour l'utilité des enfants. (*Kazan,* 1802), pet. in-8.

172 pages (١٧٢) — Une seule colonne — 17 lignes — Encadrement d'un double filet — Date à la souscription. A la suite se trouve un petit ouvrage d'Abdoulaziz Bourachof, de 23 pages, imprimé aussi à Kazan. Cf. la description du N° 1501 du Catal. Sacy. Tom. I, pag. 332.

1389. بر كلی كتابی *Birghely kitáby* .... Le même exposé de la foi musulmane de Mehemmed Ibn Pir Ali..... (*Kazan,* 1806), 1 vol. pet. in-4.

92 pages à 2 col. (٩٢) — 17 lignes; sans encadrement. A la dernière page, on lit le titre et cette indication: *Imprimé à Kazan, par Jousef Ismaïl Oglou, dans l'imprimerie du Gymnase,* 1806.

1390. Religion ou théologie des Turcs, par Echialle Mufti, avec la profession de foi de Mahomet, fils de Pir Ali. *Bruxelles, F. Foppens,* 1704, 2 part. en 1 vol. in-12.

1391. Exposition de la foi musulmane, traduite du turc de Mohammed ben Pir Ali Elberkevi, avec des notes par Mʳ Garcin de Tassy; suivie du *Pend-Námèh,* poëme de Saadi, traduit du persan par le même, et du *Borda,* poëme à la louange de Mahomet, traduit de l'arabe par M. Silv. de Sacy. *Paris, Dufour et d'Ocagne,* 1822, 1 vol. in-8., pap. vélin.

1392. Türkischer Catechismus der Muhammedanischen Religion, nach dem arabischen Original übersetzt von C. H. Ziegler, mit erklärenden Zusätzen vermehrt. *Hamburg und Leipzig,* 1792, pet. in-8. (172 *pages*).

1393. Tyrkisk Katekismus, eller Udtog af Tyrkernes Træslære. Til Brug for Ungdommen forfattet af Mohammed Ben Pir Ali Elberkevi. Paa Norsk med Anmærkninger udgiven af C. A. Holmboe. *Christiania, W. Hartmann,* 1829, in-18.

Caract. goth. allem.

1394. استواٿى كتابى *Estevány kitâby.* Exposé de la foi musulmane et des pratiques religieuses de cette croyance, composé par Abdoul-Aziz Toqtamich Oglou, pour les enfants, d'après les instructions qui lui ont été données par Estevany Mehemmed efendy. *(Kazan,* 1806), 1 vol. in-8., pap. bleu, broch.

Turc oriental — 168 pag. — 17 lign. avec encadrement.

1395. استوانى كتابى *Estevány kitâby.* Exposé de la foi musulmane..... *(Kazan,* 1819), 1 vol. pet. in-8.

Turc oriental — 190 pag. (١٩٠) — 19 lignes.

On lit, à la dernière page après la table, que cet ouvrage a été imprimé pour la première fois *(sic)* aux frais de Jousef Ismaïl Oglou, dans l'imprimerie de l'université de Kazan, 1819.

1396. Quarante questions adressées par les Docteurs Juifs au prophète Mahomet. Le texte turk avec un glossaire turk-français. Publié sous les auspices de la Société Orientale d'Allemagne, par J. Th. Zenker. *Vienne, impr. de la Cour,* 1851, 1 vol. in-8.

1397. זלאבל Ahmet Ben Abdala Mohammedani Epistola theologica de articulis quibusdam fidei...., e ms. anglico nunc edita', notisque ac animadversionibus critico-theologicis, in exercitationibus quibusdam disputatoriis ventilatis, illustrata passim ac refutata à Zacharia Grapio. *Rostochii, Nic. Schwiegerovius,* 1705, pet. in-4.

Sans texte.

1398. Excerpta manuscripti cujusdam Turcici, quod de cognitione Dei et hominis ipsius a quodam Azizo Nesephæo, Tataro, scriptum est et in biblioth. electorali Brandenburgica asservatur: quæ cum versione latinâ et notis nonnullis subitaneis in publicum emittit M. Andr. Müllerus. *Coloniæ-Brandenburgicæ, offic. Georg. Schultzii,* 1665, 1 vol. pet. in-4.

b. PRATIQUE.

(RITES — MYSTIQUES MUSULMANS.)

1399. Doctrine et devoirs de la religion musulmane, tirés textuellement du Coran, suivis de l'Eucologe musulman (et des Sentences d'Ali-ben Abou Taleb), traduit de l'arabe par M. Garcin de Tassy. *Paris, Dondey-Dupré père et fils, 1826, 1 vol. in-18.*

> Troisiéme volume de la nouvelle édition de la traduction française du Coran par Savary, publiée par M. Garcin de Tassy. L'Eucologe arabe a été publié à Calcutta en 1804 sous le titre de *Hidayùt ool islam.* (N° 1401).

1400. Qanoon-e-Islam, or the customs of the Moosulmans of India; comprising a full and exact account of their various rites and ceremonies, from the moment of birth till the hour of death; by Jaffur Shurreef (a native of the Decan), composed under the direction of, and translated by G. A. Herklots. *London, Parbury* .... 1832, 1 vol. in-8., fig. pap. vélin.

1401. Hidayut ool islam in arabic and hindoostanee translated under the superintendence of and by John Gilchrist. *Calcutta, hindostanee press,* 1804, 1 vol. gr. in-8.

> Pour le contenu du présent ouvrage et sa description, cf. le Catal. Sacy, tom. 1, pag. 335, au N° 1513.

1402. مختصر كتاب غنيه المتمّلى وهوشرح كتاب منية المصلّى الحلبى *Moukhteçar kitâb ghaniiet el moutemelly oue houe cherhh kitâb muniet el mouçally li-lhaleby.* Abrégé du livre intitulé *Ghaniiet el moutemelly* (la Satisfaction du désirant), par Ibrahim, fils de Mehemmed, d'Alep. *Constantinopel,* zou'lqadé 1239 (1824), 1 vol. pet. in-4.

> Commentaire sur l'ouvrage intitulé *Mouniet el moucelly* (le désir de celui qui prie), dont l'auteur est l'iman Kachgari, et qui traite des devoirs et des préceptes religieux. Tout arabe — 278 pag. (٩٧٨) plus 2 f. de table — 27 lignes. — Encadrement d'un double filet.

1403. ثبات العاجزين *Tsebât el'âdjizin.* La force des

faibles, par Abdoulaziz Bourachof. (*Kazan*, 1807), 1 vol. pet. in-4., papier bleu.

Turc oriental — 2 colonnes — 108 pages (١٠٨) — 17 lignes.

La souscription de la fin porte que cette édition a été imprimé à Kazan, en 1807, aux frais de Jousef Ismaïl Oglou.

4. DROIT MUSULMAN.

1404. ..... الكفاية) مع شرحها) الهداية The Hidayah with its commentary, called the Kifayah, a treatise on the questions of Muhammedan law. Published under the authority of the Committee of public instruction. By Hukeem Mouluvee Abdool Mujeed with assistance of other learned men of Calcutta. *Calcutta, education Committee press*, 1831 and 1833, in-4, pap. vélin.

Tome I, 1831; tome III même date et tome IV, 1833; les seuls volumes connus en Europe.
Tout arabe — Pour la description de ce présent ouvrage et des suivants, cf. le Catal. Sacy, N° 1520 à 1526.

1405. The Hedayah, or Guide; a commentary on the musulman laws; translated by order of the Governor general and Council of Bengal, by Charles Hamilton. *London, T. Bensley*, 1791, 4 vol. gr. in-4.

1406. عناية. Inayah, a commentary in the Hedayah; a work on mohammudan law, compiled by Mohammud Akmulooddeen, ibn Muhmood, ibn Ahmudonil Hunufee; edited by monshee Ramdhun sen, with the aid of mouluvee Hafiz Ahmud Kubeer, mouluvee Futuh Ulee, mouluvee Mohummud Vujeeh, mouluvee Mohummud Busheerooddeen, mouluvee Mohummud Kuleem, and mouluvee Mohummud Noorul Huq. *Calcutta, at the education press, under the authority of the Committee of public instruction*, 1830—1837, 4 vol. in-4, pap. vélin.

Tout arabe.

1407. مجمع الانهار في شرح ملتقى الابحار *Medjma' el enhâr fy cherhh moulteqà el abhhâr*. La réunion des fleuves sur l'explication du confluent des mers. *Constantinople,* 1240 (1824 et 1825), 2 vol. in-folio.

Tout arabe — Commentaire sur le célèbre recueil de droit musulman intitulé ملتقى الابحار *moulteqâ el abhhâr.*

1408. كتاب فى الفقه للككدوسى *Kitâb fy-l fiqh li-l Kodousy.* Livre de Jurisprudence, par Kodousy. *Constantinople,* chahaban 1237 (1822), 1 vol. in-4.

Tout turc.

1409. Futawa Alemgiri, a collection of opinions and precepts of mohammedan law. Compiled by Sheikh Nizam, and other learned men, by command of the emperor Aurungzeb Alemgir. *Calcutta, education press, for the use of the Mudressa of Calcutta, under the authority cf the Committee of public instruction,* 1828—1835, 6 vol. gr. in-4.

Tout arabe.

1410. Précis de législation musulmane, suivant le rite malékite, par Sidi Khalil, publié sous les auspices du ministre de la guerre. *Paris, Impr. Impér.,* 1855, 1 vol. in-8.

Texte arabe mogrébin publié par la Société Asiatique de Paris.

1411. Précis de jurisprudence musulmane ou principes de législation musulmane civile et religieuse, selon le rite malékite, par Khalil ibn Ishak, traduit de l'arabe par M. Perron. *Paris, Impr. Impér.* 1848—1855, 7 vol. in-4.

Ouvrage faisant partie de l'Exploration scientifique de l'Algérie.

1412. مشارع الاشواق الى مصارع العشاق .... *Mechâri'el echouâq ilà meçâri'el 'ouchchâq* .... Les routes des désirs vers les rendez-vous des amants, et le guide de la passion vers le séjour de la paix. *Boulaq,* 1242 (1826) 1 vol. gr. in-8.

Tout arabe — Traité sur le mérite et les devoirs de la guerre sacrée.

244 pages (۲۴۴) — Encadrement d'un double filet — 51 lignes.

Le titre est à la fin de la préface (page 8); et à la souscription de la fin on lit: *Imprimé à Boulaq, au mois de djoumadi premier* 1242.

1413. Die Posaune des heiligen Kriegs aus dem Munde Mohammed Sohns Abdallah, des Propheten, herausgegeben von Joh. von Müller. *Leipzig, Joh. Fried. Gleditsch*, 1806, in-8. (88 *pag.*) — Institutiones juris Mohammedani circa bellum contra eos qui ab Islamo sunt alieni. E duobus Al Codurii codicibus nunc primum arabice edidit, latine vertit, glossarium adjecit Ern. Frid. Car. Rosenmüller. *Lipsiæ, sumt. Jo. Ambr. Barthii*, 1825, pet. in-4.

> Le premier ouvrage ci dessus est un recueil de passages tirés du Qoran, des traditions, etc. par lesquels Mahomet excitait les Arabes à faire la guerre aux peuples qui ne sont pas de leur religion. Voyez la note du N° 1530, Catal. Sacy, page 341, tom. 1er.

> Quant au second ouvrage, c'est la 1re Partie des Analecta arabica publiés par Rosenmüller.

1414. Mahomet législateur des femmes, ses opinions sur le Christ et les Chrétiens, par M. de Sokolnicki. Deuxième édition. *Paris, Comon*, 1846, 1 vol. gr. in-8, pap. vélin.

5. SECTES.

1415. Mémoire sur les trois plus fameuses sectes du musulmanisme, les Wahabis, les Nosaïris et les Ismaëlis, par M. R***. (Rousseau*). *Paris, A. Nepveu*, 1818 (75 *pages*). = Histoire des Wahabis, depuis leur origine jusqu'à la fin de 1809, par L. A.*** (Corancez). *Paris, Crapart*, 1810, 1 vol. in-8.

1416. Die Geschichte der Assassinen aus morgenlændischen Quellen durch Joseph von Hammer. *Stuttgart und Tübingen, Cotta*, 1818, 1 vol. in-8.

1417. Recherches sur l'initiation à la secte des Ismaéliens, par M. Silvestre de Sacy. *Paris, Dondey-Dupré*, 1824 (26 *pag.*) = Observations sur une pratique superstitieuse attribuée aux Druzes, et sur la doctrine des Nosaïriens, par le même. *Ibid.*, 1827 (36 *pag.*), 1 vol. in-8.

> Ces deux opuscules sont extraits du Journal Asiatique.

1418. Ssufismus sive de theosophiâ Persarum pantheistica quam è mss. Biblioth. regiae Berolinensis persicis,

arabicis, turcicis, eruit atque illustravit Friedr. Aug.
Deofidus Tholuck. *Berolini, Ferd. Dümmler,* 1821,
1 vol. pet. in-8.

419. Mantic Uttaïr ou le langage des oiseaux, poème
de philosophie religieuse par Farid-Uddin Attar, publié en persan par M. Garçin de Tassy. *Paris, Impr.
Impér.,* 1857. = La poésie philosophique et religieuse
chez les Persans d'après le Mantic Uttaïr ou le langage des oiseaux de Farid-uddin Attar, par le même
Deuxième édition. *Ibid.....,* 1857, 1 vol. gr. in-8.

1420. Exposé de la religion des Druzes, tiré des livres
religieux de cette secte et précédé d'une introduction
et de la vie du Khalife Hakem-Biamr-Allah, par M.
Silvestre de Sacy. *Paris, Imp. royale,* 1838, 2 vol.
in-8.

1421. Die Drusen und ihre Vorläufer, von Dr Philipp
Wolff. *Leipzig, Chr. Wilh. Vogel,* 1845, 1 vol. in-8.

B. POLYTHÉISME, PANTHÉISME, ETC.

I. FÉTICHISME, SABÉISME, MENDAISME.

1422. Du culte des dieux fétiches, ou parallèle de l'ancienne religion de l'Egypte avec la religion actuelle de
la Nigritie. (Par le presid. De Brosses), 1760, 1 vol.
in-12.

1423. Mythengeschichte der asiatischen Welt, von J. Görres. *Heidelberg, Mohr und Zimmer,* 1810, 2 vol. in-8,
carte.

Asie centrale et Asie antérieure.

1424. De religione et lingua Sabæorum; commentatio
Matthæi Norberg, recitata die XXVIII octobris 1780,
in-4. (40 pag.).

Extrait du Tome III. des Mémoires de la Société de Gœttingue.

1425. Die Ssabier und der Ssabismus, von. Dr D. Chwol-
sohn. *St. Petersburg,* 1856, 2 vol. in-8

1426. Codex Nasaræus. Liber Adami appellatus, syriacc transcriptus, loco vocalium, ubi vicem literarum gutturalium præstiterint, his substitutis, latinèque redditus à Matth. Norberg. *Hafniæ, Frid. Brummer* (1815 et 1816), 3 tom. en 1 vol. — Lexidion codicis Nasaræi cui liber Adami nomen, edidit M. Norberg. *Ibid.* (1816). = Onomasticon codicis Nasaræi cui liber Adami nomen edidit M. Norberg. *Lond.-Gothorum, literis Berlingianis,* 1817, 2 tom. en 1 vol. Les 2 vol. pet. in-4.

Voy. Catal. Sacy, note du N° 1545 et celle de la page 345, tome 1er.

II. MAGISME.

1427. Veterum Persarum et Parthorum et Medorum religionis historia. Autor est Thomas Hyde. Editio secunda. *Oxonii, è typ. Clarend.,* 1760, 1 vol. in-4, fig.

1428. Scheik Mohammed Fani's Dabistan, oder von der Religion der ältesten Parsen; aus der Persischen Urschrift von Sir Fr. Gladwin ins Englische, aus diesem in's Deutsche übersetzt von F. von Dalberg: nebst Erläuterungen und einem Nachtrage, die Geschichte der Semiramis aus indischen Quellen betreffend. *Aschaffenburg, Chr. Ettlinger,* 1809, pet. in-8. (118 *pag.*)

1429. Mythen der alten Perser als Quellen christlicher Glaubenslehren und Ritualien.... von F. Nork. *Leipzig, Schumann,* 1835, 1 vol. in-8, fig.

1430. The Desâtir or Sacred writings of the ancient persian prophets in the original tongue; together with the ancient persian version and commentary of fifth Sasan; carefully published by Mulla Firuz bin Kaus who has subjoined a copious glossary of the obsolete and technical persian terms; to which is added an english translation of the Desâtir and commentary. In two volumes. *Bombay, the Courier press,* 1818, 2 vol. gr. in-8.

1431. Zoroastre, Confucius et Mahomet comparés comme sectaires, législateurs et moralistes; avec le tableau de leurs dogmes, de leurs lois et de leur morale. Par Mr de Pastoret. *Paris, Buisson,* 1787, 1 vol. in-8.

1432. Zoroaster und sein Zeitalter, von Arnold Hölty. *Lüneburg, Wahlstab,* 1836, 1 vol. in-12.

1433. Zoroastre. Essai sur la philosophie religieuse de la Perse, par Joachim Ménant. Seconde édition. *Paris, Benj. Duprat,* 1848, 1 vol. in-8.

1434. Fragments relatifs à la religion de Zoroastre, extraits des Mss. persans de la bibl.ioth. du Roi (par M. M. Olshausen et Mohl.) *Paris, Impr. royale,* 1829 (40 *pages* dont 34 *de textes Persans*). === Fragmente über die Religion des Zoroaster, aus dem persischen übersetzt und mit einem ausführlichen Commentar versehen nebst dem Leben des Ferdusi aus Dauletscha'hs Biographieen der Dichter von D^r Jo. Aug. Vullers. Mit einem Vorworte von H. Prof. Windischmann. *Bonn, T. Habicht,* 1831. (XXXII *et* 130 *pages, plus* 14 *pag.* (١٣) *de textes persans*); en 1 vol. in-8.

1435. Vendidad Zend-Avestæ pars XX adhuc superstes. Sub auspiciis..... Frederici VI Daniæ regis ... e codd. mss. Parisinis primum edidit, varietatem lectionis adjecit Iustus Olshausen Holsatus. *Hamburgi,* 1829, pet. in-4. (48 *pages*).

   1re Livraison contenant les 3 premiers fargards et une partie du 4me.

1436. Vendidad-Sadé, l'un des livres de Zoroastre, lithographié d'après le Ms. Zend de la Bibliothèque royale et publié par Mr E. Burnouf. *Paris, Dumont,* 1829— 1843, 1 vol. gr. in-folio.

   Tout zend — 562 pages, papier double.

1437. Vendidad Sade. Die heiligen Schriften Zoroaster's Yaçna, Vispered, und Vendidad. Nach den lithographirten Ausgaben von Paris und Bombay mit Index und Glossar herausgegeben von Dr Hermann Brockhaus. *Leipzig, F. A. Brockhaus,* 1850, 1 vol. gr. in-8.
   Transcription du texte zend en caract. rom.

1438. Zendavesta or the religious books of the Zoroastrians edited and interpreted with a dictionary, grammar, etc. by N. L. Westergaard. Vol. I. The Zend texts. *Copenhagen, Gyldendal,* 1852—54, 1 vol. in-4.

1438. Avesta, die heiligen Schriften der Parsen. Zum

ersten male im Grundtexte sammt der Huzvâresch-
übersetzung herausgegeben von D^r. Fried. Spiegel. *Wien,*
Hof- und Staatsdruckerei, 1853—1858, 2 vol. in-8.

Le 1er vol. contient le Vendidad entier, en zend et en pehlewi. — Le 2^d vol. contient le Vispered et le Yaçna, dans les
mêmes textes; mais ce n'est que la 1ère partie de ce même
volume.

1440. Vendidadi capita quinque priora emendavit Christianus Lassen. *Bonnæ, Marcus,* 1852, 1 vol. in-8.

Tout zend — 67 pages.

1441. Vendidad-Sadé traduit en langue Huzvaresch ou
Pehlewie. Texte autographié d'après les mss. zend-peh-
lewis de la Biblioth. Impér. de Paris, et publié pour la
première fois par les soins de Mr Jules Thonnelier.
Paris, Benjamin Duprat, 1855—1862, in-folio. Livraisons I à VIII.

Tout pehlewi — papier double et publié dans le même format que le Vendidad zend (N° 1436 ci-dessus) auquel le présent ouvrage est destiné à faire suite.

1442. Neriosengh's Sanskrit-Uebersetzung des Yaçna,
herausgegeben und erläutert von D^r Fr. Spiegel. *Leipzig, Wilh. Engelmann,* 1861, 1 vol. in-8.

Transcription du texte sanscrit en lettres romaines.

1443. Zend-Avesta, ouvrage de Zoroastre, contenant les
idées théologiques, physiques et morales de ce législateur,
les cérémonies du culte religieux qu'il a établi, et plusieurs traités importants relatifs à l'histoire des Perses,
traduit en françois sur l'original zend, avec des remarques et accompagné de plusieurs traités propres à éclaircir les matières qui en sont l'objet: par Mr Anquetil-
Duperron. *Paris, Tilliard,* 1771, 3 vol. in-4., figures.

1444. Zend-Avesta. Zoroasters lebendiges Wort, worin
die Lehren und Meinungen dieses Gesetzgebers von
Gott, Welt, Natur, Menschen; ingleichen die Ceremo-
nien des heiligen Dienstes der Parsen und s. s. aufbe-
halten sind, von J. F. Kleuker. *Riga,* 1776—77, 3 tom.
en 1 vol. gr. in-4. — Anhang zum Zend-Avesta, von
Joh. Fried. Kleuker. *Leipzig und Riga, Hartknoch,*
1781—83, 2 tom. en 4 vol. in-4.

1445. Avesta, die heiligen Schriften der Parsen, aus dem
Grundtexte übersetzt mit steter Rücksicht auf die Tra-

dition von Dʳ Fr. Spiegel. Iʳ Band — Der Vendidad
mit zwei Abbildungen. IIᵉʳ Band — Vispered und
Yaçna, mit vier Abbildungen. *Leipzig, W. Engelmann,*
1852—59, 2 vol. in-8, fig.

1446. Extrait d'un commentaire et d'une traduction nouvelle du Vendidad-Sadé, l'un des livres de Zoroastre,
par Mʳ Eug. Burnouf. (*Paris, Imp. Royale,* 1829), in-8.
(*32 pages*).

Extrait du Nouveau Journal Asiatique.

1447. Commentaire sur le Yaçna, l'un des livres religieux des Parses, ouvrage contenant le texte zend,
expliqué pour la première fois, les variantes des quatre
Mss. de la bibliothèque du Roi et la version sanscrite
inédite de Nériosengh, par Eugène Burnouf. *Paris,
Impr. royale,* 1833, 1 tom. en 2 vol. in-4.

1448. The Vispard of the Parsis in the zand language
but gujarati character, with a gujarati translation, paraphrase and comment; according to the traditional
interpretation of the Zoroastrians, by the late Framji
Aspandiarji and other dasturs. *Lithographied for the
Bombay branch of the royal As. societ. by Appa Rama,*
1843, in-8, cartonné.

1449. Der neunzehnte Fargard des Vendidad. Von Dʳ
Fr. Spiegel. I—III Abtheilungen. *München,* 1851—54,
3 part. in-4, broch. — Ueber einige eingeschobene
Stellen im Vendidad, von Dʳ Fr. Spiegel. In-4, broch.
(42 *pag.*).

1450. The Parsi religion as contained in the Zand-Avasta
and propounded and defended by the Zoroastrians of
India and Persia, unfolded, refuted and contrasted with
christianity, by John Wilson. *Bombay, American mission press.,* 1843, 1 vol. gr. in-8.

1451. Bundehesh, liber Pehlvicus è vetustissimo codice
Hauniensi descripsit, duas inscriptiones regis Saporis
primi adjecit N. L. Westergaard. *Hauniæ, Gyldendal,*
1851, in-4.

Tout pehlewi — 84 pages.

1452. The Ardai viraf nameh, or the revelations of Ardai viraf; translated from the Persian and Guzeratee

versions; with notes and illustrations by J. A. Pope. *London, Plummer and Brewis,* 1816, 1 vol. in-8.

Livre sacré des anciens Persans et de leurs descendants les Parsis. Voy. Catal. Sacy, note du N° 1559, tom. 1ᵉʳ, page 349.

1453. The doctrine of Jehovah addressed to the Parsis. A sermon preached on the occasion of the baptism of two youths of that tribe, may 1839, by John Wilson. *Bombay, Webster,* 1839, in-8. (69 *pages*).

III. BRAHMANISME.

1. GÉNÉRALITÉS.

1454. Brahma et Brahmanisme, par Mʳ le baron d'Eckstein. (Extrait de l'Encyclopédie des gens du monde.) In-8. (16 *pag.*)

1455. Le théatre de l'idolatrie, ou la porte ouverte pour parvenir à la cognoissance du paganisme caché, et la vraye représentation de la vie, des mœurs, de la religion et du service divin des Brahmines, qui demeurent sur les costes de Chormandel et aux pays circonvoisins; par le sieur Abr. Roger..... avec des remarques des noms et des choses les plus importantes, enrichies de plusieurs figures en taille douce; traduite en françois par le sieur Th. La Grue. *Amsterdam, J. Schipper,* 1670, 1 vol. pet. in-4, fig.

1456. Conformité des coutumes des indiens orientaux, avec celles des Juifs et des autres peuples de l'antiquité, par Mʳ de la C*** (Créquinière). *Brusselles, George de Backer,* 1704, 1 vol. in-12, fig.

1457. Systema brahmanicum, liturgicum, mythologicum, civile, ex monumentis Indicis musæi Borgiani Velitris dissertationibus historico-criticis illustravit Fr. Paullinus a S. Bartholomæo Malabariæ missionarius. *Romæ, Ant. Fulgonius,* 1791, 1 vol. in-4, figures.

1458. Religion des Malabars. Extraits d'un manuscrit inédit publiés par E. Jacquet. *Paris, Chabrelie,* 1835, in-folio (118 *pag.*)

Appendice de l'ouvrage intitulé: L'Inde Française, etc. par M. M. Geringer et Chabrelie, avec un texte explicatif par M. M. Burnouf et Jacquet. Paris, 1833—1835.

1459. Mythologie des Indous, travaillée, par madame la chanoinesse de Polier, sur des mss. authentiques apportés de l'Inde par feu M. le colonel de Polier. *Roudolstadt et Paris, Schœll*, 1809, 2 vol. in-8.

1460. The mythology of the Hindus, with notices of various mountain and island tribes inhabiting the two peninsulas of India and the neighbouring islands; and an appendix comprising the minor Avatars, and the mythological and religious terms, etc. etc. of the Hindus; with plates illustrative of the principal Hindu deities, by Ch. Coleman. *London, Parbury and Co.*, 1832, 1 vol. gr. in-4., pap. vélin, fig.

1461. Exposé de quelques-uns des principaux articles de la théogonie des Brahmes, contenant la description détaillée du grand sacrifice du cheval, appelé *Assua-Méda*; de l'origine et des grandeurs du Gange; du temple célèbre de Gaya; etc.; extrait et traduit des meilleurs originaux écrits dans les langues du pays, par M. l'abbé J.-A. Dubois. *Paris, Dondey-Dupré*, 1825, 1 vol. in-8.

1462. Ueber das Bild des Weltbaumeisters, Visvakarman, in einem der Felsentempel bey Illora in Indien, von Othmar Frank. *München*, 1834, in-4., avec 1 pl.
Dissertation en 2 parties, formant 80 pages, (de 766 à 846).

1463. Comparison of the Hindu and Theban Hercules illustrated by an ancient Hindu intaglio, by lieut. col. James Tod. (From the trans. of the R. asiat. soc. vol. III). *London, J. L. Cox*, 1831, in-4., pap. vélin (23 *pag.*).

1464. Die kosmogonischen Ansichten der Inder und Hebräer durch Zusammenstellung der Manuischen und Mosaischen Kosmogonie erörtert von Dr K. Th. Johannsen. *Altona, Fr. Hammerick*, 1833, in-8. (88 *pag.*).

1465. Sur la connexion de la vie contemplative, ascétique et monastique chez les Indous et chez les peuples bouddhistes, avec les phénomènes semblables que présente l'histoire de l'islamisme et du christianisme. Dissertation présentée .... et soutenue ..... par J. J. Bochinger. *Strasbourg, Levrault*, 1831, in-4., broch. (59 *pages*).

1466. Essai sur les dogmes de la metempsychose et du Purgatoire enseignés par les bramins de l'Indostan;

suivi d'un récit abrégé des dernières révolutions et de l'état présent de cet empire; tiré de l'anglais (de Al. Dow) par M. Sinner. *Berne, Soc. typographique*, 1771, 1 vol. in-12.

2. LIVRES SACRÉS DES HINDOUS.

a. VEDAS.

1467. La religion des Indous selon les Vedah, ou Analyse de l'Oupnek'hat, publié par M. Anquetil Duperron, en 1802....; par M. le comte de Lanjuinais. *Paris, Dondey-Dupré*, 1823, in-8. (107 *pag.*).
Extrait du Journal Asiatique.

1468. Oupnek'hat (id est, secretum tegendum), opus ipsa in India rarissimum, continens antiquam et arcanam seu theologicam et philosophicam doctrinam, e quatuor sacris Indorum libris, Rak Beid, Djedjr Beid, Sam Beid, Athrban Beid, excerptam; ad verbum, e persico idiomate, samskriticis vocabulis intermixto, in latinum conversum; dissertationibus et annotationibus difficiliora explanantibus, illustratum; studio et opera Anquetil Duperron. *Argentorati, fratres Levrault*, 1801, 2 vol. in-4.

1469. L'Ezour-Vedam ou ancien commentaire du Védam, contenant l'exposition des opinions religieuses et philosophiques des Indiens, trad. du samscretan par un brame; revu et publié avec des observations préliminaires, des notes et des éclaircissements. *Iverdon, De Félice*, 1778, 2 vol. in-12.

1470. Etudes sur les hymnes du Rig-Veda avec un choix d'hymnes traduits pour la première fois en français par Mr F. Nève. *Paris, Benj. Duprat et Louvain, Ansiau*, 1842, in-8.

1471. Rig-Vedæ specimen (sanscrite et latine), edidit Fried. Rosen. *Londini, Taylor*, 1830, in-4, broch. (27 *pag.*)

1472. Rigveda Sanhita, liber primus, sanscrite et lat., edidit Frid. Rosen. *London, printed for the oriental translation fund*, 1838, gr. in-4.

1473. Rig-Veda-Sanhita, the sacred hymns of the Brahmans; together with the commentary of Sayanacharya;

edited by Dr Max Müller. Published under the patronage of the honourable the East-India-Company. *London, Allen and Co.,* 1849—1856, gr. in-4. Vol. I—III.

1474. Rig-Veda-Sanhita. A collection of ancient hindu hymns, constituting the first Ashtaka, or book of the Rig-Veda; the oldest authority for the religious and social institutions of the Hindus. Translated from the original sanskrit, by H. H. Wilson. Published under the patronage of the Court of Directors of the honourable East-India-Company. *London, Allen and Co.,* 1850—1857, 3 vol. in-8.

1475. Rig-Véda, ou livre des Hymnes, traduit du sanscrit par M. Langlois. *Paris, Firmin Didot,* 1848—1851, 4 vol. in-8.

1476. Die Hymnen des Sâma-Veda, herausgegeben, übersetzt und mit Glossar versehen von Th. Benfey. *Leipzig, Brockhaus,* 1848, pet. in-4.

1477. Translation of the Sanhita of the Sama Veda. By the rev. J. Stevenson. *London, orient. translation fund,* 1842, 1 vol. in-8.

1478. Translation of the Cena Upanishad one of the chapters of the Sama-Veda; according to the gloss of the celebrated Chancaracharya; establishing the unity and the sole omnipotence of the supreme Being; and that he alone is the object of worship; by Rammohun Roy. *Calcutta, P. Pereira,* 1816, in-8, pap. vélin (18 *pag.*). — Translation of the Ishopanishad one of the chapters of the Yajur-Veda; according to the commentary of the celebrated Sankar-Acharya, establishing the unity and incomprehensibility of the supreme Being, and that his worship alone can lead to eternal beatitude, by Rammohun Roy. *Calcutta, Pereira,* 1816, in-8, pap. vélin (31 *pag.*).

1479. Translation of several principal books, passages and texts of the Veds, and of some controversial works on Brahmunical theology; by rajah Rammohun Roy. Second edition. *London, Parbury, Allen and Co.,* 1832, 1 vol. in-8., pap. vélin.
Ce volume curieux contient 13 traductions ou traités, dont: Translation of an abridgment of the vedant or resolution of

16*

all the veds, the most celebrated and revered work of brah-
minical theology, establishing the unity of the supreme Being
and that be alone is the object of propitiation and worship,
Calcutta, 1816.

1480. Oupanichats, théologie des Védas, texte sanscrit
commenté par Sankara, traduit en français par L.
Poley. I. Katbaka — Oupanichat, extrait du Yadjour-
véda, traduit du sanscrit en français. 1ère Livraison.
Paris, Dondey-Dupré, 1837, gr. in-4.

1481. Frid. Henr. Hug. Windischbmann Sancara, sive de
theologumenis Vedanticorum. *Bonnœ, T. Habichtus*,
1833; 1 vol. gr. in-8.

b. LOIS DE MANOU.

1482. Manava-Dherma-Sastra; or the institutes of Menu;
edited by Graves Chamney Haughton. *London, Cox
and Baylis*, 1825, 2 vol. gr. in-4., pap. vél.

Le tome I. contient le texte sanscrit; le tome II la version
anglaise de W. Jones, revue et corrigée par l'éditeur.

1483. Lois de Manou, publiées en sanscrit, avec des
notes, contenant un choix de variantes et de scholies,
par Aug. Loiseleur — Deslongchamps; ouvrage publié
sous les auspices de la Société asiatique de Paris. *Paris, Levrault*, 1830, 2 vol. (Texte et notes.) — Manava-
Dharma-Sastra. Lois de Manou, comprenant les institutions religieuses et civiles des Indiens, traduites du
sanscrit et accompagnées de notes explicatives, par le
même. *Paris, Crapelet*, 1833, 1 vol. Les 3 vol. in-8.

1484. Menu Sanhita; the institutes of Menu, with the
commentary of Kulluka Bhatta. Published under the
authority of the Committee of public instruction. *Calcutta, education press*, 1830, 2 vol. in-8.

1485. Institutes of Hindu law: or the ordinances of Menu,
according to the gloss of Culluca. Comprising the Indian system of duties religious and civil, verbally translated from the original sanscrit, with a preface by sir
William Jones. *Calcutta, printed by order of the go-
vernm. London, reprinted for J. Sewell, and J. Debrett*,
1796, 1 vol. in-8.

1486. Hindu Gesetzbuch oder Menu's Verordnungen, nach Cullucas Erläuterung; ein Inbegriff des Systems religiöser und bürgerlicher Pflichten. Aus der Sanscritsprache wörtlich übersetzt von W. Jones und verdeutscht nach der Calcuttischen Ausgabe und mit einem Glossar und Anmerkungen begleitet von J. Chr. Hüttner. *Weimar, Industriecomptoir,* 1797, 1 vol. in-8.

c. POURANAS.

1487. De nonnullis Padma-Purani capitibus. Textum e cod. mss. biblioth. reg. Berolin. edidit, versionem latinam et annotationibus illustravit Ant. Edw. Wollheim. *Berolini, Jonas,* 1831, in-4. (39 *pag.*).

1488. The Vishnu Purana, a System of Hindu mythology and tradition, translated from the original sanscrit and illustrated by notes derived chiefly from other Puranas, by H. H. Wilson. *London, orient. translation fund,* 1840, 1 vol. in-4.

1489. Brahma-Vaivarta-Purani specimen. Textum è cod. mst. Biblioth. reg. Berolin. edidit, interpretationem latinam adjecit, et commentationem mythologicam et criticam præmisit Adolph. Frid. Stenzler. *Berolini, Ferd. Dümmler,* 1829, pet. in-4, pap. vélin. (54 *pag.*).

1490. Devimahatmyam Markandeyi Purani sectio; edidit, latinam interpretationem, annotationesque adjecit Lud. Poley. *Berolini, Ferd. Dümmlerus,* 1831, 1 vol. in-4.

1491. Le Bhâgavata Purana ou histoire poétique de Krichna, traduit et publié par E. Burnouf. *Paris, Impr. royale,* 1840—1848, 3 vol. gr. in-4.
Texte sanscrit et traduction française.

1492. Bagavadam ou doctrine divine, ouvrage indien, canonique, sur l'être suprême, les dieux, les géants, les hommes, les diverses parties de l'univers, etc. *Paris, veuve Tilliard et fils,* 1788, 1 vol. in-8.
Traduction faite sur le tamoul et revue par l'éditeur Foucher d'Obsonville.

d. EPOPÉES INDIENNES.

1493. The Ramayana of Valmeki, in the original sungskrit. With a prose translation and explanatory notes, by William Carey and Joshua Marshman. *Serampore*, 1806—1810, 3 vol. gr. in-4, pap. vélin.

1494. Ramayana, id est carmen epicum de Ramæ rebus gestis, poetæ antiquissimi Valmicis opus. Textum codd. mss. collatis recensuit, interpretationem latinam et annotationes criticas adjecit Aug. Guil. a Schlegel. *Bonnæ ad Rhenum. typis regiis*, 1829—38, in-8. pap. vélin.

Vol. I, part. 1 et 2; vol, II, part. 1ᵉ.

1495. Ramayana, poema indiano di Valmici, testo Sanscrito secondo i codici manoscritti della scuola Gaudana, ed traduzione italiana con note dal testo della scuola Gaudana, por Gaspare Gorresio. *Parigi, Stamper. reale ed. Franck*, 1843—1858, 10 vol. gr. in-8., pap. vélin.

Cette belle édition comprend 5 vol. de texte et 5 autres vol. pour la traduction.

1496. Bhagavad-Gita id est Θεσπέσιον μέλος, sive Almi Krishnæ et Arjunæ colloquium de rebus divinis, Bharateæ episodium. Textum recensuit, adnotationes criticas et interpretationem latinam adjecit Aug. Guil. a Schlegel. Editio altera auctior et emendatior cura Chr. Lasseni. *Bonnæ, Weber*, 1846, 1 vol. in-8.

1497. The Bhagvat-Geeta, dialogues of Kreeshna and Arjoon; in eighteen lectures, with notes: translated from the original, in the sanskreet, or ancient language of the Brahmans, by Ch. Wilkins. *London, C. Nourse*, 1785, 1 vol. gr. in-4.

1498. Le Bhaguat-Geeta ou dialogues de Kreeshna et d'Arjoon, contenant un précis de la religion et de la morale des Indiens, trad. du sanscrit, la langue sacrée des Brames, en anglais par Ch. Wilkins et de l'anglais en français par Parraud. *Londres et Paris, Buisson*, 1787, 1 vol. in-8.

1499. Harivansa ou histoire de la famille de Hari, ouvrage formant un appendice du Mahabbarata et traduit sur l'original sanscrit, par M. A. Langlois. *Paris, Impr. royale*, 1834; *printed for the oriental translation fund of Great Britain and Ireland.* In-4., 2 vol., pap. vélin.

Poëme regardé comme sacré.

1500. A code of Gentoo laws, or ordinations of the Pundits. From a Persian translation made from original written in the shanscrit language (by Nathaniel Brassey Halhed). *London*, 1781, 1 vol. in-8.

Avec 8 planches d'alphabets et de *fac-simile* sanscrits.

1501. Code des loix des Gentoux, ou réglemens des Brames, traduit de l'anglais (de Mr Halhed), d'après les versions faites de l'original écrit en langue Samskrete. *Paris, Stoupe*, 1778, 1 vol. in-4, avec planches d'alphabets et facsimile.

Exemplaire rempli de notes manuscrites.

IV. BOUDDHISME ET RELIGIONS DE LA CHINE.

1502. De Buddhaismi origine et ætate definiendis tentamen conscripsit Petrus a Bohlen. *Regimontii-Prussorum, Hartungius* (sine anno, 40 *pag.*). = Buddhism and Buddhist pilgrims; a review of M. Stanis. Julien's *Voyages des pélerins bouddhistes,* by Max Müller, etc., reprinted, with additions..... together with a letter on the original meaning of *Nirvâna. London, Williams and Norgate, Paris, B. Duprat,* 1857 (54 *pag.*). = Fragmens bouddhiques, par J. Klaproth. Extr. du Nouveau Journal Asiatique, mai 1831 (48 *pag. plus* 1 *pl.*) = Observations sur quelques points de la doctrine samanéenne et en particulier sur les noms de la triade suprême chez les différens peuples Bouddhistes, par M. Abel-Rémusat. *Paris, impr. royale,* 1831 (67 *pag.*), en 1 vol. in-8.

1503. Recherches sur Buddou ou Bouddou, instituteur religieux de l'Asie orientale; précédées de considérations générales sur les premiers hommages rendus au Créateur; sur la corruption de la religion, l'établissement des cultes du soleil, de la lune, des planètes, du ciel, de la terre, des montagnes, des eaux, des forêts, des hommes et des animaux, par Michel-Jean-François Ozeray. *Paris, Brunot-Labbe,* 1817, 1 vol. in-8.

A la fin du vol. se trouve une lettre de M. Abel Rémusat au sujet de l'ouvrage de Mr Ozeray.

1504. Introduction à l'histoire du Buddhisme indien, par E. Burnouf. *Paris, Impr. royale,* 1844, 1 vol. in-4. Tome 1er, le seul publié.

1505. The history and doctrine of Budhism, popularly illustrated; with notices of the Kappooism, or Demon worship and of the Bali, or planetary incantations of Ceylon, by Edward Upham, with 43 lithographic prints from original singalese designs. *London, Ackermann,* 1829, 1 vol. in-folio, pap. vélin, fig. color.

1506. The Mahavansi, the Raja-Ratnacari and the Raja-Vali forming the sacred and historical books of Ceylon; also a collection of tracts illustrative of the doctrines and literature of Buddhism; translated from the Singhalese; edited by Edw. Upham. *London, Parbury* .... 1833, 3 vol. in-8, pap. vélin.

1507. Yakkun Nattannawa: a cingalese poem, descriptive of the Ceylon system of demonology; to which is appended the practices of a Capua or Devil priest, as described by a Budhist; and Kolan Nattannawa: a cingalese poem, descriptive of the characters assumed by natives of Ceylon in a masquerade. Translated by John Callaway, late missionary in Ceylon....; illustrated with plates from cingalese designs. *London, oriental translation fund,* 1829, 1 vol. in-8., fig., pap. vélin.

1508. कम्मवाक्यं *Kammavakya.* Liber de officiis sacerdotum Buddhicorum, palicè et latinè primus edidit atque adnotationes adjecit Frid. Spiegel. *Bonnæ ad Rhenum, H. B. Kœnig,* 1841, in-8. (XV et 39 pag.) broch.

1509. Monumenti indici del museo Naniano illustrati dal P. Paolino da San Bartholomæo. *Padova, stamp. del Seminario,* 1799, in-4. (XXVIII pag. plus une planche).
Cette dissertation est consacrée à l'explication d'un monument représentant le Dieu *Godama* ou *Amita bouddha.*

1510. Notice sur le Yamântaga, idole rare du Muséum d'histoire naturelle et d'antiquités de l'université impériale de Moscou, par Gotl. Fischer de Waldheim. *Moscou, impr. de l'Université,* 1826 (22 pag. plus 3 pl.) = Ueber die tausend Buddhas einer Weltperiode der Einwohnung oder gleichmässigen Dauer; von J. J.

Schmidt, 1832 (46 *pag.*) = Recherches sur les philosophes appelés Samanéens, par M. de Guignes (Extr.
du tome 26 des Mémoires de littérature, 1753 (34
pages), en 1 vol. in-4.

1511. The catechism of the Shamans, or the laws and
regulations of the priesthood of Buddha in China, translated from the chinese original with notes and illustrations, by Ch. Fried. Neumann. *London, for the oriental translation fund, Murray*, 1831, 1 vol. gr. in-8,
pap. vélin.

1512. Rituel des Tatars-Mantchoux, rédigé par l'ordre
de l'empereur Kien-Long, et précédé d'un discours préliminaire composé par ce souverain; avec les dessins
des principaux ustensiles et instruments du culte cha-
manique. Ouvrage traduit par extraits du tatar-mantchou
et accompagné des textes en caractères originaux, par L.
Langlès. *Paris, impr. de la Républ.*, an XII (1804).
In-4. (74 *pag. plus* 10 *planches*).

1513. Die Thaten des Vertilgers der zehn Uebel in den
zehn Gegenden des verdienstvollen Helden Bogda Ges-
ser Chan; eine mongolische Heldensage, nach einem
in Peking gedruckten Exemplare aufs neue abgedruckt
unter der Aufsicht des Akademikers J. J. Schmidt....
St. Petersburg, W. Gräff, 1836, 1 vol. in-4.

Texte mongol seul.

1514. Panthéon chinois ou parallèle entre le culte religieux des Grecs et celui des Chinois, avec de nouvelles
preuves que la Chine a été connue des Grecs et que
les Sérès des auteurs classiques ont été des Chinois.
Par Joseph Hager. *Paris, P. Didot l'aîné*, 1806, 1 vol.
gr. in-4, fig., pap. vélin.

1515. Lettre de M. Louis de Cicé nommé par le S. Siège à
l'évêché de Sabula et au vicariat apostolique de Siam,
du Japon, etc. aux R. R. P. P. Jésuites sur les idolâ-
tries et sur les superstitions de la Chine. *Cologne,
héritiers de Corneille d'Egmond*, 1700, in-12. (64 *pag*).

1516. Y-king antiquissimus Sinarum liber quem ex latina
interpretatione P. Regis aliorumque ex Soc. Jesu P. P.
edidit Julius Mohl. Vol. I, cum quatuor tabulis. *Stutt-*

gardiæ et Tubingæ, sumptibus J. G. Cottæ, 1834—39, 2 vol. in-8.

Premier livre sacré des Chinois.

1517. Le Chou-king, un des livres sacrés des Chinois, qui renferme les fondements de leur ancienne histoire, les principes de leur gouvernement et de leur morale; ouvrage recueilli par Confucius, traduit et enrichi de notes, par feu le P. Gaubil, revu et corrigé sur le texte chinois, accompagné de nouvelles notes, de planches gravées en taille-douce et d'additions tirées des historiens originaux, dans lesquelles on donne l'histoire des princes omis dans le Chou-king, par de Guignes. On y a point un discours préliminaire qui contient des recherches sur les temps antérieurs à ceux dont parle le Chou-king et une notice sur l'Y-king, autre livre sacré des Chinois. *Paris, Tilliard*, 1770, 1 vol. in-4.

Second livre sacré des Chinois.

1518. Confucii Chi-King sive liber carminûm. Ex latina P. Lacharme interpretatione edidit Julius Mohl. *Stuttgardiæ et Tübingæ, J. G. Cotta*, 1830, 1 vol. pet. in-8.

Troisième livre sacré des Chinois.

1519. Mémoire sur l'origine et la propagation de la doctrine du Tao, fondée par Lao-tseu; trad: du chinois et accompagné d'un commentaire tiré des livres sanscrits et du Tao-te-king de Lao-tseu, établissant la conformité de certaines opinions, philosophiques de la Chine et de l'Inde; orné d'un dessin chinois; suivi de deux Oupanichads des Vèdas; avec le texte sanscrit et persan. Par M. G. Pauthier. *Paris, Dondey-Dupré*, 1831, gr. in-8, pap. vélin, fig.

1520. Le Tao-te-king ou le livre révéré de la raison suprême et de la vertu, par Lao-Tseu. Traduit en français et publié pour la première fois en Europe, avec une version latine et le texte chinois en regard, accompagné du commentaire complet de Sié-Hoéï, d'origine occidentale, et de notes tirées de divers autres commentateurs chinois, par G. Pauthier. *Paris, Dondey-Dupré*, 1838, gr. in-8.

1re Livraison, la seule publiée.

III. MÉLANGES THÉOLOGIQUES.

1521. THEOLOGICA, 2 vol. in-8., contenant les pièces suivantes :

Tome 1er. Sull'influenza politica del sacerdozio indiano ed egizio. Memorie due di Andrea Zambelli. *Pavia, Fusi di Valerio*, 1852. — Etude de la religion Phrygienne de Cybèle, par Ch. Lenormant (Extr. des Nouvelles Annales de l'Institut archéologique), *Paris, Bourgogne et Martinet* (s. date.). — Le monstre gardien de l'oracle de Delphes; par de Witte (Extr. du XX vol. des Mémoires de la Société des antiquaires de France). *Paris, Crapelet* (s. date). — Sur un rituel payen que possède la bibliothéque du roi (Ext. de l'Institut, 2de Section, No 76) Avril 1842. *Paris, René* (8 pag.). — Notice sur l'époque de l'établissement des Juifs dans l'Abyssinie par M. L. Marcus. (Extr. du Nouveau Journal Asiatique). *Impr. Royale*, 1829. — Du rabbinisme et des traditions juives pour faire suite à l'article Christianisme de Benjamin Constant et à l'article Judaisme de M. de Kératry, dans l'Encyclopédie moderne, avec un avant-propos et des notes, par Michel Berr (de Turique). *Paris, Sétier*, 1832. — Notice sur le calendrier talmudique encore en usage chez les Israëlites pour la fixation des solemnités religieuses, par un israëlite français. *Paris, Marchand du Breuil* (s. date). — De la fête du nouvel an et du jeûne des expiations ou Grand Pardon chez les Juifs par Michel Berr. (Extr. de la Gazette des cultes, 13 Octobre 1829). *Paris, Pihan Delaforest* (8 *pages*). — Projet de règlement concernant la circoncision suivi d'observations sur une lettre pastorale du grand rabbin de Metz et sur un écrit de Mr Lazare ainé, par Mr Tsarphati. *Paris, Ant. Béraud* (s. date). — Notitia codicis samaritano-arabici in bibliothecâ Bodleiana adservati Pentateuchum complectentis..... scripsit Alexander Nicoll. *Oxonii*, 1817. — Le livre de Ruth en hébreu et en patois auvergnat; parabole de l'enfant prodigue; sermon (latin) de Michel Menot; parabole de l'enfant prodigue en syriaque et en patois auvergnat, par l'abbé Laboudérie. *Paris, Evérat*, 1825. — מכתבים שונים seu variæ interpretationes criticæ et grammaticales de Bibliis veteris Testamenti et de Onkelosi, quibus accedunt alia scripta hebraïca et chaldaïca, authore Lazaro Elia Igel. *Leopoli Poremba*, 1850. — Adnotationes in selecta Jobi loca. Exercitatio academica quam .... publice defendet Jo. Ad. Jacobi. *Jenæ, typis Goepferdtii*, 1795. — Jehovah. Lettre à Monsieur le Comte de Volney par J. Lingay. *Paris, Chanson*, 1820. — Etudes sur l'archéologie et sur un monument biblique très-important retrouvé au palais de Karnac à Thèbes, en Egypte; par M. de Paravey. *Paris, Vve*

Thuau, 1834, planch. — Drei nestorianische Kirchenlieder mitgetheilt von Dr Daniel Haneberg (12 *pages*). — Prédication en langue Javanaise (18 *pages*). — Lettre d'un médecin arabe à un fameux professeur de l'université de Hall en Saxe sur les reproches faits à Mahomet de son recours aux armes, de la pluralité de ses femmes, de l'entretien de ses concubines et de l'idée de son paradis; trad. de l'arabe. Anno, 1713. — Vindiciarum Coranicarum periculum. Dissertatio academica quam...,. publice defendet auctor Jo. Chr. Guill. Augusti. *Jenæ, Strankmann*, 1803. — Recueil de fetvas écrit en turk et en arabe par Hafiz, Mohammed ben Ahmed ben Elcheickh Moustafa Elkedousy, imprimé à Constantinople en 1822 (Article de Mr Bianchi, extr. du Journal Asiatique, mars 1824). — Lettre de Mr Silvestre de Sacy au rédacteur du Moniteur sur l'étymologie du nom des Assassins. (Extr. du Moniteur, an 1809.) — Deux odes mystiques composées par Séid Ahmed Hatif d'Ispahan et traduites du persan par J. M. J. *Paris, Dondey-Dupré*, 1828. — Extrait d'un commentaire et d'une traduction nouvelle du Vendidad Sadé, l'un des livres de Zoroastre, par E. Burnouf. (Extr. du Nouveau Journal Asiatique). *Imp. Royale*, 1829. — Aperçus nouveaux de la mythologie hindoue et de ses rapports avec toutes les mythologies anciennes, traduits de l'anglais (33 *pages*). — Analyse et extrait du Dévimahatmya, fragment du Markandeya Pourana (Extr. du Journal Asiatique — (10 *pages*). — A note on Boodhism and the cave temples of India adressed to F. Mouat esq. by Thomas Latter. *Calcutta, Baptist mission press*, 1844.

Tome 2.nd La Bible, traduction nouvelle avec l'hébreu en regard accompagné des points voyelles et des accents toniques, avec des notes, etc., par S. Cahen. *Paris, Treuttel et Wurtz, Mars* 1835 (Prospectus). — Oraison dominicale, Credo et autres prières en hébreu et en syriaque (24 *pages*). — Sermon sur la montagne en Grec et en Basque précédé du paradigme de la conjugaison basque, par M. Fleury de Lécluse. *Toulouse, Vieusseux*, 1831. — Parabole de l'efon proudigue, en patois de nahrte ouvergna (hébreu et patois), par M. I. L. (Labouderie). *Paris, F. Didot*, 1823. — An homily for god-friday, concerning the death and passion of our Saviour Jesus Christ (in armenian). *Calcutta, at the press of the Armenian philantropic academy*, 1828. — Abrégé de la doctrine chrétienne imprimé en chinois à Serampore par les soins de M. Marshman (7 *pages*). — Fragment des révélations apocryphes de Saint-Barthélemy et l'histoire des communautés religieuses fondées par St Pachôme, traduit sur les textes coptes par M. Edouard Dulaurier. *Paris, I. Roy.*, 1835. — Considérations sur les nouvelles traductions des Livres Saints.... par M. le Baron Sylvestre de Sacy. 1. R. 1824. — Notice sur une version chinoise de l'evangile de St Marc, publiée par les missionnaires anglais du Bengale, par J. P. Abel-Rémusat (1812). — An account of an evangelical chinese Ms. in the British Museum, together with a specimen of it, and some hints on the proper mode of publishing it in London; communicated .... by Dr. Montucci (1801). — Johannis Drusi ad voces hebraïcas Novi Tetamenti commentarius, etc. *Antuerpiæ, Christophori Plantini officina*, 1582. — Apophthegmata Ebræorum ac Arabum .... per J. Drusium Aldenardensem. *Franequeræ, excudebat Ægidius Radæus.* 1591. — Croyances religieuses des peuples germains; l'Irmensaül; note de 2 pages. — Histoire critique des croyances religieuses de l'Hindoustan, par Val. Parisot. (Juin 1834). — Philo Narud, etc., 15 pages d'anglais signees Theophilus sur la religion de l'Indoustan. — Historisch-kritischer Versuch über die Lamaische Religion, von K. D. Hüllmann. *Berlin, Hartmann,* 1796. — Mémoire sur l'origine et la propagation de la doctrine du Tao, par M. Pauthier, commenté par M. Klaproth. — Lettre à M^r le redacteur du nouveau Journal Asiatique (réponse de M. Klaproth à M. Pauthier). *I. R.* 1834.

1522. **THEOLOGICAE ORATIONES**, 1 vol. pet. in-4, contenant:
Disputatio historica de Jove Hammone quam .... exponunt præses M. Ægidius Strauch et respondens Daniel Walther. *Wittebergæ, Mich. Meyer,* anno 1669. — Disputationis paradoxæ de Iside magna Dearum matre, ad loc. Suet. in Othone, cap. XII, §. 5, partem II, præses Henr. Jac. van Bashuysen... respondente filio primogenito Gualthero van Bashuysen.... defendent. *Servestæ, typis Sam. Titii,* 1719. — Dissertatio theologico philologica de Nisroch idolo Assyriorum quam.... præside Conr. Ikenio, eruditorum examini subjiciet Luederus Kulenkamp..... *Bremæ, vidua Herm. Chr. Jani,* 1747. — De diis Thracum disserit atque orationem inauguralem..... indicit M. Car. Andr. Bel. *Lipsiæ, Schniebesianus,* 1743. — A et Ω, oraculum Apollinis Delphicum, præside Caspare Sagittario.... Συμφιλολογουντων disquisitioni sisto Jo. David Hebenstreit. *Jenæ, stanno Bauhoferiano,* 1675. — Pro mysteriis Eleusiniis disputatio.... proposita a M. Joan. Aug. Bachio, respondente Jo. Wilh. Richtero. *Lipsiæ, Langenhem,* 1745.— אסתר עם פ דשהלמדר וילקוש. Scholia Rabii Salomonis Jarchi in librum Esther; item excerpta quædam ex Talmudo et Jalcut in eumdem librum (hebr. et lat.) interprete Lud. Henr. Aquino. *Lutetiæ Parisiorum, Blaise,* 1622. — Collatio versionis syriacæ quam Peschito vocant cum fragmentis in commentariis Ephræmi Syri obviis, instituta à M. Gottl. Leberecht Spohn. Specimen I, quod priora 22 capita Jesaiæ continet. *Lipsiæ, Breitkopfius,* 1785. — Συνθεω πινισχδι ψαλτηριον τω Δαυιδ χενλασ γγυπτιοσ h. e. Psalterium Davidis in lingua coptica seu ægyptiaca, una cum versione arabica, nunc primum in latin. versum et in lucem editum a M. Theodor. Petræo. *Lugd.-Batavorum, sumpt. auctoris,* 1663. — Divi Johannis apostoli et evangelistæ epistola catholica prima syriace, adjuncto è regione charactere hebræo et versione lat. in gratiam linguæ syr. tyronum seorsim excusa, præmittitur alphabetum syriacum velut manductio ad ejus linguæ lectionem faciliorem, opera et studio Martini Trostii. *Cothenis Anhaltinorum,* 1621 *(Le syr. en caract. hebr. est ponctué).* — Epistola S. Pauli ad Colossenses syra, in gratiam auditorum suorum cum vocibus tam primitivis quam derivativis separatim edita à J. C. W. *Vitembergæ, Schrœdter,* 1702 *(Tout syriaque).* — Johannis Hilperti disquisitio de præadamitis

anonymo exercitationis et systematis theologici auctori opposita. *Helmstadii, Henning Mullerus,* 1656. — Oratio persica de differentia religionis turcicæ et persicæ publice..... recitata a Sebast. Kirchmaiero (pers. et lat.). *Wittebergæ, Wilh. Fencelius,* 1662. — Dissertatio academica de inferis Indianis quam.... præside Matth. Norberg.... (proponit) Andr. Jac. Hellstenius. *Londini-Gothorum, Berling,* 1802.

SCIENCES.

PREMIÈRE DIVISION — SCIENCES MATHÉMA-TIQUES ET NATURELLES.

I. MATHÉMATIQUES.

1523. Matériaux pour servir à l'histoire comparée des sciences mathématiques chez les Grecs et les Orientaux, par L. Am. Sédillot. *Paris, Firmin-Didot*, 1845—49, 2 vol. in-8., avec pl.

1524. Rapport historique sur les progrès des sciences mathématiques depuis 1789 et sur leur état actuel, par Delambre. *Paris, impr. impér.*, 1810, 1 vol. in-8.

1525. Cours de mathématiques, à l'usage des gardes du pavillon et de la marine, du commerce et des élèves de l'école polytechnique, par Bézout.... Ier Partie; seconde edition, comprenant l'arithmétique. II^{de} Partie; contenant la geométrie, etc. IIIme Partie; contenant l'algèbre. *Paris, Courcier*, an VI et VII, 3 vol. in-8., avec planches.

1526. Khazanat ul ilm or the treasury of science being a course of instruction in the various branches of mathematics. By Dewan Kanh Ji, of Patna, an Hindu of the Mathar Kaith Caste. Adopted for publication, by the general committee of public instruction for the use of the persian colleges under their control, and printed up to the 492nd page under the supervision of Dr J. Tytler; suspended by order of government, and transferred with other unfinished oriental works to the Asiatic Society in march 1835, and completed at the Society's expence, under the gratuitous supervision of Maulavi Mansur Ahmed Bardwani, one of the teachers at the college of Haji Mohsin, hooghly, September 1837. *Calcutta, at the Baptist Mission press*, 1837, 1 vol. gr. in-4., pl. lithogr. papier vélin.

En persan, caractére neskhy — 654 pag. (٩٥۴) plus le titre anglais et le titre persan, 2. f. — 14 pag. de tables comparatives des poids et mesures et à la fin 25 pag. (٢٥) de tables des matières. Pour plus de détail, cf. la description du N° 1612, Catal. Silv. de Sacy, T. 1er page 363.

1527. Die quinare und vigesimale Zählmethode bei Völkern aller Welttheile; nebst ausführlicheren Bemerkungen über die Zahlwörter Indogermanischen Stammes und einem Anhange über Fingernamen, von Dr Aug. Frid. Pott. *Halle, Schwetschke*, 1847, 1 vol, in-8.

1528. The Khoolasut-Ool-Hisab; a compendium of arithmetic and geometry in the arabic language, by Buhæ-Ood-Deen, of Amool in Syria, with a translation into persian and commentary by the late Muoluvee Ruoshun Ulee of Juonpoor; to which is added a treatise on algebra, by Nujm-Ood-Deen Ulee Khan, head qazee; to the Sudr Deewanee and Nizamut Udalut. Revised and edited by Tarinee Churun Mitr, Muoluwee Jan Ulee and Ghoolam Ukbur .... *Calcutta, W. Pereira*, 1812, 1 vol. gr. in-8., pl.

La version et le commentaire persans sont en caractéres tà'liq — 477 pag. (٢٧٧) plüs 3 ff. savoir: le titre anglais, la dédicace anglaise et le titre persan [commencant par ces mots:

نسخة خلاصة الحساب

Le feuillet 325 est un tableau ayant le verso blanc, et ne comptant que pour une page.

Jl y a de plus 6 pl. lithographiées et un tableau imprimé sur un feuillet long, blanc au verso et au recto contenant une table formée de 8 colonnes, lequel est chiffré 471.

1529. **लीलावती** Lilavati; a treatise on algebra and geometry, by Sri Bhaskara Acharya. Published under the authority of the committee of public instruction. *Calcutta, printed at the education press,* 1832, 1 vol. gr. in-8., fig.

    Tout sanscrit — 133 pag. plus 6 pages pour le titre sanscrit et la table des chapitres — 19 lignes.

1530. The Lilavati, a treatise on arithmetic translated into persian from the sanscrit work of Bhascara Acharya, by the celebrated Feizi. *Calcutta, education press,* 1827, 1 vol. gr. in-8.

    Tout persan, caract. neskhy — 158 pag (١٥٨) plus la préface en persan, le titre anglais et le titre persan qui commence par ces mots: .... ﺍﻳﻦ ﻧﺴﺨﻪ ﻟﻴﻼﻭﺗﻰ

1531. Leçons élémentaires d'arithmétique ou principes d'analyse numérique par le citoyen Mauduit. Nouvelle édition revue, corrigée et augmentée. *Paris, l'auteur,* 1793, 1 vol. in-8.

1532. Elémens d'arithmétique par M. Bourdon. Ouvrage adopté par l'Université. Septième édition. *Paris, Bachelier,* 1830, 1 vol. in-8.

1533. Application de l'arithmétique au commerce et à la banque d'après les principes de Bezout, par J. B. Juvigny. Troisième édition. *Paris, Renard,* 1827, 1 vol. in-8.

1534. Traité d'arithmétique appliquée à la Banque, au commerce, à l'industrie, etc. Recueil de méthodes propres à résoudre les problèmes et à abréger les calculs numériques par L.-B. Francœur. *Paris, Bachelier,* 1845, 1 vol. in-8.

1535. Recherches sur le principe, les bases et l'évaluation des différens systèmes métriques linéaires de l'antiquité. Par M. Gosselin (*Paris, Impr. roy.* 1821). = Appendice au Mémoire de Mr Gosselin, sur les systèmes métriques linéaires de l'antiquité (*Ibid.* 1821 — 5 *pag.*). = Observations sur la coudée égyptienne découverte récemment à Memphis, par le même. *Extr. du Journal des Savants,* 1822, (7 *pag.*) en 1 vol. gr. in-4.

    Les Recherches sont extraites du Tome VIe des Mémoires de l'Académie des Inscriptions et Belles Lettres.

1536. The algebra of Mohammed ben Musa. Edited and
translated by Fred. Rosen. *London, for the oriental
translation fund,* 1831, 1 vol. in-8., pap. vélin.

Ce volume est divisé en deux parties; l'une contenant la version anglaise et les notes, et l'autre donnant le texte arabe.
Ce dernier, sous la date de 1830, comprend 122 pages (١٢٢),
plus 1 f. d'errata, le faux titre et le titre arabes.

1537. كتاب تحرير اصول لا وقليدس من تاليف خوجه
نصير الدين الطوسى *Kitâb tahhrir oçoul li-Euqlides min
ta' lif khoudjah naçir eldin el thousy.* Livre des éléments d'Euclide de la révision de Khoudjah Naçir Eddin de Thous. (*Rome, impr. de Médicis,* 1594); 1 vol.
in-folio.

Tout arabe — 454 pag. (indiquées au haut des pages en
chiffres orientaux et en bas en chiffres européens; ces derniers
ne commençant qu'au Nº 25) mais dont la dernière non chiffrée
contient le privilège du Sultan Mourad pour la vente de ce
livre dans l'Empire Ottoman. — 36 lig. avec encadrement d'un
double filet. Notre exemplaire a XIII livres, mais il n'a pas le
titre latin qu'on rencontre dans quelques autres.

1538. كتاب اقليدس .... *Kitâb Eqlides....* Le livre
d'Euclides. Traduit en arabe par Mohammed ben Mohammed, connu sous le nom de Naçir Eddin el Thousy.
Constantinople, 1216, 1 vol. pet. in-4.

Abrégé, fait par Naçir Eddin lui même, de sa traduction por-
tée sous le Nº précédent.
Tout arabe, XV livres — 222 pag. (٢٢٢) chiffrées, y compris le titre — 29 lignes — Encadr. d'un double filet.
La date 1216 (1801) se trouve à la page 218.

1539. ترجمه شش مقاله كتاب تحرير اوقليدس *Terdjé-
meï chech meqâleï kitâbi tahhriri Euqlides.* Traduction
des six livres de l'ouvrage d'Euclide. *Calcutta,* 1824,
1 vol. in-8., avec fig. dans le texte.

Traduction persane de la version arabe de Naçir Eddin el
Thousy — Caract. ta'liq — 262 pages (٢٩٢), plus le titre —
18 lignes.

1540. Les œuvres d'Euclide, en grec, en latin et en français, d'après un manuscrit très-ancien qui était resté

inconnu jusqu'à nos jours; par F. Peyrard. *Paris, l'auteur*, 1814—18, 3 vol. in-4., fig.

1541. Eléments de géométrie avec des notes, par A. M. Legendre. Douzième édition. *Paris, Firmin-Didot,* 1823, 1 vol. in-8., planches.

II. ASTRONOMIE.

a. INTRODUCTION — HISTOIRE.

1542. Jo. Frid. Weidleri historiæ astronomiæ sive de ortu et progressu astronomiæ liber singularis. *Vitembergæ, Gottl. H. Schwartzius,* 1741, 1 vol. in-4.

1543. Histoire de l'astronomie ancienne jusqu'à l'établissement de l'école d'Alexandrie, par Jean Sylv. Bailly. *Paris, Debure,* 1781, 1 vol. — Histoire de l'astronomie moderne, par le même. *Ibid.,* 1785, 3 vol. — Histoire de l'astronomie indienne et orientale, par le même. *Ibid.,* 1787, 1 vol. — Les 5 vol. in-4.

1544. Historische Untersuchungen über die astronomischen Beobachtungen der Alten, von Ludwig Ideler. *Berlin, C. Quien,* 1806, 1 vol. in-8.

b. ZODIAQUES.

1545. Solemnia natalitia .... indicit Dr Aug. Guil. à Schlegel. Præmittitur commentatio de zodiaci antiquitate et origine. *Bonnæ, Carol. Georgius,* 1839, in-4 (37 *pag.*).

1546. Versuch über das Alter des Thierkreises und den Ursprung der Sternbilder; von J. G. Rhode. *Breslau, Joh. Fried. Korn,* 1809, pet. in-4., fig.

1547. Observations critiques et archéologiques sur l'objet des représentations zodiacales qui nous restent de l'antiquité, à l'occasion d'un zodiaque égyptien peint dans une caisse de momie qui porte une inscription grecque du temps de Trajan, par Mr Letronne (suivies d'une lettre de M. Champollion le Jeune à Mr Letronne

17*

sur l'expression phonétique des noms de Pétémenon
et de Cléopâtre, dans les hiéroglyphes de la momie rapportée par M. Caillaud.) *Paris, Auguste Boulland,*
mars 1824 (118 *pag. et* 1 *pl.*) = Analyse des recherches de Mr Letronne sur les représentations zodiacales
ou étude des monuments astronomiques des anciens
peuples de l'Egypte, de l'Asie et de la Grèce, condui-
sant à une réfutation scientifique complète du système
de Dupuis, par Ed. Carteron. (Extr. des Annales de
philosophie chrétienne, 1841—1842). *Paris,* 1843 (136
pag.) = Mémoire sur une table horaire qui se trouve
dans le temple égyptien de Taphis en Nubie, par M^r
Letronne. (Extr. des Nouvelles annales des Voyages,
tome 17) — (*Paris, s. d.*) — (28 *pag. et* 2 *pl.*) en 1 vol.
in-8., fig.

1548. Illustrazione d'uno zodiaco orientale del cabinetto
delle medaglie di S. M. à Parigi, scoperto recentemente
presso le sponde del Tigri, in vicinanza dell'antica Ba-
bilonia. Monumento che serve ad illustrare la storia
dell'astronomia, ed altri punti interessánti di antichità.
Da Gius. Hager. *Milano, Gio. Gius. Destephanis,* 1811,
gr. in-fol. fig.

1549. Sugli antichi zodiaci dell'Egitto; ad un nobile gio-
vane di Francesco Gussman, traduzione dal tedesco.
Venezia, Franc. Andreola, 1802, 1 vol. pet. in-8., fig.
— Dissertazione dell'abate Domenico Testa sopra due
zodiaci novellamente scoperti nell'Egitto, letta in una
adunanza straordinaria dell'academia di religione catto-
lica, il di 5 luglio 1802. *Roma, Stamp. dell'Academia,*
1802, in-8. (55 *pag.*) avec 1 pl.

1550. Notice sur le zodiaque de Denderah lue à l'Académie royale des Inscriptions et belles lettres.... par
M. J. Saint-Martin. *Paris, Delaunay,* 1822 (51 *pag.*) =
Description de l'Egypte, etc. Second article, sur les
zodiaques de Denderah, par M. Francœur. (Extr. de
la Revue encyclopédique, avril 1822 — 16 *pag.*) =
Lettre à M^r le rédacteur de la Revue encyclopédique,
relative au zodiaque de Dendéra, par Mr Champollion le
jeune (*Paris, Lanoë,* 1822 — 8 *pag.*) = Examen d'une
opinion nouvelle (de Mr Biot) sur le zodiaque circulaire
de Dendéra, par Mr Jomard (*Paris, Lanoë,* 1822, 20 *pag.*

et 1 *pl.*) = Nouvelles considérations sur le planisphère de Dendéra, où, nonobstant les calculs de Mr Biot, et employant aussi le système de projection indiqué par Mr Delambre, on démontre que ce monument n'offre autre chose que la sphère d'Hipparque, telle qu'elle est figurée sur le globe Farnèse, par Mr de Paravey. *Paris, Treuttel et Würtz*, 1822 (31 *pag.*). = Notice sur le temple et le zodiaque de Denderah (Tentyris) — (12 *pag.*) = Bemerkungen über den Thierkreis von Denderah. Ein Sendschreiben an den Herausgeber der Zeitschrift: *Telescop*, von J. v. Goulianof; aus dem Russischen übersetzt von C. Goldbach. *Dresden, Meinhold und Söhnen*, 1832 (34 *pag. et* 1 *pl.*), en 1 vol. in-8., fig.

1551. La pierre zodiacale du temple de Dendérah expliquée par S. A. S. le Landgrave Charles de Hesse. *Copenhague, Andr. Seidelin*, 1824, in-8. (69 *pag. et* 1 *pl.*)

1552. Mémoire sur l'antiquité des zodiaques d'Esneh et de Denderah; traduction de l'anglais (de W. Drummond). *Paris, J. M. Eberhardt*, 1822, 1 vol. gr. in-8., pap. vél. et fig.

1553. Recherches sur plusieurs points de l'astronomie égyptienne appliquées aux monuments astronomiques trouvés en Egypte, par J. B. Biot. *Paris, F. Didot*, 1823, 1 vol. in-8., avec planches.

1554. Appendice aux recherches sur les bas-reliefs astronomiques des Egyptiens par M. M. Jollois et Devilliers. *Paris, Carilhian-Gœury*, 1834, in-8. (48 *pag. et* 2 *pl.*)

1555. Mémoire explicatif sur la sphère caucasienne et spécialement sur le zodiaque où l'on prouve que ce dernier monument, sous quelque forme qu'il puisse se présentèr, doit être jugé indigne de toute attention de la part des astronomes et des archæologues, n'ayant jamais été dans l'origine qu'une pure rêverie astrologique; par C. G. S. (Schwartz). *Paris, Migneret*, 1813, in-4., fig. (53 *pages*.)

1556. Le zodiaque expliqué ou recherches sur l'origine et la signification des constellations, de la sphère grecque, etc. traduit du suédois de C. G. S. avec carte et planches. Seconde édition. *Paris, Migneret*, 1809, fig. = Lettre critique de Mr C. G. S. à un ami en Angleterre sur la zodiacomanie d'un journaliste anglais. *Ibid.*, 1817 (36 *pag.*), en 1 vol. in-8.

c. ASTRONOMES ANCIENS.

1557. Procli de sphærâ liber. Cleomedis de mundo sive circularis inspectionis meteororum libri II. Arati Solensis phænomena sive apparentia. Dionysii Afri descriptio orbis habitabilis; omnia græcè et latinè.... eduntur, adjectis etiam annotationibus (ed. Marco Hoppero). *Basileæ,* (per Henri. Petri), 1547, 1 vol. pet. in-8.

Première édition de ce rare recueil.

1558. Αράτου Σολέως φαινόμενα καὶ διοσημεία. Arati Solensis phænomena et diosemea, græce et latine, ad codd. mss. et optimarum edd. fidem recensita. Accedunt Theonis scholia vulgata et emendatiora e codice mosquensi, Leontii de sphæra aratea libellus et versionum Arati pœticarum Ciceronis, Germanici et R. F. Avieni quæ supersunt; curavit Jo. Theoph. Buhle. *Lipsiæ, in officina Weidmannia,* 1793—1801, 2 tom. en 1 vol. gr. in-8., fig.

1559. Eratosthenis catasterismi, gr. cum interpretatione latina et commentario. Curavit Jo. Conrad. Schaubach. Epistola C. G. Heyne, cum animadversionibus in Eratosthenem et cum tabulis ære incisis. *Gottingæ, Vandenhœk....,* 1795, 1 vol. in-8., fig.

Exemplaire Boissonade avec quelques notes de sa main

1560. Μανέθωνος ἀποτελεσματικῶν βιβλία εξ. Manethonis apotelesmaticorum libri sex nunc primum ex bibliotheca Medicea editi cura Jac. Gronovii qui etiam latine vertit ac notas adjecit. *Lugd.-Batav., Fred. Haaring,* 1698, 1 vol. pet. in-4.

1561. M. Manilii astronomicωn libri quinque: Jos. Scaligerus recensuit ac pristino ordini suo restituit, ejusdem Jo. Scaligeri commentarius in eosdem libros et castigationum explicationes. *Lutetiæ, Mamertus Patissonius,* 1579, 2 part. en 1 vol. pet. in-8.

1562. Marci Manilii astronomicon libri V. Accessere Marci Tullii Ciceronis Aratæa cum interpretatione gallica et notis; edente Al. G. Pingré. *Parisiis, via et œdibus serpentinis*, 1786, 2 tom. en 1 vol. in-8.

1563. Cleomedis Meteora græce et latine a Roberto Balforeo ex ms. cod. bibliothecæ Cardinalis Joyosii multis mendis repurgata, latinè versa et perpetuo commentario illustrata... *Burdigalæ, Simon Millangius*, 1605, 1 vol. pet. in-4.

1564. Κλεομήδους κυκλικῆς θεωρίας μετεώρων βιβλία δύο. Cleomedis circularis doctrinæ de sublimibus libri duo. Recensuit, interpretatione latina instruxit, commentarium Roberti Balforei suasque animadversiones addidit Janus Bake. *Lugd.-Batav., S. et J. Luchtmans*, 1820, 1 vol. in-8.

1565. Uranologion sive systema variorum authorum qui de sphæra ac sideribus, eorumque motibus græce commentati sunt. Sunt autem horum libri Gemini et Achillis Tatii isagoge ad Arati phænomena, Hipparchi libri III ad Aratum, Ptolemæi de apparentiis, Theodori Gazæ de mensibus, Maximi, Isaaci Argyri duplex et S. Andreæ Cretensis computi; omnia vel græcè ac latinè nunc primum edita, vel ante non edita, cura et studio Dionysii Petavii..... Accesserunt variarum dissertationum libri VIII, ad authores illos intelligendos imprimis utiles, eodem authore. *Lutetiæ Parisiorum, Seb. Cramoisy*, 1630, 1 vol. in-folio.

1566. OEuvres mathématiques et astronomiques de Ptolémée; traduites par l'abbé Halma. 5 vol. in-4., fig., savoir:

Κλαυδίου Πτολεμαίου μαθηματικὴ σύνταξις. Composition mathématique.....; traduite pour la première fois sur les mss. originaux de la Bibl. Impér. de Paris et suivie des notes de M. Delambre. *Paris, Henri Grand*, 1813—16, 2 vol. gr. in-4.

Κλαυδίου Πτολεμαίου, Θέωνος κ. τ. λ. Κανὼν βασιλείων καὶ φάσεις ἀπλανῶν, καὶ Γεμίνου εἰσαγωγὴ εἰς τὰ φαινόμενα. Table chronologique des règnes, prolongée jusqu'à la prise de Constantinople par les Turcs; apparitions des fixes de Cl. Ptolémée, Théon, etc. etc. et introduction de Géminus aux phénomènes célestes, trad....; suivies des recherches historiques sur les observations astronomiques des anciens, trad. de l'allemand de M. Ideler et précédées d'un discours préliminaire et de deux dissertations sur la réduction des années et. des mois des anciens à la forme actuelle des nôtres. *Paris, Bobée*, 1819, 1 vol. in-4.

Κλαυδ. Πτολεμαίου ὑποθέσεις καὶ πλανομένων ἀρχαὶ, καὶ Πρόκλου Διαδόχου ὑποτυπώσεις. Hypothèses et époques des planètes et hypotyposes de Proclus Diadochus . . . . ; suivies de trois mémoires traduits de l'allemand de M. Ideler, sur les connaissances astronomiques des Chaldéens, sur le cycle de Méton, et sur l'ère persique et précédées d'un discours préliminaire et de deux dissertations sur les mois macédoniens et sur le calendrier judaïque. *Paris, Merlin,* 1820, 1 vol. in-4.

Θέωνος Ἀλεξανδρέως ὑπόμνημα εἰς τὸ πρῶτον τῆς Πτολεμαίου μαθηματικῆς συντάξεως. Commentaire de Théon d'Alexandrie sur le premier livre de la composition mathématique de Ptolémée; trad . . . , par M. Halma, pour servir de suite et d'éclaircissement à son édition grecque et à sa traduc. française de l'astronomie de Ptolémée. *Paris, Merlin,* 1821, 1 vol. in-4.

1567. Julii Firmici Materni Junioris Siculi V. C. ad Mavortium Lollianum Astronomicõn libri VIII per Nicolaum Prucknerum astrologum nuper ab innumeris mendis vindicati. His accesserunt Cl. Ptolemæi Pheludiensis Alexandrini ἀποτελεσμάτων quod quadripartitum vocant lib. IV. De inerrantium stellarum significationibus lib. I; Centiloquium ejusdem. Ex Arabibus et Chaldæis. Hermetis vetustissimi astrologi centum aphoris. lib. I. Bethem centiloquium; ejusdem de horis planetarum liber alius; Almanzoris astrologi propositiones ad Saracenorum regem; Zahelis Arabis de electionibus liber I; Messahalah de ratione circuli et stellarum et qualiter in hoc seculo operentur lib. I; Omar de nativitatibus lib. III; Marci Manilii poetæ dissertissimi astronomicõn lib. V; postremò Othonis Brunfelsii de diffinitionibus et terminis astrologiæ libellus isagogicus. *Basileæ, per Joannem Hervagium,* 1551, 1 vol. pet. in-folio.

d. ASTRONOMES ORIENTAUX.

1568. . . . . كتاب محمد بن كتير الفرغانى Muhammedis fil. Ketiri Ferganensis, qui vulgò Alfraganus dicitur, elementa astronomica, arabicè et latine. Cum notis ad res exoticas sive orientales quæ in iis occurrunt. Opera Jacobi Golii. *Amstelodami, Joh. Jansonius a Waasberge,* 1669, 1 vol. pet. in-4.

1569. Traité des instruments astronomiques des Arabes, composé au XIIIme siècle par Aboul Hhassan Ali, de

Maroc, intitulé: جامع المبادى والغايات (Collection des commencements et des fins). Traduit de l'arabe sur le ms. 1147 de la Bibliothèque royale, par J. J. Sédillot et publié par L. Am. Sédillot. *Paris, impr. royale*, 1834—35, 2 vol. in-4., fig.

1570. Globus cælestis cufico-arabicus Veliterni Musei Borgiani a Simone Assemano illustratus. Præmissa ejusdem de Arabum astronomia dissertatione et adjectis duabus epistolis Cl. Josephi Toaldi. *Patavii, typis seminarii*, 1790, 1 vol. gr. in-4., fig.

1571. Observations mathématiques, astronomiques, géographiques, chronologiques et physiques tirées des anciens livres chinois ou faites nouvellement aux Indes et à la Chine par les Pères de la compagnie de Jésus rédigées et publiées par le P. E. Souciet (avec une histoire et un traité de l'astronomie chinoise par le P. Gaubil). *Paris, Rollin père*, 1729—1732, 3 tom. en 2 vol. in-4., cartes et planches.

e. ASTRONOMES MODERNES.

1572. Discours sur Nicolas Kopernik par Jean Sniadecki. *Imprimé à Varsovie en 1803 et 1818, réimprimé à Paris*, 1820, 1 vol. in-8.

En tête du volume sont placés le portrait gravé de Kopernik avec une notice biographique de lui en 2 pag. et 2 pl. représentant, l'une, l'Empereur Napoléon visitant à Thorn la maison où est né Copernic et l'autre la maison où est mort ce grand astronome.

1573. كمجموعة شمسى A concise view of the Copernican system of Astronomy. By Muoluwee Ubool Khuer. Under the superintendence of W. Hunter. *Calcutta, T. Hubbard, at the hindostanee press*, 1807, gr. in-8.

Tout persan. Caractères ta'liq — 72 pag. (٧٢) plus le titre.

1574. Handbuch der populären Astronomie für die gebildeten Stände, insbesondere für denkende, wenn auch

der Mathematik nur wenig oder gar nicht kundige Leser, von J. A. L. Richter. *Quedlinburg und Leipzig,
Gottfr. Basse,* 1861, pet. in-8.

Tome 1er avec atlas in-4, de pl. gr. — Exemplaire Letronne.

1575. Entretiens sur la pluralité des mondes, par Fonte-
nelle, précédés de l'astronomie des Dames, par J. De
Lalande. *Paris, Janet et Cotelle,* 1820, 1 vol. in-8 et
2 planches.

1576. Nouvelle cosmologie raisonnée par M. J. Lavezzari.
Paris, Ad. Blondeau, 1842, 1 vol. in-8., fig.

1577. Exposition du systeme du monde, par le marquis
P. Simon de la Place: sixième édition, dans laquelle
on a rétabli les chapitres 12, 17 et 18 qui avaient été
supprimés dans la cinquième. *Paris, Bachelier,* 1835,
1 vol. in-4., fig. et portr. de l'auteur.

1578. La figure de la terre déterminée par les observa-
tions de Messieurs de Maupertuis, Clairaut, Camus, Le
Monnier, de l'Académie royale des sciences et de l'abbé
Outhier, accompagnés de M. Celsius, faites par ordre
du roi au cercle polaire par M. de Maupertuis. *Paris,
Impr. royale,* 1738, 1 vol. in-8., planches.

1579. La Lune, description et topographie par M. M. Le-
couturier et Chapuis, pour servir à l'explication de la
carte de la lune des mêmes auteurs. *Paris, librairie
centrale des sciences, s. d.* 1 vol. in-12 avec une grande
carte gravée in plano.

1580. Les usages de la sphère et des globes célestes
et terrestres; selon les hypothèses de Ptolémée et de
Copernic, accompagnées de figures analogues, précédés
d'un abrégé sur leur origine, sur les différents systèmes
du monde, de la description de la sphère armillaire ou
de Ptolémée. Description de la sphère suivant le système de Copernic. Les constellations et le dénom-
brement, tant des anciennes que des modernes, avec
l'ascension droite et la déclinaison des pricipales étoiles.
Description et usages de la géo-cyclique. Suivis de
l'analyse historique et géographique des quatre parties du monde et d'une table alphabétique de la
différence des méridiennes ou longitudes entre l'obser-

vatoire de Paris et les principaux lieux de la Terre,
avec leur latitude ou hauteur de pôle. Deuxième édition. Par Delamarche. *Paris*, an 1800, 1 vol. in-8., fig.

1581. Joan. Laurentii Lydi de ostentis quæ supersunt,
una cum fragmento libri de mensibus ejusdem Lydi,
fragmentoque Manl. Boëthii de diis et præsensionibus.
Ex codd. regiis edidit, græcaque supplevit, et latine
vertit Car. Bened. Hase. *Parisiis, ex Typ. reg.*, 1823,
1 vol. gr. in-8.

f. TABLES ASTRONOMIQUES.

1582. Prolégomènes des tables astronomiques d'Oloug-
Beg publiés (en persan) avec notes et variantes et pré-
cédées d'une introduction par L. A. Sédillot. *Paris, F.
Didot frères*, 1847, 1 vol. — Les mêmes Prolégomènes
etc. Traduction et Commentaire par L. A. Sédillot.
Paris, idem, 1853, 1 vol.; les 2 vol. gr. in-8., pap. vélin.

Le 1er volume de texte contient clv pag. d'Introduction,
plus 162 pag. (١٤٢) de texte persan avec tableaux.

1583. Commentarius in Ruzname Naurus sive tabulæ
æquinoxiales novi Persarum et Turcarum anni. Nunc
primum editæ è bibliotheca Georg. Hieron. Velschii,
cujus accedit dissertatio de earumdem usu. *Augustæ-
Vindelicorum, impensis Theoph. Gœbelii....* 1676, 1 vol.
pet. in-4.

1584. التقويم سنة ٩٠٩ sive Ephemerides Persarum per totum annum juxtà epochas celebriores Orientis, Alexan-
dream, Christi, Diocletiani, Hegiræ, Jesdegirdicam et
Gelalæam, unà cum motibus VII planetarum, eorumque syzygiis, tam lunaribus quam mutuis, mansionibus ☽),
horoscopiis ♌ atque longit. dierum tabulis, philologis,
chronologis, astronomis utilissimæ, e libello arabice, persice atque turcice msto, præda militis germani ex Hunga-
ria, nunc latinè versæ et V commentariorum libris illustratæ à Matth. Frid. Beckio. *Augustæ-Vindelic., Laur.
Kronigerus....*, 1696, 1 vol. in-folio.

1585. جداول موقع عقرب الساعة على الشهور القبطية

Djédâouil mevq'a 'aqrab el sá'at, 'alà-l choohour el qob-

thüet. Table de la chûte de l'aiguille des heures pour les mois coptes. *Boulaq*, 1240 (1825); 1 vol. in-16.

Indication du lever et du coucher du soleil pour l'année copte.

Tout arabe — 14 feuillets formant 13 (١٣) tableaux, un pour chaque mois de l'année, et un pour les jours intercalaires.

1586. معرّبة سنة شمسيّة *Mo'arribet sénet chemsïet.* Concordance de l'année solaire avec l'année lunaire; par Jahhia surnommé Hhékim. *Au Caire*, 1241, 1 vol. pet. in-8.

Calendrier donnant la concordance de l'année solaire, ou des Chrétiens, avec l'année lunaire, ou des Mahométans et indiquant les heures des prières, et les fêtes du mahométisme.

Tout arabe — 47 pag. (٤٧) — Encadr. d'un filet double.

Le titre est à la septième ligne de la préface; le lieu de l'impression est à la souscription.

g. ASTROLOGIE.

1587. Preclarissimus in Judiciis astrorum Albohazen Haly filius Abenragel noviter impressum et fideliter emendatum, etc. — Finit feliciter liber..... bene revisus et fideli studio emendatus per Dominum Bartholomeum de Alten de Nursia.... Impressus arte et impensis per Jo. Bapt. Sessa; anno 1503, 1 vol. pet. in-folio.

Tout gothique — à 2 colonnes.

1588. Curiositez inovyes svr la scvlpture talismanique des Persans. Horoscope des Patriarches. Et lectvre des estoilles. Par M. J. Gaffarel. 1650, 1 vol. pet. in-8., fig.

III. PHYSIQUE ET CHIMIE.

a. TRAITÉS GÉNÉRAUX ET PARTICULIERS.

1589. Elogio del Galileo (da Paolo Frisi). *Livorno, Stamperia dell'Enciclopedia*, 1775, 1 vol. in-8., portr.

Exemplaire sur papier très-fort.

1590. Vie de Galilée, et considérations sur les progrès de la ph osophie expérimentale. Traduit de l'anglais par M. Perrot. *Paris, E. J. Bailly,* 1835, 1 vol. in-18, avec 2 planches gravées sur acier par Marlier.

1591. Traité élémentaire de physique par Mʳ l'abbé Haüy. Troisième édition revue et considérablement augmentée. *Paris, Vᵛᵉ. Courcier,* 1821, 2 vol. in-8., avec fig. et planches.

1592. Traité élémentaire de physique, ouvrage adopté par l'Université de France; par C. Despretz. Troisième édition entièrement refondue et ornée de 16 planches. *Paris, Méquignon-Marvis,* 1832, 1 vol. gr. in-8., planches.

1593. Traité élémentaire de physique expérimentale et appliquée et de météorologie illustré de 431 belles gravures sur bois intercalées dans le texte.... par A. Ganot. Deuxième édition revue et augmentée. *Paris, l'auteur,* 1853, 1 vol. gr. in-12, fig.

1594. Aristoteles de mundo, græcè, cum duplici interpretatione latinâ, priore quidem L. Apulei, alterâ vero Guil. Budæi cum scholiis et castigationibus Bonaventuræ Vulcanii tam in Aristotelem quam in utrumque ejus interpretem; accessit seorsim Gregorii Cuprii encomium maris græc. numquam antea excusum et Pauli Silentiarii iambica græc. *Lugd.-Batav., ex officinâ Plantiniana,* 1591, 1 vol. pet. in-8.

1595. Ἀριστοτελοῦς περὶ θαυμασίων ἀκουσμάτων. Aristotelis liber de mirabilibus auscultationibus explicatus a Joanne Beckmann. Additis annotationibus H. Stephani, Fr. Sylburgii, Is. Casauboni, J. N. Niclas; subjectis sub finem notulis C. G. Heynii, interpretationibus anonymis, Natalis de Comitibus et Dom. Montesauri, atque lectionibus variis e codice Cesareæ bibliothecæ Vindobonensis. *Gottingæ, vidua Abr. Vandenhœk,* 1786. = Ἀντίγονου ἱστοριῶν παραδόξων συναγωγή. Antigoni Carystii historiarum mirabilium collectanea explicata a Jo. Beckmann. Additis annotationibus G. Xylandri, J. Meursii, R. Bentleii, G. Schneideri, J. N. Niclas aliorumque, cum interpretatione Xylandri; subjectis sub finem annotationibus ad Aristotelis auscultationes mirabiles. *Lipsiæ, G. Kummer,* 1791, 2 tom. en 1 vol. pet. in-4.

Grec et latin.

1596. Ἀριστοτελοῦς φυσικῆς ἀκροάσεως βιβλία Θ. Aristotelis Stagiritæ.... naturalis auscultationis libri VIII, Jul. Pacius a Beriga cum græcis tam excusis quam scriptis codd. accurate contulit, latinâ interpretatione auxit et commentariis analyticis illustravit. Adjectus est geminus index, alter librorum, tractatuum et capitum, alter rerum et verborum in toto opere memorabilium. *Francofurti, hæredes Andr. Wecheli,* 1596. = Themistii Euphrade in octo libros Aristotelis de auscultatione naturali commentaria Hermolao Barbaro interprete, nunc recens accuratissime mendis aliquantulis repurgata, adjectis in margine paucis annotatiunculis cum ad memoriam lectorum tum ad faciliorem inventionem impendio valituris. Ejusdem paraphraseòs de anima libri III eodem interprete et paraphraseos in parva naturalia Aristotelis, eodem interprete, nunc accuratius emendati de memoria et reminiscentia libri II, de somno et vigilia I, de insomniis I, de divinatione per somnium I. *Parisiis, apud Prigentium Caluarim,* 1535, 1 gros vol. pet. in-8.

1597. Σιμπλικίου ὑπομνήματα εἰς τὰ ὀκτὼ Ἀριστοτέλους φυσικῆς ἀκροάσεως βιβλία.... Simplicii commentarii in octo Aristotelis physicæ auscultationis libros cum ipso Aristotelis textu. *Venetiis, in ædibus Aldi et Andreæ Asulani...,* 1526, 1 vol. pet. in-folio.

Tout grec — 322 feuillets plus 4 f. préliminaires — Notes manuscrites.

1598. Joa. Stobæi eclogarum physicarum et ethicarum libri duo. Ad codd. mss. fidem suppleti et castigati, annotatione et versione latinâ instructi ab Arn. Herm. Lud. Heeren. *Gottingæ, Vandenhœk et Ruprecht,* 1792 ad 1801, 4 tom. en 2 vol. in-8.

1599. Jo. Bapt. Portæ Neapolitani Magiæ naturalis libri XX, ab ipso authore expurgati, et superaucti, in quibus scientiarum naturalium divitiæ et delitiæ demonstrantur........ *Neapoli, apud Horatium Salvianum,* 1589, 1 vol. in-folio, portr. et fig. dans le texte.

1600. Traité de l'aiman, divisé en deux parties, la première contient les expériences et la seconde les rai-

sons que l'on en peut rendre, par M. D. (Dalancé).
Amsterdam, H. Wetstein, 1687, 1 vol. in-12, fig.

601. فيوضات مقناطيسيه *Fuyouzhâti miqnâthîsïïè.* Influences magnétiques. Traité des propriétés et de l'usage de la boussole, par Ibrahim efendi. *Constantinople,* ramazhan 1144 (1782). Pet. in-4.

> En turc — 23 feuillets — 19 lignes — Le titre se lit dans l'ornement de la 1re page et la souscription est à la fin du volume.

1602. Dissertation sur l'origine de la boussole par Dom. Alb. Azuni. *Paris, Renouard,* an XIII (1805), 1 vol. in-8.

1603. Dissertation sur l'origine de la boussole, par D. Alb. Azuni. Seconde édition avec des additions; suivie d'une lettre du même auteur, en réponse au mémoire de Mr Hager publié récemment à Pavie. *Paris, H. Nicolle,* 1809, 1 vol. in-8.

1604. Memoria sulla bussola orientale, letta all'universita di Pavia, da Gius. Hager. *Pavia, Bolzani,* 1810, 1 vol. in-folio.

1605. Lettre à M. le baron A. de Humboldt sur l'invention de la boussole, par J. Klaproth.... *Paris, Dondey-Dupré,* 1834, 1 vol. gr. in-8., avec 3 planches.

1606. Opticæ thesaurus. Alhazeni arabis libri septem nunc primum editi. Ejusd. liber de crepusculis et nubium ascensionibus. Item Vitellonis Thuringopoloni libri X. Omnes instaurati, figuris illustrati et aucti, adjectis etiam in Alhazenum commentariis a Feder. Reimero. *Basileæ, per Episcopios,* 1572, 1 vol. pet. in-folio.

1607. Des pierres tombées du ciel. Lithologie atmosphérique présentant la marche et l'état actuel de la science sur le phénomène des pierres de foudre, pluies de pierres, pierres tombées du ciel, etc.; plusieurs observations inédites communiquées par M. M. Pictet, Sage, Darcet et Vauquelin; avec un essai de théorie sur la formation de ces pierres; par Jos. Izarn. *Paris, Delalain fils,* an XI (1803), 1 vol. in-8.

1608. Catalogue des bolides et des aërolithes observés à la Chine et dans les pays voisins; tiré des ouvrages chinois par M. Abel-Rémusat. *Paris, Courcier,* 1819, in-4., broch. (19 *pages*).

1609. Ouvrage historique et chymique où l'on examine s'il est certain que Cléopâtre ait dissous sur le champ la perle qu'on dit qu'elle avala dans un festin et s'il est vrai que cette opération ait été faite en un instant, suivant les principes, les règles et les lois de la chymie. On a joint à cet ouvrage beaucoup d'observations utiles, intéressantes et relatives au principal sujet, tirées des meilleurs auteurs, par Jaussin. *Paris, Moreau,* 1749, 1 vol. in-8.

1610. Philosophiæ chymicæ IV vetustissima scripta: I. Senioris Zadith fil. Hamuelis tabula chymica. II. Innominati philosophi expositio tabulæ chymicæ. III. Hermetis Trismegisti liber de compositione. IV. Anonymi veteris philosophi consilium conjugii seu de massa solis et lunæ libri tres; omnia ex arabico sermone latina facta et nunc primum in lucem producta. *Francofurti, Joan. Saur.,* 1605, 1 vol. pet. in-8.

1611. Gebri arabis chimicæ cum correctione et medulla G. Hornii. *Lugd.-Batavorum, apud Arnoldo Doude,* 1668. = Clavis totius philosophiæ chymisticæ, per quam potissima philosophorum dicta referantur; cui accessit jam recens artificium supernaturale; quorum omnium summarium versa pagina ostendit. Per Ger. Dorneum. Singula per eundem authorem denuo recognita et castigata. *Herbornæ, Christ. Corvinus,* 1594, en 1 vol. pet. in-12, fig. dans le texte.

> Le titre ci-dessus du premier ouvrage est gravé; le faux titre imprimé porte: «Gebri arabis chimia sive traditio summæ perfectionis et investigatio magisterii innumeris locis emendata à Casp. Hornio. Accessit ejusdem medulla alchimiæ Gebriæ, omnia edita à Georg. Hornio».

1612. Jacobi Tollii fortuita, in quibus, præter critica nonnulla, tota fabularis historia græca, phœnicia, ægyptiaca, ad chemiam pertinere, asseritur. *Amst. apud Janssonios-Wœsbergios*, 1687, 1 vol. pet. in-8., pl.

Dans ce même volume où l'auteur prétend que toutes les fables de l'antiquité ne sont que des allégories alchimiques, se trouvent encore les deux pièces suivantes: 1° Jac. Tollii manductio ad cœlum chemicum. *Ibid.*, 1688 (16 *pag.*) — 2° Jac. Tollii sapientia insaniens sive promissa chemica ad.... consules inclytæ civitatis Amstelodamensis. *Ibid.*, 1689 (64 *pages*).

IV. HISTOIRE NATURELLE.

1. INTRODUCTION — GÉNÉRALITÉS.

1613. Notice sur la vie et les ouvrages de Pline l'ancien, extraite de la traduction de l'histoire naturelle; par Ajasson de Grandsagne. *Paris, F. Panckoucke*, 1829, in-8. (LXXXVII *pages*.).

1614. Rapport historique sur les progrès des sciences naturelles depuis 1789 et sur leur état actuel, présenté ..... le 6 février 1808, par la classe des sciences physiques et mathématiques de l'Institut, etc. rédigé par M. Cuvier. *Paris, Impr..Impér.* 1810, 1 vol. in-4.

1615. Allgemeines Polyglotten-Lexicon der Natur-Geschichte mit erklärenden Anmerkungen von Phil. Andr. Nemnich. *Hamburg und Halle* (1793—1795), 4 tom. en 2 vol. — Wörterbücher der Natur-Geschichte in der deutschen, holländischen, dänischen, schwedischen, englischen, französischen, italienischen, spanischen und portugesischen Sprache von Phil. Andr. Nemnich. *Hamburg* (1798) 1 vol.; les 3 vol in-4.

1616. Nouveau dictionnaire d'histoire naturelle appliquée aux arts, à l'agriculture, à l'économie rurale et domestique, à la médecine, etc. Nouvelle édition presqu'entièrement refondue et considérablement augmentée, avec des figures tirées des trois règnes de la nature. *Paris, Déterville,* 1816—1819, 36 vol. in-8., planches noires.

1617. Dictionnaire universel d'histoire naturelle résumant et complétant tous les faits présentés par les Encyclopédies, les anciens dictionnaires scientifiques, les œuvres complètes de Buffon, de Lacépède, de Cuvier,

etc., donnant la description des êtres et des divers phénomènes de la nature; l'étymologie et la définition des
noms scientifiques, etc., etc. Ouvrage rédigé par une
réunion de savants et dirigé par M. Charles d'Orbigny.
Paris, au bureau des éditeurs, 1839—49, 13 vol. gr.
in-8., de texte et 3 vol. in-4. d'atlas, fig. col.

1618. Nouveau spectacle de la nature ou Dieu et ses
œuvres par M. M. Victor Rendu et Ambroise Rendu fils.
Paris, Langlois et Leclercq, 1842, 10 tom. en 2 vol. gr.
in-18., avec vignettes et figures.

1619. Elémens des sciences naturelles par A. M. Constant
Duméril. Quatrième édition, avec 33 planches qui représentent plus de 700 objets. *Paris, Déterville*, 1830,
2 vol. in-8., fig.

1620. Précis élémentaire d'histoire naturelle à l'usage
des collèges et des maisons d'éducation par G. Delafosse.
Paris, L. Hachette, 1830—31, 2 vol. in-12. dont un de
planches.

1621. Cours élémentaire d'histoire naturelle à l'usage des
collèges, des séminaires et des maisons d'éducation rédigé .... par M. M. Milne-Edwards, A. de Jussieu, et
Beudant. Trois tomes se composant de la Géologie et
de la Minéralogie par Beudant; de la Botanique par M[r]
A. de Jussieu et de la Zoologie par Mr Milne-Edwards.
Paris, Langlois et Leclercq, 1847, 3 vol. gr. in-12., avec
pl. et vignettes.

1622. Cahiers d'histoire naturelle à l'usage des collèges,
etc. par M. M. Milne-Edwards et Achille Comte. Nouvelle édition entièrement refondue. *Paris, F. Masson,*
1845—1847, 3 vol. gr. in-12., avec vignettes et planches.
Comprenant la Zoologie, la Botanique, la Minéralogie et la
Géologie.

1623. Encyclopédie d'histoire naturelle ou traité complet
de cette science d'après les travaux des naturalistes
les plus éminents, Buffon, Daubenton, Lacépède, G. Cuvier, Geoffroy St Hilaire, Latreille, de Jussieu, Brongniart
etc., etc. Ouvrage résumant les observations des auteurs anciens et comprenant toutes les découvertes modernes jusqu'à nos jours, par le Dr Chenu. — Notions

générales sur la zoologie et la phytologie, minéralogie, géologie, races humaines, avec la collaboration de M. E. Desmarest. *Paris, Marescq* (1861) 1 vol. gr. in-8., fig.

1624. Histoire naturelle générale et particulière par Leclerc de Buffon. Nouvelle édition accompagnée de notes et dans laquelle les suppléments sont insérés dans le 1er texte, à la place qui leur convient. L'on y a ajouté l'histoire naturelle des quadrupèdes et des oiseaux découverts depuis la mort de Buffon, celle des reptiles, des poissons, des insectes et des vers; enfin l'histoire des plantes dont ce grand naturaliste n'a pas eu le temps de s'occuper. Ouvrage formant un cours complet d'histoire naturelle rédigé par C. S. Sonnini. *Paris, Dufart,* (an VIII) 1798—1808, 127 vol. in-8., portr. et fig. coloriées.

1625. Caii Plinii secundi historiæ naturalis libri XXXVII, quos, interpretatione et notis illustravit Joan. Harduinus e soc. Jesu.... in usum.... Delphini. Editio altera emendatior et auctior. *Parisüs, Ant. Urb. Couslelier*, 1723, 3 vol. in-folio.

1626. C. Plinii secundi historiæ naturalis libri XXXVII. Accedit Chrestomathia indicibus aliquot copiosissimis exposita, curante Joan. Petro Millero. *Berolini, A. Haude et J. C. Spener,* 1766, 5 vol. in-12.

1627. Histoire naturelle de Pline, traduction nouvelle par M. Ajasson de Grandsagne, annotée par M. M. Beudant, Brongniart, G. Cuvier, Daunou, Emeric-David, Descuret, Doé, E. Dolo, Dusgate, Fée, L. Fouché, Fourier, Guibourt, El. Johanneau, Lacroix, Lafosse, Lemercier, Letronne, Louis Liskenne, L. Marcus, Mongès, C. L. F. Panckoucke, Valentin Parisot, Quatremère de Quincy, P. Robert, Robiquet, H. Thibaud, Thurot, Valenciennes, Hipp. Vergne. *Paris, C. L. F. Punckoucke,* 1829—33, 20 vol. in-8.

1628. Morceaux extraits de l'histoire naturelle de Pline (en latin et en français) par Gueroult. *Paris, Lambert,* 1785, 1 vol. in-8.

1629. Morceaux extraits de l'histoire naturelle de Pline, par P. C. B. Gueroult. Nouvelle édition revue et aug-

mentée, avec le texte en regard et des notes critiques
et historiques. *Paris, H. Nicolle,* 1809, 2 vol. in-8.

1630. Claudii Salmasii Plinianæ exercitationes in Caii Julii Solini Polyhistora. Item Caii Julii Solini Polyhistor
ex veteribus libris emendatus. Accesserunt huic editioni de homonymis Hyles iatricæ exercitationes antehac
ineditæ, nec non de manna et saccharo. *Trajecti ad
Rhenum, Joh. Van de Water,* 1689, 2 tom. en 1 vol.
gr. in-folio.

Bel exemplaire.

1631. Tableaux de la nature ou considérations sur les
déserts, sur la physionomie des végétaux, sur les ca-
taractes de l'Orénoque, sur la structure et l'action des
volcans, dans les différentes régions de la terre, etc.,
par A. de Humboldt, traduits de l'allemand par J. B.
Eyriès. *Paris, Gide fils,* 1828, 2 tom. en 1 vol. in-8.

1632. Quelques mémoires sur différents sujets, la plu-
part d'histoire naturelle ou de physique générale et
particulière (par Dupont de Nemours). *Paris, Delance,*
1807, avec une carte. = Notice biographique sur M.
Dupont (Pierre, Samuel) etc. par M. Silvestre. *Paris,
Mme Huzard,* 1818 (41 *pag.*) en 1 vol. in-8.

HISTOIRE NATURELLE DE DIFFÉRENTS PAYS.

EUROPE.

1633. Mémoires pour servir à l'histoire naturelle des Pyrénées et des pays adjacents, par M. Palassou. *Pau,
Vignancourt,* 1815, 1 vol. in-8. — Suite des mêmes
Mémoires, par le même. *Ibid.,* 1819. = Nouveaux mémoires pour servir à l'histoire naturelle des Pyrénées
et des pays adjacents, par le même. *Ibid.,* 1823, 2 part.
en 1 vol. in-8.

1634. Sam. Gottlieb Gmelins Reise durch Russland (von
den Jahren 1768 bis 1774) zur Untersuchung der drey
Natur-Reiche. *St Petersburg, Druckerei der Kayserl.
Akademie der Wissenschaften,* 1774—1784, 4 tom. en

2 vol. in-4., avec atlas in-folio oblong, planches noires et color.

1635. Prodomo apologetico alli studi Chircheriani, opera di Gioseffo Petrucci romano, nella quale con un' apparato di Saggi diversi, si da prova dell' esquisito studio ha tenuto il celebratissimo padre Atanasio Chircher, circa il credere all' opinioni degli scrittori, si de' tempi andati, come de' presenti, e particolarmente intorno a quelle cose naturali dell' India, che gli furono portate, ò referte da' quei, che abitarono quelle parti. *Amsterdam, Janssonius Wœsbergi,* 1677, 1 vol. in-4., avec planches.

Relatif à l'histoire naturelle de l'Inde et de la Chine.

1636. Prosp. Alpini marosticensis ..... historiæ Egypti naturalis pars 1ª, qua continentur rerum ægyptiarum libri IV. Opus postumum nunc primum ex auctoris autographo diligentissimè recognito editum, atque ex eodem tabellis æneis XXV illustratum et uberrimo indice auctum. — Pars secunda sive de plantis Egypti liber auctus et emendatus. Accedunt tabellæ æneæ LXXVII, plantis summo artificio incisis; ut et dissertatio ejusdem de laserpitio et loto ægyptia, cum observationibus et notis J. Veslingii .... Accedunt ejusdem J. Veslingii parœneses ad rem herbariam et vindiciæ opobalsami, cum indicibus necessariis. *Lugd.-Batav., Gerardus Potvliet,* 1735, 2 tom. en 1 vol. pet. in-4., fig.

1637. Flora ægyptiaco-arabica, sive descriptiones plantarum quas per Egyptum inferiorem et Arabiam felicem detexit, illustravit Petr. Forskål. Post mortem auctoris edidit Carsten Niebuhr; accedit tabula Arabiæ felicis geographico-botanica. *Hauniæ, ex offic. Mölleri,* 1775, 1 vol. in-4., carte.

1638. Descriptiones animalium, avium, amphibiorum, piscium, insectorum, vermium, quæ in itinere orientali observavit Petrus Forskål. Post mortem auctoris edidit Carsten Niebuhr. Adjuncta est materia medica Kahirina atque tabula maris rubri geographica. *Hauniæ, ex offic. Mölleri,* 1775, 1 vol. in-4.

AMÉRIQUE.

1639. Joan. Anderson, Nachrichten von Island, Grönland und der Strasse Davis, zum wahren Nutzen der Wissenschaften und der Handlung. Mit Kupfern und einer nach den neuesten und in diesem Werke angegebenen Entdeckungen, genau eingerichteten Landcharte. Nebst einem Vorberichte von den Lebensumständen des Herrn Verfassers. *Hamburg, G. Chr. Grund,* 1746, 1 vol. in-8., fig. et cartes.

1640. Histoire naturelle de l'Islande, du Grœnland, du détroit de Davis et d'autres pays situés sous le Nord, traduite de l'allemand de Mr Anderson . . . . par M^r (Sellius). *Paris, Seb. Jorry,* 1750, 2 vol. in-12., cart. et fig.

1641. Herrn Hans Egede's Beschreibung und Natur-Geschichte von Grönland, übersetzt von Dr Joh. G. Krünitz. *Berlin, Aug. Mylius,* 1763, 1 vol. pet. in-8., avec carte et planches.

1642. Description et histoire naturelle du Grœnland par Eggède, traduite en français par Mr D. R. D. P. (Des Roches de Parthenay.) *Copenhague et Génève, frères Philibert,* 1763, 1 vol. pet. in-8., cart. et fig.

1643. Physisch-geographische Skizze von Island mit besonderer Rücksicht auf vulkanische Erscheinungen, von W. Sartorius v. Waltershausen. (Extr. der Göttinger Studien, I^e Abtheilung redigirt von Dr Aug. Bern. Krische, 1847.) *Göttingen, Vandenhœck und Ruprecht,* in-8., cartonné.

2. HISTOIRE NATURELLE PARTICULIÈRE.

A. GÉOLOGIE.

a. GÉNÉRALITÉS — JOURNAUX — MÉMOIRES DE SOCIÉTÉS SAVANTES — DICTIONNAIRES — CATALOGUES DE COLLECTIONS.

1644. Bulletin de la Société géologique de France. 1re Série. *Paris,* 1830—1843, 14 vol. in-8., avec pl. —

Le même, 2de Série. *Ibid.*, 1844—1860, 17 vol. in-8., avec planches.

1645. Mémoires de la Société Géologique de France. Ire Série. *Paris, Levrault et Langlois et Leclercq*, 1833 —1842, 5 vol. in-4., avec atlas in-fol. de pl. et cartes. — Les mêmes. 2de Série. *Ibid., P. Bertrand*, 1844 —1858, tomes I à VI, in-4., avec pl. et cartes.

1646. Journal de géologie par A. Boué, Jobert et Rozet. *Paris, F. G. Levrault*, 1830—1831, 3 vol. in-8., avec planches.

1647. Revue de géologie pour l'année 1860, par M. M. Delesse et Laugel. (Extr. des Annales des Mines, tome XX, 1861.) *Paris, Dunod*, 1861, 1 vol. in-8.

1648. The Geologist; a popular illustrated monthly magazine of geology, edited by S. J. Mackie. *London, Geologist office*, 1858 et années suivantes, 1 vol. in-8., avec fig. et pl. par an.

1649. Dictionary of Geology and Mineralogy; comprising such terms in natural history as are connected with the study of Geology, by William Humble (3^d edition). *London, Rich. Griffin*, 1860, 1 vol. in-8.

1650. Description méthodique du cabinet de l'école royale des Mines par Mr Sage. = Supplément à la même description. *Paris, Impr. royale*, 1784—1787, 2 tom. en 1 vol. in-8.

1651. Catalogue raisonné de la collection minéralogique du musée d'histoire naturelle (de l'Université de Turin) par l'abbé Etienne Borson. *Turin, Imp. royale*, 1830, 1 vol. gr. in-8.

1652. Catalogue de la collection minéralogique particulière du roi, appartenant à l'auteur de ce même catalogue, lorsque sa Majesté en a fait l'acquisition, par le comte de Bournon. *Paris, Abel Lanoë*, 1817, 1 vol. gr. in-8. (L'atlas, in-4. oblong, manque.)

1653. Catalogue des huit collections qui composent le Musée minéralogique de Et. de Drée avec des notes instructives sur les substances pierreuses qui sont employées dans différents arts et douze planches. *Paris, Potey*, 1811, fig. = Description des objets composant les quatre collections de monumens et meubles d'agrément en roches, etc.; pierres gravées, agates arborisées, etc.; pierres fines ou gemmes taillées; roches et pierres en plaques polies; qui font partie du musée minéralogique de M. le Marquis de Drée. *Paris, Dubray,* 1816; les 2 ouvrages réunis en 1 vol. in-4., pl.

1654. Catalogue de la collection minéralogique, géognostique et minéralogique du département de la Loire-Inférieure, appartenant à la mairie de Nantes, recueillie et classée par A. Dubuisson. *Nantes, Imprim. de Mellinet,* 1830, 1 vol. in-8., avec carte color.

1655. Le même catalogue, 1 vol. in-8., carte non color.

1656. Galerie de minéralogie et de géologie au Muséum d'histoire naturelle de Paris. Description des collections, classement et distribution des minéraux, roches, terrains et fossiles, indication des objets les plus précieux, précédés d'une notice historique sur l'origine et les développements successifs des collections jusqu'à ce jour, etc., par M. J. A. Hugard. *Paris, l'auteur,* 1855, 1 vol. in-12.

1657. Kurze Uebersicht der im k. k. Hof-Mineralien-Kabinette zu Wien zur Schau gestellten acht Sammlungen; nach der letzten im Jahre 1842 vollendeten neuen Aufstellung, herausgegeben von Paul Partsch. Mit einem Grundrisse. *Wien, Kaulfuss W. Prandel,* 1843, pet. in-8. (78 *pag. plus* 1 *pl.*)

b. TRAITÉS GÉNÉRAUX — MANUELS.

1658. Tableau géologique des roches considérées sous le rapport des terrains ou des formations qu'elles constituent et classées d'après leur ordre de superposition ou de succession, par J. J. N. Huot. (Extr. du tome V de la géographie physique de l'Encyclopédie méthodique.) *Paris, Vve Agasse,* 1827, 1 vol. in-8.

1659. Cours élémentaire de géognosie fait au dépôt général de la guerre, par Rozet. *Paris, Levrault,* 1830, 1 vol. in-8., avec planches.

1660. Introduction à la géologie ou Première partie des élémens d'histoire naturelle inorganique contenant des

notions d'astronomie, de météorologie et de minéralogie, par d'Omalius d'Halloy. *Paris, Levrault,* 1833.
= Des roches considérées minéralogiquement par le
même. Nouvelle édition. *Paris, Langlois et Leclercq,*
1841 (126 *pages*), en 1 vol. gr. in-8., plus un atlas
in-4. de 17 pl. et 3 tableaux.

1661. Éléments de géologie ou seconde partie des éléments d'inorganomie particulière, par d'Omalius d'Halloy. Troisième édition. *Paris, Pitois-Levrault,* 1839,
1 vol. gr. in-8., fig. et cartes color.

> Auquel l'on joint l'ouvrage suivant:
>
> Division de la terre en régions géographiques d'après les élé-
> ments de géologie du même. Atlas. *Paris, ibid.*, 1839, in-8.,
> renfermant 6 cartes color. et pliées.

1662. Précis élémentaire de géologie par M. d'Omalius
d'Halloy. *Paris, Arthus-Bertrand,* 1843, 1 vol. gr.
in-8., fig.

1663. Abrégé de géologie par J. J. d'Omalius d'Halloy.
Bruxelles et Paris, Matthias, 1853, 1 vol. in-12, pl.
noires et color.

1664. Traité élémentaire de géologie, minéralogie, et
géognosie, suivi d'une statistique minéralogique des
départemens par ordre alphabétique. Histoire naturelle inorganique par G. Barruel avec une préface de
Gasc. *Paris, Levrault,* 1835, 1 vol. in-8., avec planches.

1665. Guide du géologue-voyageur sur le modèle de
l'agenda geognostica de Mr Leonhard par Ami Boué.
Paris, Levrault, 1835, 2 vol. in-12., fig.

1666. Maître Pierre, etc. Éléments de géologie. *Paris,
Levrault,* 1836, 1 vol. in-18.

1667. Éléments de géologie pure et appliquée ou résumé
d'un cours de géologie descriptive, spéculative, in-
dustrielle et comparative par A. Rivière. *Paris, Méquignon-Marvis,* 1839, 1 vol. gr. in-8., avec cartes et
planches noires et coloriées.

1668. Études géologiques et minéralogiques, ou Considérations pour servir à la théorie de la classification rationnelle des terrains, à celle de l'âge relatif des minéraux et des roches ainsi qu'à celle du métamorphisme.

Première partie : Considérations pour servir à la théorie de la classification rationnelle des terrains, par A.
Rivière. *Paris, A. Lacour*, 1847, 1 vol. in-8.

1669. Leçons de géologie pratique professées au Collège
de France pendant l'année scolaire 1843—1844, par
Elie de Beaumont. *Paris, P. Bertrand,* 1845, 1 vol.
in-8., cartes.

Tome 1er et unique.

1670. Distribuzione delle rocce e classificazione geologica
dei terreni del signor P. L. Cordier esposta nel suo
corso dell' anno 1822 (trad. par l'abbé Maraschini).
Milano, Imper. regia stamperia, 1823. (Extr. de la Bibliotheca Italiana — 56 *pages.*) = Classification des
roches et des terrains par Mr Cordier. (Extr. du Voyage
de la Bonite, 1844 — 30 *pages.*) = Classification et
principaux caractères minéralogiques des roches, d'a-
près la méthode de M. Cordier et les notes prises à
son cours de géologie du Muséum d'histoire naturelle
par Charles d'Orbigny. (Extr. du Dictionnaire universel
d'histoire naturelle.) *Paris,* 1848 (46 *pages*); 3 part.
en 1 vol. gr. in-8.

1671. Nouveau manuel complet de géologie ou Traité
élémentaire de cette science; comprenant des notions
sur la minéralogie et sur la paléontologie, la description méthodique de toute l'ecorce du globe, etc. etc.,
par Mr Huot. Nouvelle édition revue, corrigée et
augmentée par M. C. d'Orbigny. Ouvrage orné de
4 planches. *Paris, Librairie encyclopédique de Roret,*
1852, 1 vol. in-18., fig.

1672. Introduction à la géologie ou à l'histoire naturelle
de la terre, par Scip. Breislak; traduit de l'italien par
J. J. B. Bernard. *Paris, Klostermann,* 1812, 1 vol. in-8.

1673. Institutions géologiques par Scipion Breislak, traduites du manuscrit italien en français par P. J. L.
Campmas. *Milan, Imprimerie Imper. et Royale,* 1818,
3 vol. in-8., avec un atlas in-4. de 56 planches.

1674. Manuel géologique par Henry, T. De La Bêche.
Seconde édition publiée à Londres en 1832, traduction
française revue et publiée par M. Brochant de Villiers.
Paris, Levrault, 1833, 1 vol. gr. in-8., fig.

1675. Recherches sur la partie théorique de la géologie par Henry T. De La Bêche, traduites de l'anglais par H. de Collegno. *Paris, Levrault*, 1838, 1 vol., fig. et planches. — L'art d'observer en géologie par le même, traduit de l'anglais par H. de Collegno. *Ibid.*, 1838, 1 vol., fig. — Les 2 vol. in-8.

1676. Géologie des gens du monde par K. C. de Leonhard, traduite de l'allemand sous les yeux de l'auteur par P. Grimblot et Toulouzan. *Paris, Baillière*, 1840, 2 vol. in-8., avec planches.

c. THÉORIES ET OBSERVATIONS DIVERSES.

1677. Summi Polyhistoris Godef. Guill. Leibnitii Protogæa sive de primâ facie telluris et antiquissimæ historiæ vestigiis in ipsis naturæ monumentis dissertatio ex schedis manuscriptis viri illustris in lucem edita à Chr. Lud. Scheidio. *Gœttingæ, Joh. Guil. Schmidius*, 1749, 1 vol. in-4., fig.

1678. Protogée ou de la formation et des révolutions du globe par Leibniz. Ouvrage traduit par la première fois, avec une introduction et des notes, par le Dr Bertrand de St Germain. *Paris, Langlois*, 1859, 1 vol. in-8.

1679. Specimen historiæ naturalis globi terraquei præcipuè de novis e mari natis insulis, et ex his exactius descriptis et observatis, ulterius confirmandâ Hookianâ telluris hypothesi de origine montium et corporum petrefactorum, cum figuris æneis, autore Rudolpho Erico Raspe. *Amstelodami et Lipsiæ, J. Schreuder*, 1763, 1 vol. in-8., fig.

Exemplaire en papier de Hollande.

1680. Essai de géologie ou Mémoires pour servir à l'histoire naturelle du globe, par Faujas-St-Fond. *Paris, Patris et Dufour*, an XI = 1803 et 1809, 2 tomes en 3 vol. in-8., avec planches noires et color.

1681. Discours sur la théorie de la terre, servant d'introduction aux recherches sur les ossements fossiles; par M^r le baron G. Cuvier. *Paris, Dufour et d'Ocagne*, 1821, 1 vol. gr. in-4., fig. (CLXIV *pages*).

1682. Discours sur les révolutions de la surface du globe et sur les changements qu'elles ont produits dans le règne animal par M^r le baron Cuvier; troisième édition française. *Paris, Dufour et d'Ocagne,* 1825, 1 vol. gr. in-8., avec planches.

1683. Lettres sur les révolutions du globe par Mr Alexandre Bertrand. Quatrième édition revue et augmentée. *Paris, Ch. Gosselin,* 1833, 1 vol. in-18., fig.

1684. Geschichte der durch Ueberlieferung nachgewiesenen natürlichen Veränderungen der Erdoberfläche. Ein Versuch von Karl Ernst Adolf von Hoff. *Gotha, Perthes,* 1822—1841, 5 vol. in-8., pl. et cartes.

1685. Des révolutions du globe; conjecture formée d'après les découvertes de Lavoisier, sur la décomposition et recomposition de l'eau, par Morel de Vindé. Seconde édition augmentée d'une note sur les volcans. *Paris,* 1806, in-8. (32 *pag.*), pap. de Hollande.

1686. Essai géognostique sur le gisement des roches dans les deux hémisphères par Mr Alexandre de Humboldt. *Paris, Levrault,* 1823, 1 vol. gr. in-8.

1687. Du Diluvium; recherches sur les dépôts auxquels on doit donner ce nom et sur la cause qui les a produits, par Mr Melleville. *Paris, Langlois et Leclercq,* 1842, in-8. (VII — 87 *pages.*)

1688. Synoptische Darstellung der die Erdrinde ausmachenden Formationen, sowie der wichtigsten, ihnen untergeordneten, Massen, von A. Boué. Mit einer geognostischen Karte von Europa. *Hanau, in der Buchdruckerei des Waisenhauses,* 1827, 1 vol. in-8., carte color.

1689. Tableau des terrains qui composent l'écorce du globe ou essai sur la structure de la partie connue de la terre, par Alexandre Brongniart. *Paris, Levrault,* 1829, 1 vol. in-8.

1690. Explication de Playfair sur la théorie de la terre par Hutton et examen comparatif des systèmes géologiques fondés sur le feu et sur l'eau par Murray, en réponse à l'explication de Playfair; traduit de l'anglais par C. A. Basset. *Paris, Bossange et Masson,* 1815, 2 tom. en 1 vol. in-8., avec pl. color.

1691. Die Urwelt und das Alterthum, erläutert durch die Naturkunde, von H. F. Link. Zweyte ganz umgearbeitete Ausgabe. *Berlin, Dümmler*, 1834, 1 vol. in-8., tome 1er. Exemplaire Letronne.

1692. Die Wunder der Urwelt. Eine populäre Darstellung der Geschichte der Schöpfung und des Urzustandes unserer Weltkörpers, sowie der verschiedenen Entwickelungs-Perioden seiner Oberfläche, seiner Vegetation und seiner Bewohner bis auf die Jetztzeit; nach den Resultaten der Wissenschaft, bearbeitet von Dr F. A. Zimmermann. *Berlin, G. Hempel*, 1855, 1 vol. gr. in-8., fig.

1693. Le monde avant la création de l'homme ou le berceau de l'univers. Histoire populaire de la création et des transformations du globe, racontée aux gens du monde par le Dr W. F. A. Zimmermann; traduit de l'allemand sur la 10e édition par M. M. Hymans et Strens, avec 238 gravures sur bois. *Bruxelles et Paris, Muquardt et Havard*, 1857, 1 vol. gr. in-8., fig.

1694. Mémoire sur l'antiquité de la civilisation et des dernières révolutions de la terre, par Guérard de Provins. *Paris, Gaultier-Laguionie,* 1823 (85 *pag. et 1 portr.*). = Coup d'œil rapide sur une théorie de la terre (par Desroches). *Rodez, Carrère,* 1830 (37 *pag.*). = Nouvelle théorie de géologie exposée dans une réponse de Madame *** aux lettres qui lui ont été adressées par M. Bertrand sur les révolutions du globe, publiée par J. F. Caffin. *Paris, Fortin, Masson,* 1840 (40 *pag.*). = Théorie de la terre d'après Mr Ampère. Extr. de la Revue des deux mondes, 1er Juillet 1833 (12 *pag.*). = Création de la terre, sa composition, montagnes, failles, fossiles, déluge universel, électricité de la terre, son élasticité, volcans, tremblements de terre, etc. examen des questions qui précèdent par Casimir Gary. *Paris, Lacroix et Baudry,* 1859 (48 *pag.*). Le tout en 1 vol. in-8.

1695. Cosmogonie et Théories de la Terre. Carton contenant les mémoires et opuscules suivants, in-4. et in-8., broch., avec fig.

Du progrès de nos connaissances dans la constitution du système du monde, par Le Verrier. Fragments lus dans la

séance publique des cinq Académies, le 25 octobre 1848, in-4.
(*pag.* 33 à 46). — Introduction à la théorie analytique du système du monde par G. de Pontécoulant. *Paris,* in-8. (16 *pag.*).
— Études sur la symétrie considérée dans les trois règnes de
la nature par Ch. Fermond. *Paris, Napoléon Chaix,* 1855, in-8.
(54 *pag. avec fig. dans le texte*). — Exposition d'une théorie
nouvelle sur les centres d'attraction, à propos des puits ar-
tésiens, etc. etc., par de Los Llanos Montanos. *Paris, Locquin,*
1841, in-12. (68 *pag.*). — De la formation des corps, par Paul
Laurent. (Nº 1, Ovules.) *Nancy, Vidart et Julien,* 1834, in-8.
(56 *pag. et 1 pl.*). — Les plus grandes matières dans le plus
petit des traités ou Essai sur la destinée des mondes et sur
celle de tous les êtres qui en dépendent. *Paris, Bachelier,*
1836, in-8. (46 *pag.*). — Lettre du comte de Montlosier au
Président et aux membres de la société géologique de Paris.
Clermont, 1838, in-8. (23 *pag.*). — Des révolutions du globe;
conjecture formée d'après les découvertes de Lavoisier sur la
décomposition et recomposition de l'eau, par Morel de Vindé.
Troisième édition augmentée de plusieurs notes nouvelles. *Paris, Imprim. de Mᵐᵉ Huzard,* 1811, in-8. (40 *pag.*). — Coup d'œil
rapide sur une théorie de la terre (par Desroches). *Rodez,*
1830, in-8. (37 *pag.*). — Introduction à la zoologie antédilu-
vienne. 1ʳᵉ Leçon du cours professé par le Dʳ Pouchet. *Rouen,*
1834, in-8. (16 *pag.*).

d. GÉOLOGIE PARTICULIÈRE — TERRAINS ET PHÉNOMÈNES DIVERS — MÉLANGES.

1696. **Sur le gisement ou position relative des Ophio-
lites, Euphotides, Jaspes, etc. dans quelques parties
des Apennins, par Alexandre Brongniart.** *Paris, Mᵐᵉ Huzard,* 1821, in-8. (64 *pag. et 2 pl. color.*).

1697. **Essai de géologie descriptive et historique. Pro-
legomènes et période primaire par Henri Reboul.** *Paris, Levrault,* 1835, 1 vol. in-8., avec une planche.

1698. **Fragmens géologiques tirés de Sténon, de Kaz-
wini, de Strabon et du Boun-Dehesch, extraits et traduits par M. Elie de Beaumont,** in-8. (62 *pag. plus 1 pl.*).
Extr. des Annales des sciences naturelles, tom. 25. *Paris,* 1832.

1699. **Études sur le métamorphisme des roches, par M.
J. Durocher.** Extr. du Bulletin de la Société géologique
de France, 2ᵈᵉ série, tom. III, 1846, in-8. (102 *pag.
plus 1 pl.*). — **Des métamorphoses et des modifications
survenues dans certaines roches des Vosges par Ernest
Puton.** *Paris et Metz,* 1838, in-8. (54 *pag.*).

1700. Détails au sujet de la formation des oolites calcaires par J. Fournet. *Lyon*, 1853, gr. in-8., broch. (93 *pages*).

1701. Précis des mémoires de B. G. Sage, fondateur et directeur de la première école des Mines, lus à l'Institut pendant l'année 1809. *Paris*, 1809, 1 vol. in-8., avec portr. gr. par de Marcenay.

Ce rare volume contient les pièces suivantes: De la nature et des propriétés de huit espèces d'électricité (36 *pag.*). = Théories de l'origine des montagnes et de l'accrétion quotidienne de la masse solide du globe, avec des conjectures sur la cause des subversions qu'il a éprouvées (50 *pag.*). = Observations sur l'emploi du zinc (17 *pag.*). = Des mortiers ou cimens, etc. Troisième édition augmentée (48 *pag.*). = De la terre végétale et de ses engrais (31 *pag.*).

1702. Mémoires géologiques divers par A. Rivière, en 1 vol. in-8., avec figures. Savoir:

1° Essai sur les roches, comprenant des généralités sur les roches, leurs déterminations et leurs classifications. (Extr. du Dictionnaire pittoresque d'histoire naturelle.) *Paris*, 1839, (71 *pag.*). = 2° Études géologiques faites aux environs de Quimper et sur quelques autres points de la France occidentale. *Paris, Carillian-Gœury*, 1838 (64 *pag. plus 1 carte color. et 1 pl. de coupes color.*). = 3° Notice géologique sur les environs de Saint-Maixent (Département des Deux-Sèvres). *Paris, Cosson*, 1839 (16 *pag.*). = 4° Coup d'œil sur les grottes et quelques excavations analogues qui se trouvent dans les terrains anciens et dans les terrains volcaniques. (Extr. du Dictionnaire pittoresque d'histoire naturelle. *S. d.* (16 *pag. plus 1 pl. color.*). = 5° Notice sur les terrains d'atterrissement et en particulier sur les buttes coquillières de Saint-Michel-en-L'Herm. (Extr. du même Dictionnaire.) *S. d.* (44 *pag. plus 3 pl. color.*). = 6° Quelques mots sur les îles voisines des côtes de la France et en particulier sur l'île de Noirmoutier. (Extr. du même Dictionnaire.) *S. d.* (22 *pag.*). = 7° Note sur un énorme fossile trouvé dans la Louisiane. *S. d.* (8 *pag.*) = 8° Note sur la distillation des schistes bitumineux accompagnée d'un projet de distillerie propre à tirer le parti le plus avantageux des matières gazeuses, liquides et solides renfermées dans ces roches. *Paris, Cosson*, 1839 (22 *pag. plus 3 grandes planches*). = 9° Liste des travaux de M. A. Rivière (5 *pag.*).

1703. Mémoires de la Société Linnéenne de Normandie publiés par M. de Caumont. Seconde série. 1ᵉʳ vol. — 1ʳᵉ partie. — *Paris et Caen*, 1829, 1 vol. in-4., avec cartes.

Contenant: Tableau synoptique des formations de la croûte du globe et de leurs masses surbordonnées principales, par

Ami Boué. — Mémoire sur la nature des phénomènes volcaniques des Iles Canaries par Leopold de Buch, trad. de l'allemand par M. de la Foye. — Voyage géologique dans les Pyrénées Orientales ou Essai géognostique de ce département par Marcel de Serres, etc. etc.

1704. GEOLOGICA ET MINERALOGICA. 1 vol. in-4. contenant les pièces suivantes:

> Observations sur la division des terrains par d'Omalius d'Halloy. *Bruxelles,* 1830 (15 *pag.*). = De la chronologie des terrains et du synchronisme des formations par Constant Prévost, 1845 (10 *pag.*). = Les continents actuels ont ils été à plusieurs reprises submergés par la mer? Dissertation géologique par le même, 1827 (98 *pag.*). = Geognostische Bemerkungen von Herrn J. C. L. Schmidt (9 *pag.*). = Remarques à l'occasion d'un mémoire de Mr Elie de Beaumont sur la corrélation des différents systémes de montagnes par Constant. Prévost, 1850 (28 *pag.*). = Selenognostische Fragmente von Dr Gruithuisen. I. Fragmente: Ueber die gebirgsähnlichen Formationen im Monde (22 *pag. et* 1 *pl.*). = Sur les mouvements extraordinaires de la mer nommés barre de flot, mascaret, etc., par Babinet, 1852 (13 *pag.*). = Sur les tremblements de terre et la constitution intérieure du globe, par le même, 1855 (24 *p.*). = De la classification des minéraux. Thèse .... par Mr Gaultier de Claubry. *Paris,* 1824 (19 *p.*). = On the determination of the species in mineralogy according to the principles of Professor Mohr, by Haidinger. *Edinburg,* 1825 (16 *p.*). = Sur l'usage des caractères physiques des minéraux pour la distinction des pierres précieuses qui ont été taillées, par Haüy (38 *pag.*).

c. GÉOLOGIE GÉOGRAPHIQUE.

1705. Orographie de l'Europe, par Louis Bruguière. *Paris, Arthus-Bertrand,* 1830, 1 vol. in-4., cartes et tableaux.

> Tome III du Recueil de Voyages et de Mémoires publié par la Société de Géographie de Paris.

1. FRANCE.

1706. Mémoires pour servir à la description géologique des Pays-Bas, de la France et de quelques contrées voisines, par J. J. d'Omalius d'Halloy. *Namur, Gérard,* 1828, 1 vol. in-8., avec carte color.

1707. Mémoires pour servir à une description géologique de la France, rédigés ..... sous la direction de Mr Brochant de Villiers, par M. M. Dufrénoy et Elie de Beaumont. *Paris, Levrault*, 1830—1838, 4 vol. in-8., avec atlas in-folio de pl. et cartes.

1708. Géologie de la France, avec cartes et coupes géognostiques de la France et des environs de Paris, par V. Raulin. *Paris, Dubochet*, 1844, in-12., avec 3 pl. color. et fig. dans le texte.

> Tirage à part des pages 288 à 412 du Patria. La France ancienne et moderne.

1709. GÉOLOGIE GÉOGRAPHIQUE DE LA FRANCE. Notices et opuscules divers contenus dans deux cartons in-8. et in-4.

In-8.

Aperçu de la constitution géologique du département du Calvados, par H. Harlé. (Extr. de l'Annuaire du département pour 1853.) *Caën, Pagny*, 1853 (31 *pag.*). — Extrait d'un Mémoire sur les terrains du département du Calvados, lu à l'Académie royale des sciences, etc. de Caën, par Mr Hérault. *Paris, Mme Huzard*, 1824 (18 *pag.*). — Supplément au Mémoire sur les terrains du département du Calvados, lu à l'Académie royale des sciences, etc. de Caën, le 23 novembre 1827, par Mr Hérault (6 *pag.*). — Mémoire sur les principales roches qui composent le terrain intermédiaire, dans le département du Calvados, lu le 3 mai 1824, par M. Hérault (23 *pag.*). — Mémoire sur les terrains de transport qu'on trouve dans le département du Calvados; sur les avantages qu'en retire l'agriculture et sur la manière de les cultiver dans ce département par M. de Magneville, 1827 (22 *pag.*). — Mémoire géologique sur le bassin d'Amiens et en particulier sur les cantons littoraux de la Somme, par F. P. Ravin. *Abbeville, Boulanger*, 1836 (68 *pag. plus 1 tableau*). — Mémoire sur la géologie d'une partie du département de la Somme, par C. J. Buteux. *Paris, Levrault*, 1835 (34 *pag. plus 1 pl.*). — Description géognostique du bassin du Bas-Boulonnais, par Rozet. *Paris, Selligue*, 1828 (XVII — 123 *pag. plus 1 pl. color.*). — Notice sur le Kaolin des Pieux, département de la Manche, par M. Hérault. *Caën, Bonneserre, s. d.* (4 *pag.*). — Études géologiques faites aux environs de Quimper et sur quelques autres points de la France occidentale, par A. Rivière. *Paris, Carilian-Gœury*, 1838 (64 *pag. plus 1 carte color. et 1 gr. pl. de coupes color.*). — Quelques mots sur les îles voisines des côtes de la France et en particulier sur l'île de Noirmoutier, par A. Rivière. (Extr. du Dictionnaire pittoresque d'histoire naturelle.) *Paris, Cosson* (22 *pag.*). — Essai statistique sur le département d'Indre et Loire ou l'ancienne Touraine, par Aug. Duvau. *Paris, Anthelme Boucher*, 1828 (64 *pag.*). — Voyage de deux Anglais dans le Périgord fait en 1825 et traduit sur leur journal manuscrit. *Périgueux, Dupont père et fils,* 1826 (107 *pag.* in-18.), suivi d'une note géologique sur divers gisements de fossiles de la famille des Rudistes, situés dans le département de la Dordogne, par F. Jouannet. *Ibid.* (9 *pag.* in-18.). — Notice sur la colline de Sansan, suivie d'une récapitulation des diverses espèces d'animaux vertébrés fossiles trouvés soit à Sansan, soit dans d'autres gisements du terrain tertiaire miocène dans le bassin sous-pyrénéen par Ed. Lartet, avec une liste de coquilles fossiles, etc. etc. *Auch, J. A. Portes,* 1851 (46 *pag. plus* 1 *pl.*). — Notice contenant quelques aperçus géologiques sur le département du Gers. (Extr. de l'Annuaire du département, pour 1839) par Ed. Lartet. *Ibid.* (32 *pag.* in-12.). — De l'antiquité relative des terrains de Béziers et de Pézénas, par Reboul. *Béziers, Vve Bory* (11 *pag. plus* 1 *pl.*). — Observations générales sur la constitution géognostique du département de l'Hérault, par Marcel de Serres. (Extr. des Mémoires de la Société Linnéenne de Normandie.) *Caën, s. d.* (36 *pag.*). — Mémoire sur un gisement de blende dans le département du Gard et sur la possibilité d'en tirer parti, par M. Varin. (Extr. des Annales des Mines, tome VII, année 1830.) *Paris, Mme Huzard* (10 *pag.*).

In-4.

Essai sur la géographie minéralogique des environs de Paris, par M. M. Cuvier et Alex. Brongniart. *S. l. ni d.* (33 *pag.*). — Notice sur le terrain jurassique du département de la Haute-Saône et sur quelques unes des grottes qu'il renferme, par E. Thirria, 1831 (62 *pag. plus* 1 *pl.*). — Recherches analytiques sur la composition des terres végétales des départements du Rhône et de l'Ain, par Sauvanau. *Lyon, Savy,* 1845 (XI et 47 *pag.*). — Mémoire géologique sur la masse des montagnes qui séparent le cours de la Loire de ceux du Rhône et de la Saône, par Rozet. (Extr. des Mémoires de la Société géologique de France, tom. IV — (80 *pag. plus* 3 *pl. color.*). — Mémoire sur l'état physique du territoire de la Charente Inférieure, pour servir à la statistique de ce département, par Fleuriau de Bellevue. *La Rochelle, Mareschal,* 1838 (16 *pag.*). — Essai sur la configuration et la constitution géologique de la Bretagne, par Puillon Boblaye. (Extr. des Mémoires du Muséum d'histoire naturelle, tom. XV, pages 49 à 116, avec carte color.). — Observations sur le terrain de transition de la Bretagne, par E. de Billy. *S. l. ni d.* (25 *pag.*). — Note explicative de la planche VI, de la carte géologique du département d'Ile et Vilaine, par M. Toulmouche. (Extr. des Mémoires de la Société géologique de France, tom. 2^d — (2 *pag. et* 1 *carte color.*). — Mémoire sur le terrain gneissique ou primitif de la Vendée, par A. Rivière. (Extr. des mêmes Mémoires, 2e série, tom. IV — (127 *pag. avec fig. gr. dans le texte*). — Description géologique

du Bocage Vendéen, par Henri Fournel. (Pages 1—67 de l'É-
tude des gites houilliers et métallifères du Bocage Vendéen, faite
en 1834 et 1835 par le même, plus le Catalogue de sa collection offerte à la ville de Bourbon Vendée (16 *pag.*). — Note
paléontologique ou description de quelques espéces animales
fossiles, par A. Riviére. (Extr. de la nouvelle édition de l'Essai d'une description générale de la Vendée, par Cavoleau, publiée par A. Riviére.) *Paris, Carilian-Gœury,* 1836 (4 *pag. plus*
1 *pl.*). — Mémoire sur un nouveau type pyrénéen parallèle à
la craie proprement dite, par A. Leymerie. (Extr. des Mémoires de la Société géologique de France, 2ᵉ série, tom. IV —
(26 *pag. plus* 3 *planches*).

1710. Description géologique des environs de Paris par
M. M. G. Cuvier et Alex. Brongniart. Troisième édition
dans lâquelle on a inséré la description d'un grand
nombre de lieux de l'Allemagne, de la Suisse, etc.,
qui présentent des terrains analogues à ceux du bassin de Paris, par Mʳ Alex. Brongniart, avec un atlas
de 18 planches dont deux coloriées et une table alphabétique de tous les lieux décrits ou seulement cités.
Paris, Édmond d'Ocagne, 1835, 1 vol. in-8. et atlas in-4.

1711. BASSIN DE PARIS. Notices géologiques, in-8., broch.,
dans un carton.

Notice géologique sur les environs de Paris, par Ch. d'Orbigny. (Extr. du Dictionnaire pittoresque d'Histoire naturelle.)
Paris, 1838 (58 *pag. plus* 1 *pl. color.*). — Notice géologique
sur les terrains qui s'étendent à l'est de Rambouillet et qui
comprennent la vallée de la Remarde, etc., par J. J. N. Huot.
(Extr. des Mémoires de la Société des sciences naturelles de
Seine et Oise). 1836 (30 *pag. plus* 1 *carte color.*). — Notice
sur les recherches entreprises à Luzarches et sur le dégré de
possibilité d'y trouver une mine de houille, extraite des Mémoires de Mʳ le Vᵗᵉ Héricart de Thury. *Paris, Mᵐᵉ Huzard,*
1830 (15 *pag. plus* 5 *planch.*). — Note sur la présence de la
webstérite dans l'argile plastique d'Auteuil prés Paris, par Alex.
Brongniart. (Extr. des Annales des sciences naturelles, mars
1828 (8 *pag.*). — Traces anciennes et concrétions calcaires de
la Seine, par Eug. Robert. (Extr. du Bulletin de la Société
géologique de France.) *S. d.* (6 *pag.*). — Mémoire sur les ossements et les végétaux fossiles découverts dans le calcaire ma-
rin grossier de la commune de Nanterre et du plateau de Passy,
par Eug. Robert. (Extr. des Annales des sciences d'observa-
tion, mars 1830 — (10 *pag. plus* 1 *pl.*).

1712. Tableau des terrains du département du Calvados,
par Mʳ Herault. *Caën, Bonneserre,* 1832, 1 vol. in-8.
(Notes manuscrites).

1713. Observations géologiques sur les différentes formations qui, dans le système des Vosges, séparent la formation houillère de celle du lias, par Elie de Beaumont. *Paris, Impr. Huzard*, 1828, 3 planches. = Tableau minéralogique des roches des Vosges, suivi d'une liste des espèces minérales constituant ces roches disséminées dans leurs masses ou associées avec elles. (Extr. des Annales de la Société d'émulation des Vosges), par H. Hogard. *Epinal, Impr. de Girard*, 1835 (80 *pag.*). = Coup d'œil sur les vallées du système des Vosges, par le même. (Extr. des mêmes Annales — (41 *pag. et* 1 *pl.*) = Des métamorphoses et des modifications survenues dans certaines roches des Vosges, par Ern. Puton. *Paris, J. B. Baillière*, 1838 (54 *pag.*). = Notice sur les caractères de l'arkose dans les Vosges, par Delesse. (Extr. de la Bibliothèque universelle de Génève, 1848 — (20 *pag.*) = Note sur le chrysotil des Vosges, par le même. *Epinal*, 1847 (4 *pag.*), en 1 vol. in-8., fig.

1714. Mémoire sur la constitution minéralogique et chimique des roches des Vosges, par Mr Achille Delesse. (Extr. des Mémoires de la Société d'émulation du Doubs.) *Besançon, Outhenin Chalandre fils*, 1847, gr. in-8., 2 part. avec 1 pl. color.

1715. Description minéralogique et géologique des régions granitique et arénacée du système des Vosges, avec un atlas comprenant une carte géognostique des Vosges, plusieurs vues et coupes par Henri Hogard. *Epinal, Valentin*, 1837, 1 vol. in-8., avec atlas in-folio.

1716. Description géologique de la partie méridionale de la chaîne des Vosges, par Mr Rozet. *Paris, Roret*, 1834, 1 vol. in-8., fig. et carte.

1717. Notices géologiques descriptives de la France *(Régions de l'Est et Sud-Est)*, 1 vol. in-8., fig. Contenant :
  Notice géologique sur la côte d'Essey, par C. A. Gaillardot. *Luneville, Guibal*, 1818 (19 *pag.*). = Mémoire sur la constitution géologique de la portion du département de la Côte d'Or, dans laquelle doit se trouver le point de partage du canal de Bourgogne, par P. X. Leschevin. *Paris, Bossange*, 1813 (48 *pag. et* 4 *pl.*). = Notice géologique sur la formation des schistes de Muse, par l'abbé Landriot. *Autun, Dejussieu, s. d.* (30 *pag. et*

1 *pl. color.*). = Mémoire sur la minéralogie des environs de St Rambert, Département de l'Ain, et particuliérement sur le fer oxidé globuliforme et le lignite ou bois bitumineux, que l'on y rencontre, par Alphonse Dupasquier. *Lyon, Barret,* 1825 (33 *pag.*). = Notices géologiques et minéralogiques sur les environs de Lyon, par F. Valuy, accompagnées de notes par A. Leymerie. *Lyon, Perrin,* 1837 (35 *pag.*). = Notice familiére sur la géologie du Mont d'Or Lyonnais, par A. Leymerie. *Lyon, Rossary,* 1838 (84 *pag. et* 1 *pl.*). = Sur le lit du Rhône à Lyon, par J. Fournet. *Lyon, Boitel,* 1842 (31 *pag.*). = Faits pour servir à l'histoire des montagnes de l'Oisans, par Elie de Beaumont. (Extr. des Annales des Mines, 3me série, tom. V.) *Paris, Carilian-Gœury,* 1834 (63 *pag. et* 2 *pl.*). = Rapport fait à l'Académie des Sciences par M. M. Her. de Thury et Brongniart sur un Mémoire relatif à la géologie des environs de Fréjus par M. Ch. Texier. *Paris, impr. de Lachevardière,* 1833 (15 *pag.*).

1718. Notice géognostique sur quelques parties de la Bourgogne, par Mr de Bonnard, suivie du rapport fait à l'Académie sur cette notice par M. M. Brochant de Villiers, Cordier et Brongniart, le 8 novembre 1824. *Paris, Mme Huzard,* 1825, avec 3 pl. = Sur les gîtes de manganèse de Romanèche, par le même. (Extr. des Annales des Sciences naturelles, mars 1829.) *Paris,* 1829 (15 *pag. plus* 1 *pl.*), en 1 vol. in-8.

La Notice est extraite des Annales des Mines, tom. 10, année 1825.

1719. Sur la constance des faits géognostiques qui accompagnent le gisement du terrain d'arkose à l'est du plateau central de la France, par Mr de Bonnard. *Paris, Mme Huzard,* 1828, in-8., avec 3 pl.

(Extr. des Annales des Mines, 2e série, tom. IV, 1828.)

1720. Mémoire sur les groupes du Cantal, du Mont-Dore, et sur les soulèvements auxquels ces montagnes doivent leur relief actuel, par M. M. Dufrénoy et Elie de Beaumont. (Extr. des Annales des Mines, 3me série, tom. III.) *Paris, Carilian-Gœury,* 1833, in-8. (94 *pag. plus* 2 *gr. pl. color.*).

1721. Notice géognostique sur le bassin secondaire compris entre les terrains primitifs du Limousin et ceux intermédiaires de la Vendée, par le baron de Cressac et M. Manès. *Paris, Mme Huzard,* 1830, 1 vol. in-8., avec carte et pl.

1722. Études sur la formation crétacée des versants sud-ouest et nord-ouest du plateau central de la France, par le vicomte d'Archiac. Première partie. (Extr. des Annales des sciences géologiques, deuxième année.) *Paris, Fain et Thunot*, 1843, in-8. (XV — 100 *pag. plus 2 pl. de coupes*).

1723. BRETAGNE ET VENDÉE. Notices géologiques, en 1 vol. in-8., fig. Contenant :

Études géologiques faites aux environs de Quimper et sur quelques autres points de la France occidentale, accompagnées d'une carte et de douze coupes géologiques, par A. Rivière. *Paris, Carilian-Gœury*, 1838 (64 *pag. et 2 pl. color.*). = Essai sur les formations géologiques des environs de Grand-Jouan près Nozay (Loire inférieure), par H. Nördlinger. *Stuttgart, Müller*, 1847 (55 *pag.*). = Mémoire sur l'extraction des rochers de la passe d'entrée du port du Croisic par M. de la Gournerie. *Paris, Carilian-Gœury et Dalmont*, 1848 (57 *pag. et 2 pl.*). = Quelques mots sur les îles voisines des côtes de France et particulier sur l'île de Noirmoutier, par A. Rivière. Extr. du Dictionnaire pittoresque d'histoire naturelle (22 *pag.*). = Géologie de la Vendée. Groupe crétacique ou terrains crétacés (partie supérieure des terrains secondaires des anciens auteurs) de la Vendée et de la Bretagne, par A. Rivière. Extr. des Annales des sciences géologiques, 1842 (37 *pag. et 5 pl.*). = Notice sur les terrains d'atterrissement et en particulier sur les buttes coquillières de Saint-Michel en-Lherm, par A. Rivière. Extr. du Dictionnaire pittoresque d'histoire naturelle (44 *pag. et 3 pl. color.*). = Notice géologique sur les environs de Saint-Maixent (département des Deux-Sèvres), par le même. *Paris, Cosson*, 1839 (16 *pag.*).

1724. Notices géologiques descriptives de la France. *(Région du sud-ouest.)* 1 vol. in-8., fig. Contenant :

Rapport sur un mémoire de M. J. Delbos intitulé: Recherches sur l'âge de la formation d'eau douce de la partie orientale du bassin de la Gironde, par V^or Raulin. *Bordeaux, Faye*, 1848 (22 *pag.*). = Ossemens fossiles découverts en janvier 1826 dans la grotte de l'Avison près Saint-Macaire, département de la Gironde (par Billaudel) — (14 *pag. plus 2 pl.*). = Notice sur les sablières de Terre-Nègre, par F. Jouannet, 1826 (21 *pag.*). = Notice sur quelques produits naturels des Landes de la Gironde, par M. Jouannet, 1822 (23 *pag.*). = Notice géognostique sur les roches de Tercis, aux environs de Dax (Landes), par M. Grateloup. *Bordeaux, Lafargue*, 1833 (19 *pag.*). = Premier exposé fait dans le sein de la commission chargée ... de procéder à une enquête sur le projet présenté par M. C. Des Champs, etc. pour l'ouverture d'un canal de navigation à travers les petites Landes, faisant communiquer la Garonne avec l'Adour, par L. Eus. H. Gaullieur l'Hardy. Mars 1833 (47 *pag.*). = Mémoire géologique sur les environs de Bayonne et sur la non-possibilité d'y trouver de la houille, par J. Gindre. *Paris, Carilian-Gœury*, 1840 (46 *pag.*). = Sur les terrains diluviens des Pyrénées, par H. de Collegno. (Extr. des Annales des sciences géologiques, 1843.) *Paris, Fain et Thunot* (61 *pag.*). = Essai pour servir à la classification du terrain de transition des Pyrénées et observations diverses sur cette chaîne de montagnes, par Durocher. (Extr. du t. 6 des Annales des Mines.) *Paris, Carilian-Gœury*, 1844 (100 *pag. plus 2 pl. de coupes*). = Esquisse géognostique des Pyrénées de la Haute-Garonne: prodrome d'une carte géologique et d'une description de ce département par A. Leymerie. *Toulouse, Cimet*, 1858 (XVI — 87 *pag.*).

1725. Voyages physiques dans les Pyrénées en 1788 et 1789. Histoire naturelle d'une partie de ces montagnes, particulièrement des environs de Barèges, Bagnères, Cauterès et Gavarnie, avec des cartes géographiques, par Fr. Pasumot. *Paris, Le Clère*, an V — 1797, 1 vol. in-8., avec 3 cartes.

1726. Essai sur la constitution géognostique des Pyrénées par J. de Charpentier. *Paris, Levrault*, 1823, 1 vol. in-8., avec carte color.

2. ITALIE — SICILE.

1727. Storia naturale della Sicilia che comprende la mineralogia, con un discorso sopra lo studio in varj tempi delle scienze naturali in quest'isola dell'abate Franc. Ferrara. *Catania, typografia dell' universita*, 1813 (160 *pag.*). = I campi Flegrei della Sicilia e delle isole che le sono intorno o descrizione fisica e mineralogica di queste isole, dell' ab. Franc. Ferrara. *Messina, stamperia dell' armata Britannica*, 1810, 2 part. en 1 vol. in-4., avec cartes.

1728. I campi Flegrei della Sicilia, etc. 1 vol. in-4., avec cartes.

3. ILES BRITANNIQUES.

1729. The Silurian system (by H. Fitton), from the Edinburgh review. *Edinburgh*, april 1841, in-8. (41 *pag. plus 1 tabl. et un tableau séparé*. Extr. de l'ouvrage suivant de Murchison, lequel fait l'objet du présent article : The Silurian system founded on Geological researches in the Counties of Salop Hereford, etc., with descriptions of the coal-fields and overlying formations. *London*, 1839, in-4., with maps.)

4. ASIE.

1730. Fragments de géologie et de climatologie asiatiques par Mr A. de Humboldt. *Paris, Gide,* 1831, 2 vol. in-8.

1731. Asie centrale. Recherches sur les chaînes de montagnes et la climatologie comparée, par A. de Humboldt. *Paris, Gide,* 1843, 3 vol. in-8., planches.

1732. Géologie et minéralogie asiatiques, 1 vol. in-4. Contenant:

> Ueber die geologische Natur des armenischen Hochlandes. Fest-Rede ..... gehalten von Dr Herm. Abich. *Dorpat, Henr. Lakmann,* 1843 (67 *pag. plus* 1 *carte*). = Ueber den Gebirgsbau der Insel Java, von Carl Weinicke. *Prenzlau, Kalbersberg,* 1844 (35 *pag.*). = Observations sur quelques-uns des minéraux soit de l'île de Ceylan, soit de la côte de Coromandel rapportés par M. Leschenault de Latour, par M^r le Comte de Bournon. *Paris, Tilliard frères,* 1823 (35 *pag.*). = Examen chimique de trois minéraux de l'île de Ceylan et de la côte de Coromandel, par M. Laugier (21 *pag.*).

f. EAUX — SOURCES — GLACIERS.

1733. Dissertationes de admirandis mundi cataractis supra et subterraneis, earumque principio, elementorum circulatione, ubi eadem occasione æstus maris reflui vera et genuina causa asseritur, nec non terrestri ac primigenio Paradiso locus situsque verus in Palæstina restituitur, in tabula chorographica ostenditur, et contra Indianos, Mesopotamios aliosque asseritur, auctore M. Johanne Herbinio. *Amstelodami, Jansson-Wœsbergius,* 1678, 1 vol. pet. in-4., fig.

1734. Hydrogéologie ou recherches sur l'influence qu'ont les eaux sur la surface du globe terrestre; sur les causes de l'existence du bassin des mers, de son déplacement et de son transport successif sur les différents points de la surface de ce globe; enfin sur les changements que les corps vivans exercent sur la nature et l'état de cette surface, par J. B. Lamarck. *Paris, l'auteur,* an X, 1 vol. in-8.

1735. Des eaux de source et des eaux de rivière, comparées sous le double rapport hygiénique et industriel, et spécialement des eaux de source de la rive gauche de la Saône, près Lyon, étudiées dans leur composition et leurs propriétés, comparativement à l'eau du Rhône, par Alph. Dupasquier. *Paris, Baillière et Lyon, Savy jeune,* 1840, 1 vol. in-8., avec une carte des environs de Lyon.

1736. De l'état actuel de la question des eaux potables à Lyon; mémoire présenté au conseil municipal à l'appui d'un projet pour l'élévation et la distribution des eaux du Rhône naturellement clarifiées, par A. Dumont. *Lyon,* 1844, in-4., avec un grand plan de Lyon, de ses environs et des forts, dressé par L. Dignoscyo, en 1844 et édité par Rey-Sezanne.

1737. Du Rhône et du lac de Génève, ou des grands travaux à exécuter pour la navigation du Léman à la mer, par L. L. Vallée. *Paris, L. Mathias,* 1843, 1 vol. in-8., planche.

1738. Note sur les débordements des fleuves et des rivières, par A. R. Polonceau. *Paris, Mathias,* 1847, in-8. (72 *pag. plus* 1 *pl.*).

1739. L'art de découvrir les sources par l'abbé Paramelle. Seconde édition revue, corrigée et augmentée. *Paris, Dalmont et Dunod,* 1859, 1 vol. in-8., fig.

1740. Preuves de l'existence d'anciens glaciers dans les vallées des Vosges. Du terrain erratique de cette contrée par Edouard Collomb. Ouvrage accompagné. de 12 fig. dans le texte et de 4 pl. color. *Paris, Victor Masson,* 1847, 1 vol. gr. in-8., fig., pap. vélin.

g. EAUX MINÉRALES.

1741. Recherches historiques et observations médicales sur les eaux thermales et minérales de Néris en Bourbonnais par Mr P. Boirot-Desserviers. *Paris, Delaunay,* 1822, 1 vol. in-8., fig.

1742. Notice sur les propriétés physiques, chimiques et
médicinales des eaux de Contréxéville (Vosges) par
A. F. Mamelet. 3ᵉ édition. *Paris, Baillière*, 1840.
= Rapport sur l'emploi des eaux minérales de Vichy
dans le traitement de la goutte, par Mʳ Patissier, suivi
d'une réponse à quelques allégations ..... par Ch. Petit. *Ibid.*, 1840, en 1 vol. in-8.

1743. Mémoire sur les eaux minérales et les établisse-
ments thermaux des Pyrénées, comprenant la recherche
des moyens les plus propres à recueillir et conserver
les sources minérales et la description des monuments
à élever pour utiliser ces eaux, etc. (par Lomet) .....
publié par ordre du comité de salut public. *Paris, R.
Vatar*, an 3 de la République, 1 vol. in-8., avec pl.

h. VOLCANS ET TREMBLEMENTS DE TERRE.

1744. Des volcans et des terrains volcaniques, par Alex.
Brongniart. (Extr. du 58ᵉ vol. du Dictionnaire des
sciences naturelles.) *Paris, Levrault,* 1829, in-8. (116 *pag.*).

1745. OEuvres de Déodat de Dolomieu. *Paris, Crapelet,*
1806, 2 vol. in-8., broch.

> Cet ouvrage dont il n'existe que quatre exemplaires, n'a
> jamais été mis dans le commerce. Le tome 1ᵉʳ dont le titre
> n'a jamais été tiré, contient : Voyage aux îles de Lipari ....
> suivi d'un mémoire sur les îles Ustica et Pentellaria, puis plu-
> sieurs autres mémoires inédits pour servir à l'histoire des vol-
> cans. Le vol. va jusqu'à la page 432 dont la suite manque.
> Le tom. II contient : Voyages et traités relatifs aux volcans,
> suivi d'un précis des opinions de Dolomieu sur les phénomènes
> et la théorie des Volcans, avec une classification et un cata-
> logue raisonné de leurs produits, par Et. de Drée.

> A ces 2 vol. se joint la pièce suivante :

> Distribution méthodique de toutes les matières formant les
> montagnes volcaniques, etc., par le cit. Déodat Dolomieu. In-4.
> (88 *pag. sans titre ni fin*).

> Mémoire original réimprimé avec augmentations dans le tome
> 2ᵈ ci dessus.

1746. Système minéralogique des volcans ou nouvelle
classification de leurs produits, par Faujas Saint-Fond.
Paris, Levrault, 1809, 1 vol. gr. in-8., avec planches.

> Cet ouvrage est extrait du tome IIⁿᵈ des Essais de Géologie
> du même auteur.

1747. Considérations générales sur les volcans et examen
critique des diverses théories qui ont été successive-
ment proposées pour expliquer les phénomènes volcaniques, par M. J. Girardin. *Rouen, Nicétas Périaux,*
1831, 1 vol. in-8.

1748. A description of active and extinct volcanos, with
remarks on their origin, their chemical phænomena,
and the character of their products, as determined by
the condition of the earth during the period of their
formation, etc. by Charles Daubeny. *London, W. Phillips,* 1826. 1 vol. gr. in-8., avec pl. et fig. dans le texte.

1749. Volcanoes; the character of their phenomena, their
share in the structure and composition of the surface
of the globe, and their relation to its internal forces;
with a descriptive catalogue of all known volcanos and
volcanic formations, by G. Poulett Scrope. Second edition revised and enlarged. *London, Longmann,* 1862,
1 vol. gr. in-8., avec carte color. et fig. dans le texte.

1750. Sopra la produzione delle fiamme ne' vulcani e
sopra le consequenze che se ne possono tirare. Discorso del professore Leop. Pilla letto alla sezione di
geologia del quinto congresso scientifico-italiano ....
del settembre 1843. *Lucca, Gius. Giusti,* 1844, in-4.,
broch. (28 *pag. plus* 2 *pl.*).

1751. Essai sur la théorie des volcans d'Auvergne (par
de Montlosier). *Riom et Clermont, Landriot et Rousset,*
an X (1802), 1 vol. in-8.

1752. Lettres minéralogiques et géologiques sur les volcans de l'Auvergne, écrites dans un voyage fait en
1804 par Lacoste. *Clermont, Landriot,* an XIII (1805),
1 vol. in-8.

1753. Histoire du Mont Vésuve avec l'explication des
phénomènes qui ont coutume d'accompagner les embra-
sements de cette montagne, le tout traduit de l'italien .... par M. Duperron de Castera. *Paris, Le Clerc,*
1741, 1 vol. in-12., fig.

1754. Observations on mount Vesuvius, mount Etna, and
other Volcanos, in a series of letters adressed to the
Royal Society, from Sir W. Hamilton ..... to which are

added explanatory notes by the author, hitherto un-published. Second edition. *London, T. Cadell,* 1773. = Voyage de Terracine à Naples par Ferdinand Bayard. *Paris, Prault,* an XI, 1 vol. pet. in-8., fig.

1755. Storia de' fenomeni del Vesuvio awenuti negli anni 1821, 1822 e parte del 1823 con osservazioni e spe-rimenti di T. Monticelli e N. Covelli. *Napoli,* 1823, 1 vol. in-8., avec pl.

1756. Vues gravées de quelques éruptions du Vésuve de 1631 à 1754. In-folio oblong (13 planches).

1757. Memoria sullo incendio Vesuviano del mese di Mag-gio 1855 ..... dai socii G. Guarini, L. Palmieri ed A. Scacchi, preceduta della relazione dell' altro incendio del 1850 fatta da A. Scacchi. *Napoli, Gaëtano Nobile,* 1855, 1 vol. gr. in-4., planches.

> Dans ce même volume se trouvent reliés deux extraits des Mémoires de l'Académie des sciences de Naples, année 1855, dont le second est intitulé: *Esame critico di cio che l'Arago ebbe scritto sulle invenzioni, scoperte ed opere di Gal. Galilei. Napoli, idem,* 1855 (84 *pages*).

1758. Descrizione dell' Etna con la storia delle eruzioni e il catalogo dei prodotti dell' abate Fr. Ferrara. *Pa-lermo, Lorenzo Dato,* 1818, *pl.* = De l'influence de l'air au sommet de l'Etna sur l'économie animale par le même. (Extr. du Journal universel des sciences mé-dicales, tom. XXXIV — 12 *pag.*) 1 vol. in-8., pl.

1759. Memorie di orittognosia Etnea e de' vulcani estinti della Sicilia che contengono la descrizione di tutti i mi-nerali semplici sin' ora ritrovati in quei vulcani, è di già pubblicati negli atti dell' Academia di Catania, del Dott. C. Maravigna, etc. *Parigi, Méquignon-Marvis,* 1838, 1 vol. in-8., avec 2 tableaux.

1760. Relazione del terremoto accaduto in Siena il ʹdi 26 Maggio 1798 divisa in sei lettere del Rev. P. Am-brogio Soldani, pubblicata da Gius. Pazzini Carli. *Siena, Pazziniani,* 1798, 1 vol. in-8., planches.

i. CARTES GÉOLOGIQUES — COUPES ET VUES.

1761. Carte géologique d'Europe dressée par Mʳ Boué et publiée par Mʳ de Caumont. *Paris, sans date,* 1 feuille col.

1762. Carte géologique de la France exécutée sous la direction de Mr Brochant de Villiers par M. M. Dufrénoy et Elie de Beaumont, commencée sous l'administration de M. Becquey et terminée en 1840 par ordre du ministre des travaux publics. *Paris, P. Bertrand,* 1841, 6 feuilles color. collées sur toile et pliées in-4., dans un étui. — Explication de la carte géologique de la France rédigée sous la direction de Mr Brochant de Villiers par M. M. Dufrénoy et Elie de Beaumont et publiée par ordre du ministre des travaux publics. *Paris, Impr. royale,* 1841 — 1848, 2 vol. gr. in-4., avec la carte d'assemblage color.

1763. Carte géologique des environs de Paris, par M. M. Cuvier et Brongniart. Collée sur toile et color. — Carte géognostique du plateau tertiaire parisien, par V. Raulin, 1843. Collée sur toile, dans un étui.

> Cette dernière carte est imprimée en couleur par le procédé chromolithographique de Kæppelin.

1764. Carte géologique de la Loire - Inférieure par Frédéric Cailliaud, etc. sur le tracé topographique de M. M. Pinson et de Tollenare. *Nantes,* 1861, 1 feuille in plano coloriée. — Carte géologique du département de la Loire-Inférieure par M. F. Cailliaud (Notice). *Nantes, Ve Mellinet,* 1861, in-8. (18 *pag.*).

> Extr. des Annales de la Société Académique de la Loire-Inférieure.

1765. Carte géologique du Morbihan, par M. M. Th. Lorieux et Eug. de Fourcy, dressée de 1836 à 1839 publiée en 1850, 4 gr. feuilles color., auxquelles on joint: Carte géologique du Morbihan (Explication). *Paris, Impr. nationale,* 1848, in-8. (157 *pag.*).

1766. Carte géologique du Bocage Vendéen dressée par Henri Fournel, 1834 — 1835, 1 feuille. — Diverses coupes géologiques des terrains de la Vendée, par le même, 1 feuille, les 2 feuilles color.

1767. Cartes géologiques de la Vendée par A. Rivière; comprenant :

> Les environs de la Termelière, 1 feuille — Les environs de Chantonnay, 1 feuille — Les environs de St Philibert de Pont-Charaud, 1 feuille — Les environs des Sards, 1 feuille —

Les environs d'Olonne, 1 gr. feuille et un second exemplaire color. — Les environs de la Ramée, 1 gr. feuille.

Ces 6 feuilles sont en noir.

1768. Carte minéralogique des Pyrénées dressée par Louis Galabert (1831); contre collée en 1 feuille oblongue.

1769. Esquisse d'une carte géologique d'Italie par II. de Collegno .... d'après les observations de l'auteur en Piémont, en Lombardie, en Toscane, et d'après les documents publiés par M. M. Brocchi, de la Marmora, Pareto, etc. *Paris*, 1844, 1 gr. feuille color. et collée sur toile, dans un étui.

1770. Vues et coupes du Cap de la Hève (au Hâvre), avec figures d'un grand nombre de coquilles fossiles, par Lesueur. *Le Hâvre*, 1843, 1 feuille lithogr.

1771. Geologischer Atlas von Island von W. Sartorius v. Waltershausen. *Göttingen*, 1853, in-4. oblong de 25 pl. color. et en noir. — Erläuterungen zum geologischen Atlas von Island von demselben. *Göttingen, Dieterich*, 1853, gr. in-8., broch. (60 *pag.*).

1772. Tableau théorique de la succession et de la disposition la plus générale en Europe des terrains et roches qui composent l'écorce de la terre ou exposition graphique du tableau des terrains publié en 1829, par Alexandre Brongniart. 1 feuille color. — Coupe figurative de la structure de l'écorce terrestre et classification des terrains d'après la méthode de M. Cordier ..... avec indication et figures des principaux fossiles caractéristiques des divers étages, par M. M. Charles d'Orbigny et Léger. *Paris*, 1857, 1 gr. feuille in plano color. et en noir. — Tableau synoptique des terrains et des principales couches minérales qui constituent le sol du bassin parisien, avec indication des fossiles caractéristiques et des roches utiles aux arts et à l'agriculture, par Charles d'Orbigny. *Paris*, 1855, 1 gr. feuille in plano color. et en noir.

B. PALÉONTOLOGIE.

1773. Dictionnaire universel des fossiles propres et des fossiles accidentels, contenant une description des terres, des sables, des sels, soufres, bitumes, pierres simples et composées communes et précieuses, etc. des minéraux, des métaux, des pétrifications des règnes animal et végétal, etc. avec des recherches sur la formation de ces fossiles, sur leur origine, leurs usages, etc. par E. Bertrand. *Avignon, Louis Chambeau,* 1763, 1 vol. pet. in-8.

1774. Herbarium diluvianum collectum a Joh. Jac. Scheuch-zero ...... *Tiguri, litteris Davidis Gesneri,* 1709, 1 vol. in-folio, planches.

Exemplaire en grand papier.

1775. Tableau des corps organisés fossiles, précédé de remarques sur leur pétrification par Defrance. *Paris, Levrault,* 1824, 1 vol. in-8.

A ce volume est joint l'opuscule suivant du même auteur : Remarques sur la disparition du test des corps marins fossiles dans certaines localités; broch. in-8. de 7 pag.

1776. Palæontology or a systematic summary of extinct animals and their geological relations by Richard Owen. Second edition. *Edinburgh, Adam and Charles Black,* 1861, 1 vol. in-8., avec fig. dans le texte.

1777. Paléontologie de Maine et Loire comprenant, avec des observations et l'indication des diverses formations géologiques du département de Maine et Loire, un relevé des roches, des minéraux et des fossiles qui se rapportent à chacune d'elles, par Millet. *Angers, Cosnier et Lachèse,* 1854, 1 vol. gr. in-8.

1778. Résumé géologique sur les ossemens fossiles par J. J. N. Huot. (Extr. du tom. V de la Géographie physique de l'Encyclopédie méthodique.) *Paris, V*^ve *Agasse,* 1826, 1 vol. in-8.

1779. Prodrome d'une histoire des végétaux fossiles, par Adolphe Brongniart. *Paris, Levrault,* 1828, 1 vol. in-8.

1780. Considérations générales sur la nature de la végétation qui couvrait la surface de la terre aux diverses périodes de la formation de son écorce par Ad. Brongniart. *Paris, Crochard,* 1828, in-8. (34 *pag.*). — Essai d'une Flore du grès bigarré, par le même. *Ibid.,* 1828, in-8. (26 *pag.* et 6 *pl.*).

Extraits des Annales des Sciences naturelles, nov. et déc. 1828.

1781. Synopsis plantarum fossilium autore Fr. Unger. *Lipsiœ, Leop. Voss*, 1845, 1 vol. pet. in-8.

C. MINÉRALOGIE.

a. INTRODUCTION — DICTIONNAIRES — COLLECTIONS MINÉRALOGIQUES.

1782. Ancient mineralogy or an inquiry respecting mineral substances mentioned by the ancients, with occasionals remarks on the uses to which they were applied, by N. F. Moore. *New-York, Carvill*, 1834, 1 vol. pet. in-8.

1783. Neues mineralogisches Wörterbuch ..... Nouveau vocabulaire minéralogique ou listes alphabétiques en allemand, en latin, en français, en italien, en suédois, en danois, en anglais, en russe et en hongrois de tous les mots qui ont rapport à l'oryctognosie et à la géognosie, avec l'indication de leur véritable signification d'après la dernière nomenclature de Werner et un tableau synoptique des fossiles simples et composés par Fr. Ambr. Reuss. *Hof, Gottfr. Adolphe Grau*, 1798, 1 vol. in-8.

1784. Fossilia ægyptiaca musei Borgiani Velitris descripsit Gregor. Wad Danus. *Velitris*, 1794, in-4. (*32 pages*).

b. TRAITÉS GÉNÉRAUX — MANUELS.

1785. Tableau méthodique des espèces minérales présentant la série complète de leurs caractères et la nomenclature de leurs variétés; extrait du traité de minéralogie de Haüy et augmenté de nouvelles découvertes, auquel on a joint l'indication des gisements de chaque espèce et la description abrégée de la collection de minéraux du Muséum d'Histoire Naturelle, par J. A. H. Lucas. *Paris, Levrault*, 1806 et 1813, 2 vol. in-8., avec le portr. gravé de Haüy et une planche.

1786. Précis de minéralogie moderne, par J. Odolant Desnos : ouvrage orné de planches. (Collection de l'Encyclopédie portative.) *Paris*, 1827, 2 vol. in-18., planches.

1787. Traité élémentaire de minéralogie par F. S. Beudant. Deuxième édition. *Paris, Verdière,* 1830 et
1832, 2 vol. gr. in-8., avec pl. color. et noires.

1788. Nouveaux éléments de minéralogie ou manuel du
minéralogiste voyageur par Mr Brard. Troisième édition revue, corrigée et mise au niveau des connaissances actuelles par Mr Guillebot. *Paris, Méquignon-
Marvis,* 1838, 1 vol. in-8., fig.

1789. Minéralogie usuelle. Exposition succinte et méthodique des minéraux, de leurs caractères, de leur
composition chimique, de leurs gisements, de leurs
applications aux arts et à l'économie par M. Drapiez.
Paris, E. Lacroix, 1 vol. in-12.

1790. An elementary introduction to the knowledge of
Mineralogy, comprising some account of the characters
and elements of minerals, explanations of terms in common use; descriptions of minerals, with accounts of
the places and circumstances in which they are found,
and especially the localities of british minerals, by William Phillips. Third edition enlarged. *London,* 1823,
1 vol. in-8., avec 1 pl. et fig. dans le texte.

1791. An essay on Mineralogical classification and nomenclature, with tables of the orders and species of minerals, by W. Whewell. *Cambridge, J. Smith,* 1828,
in-8. (XXXII et 71 pag.).

C. CRISTALLOGRAPHIE.

1792. Essai d'une théorie sur la structure des cristaux
appliquée à plusieurs genres de substances cristallisées,
par l'abbé Haüy. *Paris, Gogué,* 1784, 1 vol. in-8.,
avec planches.

1793. Traité de cristallographie, suivi d'une application
des principes de cette science à la détermination des
espèces minérales, et d'une nouvelle méthode pour
mettre les formes cristallines en projection, par l'abbé
Haüy. *Paris, Bachelier,* 1822, 2 vol. in-8., et atlas
in-4. oblong de 84 planches.

1794. Mémoire sur la cristallisation et la structure intérieure du quartz, par M. Descloizeaux (1858). In-4., pl. et cartes.

Extrait des Mémoires présentés par divers savants à l'Académie des Sciences. Institut de France.

d. ROCHES ET ESPÈCES MINÉRALES DIVERSES — MÉLANGES.

1795. Traité des roches considérées au point de vue de leur origine, de leur composition, de leur gisement et de leurs applications à la géologie et à l'industrie, suivi de la description des minerais qui fournissent les métaux utiles, par H. Coquand. *Paris, Baillière*, 1857, 1 vol. in-8., avec fig. dans le texte.

1796. Litheosphorus sive de lapide Bononiensi lucem in se conceptam ab ambiente claro mox in tenebris mirè conservante, liber Fortunii Liceti, etc. *Utini, ex typograph. Nic. Schiratti*, 1640, 1 vol. pet. in-4.

Livre rare et curieux auquel il faut réunir plusieurs autres ouvrages de la même époque. — Voir la note mste qui se trouve en tête du présent exemplaire.

1797. ROCHES. Mémoires divers en 1 vol. in-8. Contenant :

De l'arkose: caractères minéralogiques et histoire géognostique de cette roche, par Alex. Brongniart. (Annales des Sciences naturelles, 1826 — 51 *pag. et* 1 *pl.*). = Des lignites, par le même. *Paris*, 1823 (63 *pag.*). = Des combustibles minéraux, d'après un ouvrage allemand de Mr Karsten extrait par Héron de Villefosse. *Paris, Mme Huzard*, 1826 (66 *pag.*). = Mineralogia volcanica: carta del colonel Don José Maria Bustamente sobre las roccas del pedegral de San Augustin de las Cuevas, etc., en espagnol. (Extr. du N° 20 du Semanario politico y literario. *Mejico*, 1820 (*pag.* 73 à 96). = Mémoire sur la gyrogonite, par A. G. Desmarest fils. 1810 (20 *pag. et* 1 *pl.*). = Instruction sur la marne, avec son gisement, ses caractères, ses diverses espèces, leurs propriétés, la manière de les employer dans la différente nature des terres et la notice des vallées du département des Hautes-Alpes qui renferment cette substance, par Héricart de Thury. *Gap, Allier*, 1805 (49 *pag.*). = Mémoire sur les usages de la tourbe et de ses cendres, comme engrais, par M. de Ribaucourt. *Paris, Buisson*, 1787 (52 *pag.*). = Observations sur une variété des roches primitives ou granits, en présentant à la Société d'Histoire Naturelle de Paris, une suite de roches dont il va être traité et réfléxions sur les moyens d'améliorer et de simplifier la nomenclature en Lithologie, par M. Lefebvre d'Hellencour. *Paris, Creuze,* 1791 (35 *pag.*).

1798. Minéraux, Métallurgie et Minérallurgie. Carton contenant les mémoires et opuscules suivants, in-4. et in-8., broch. avec pl.

Géologie. Peut on distinguer dans la nature des roches véritablement primitives? Thèse pour le doctorat, par H. de Collegno. *Paris, Fain,* 1838, in-4. (16 *pag.*). — Recherches sur les roches désignées par les anciens sous les noms de marbre Lacédémonien et d'Ophites, par Boblaye. (Extr. de l'Expédition scientifique de Morée, 1833.) in-fol. (11 *pag.*). — On certain pseudo-morphous crystals of quartz, by Rob. Were Fox. (From Transactions of the royal Cornwall polytechnic Society, 1845.) in-8. (7 *pag.*). — Ferrum Niccoliferum. Nickoline or Meteoric Iron. Fragm. d'un ouvrage anglais, *pag. 133 à 140, avec pl. color.* — Notice sur une des espéces de minerai de fer, réunies par plusieurs minéralogistes sous le nom de fer argileux par Collet-Descostils. (Fragm. du Vol. 32, N° 191, du Journal des Mines, *pages 361 à 370 sans fin.*). — Notice sur la pierre asphaltique du Val-de-Travers, dans le canton de Neufchâtel, par Henr. Fournel, avec une préface du comte de Sassenay. *Paris, Everat,* 1838, in-4. (30 *pag.*) 2 Exemplaires. — Exposé de la question des soufres de Sicile. *Paris, P. Dupont,* 1840, in-4. (28 *pag.*). — Recherches analytiques sur les différentes falsifications qu'on fait subir au sel de cuisine (chlorure de sodium) et instruction sur les moyens de les découvrir et de s'en garantir, par M. M. Chevallier et Trévet. *Paris, Locquin,* 1833, in-8. (30 *pag.*). — Notice sur la terre verte de Verone par Delesse, 1848 (8 *pag.*). — Mémoire sur la nature des terres qui, sans culture et sans engrais, sont plus ou moins favorables à la nourriture et à la croissance des végétaux, par Vauquelin et Jaume St Hilaire. (Extr. des Annales administratives de l'agriculture française, t. IV, 1830), in-8. (8 *pag.*). — Rapport sur les gîtes métallifères d'Engis, Prayon et Verviers (province de Liège) par Lesoinne et M. M. J. Wyld, de St Brice et L. Comte. *Paris,* 1844, in-4. (12 *pag. et 1 carte*). — Affaire des mines de St Bérain. Plaidoyer de Mr Crémieux, défenseur de Virlet. *Paris, Plon,* 1838, in-8. (32 *pag.*). — Notice sur les mines et houillières de Gémonval (départ. du Doubs), par les propriétaires Mollerat, Blum et Born. *Paris, Plon,* 1838, in-8. (14 *pag.*). — Exposé des travaux minérallurgiques de l'année 1835—36 par D. Baudin, ingénieur des départements du Puy de Dôme, de la Haute Loire et de l'Allier. *Clermont-Ferrand, Thibaut-Landriot,* 1836, in-8. (38 *pag.*). — Histoire et statistique de la porcelaine en Limousin, par Alluaud ainé. *Limoges, Darde,* 1837, in-8. (24 *pag.*). — Mémoire sur l'art du lithographe, par M. M. Chevallier et Langlumé. *Paris, Cosson,* in-8. (45 *pag. et* 4 *pl.*). — Nouvelles applications de l'anthracite en Angleterre,

20*

par Odolant Desnos. *Paris*, in-8. (32 *pag.*). — Poêles et ca-
lorifères à anthracite aux Etats-Unis et ressources de la France
en anthracite, par Michel Chevalier. *Paris, Paulin et Hetzel*, 1840,
in-4. (30 *pag. et* 3 *pl.*).

e. GÉOGRAPHIE MINÉRALOGIQUE.

1799. Essai sur la géographie minéralogique des environs
de Paris, avec une carte géognostique et des coupes de
terrain, par G. Cuvier et Alex. Brongniart. *Paris, Baudouin*, 1811, 1 vol. in-4., carte color. et planches noires.

1800. Statistique minéralogique, géologique et minéral-
lurgique du département de Saône et Loire par W.
Manès. *Macon, Dejussieu*, 1847, 1 vol. gr. in-8., avec
la carte géologique color. du département.

1801. Minéralogie et pétralogie des environs de Lyon,
disposées suivant l'ordre alphabétique par Mr A. Drian.
Ouvrage couronné par la société d'agriculture de
Lyon .... *Lyon, Ch. Savy*, 1849, 1 vol. gr. in-8.

f. MINES ET MÉTALLURGIE — HOUILLES — SALINES.

1802. Dictionnaire portatif allemand et français contenant:
les mots techniques relatifs à l'art d'exploiter les mines,
aux fonderies, aux bocards, aux laveries, aux différens
procédés métallurgiques et docimastiques, où se trouvent les noms, tant en allemand qu'en français, des
fourneaux, machines, ustensiles et outils à l'usage des
travaux des mines ainsi que ceux des veines ou filons,
des substances métalliques et minérales, etc. par Duhamel. *Paris, Courcier*, an IX, 1 vol. in-8.

1803. Étude des gîtes houilliers et métallifères du Bocage vendéen faite en 1834 et 1835 par Henri Fournel.
Paris, Impr. royale, 1836, 1 vol. in-4., de texte avec
atlas in-folio, carte et pl. color.

1804. Notice sur la mine de sel gemme qui a été récemment découverte à Vic (département de la Meurthe)
par Louis Cordier.

    Cette notice est contenue dans les pages 495 à 498 du
tome IV, année 1819, des Annales des Mines. *Paris, Treuttell
et Würtz*, 1819, 1 vol. in-8., avec planches.

1805. Notice sur la mine de sel gemme découverte à Vic. *Paris,* 1822 (56 *pag.*). = Articles sur la même mine extraits du Journal du département de la Meurthe de septembre à décembre 1822. = Rapport fait à l'Académie royale des sciences (séance du 15 décembre 1823) sur le sel gemme de la mine de Vic (départ. de la Meurthe) signé Chaptal, Gay-Lussac, Vauquelin, Dulong, d'Arcet. *Paris, Everat* (15 *pag.*). = Précis sur la mine de sel gemme de Vic (départ. de la Meurthe) et sur les principales mines de sel de l'Europe, suivi du rapport fait à l'Académie royale des sciences par M^r d'Arcet. *Paris, Everat,* 1824. = Mémoire sur les travaux qui ont été exécutés dans le départ. de la Meurthe pour la recherche et l'exploitation du sel gemme par J. Levallois. (Extr. des Annales des Mines.) *Paris, Carilian-Gœury,* 1834, planches, en 1 vol. in-8., fig.

1806. Précis sur la mine de sel gemme de Vic (départ. de la Meurthe) et sur les principales mines de sel de l'Europe, suivi du rapport fait à l'Académie royale des sciences par d'Arcet .... *Paris, Everat,* 1824. = Extrait d'un voyage en Alsace et en Franche-Comté fait en 1834 ..... par Mr A. Leymerie. Saline royale de Dieuze (Meurthe). *Lyon, Perrin* (11 *pag.*), 1 vol. in-8.

g. **PIERRES PRÉCIEUSES.**

1807. Traité des pierres de Théophraste traduit du grec, avec des notes physiques et critiques traduites de l'anglais de Mr Hill; auquel on a ajouté deux lettres du même auteur, l'une au docteur Parsons sur les couleurs du saphir et de la turquoise et l'autre à Mr Folkes sur les effets des différens menstrues sur le cuivre. *Paris, J. Th. Hérissant,* 1754, 1 vol. in-12.

1808. Conradi Gesneri de rerum fossilium, lapidum et gemmarum maximè figuris et similitudinibus liber, non solum medicis, sed omnibus rerum naturæ ac philologiæ studiosis utilis et jucundus futurus. *Tiguri,* 1565, fig. = Sancti Patris Epiphanii episcopi Cypri ad Diodorum Tyri episcopum, de XII gemmis quæ erant in veste Aaronis liber græcus et è regione latinus, Jola

Hierotarantino interprete cum corollario Conr. Gesneri.
Ibid., 1565. = De gemmis aliquot, iis præsertim quarum divus Joannes Apostolus in sua Apocalypsi me-
minit. De aliis quoque quarum usus hoc ævi apud omnes
percrebuit, libri duo . . . . . authore Francisco Rueo . . . .
Editio secunda, nam prima mutila et inscio authore edita
fuerat. *Ibid.*, 1566. Les 3 ouvrages en 1 vol. pet. in-8.

1809. Specimen arabicum continens descriptionem et excerpta libri Achmedis Teifaschii de gemmis et lapidibus
prætiosis quod . . . . . præside patre Sebaldo Ravio . . . .
publice defendet filius Sebaldus Fulco Ravius auctor.
Trajecti ad Rhenum, Abr. a Paddenburg, 1784, 1 vol.
pet. in-4. (103 *pages*).

1810. Fior di pensieri sulle pietre preziose di Ahmed
Teifascite, opera stampata nel suo originale arabo, colla
traduzione italiana appresso, e diverse note di Ant.
Raineri. *Firenze, nell' imper. e reale tipografia orientale Mediceo-Laurenziana*, 1818, gr. in-4.

Le texte arabe forme 55 pages (٥٥); son titre est :
.كتاب ازهار الافكار

1811. Gemmarum et lapidum historia quam olim edidit
Anselmus Boetius de Boot Brugensis . . . ., nunc vero
recensuit, a mendis repurgavit, commentariis et pluribus melioribusque figuris illustravit et multo locupletiore indice auxit Adr. Toll. *Lugd.-Batav., Joa. Maire*,
1636, 1 vol. pet. in-8., fig.

1812. Histoire des joyaux et des principales richesses de
l'Orient et de l'Occident, tirée des diverses relations
des plus fameux voyageurs de notre siècle. Pièce curieuse et accompagnée de belles recherches pour la
connaissance de l'univers et pour le commerce; suivie
d'une description exacte des régions et des lieux dont
il est parlé dans cette histoire. *A Génève, Widerhold*,
1665, 1 vol. pet. in-12.

1813. Traité des caractères physiques des pierres précieuses pour servir à leur détermination lorsqu'elles
ont été taillées, par l'abbé Haüy. *Paris, Vve Courcier*,
1816, 1 vol. in-8., avec pl.

Bel exemplaire en papier vélin, avec l'envoi autographe de
l'auteur à Mr Cordier.

1814. Traité des diamants et des perles, où l'on considère leur importance, on établit des règles certaines pour en connaître la juste valeur et l'on donne la vraie méthode de les tailler ..... par David Jeffries. Ouvrage traduit de l'anglais sur la seconde édition qui a été considérablement augmentée. *Paris, Debure,* 1753, 1 vol. in-8., avec planches.

1815. Essai sur la turquoise et sur la calaite par Gotthelf Fischer ..... *Imprimé aux frais des frères Zosima. Moscou, Impr. de l'Université Impériale,* 1816, 1 vol. in-8., planches color.

D. BOTANIQUE.

a. BOTANIQUE GÉNÉRALE.

1816. Curtii Sprengel historia rei herbariæ. *Amstelodami, sumtibus tabernæ librariæ et artium,* 1807 et 1808, 2 vol. in-8.

1817. Πίναξ βοτανώνυμος πολύγλωττος καθολικός. Index nominum plantarum universalis diversis terrarum, gentiumque linguis .... ad unum redactus, videlicet: Europæorum .... Asiaticorum .... Africorum .... Americanorum .... characteribus latinorum, græcorum et germanorum maxime per Europam usitatis conscriptus ...... accessit in calce indicis Pugillus plantarum rariorum cum figuris aliquot æneis et brevibus nonnullis descriptionibus quarum mentio in indice facta ... Adornavit et perfecit opus Christian. Mentzelius. *Berolini, Rungius,* 1682, 1 vol. pet. in-folio, figures.

1818. Theophrasti Eresii de historiâ plantarum libri decem, gr. et lat., in quibus textum græcum variis lectionibus, emendationibus, hiulcorum supplementis, latinam Gazæ versionem nova interpretatione ad margines, totum opus absolutissimis cum notis, tum commentariis, item rariorum plantarum iconibus illustravit Joa. Bodæus a Stapel. Accesserunt Jul. Cæs. Scaligeri in eosdem libros animadversiones et Rob. Constantini annotationes cum indice locupletissimo. *Amstel., Henr. Laurentius,* 1644, 1 vol. in-folio, fig. sur bois.

1819. Θεοφράστου 'Ερεσίου τὰ σωζομένα. Theophrasti
Eresii quæ supersunt opera et excerpta librorum, quatuor tomis comprehensa. Ad fidem librorum editorum
et scriptorum emendavit, historiam et libros sex de
causis plantarum conjuncta opera D. H. F. Linkii, excerpta solus explicare conatus est Jo. Gottl. Schneider.
Lipsiæ, sumtibus Fr. Chr. Guill. Vogelii, 1818, 4 vol. —
Tomus quintus supplementum et indicem rerum et
verborum continens. *Ibid.*, 1821, 1 vol.; ensemble
5 vol. in-8.

> Cette édition ne contient que l'histoire des plantes, IX livres,
> les causes des plantes, VI livres, les traités des odeurs, des
> couleurs, des pierres, du feu, etc.

1820. Botanische Erläuterungen zu Strabon's Geographie
und einem Fragment des Dikäarchos. Ein Versuch
von Dr E. H. F. Meyer. *Königsberg, Gebrüder Bornträger*, 1852, 1 vol. pet. in-8.

1821. Historia plantarum species hactenus editas aliasque insuper multas noviter inventas et descriptas complectens. In qua agitur primo de plantis in genere,
earumque partibus, accidentibus et differentiis; deindè
genera omnia, tum summa, tum subalterna ad species
usque infimas, notis suis certis et characteristicis de-
finita, methodo naturæ vestigiis insistente disponuntur,
species singulæ accuratè describuntur, obscura illustrantur, omissa supplentur, superflua resecantur, syn-
onyma necessaria adjiciuntur, vires denique et usus
recepti compendio traduntur. Auctore Joh. Raio. (Cum
duplici indice, generali altero nominum et synonymo-
rum præcipuorum, altero affectuum et remediorum:
accessit nomenclator botánicus anglo-latinus.) *Londini,
typis Mariæ Clark*, 1686 et 1688, 2 vol. in-folio.

1822. Caroli Linnæi .... genera plantarum. Editio nona
curante Curt. Sprengel. *Gottingæ, Dieterich*, 1831,
2 tom. en 1 vol. gr. in-8.

1823. Car. Clusii Atrebatis .... rariorum plantarum historia .... *Antuerpiæ, ex offic. Plantiniana, apud Joa.
Moretum*, 1601, 1 vol. in-folio, figures sur bois. —
Car. Clusii .... exoticorum libri decem; quibus animalium, plantarum, aromatum, aliorumque peregrinorum
fructuum historiæ describuntur: item Petri Bellonii ob-

servationes, eodem Car. Clusio interprete. *(Antuerpiæ)*
ex offic. Plantiniana Raphelingii, 1605. = Car. Clusii
Atrebatis curæ posteriores seu plurimarum non antè
cognitarum aut descriptarum stirpium, peregrinorum-
que animalium novæ descriptiones .... accessit seorsim Evrardi Vorstii ..... de ejusdem Caroli Clusii vita
et obitu oratio, aliorumque de eisdem epicedia. *(Antuerpiæ) ex offic. Plantiniana Raphelingii*, 1611, 1 vol.
in-folio, fig. sur bois.

b. FLORES DE DIVERS PAYS.

1824. Flora Orientalis, sive recensio plantarum quas bo-
tanicorum coryphæus Leonhardus Rauwolffus .... annis
1573, 1574 et 1575 in Syria, Arabia, Mesopotamia,
Babylonia, Assyria, Armenia et Judæa crescentes observavit et collegit, earumdemque ducenta specimina
quæ in bibliotheca publica Lugduno-Batava adservan-
tur, nitidissime exsiccata et chartæ adglutinata in volumen retulit. Has methodo sexuali disposuit, synony-
mis probatioribus illustravit, nominibusque specificis in-
signivit Joh. Fred. Gronovius. *Lugd.-Batavor., Wilh.
de Groot,* 1755, 1 vol. in-8.

1825. Decas prima. Icones plantarum Syriæ rariorum,
descriptionibus et observationibus illustratæ, auctore
Jac. Juliano La Billardière. (Decas prima et secunda).
Lutetiæ-Parisiorum, impensis autoris, 1791. — Decas
tertia (et decades quarta et quinta vel ultima). *Ibid.,
Huzard,* 1809—1812, 1 vol. in-4.

1826. Flora Cochinchinensis sistens plantas in regno Co-
chinchina nascentes, quibus accedunt aliæ observatæ
in Sinensi imperio, Africa orientali, Indiæque locis variis : omnes dispositæ secundum systema sexuale Lin-
næanum, labore ac studio Joannis de Loureiro. *Ulys-
sipone, typis ac expensis academicis,* 1790, 2 tom. en
1 vol. in-4.

1827. Alb. Guil. Roth novæ plantarum species præsertim
Indiæ orientalis ex collectione Doct. Benj. Heynii, cum
descriptionibus et observationibus. *Halberstadii, H. Vog-
ler,* 1821, 1 vol. in-8.

1828. Recueil des plantes des Indes et de l'Europe par Melle S. Merian. *(Paris, chez Hucquier, sans date.)* 1 vol. gr. in-folio, figures et texte.

> Ce volume se compose d'un titre gravé, de 3 feuilles de texte à 2 colonnes puis de 72 planches représentant les plantes et les insectes de Surinam, suivies de 47 planches représentant 184 plantes et insectes de l'Europe.

c. MONOGRAPHIES BOTANIQUES.

1829. Liber singularis de Bysso antiquorum, quo ex Ægyptia lingua, res vestiaria antiquorum imprimis in S. codice Hebræorum occurrens, explicatur; additæ ad calcem mantissæ ægyptiacæ V. Omnia cura et studio Joan. Reinoldi Forster. *Londini, B. White,* 1776, 1 vol. in-8.

1830. Monographia de potentilla, præmissis nonnullis observationibus circa familiam rosacearum, auctore C. G. Nestler. Cum tabulis æneis XII. *Parisiis et Argentorati, Treuttel et Würtz,* 1816, 1 vol. in-4., fig.

1831. Geschichte des Obstes der Alten, von C. F. Wallroth. *Halle, Hendel,* 1812, in-8.

> 1re Livraison, contenant la pomme, la poire et le coing.

1832. Traité du citrus, par Georg. Gallesio. *Paris, L. Fantin,* 1811, 1 vol. in-8., pap. vélin, fig.

d. AGRICULTURE ET HORTICULTURE.

1833. Histoire de l'agriculture ancienne extraite de l'histoire naturelle de Pline, livre XVIII, avec des éclaircissements et des remarques (par Desplaces). *Paris, Desprez,* 1765, 1 vol. in-12.

1834. De l'agriculture des anciens, par Adam Dickson; trad. de l'anglais (par Jansen). *Paris, H. J. Jansen,* an X (1802), 2 vol. in-8., fig.

1835. Scriptorum rei rusticæ veterum latinorum tomus primus (nec non II, III et IV^us). Ex librorum scriptorum atque editorum fide et virorum doctorum conjecturis correxit, atque interpretum omnium collectis et excerptis commentariis suisque illustravit Jo. Gottlob.

Schneider, Saxo. *Lipsiæ, sumtibus Casp. Fritsch,* 1794
—1797, 4 tom. en 7 vol. in-8., fig.

1836. Ueber die Länderverwaltung unter dem Chalifate
von Joseph von Hammer. *Berlin, F. Dümmler,* 1835,
1 vol. in-8.

1837. ..... كتاب الفلاحة. Libro de agricultura, su
autor el doctor excelente Abu Zacaria Jahia Aben Mohammed ben Ahmed ebn el Awam, Sevillano. Tradu-
cido al castellano y anotado por don Josef Antonio Ban-
queri. *Madrid, en la Imprenta real,* ano de 1802,
2 vol. pet. in-folio.

   Le texte arabe et la version sont en regard.

1838. Voyages d'un philosophe, par Pierre Poivre. Troisième édition à laquelle on a joint une notice sur la
vie de l'auteur et deux de ses discours aux habitans
et au conseil supérieur de l'Isle de France. *Paris, Du
Pont,* an II (1794), 1 vol. in-12.

   Relatif surtout à l'état de l'agriculture de l'Afrique et de l'Asie.

1839. Traité de la culture du nopal et de l'éducation
de la cochenille dans les colonies françaises de l'Amérique; précédé d'un voyage à Guaxaca par Thierry de
Menonville, auquel on a ajouté une préface, des notes
et des observations relatives à la culture de la cochenille avec des figures coloriées. Le tout recueilli et
publié par le cercle des philadelphes établi au Cap
français, île et côte de Saint Domingue. *Au Cap français, chez la Vᵉ Herbault; à Paris, chez Delalain* ....
1787, 2 vol. in-8., fig.

1840. Ueber Cochenille am Ararat. Bericht an die Kaiserl.
Akad. der Wissensch. zu Sᵗ Petersburg, von Hamel.
Sᵗ Petersburg, Druck. der Akad., 1833, in-4., pap. vélin
(*42 pages*).

E. ZOOLOGIE.

a. ZOOLOGIE GÉNÉRALE.

1841. Le règne animal distribué d'après son organisation,
pour servir de base à l'histoire naturelle des animaux
et d'introduction à l'anatomie comparée par le baron

Cuvier. Nouvelle édition revue et augmentée, avec figures dessinées d'après nature. *Paris, Déterville*, 1829, 5 vol. in-8., fig.

Les tomes IV et V sont de M. Latreille.

1842. Aristotelis de animalibus historia libri X. Græce et latine. Textum recensuit, Jul. Cæs. Scaligeri versionem diligenter recognovit, commentarium amplissimum indicesque locupletissimos adjecit Jo. Gottl. Schneider Saxo. *Lipsiæ, in bibliopolio Hahniano*, 1811, 4 vol. gr. in-8.

1843. Histoire des animaux d'Aristote (en grec) avec la traduction française et les notes par Camus. *Paris, Vᵉ Desaint*, 1783, 2 vol. in-4.

1844. Αἰλιανοῦ περὶ ζώων ἰδιότητος βιβλία ιζ· Æliani de naturâ animalium libri XVII, græce et latine, cum priorum interpretum et suis animadversionibus edidit Jo. Gottlob Schneider. *Lipsiæ, sumtibus E. B. Schwickerti,* 1784, 2 part. en 1 vol. gr. in-8.

1845. Aeliani de naturâ animalium libri XVII. Verba ad fidem librorum manuscriptorum constituit et annotationibus illustravit Frid. Jacobs. Intextæ sunt curæ secundæ postumæ J. G. Schneideri, Saxonis. Adjecti indices et interpretatio latina Gesneri a Gronovio emendata. *Jenæ, impensis Frid. Frommanni*, 1832, 2 vol. in-8.

1846. Histoire naturelle des animaux par Pline, traduction nouvelle, avec le texte en regard, par P. C. B. Gueroult. *Paris, Delance et Lesueur*, an XI — 1802, 3 vol. in-8.

1847. Essais philosophiques sur les mœurs de divers animaux étrangers, avec des observations relatives aux principes et usages de plusieurs peuples, ou extraits des voyages de M*** (Foucher d'Obsonville) en Asie. *Paris, Couturier*, 1783, 1 vol. in-8., front. gravé.

b. ZOOLOGIE PARTICULIÈRE.

1848. Histoire naturelle et mythologique de l'Ibis, par Jules César Savigny ..... ornée de 6 planches gravées par Bouquet, d'après les dessins de H. J. Redouté et Barraband. *Paris, Allais*, 1805, 1 vol. in-8., fig.

1839. La colombe messagère, plus rapide que l'éclair, plus prompte que la nue; par Michel Sabbagh. Trad. de l'arabe en français (texte en regard) par M. I. Silvestre de Sacy. *Paris, Impr. Imp.*, an XIV = 1805, 1 vol. in-8.

1850. Falknerklee, bestehend in drey ungedruckten Werken über die Falknerey; nähmlich: I. بازنام, das ist: das Falkenbuch (auf der Ambrosiana zu Mailand). II. Ιερακοσοφιον, das ist: die Habichtslehre (auf der k. k. Hofbibliothek zu Wien). III. Kaiser Maximilian's Handschrift über die Falknerey (auf der k. k. Hofbibliothek zu Wien); aus dem Türkischen und Griechischen verdeutscht und in Text und Uebersetzung herausgegeben von Hammer-Purgstall. *Wien, C. A. Hartleben,* 1840, 1 vol. in-8., fig.

1851. Petri Artedi synonymia piscium græca et lat. emendata, aucta atque illustrata. Sive historia piscium naturalis et literaria ab Aristotelis usque ævo ad seculum XIII deducta, duce synonymia piscium Artedi. Accedit disputatio de veterum scriptorum hippopotamo, cum tabulis in ære expressis III. Auctore Joh. Gottl. Schneider. *Lipsiæ, impensis officinæ libr. Weidmannianæ,* 1789, 1 vol. in-4., fig.

1852. Manuel de malacologie et de conchyliologie, contenant: 1° une histoire abrégée de cette partie de la zoologie, des considérations générales sur les malacozaires; 2° des principes de conchyliologie, avec une histoire abrégée de cet art; 3° un système général de malacologie, tiré à la fois de l'animal et de sa coquille, etc. avec figures, par H. M. Ducrotay de Blainville. *Strasbourg et Paris, Levrault,* 1825—27, 2 vol. in-8., dont le second renferme les planches, fig. color.

1853. Leçons élémentaires d'histoire naturelle contenant un aperçu sur toute la zoologie et un traité de conchyliologie à l'usage des gens du monde ..... par M. J. C. Chenu. *Paris, Dubochet,* 1847, 1 vol. gr. in-8., pap. vél., fig. noires et color.

3. ECARTS DE LA NATURE.

1854. Julii Obsequentis quæ supersunt ex libro de prodigiis; cum animadversionibus Joan. Schefferi et supplementis Conradi Lycosthenis, curante Fr. Oudendorpio. *Lugd.-Batav., Sam. Luchtmans*, 1720, 1 vol. in-8.

1855. Le livre des prodiges de Julius Obsequens, traduit en français, avec le texte en regard, et accompagné de remarques, par Victor Verger. *Paris, Everat et Audin,* 1825, 1 vol. in-12.

1856. Prodigiorum ac ostentorum chronicon, quæ præter naturæ ordinem, motum et operationem, et in superioribus et his inferioribus mundi regionibus, ab exordio mundi usque ad hæc nostra tempora, acciderunt. Quod portentorum genus non temere evenire solet, sed humano generi exhibitum, severitatem iramque dei adversus scelera atque magnas in mundo vicissitudines portendit. Partim ex probatis authoribus græcis atque latinis; partim etiam ex multorum annorum observationibus, summa fide, studio ac sedulitate, adjectis rerum omnium imaginibus, conscriptum per Conradum Lycosthenem, etc. *Basileæ, per Henricum Petri*, 1557, 1 vol. in-folio, fig. sur bois.

1857. Traditions tératologiques ou récits de l'antiquité et du moyen âge en Occident sur quelques points de la fable, du merveilleux et de l'histoire naturelle; publiés d'après plusieurs mss. inédits, grecs, latins et en vieux français, par M. Jules Berger de Xivrey. *Paris, Impr. roy.*, 1836, 1 vol. gr. in-8., pap. vélin.

FIN DU TOME PREMIER.

IMPRIMERIE DE F. A. BROCKHAUS A LEIPZIG.

IMPRIMERIE DE F. A. BROCKHAUS A LEIPZIG.